AF366081

Cuarta edición revisada y mejorada
Aze Shiatsu Editorial 2024

Aze Shiatsu

Tratamiento básico

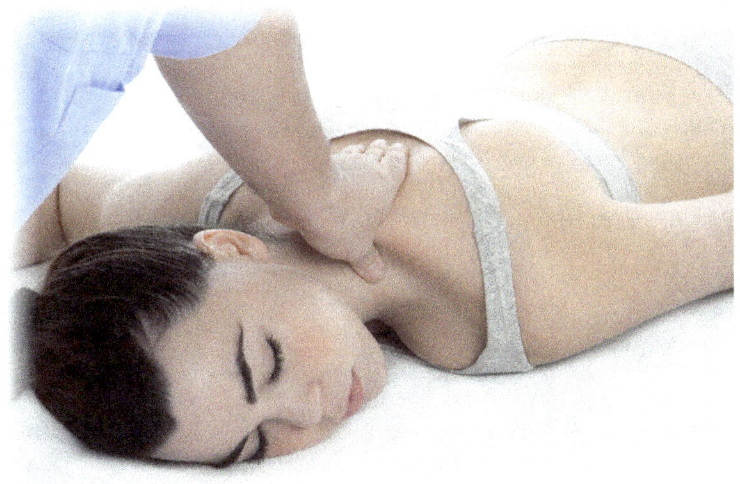

Shigeru Onoda

Supervisor: Dr. Hiroshi Ishizuka

© Aze Shiatsu Editorial 2017
Calle Juan Hurtado de Mendoza, 9 esc. B Apto 107, 28036, Madrid (España).
Tel.: +(34) 913 457 124 Fax.: +(34) 913 456 676
e-mail: centro@shiatsudo.com

Primera edición: Julio de 2011

Segunda edición corregida y ampliada: marzo de 2015

Tercera edición: Enero de 2017

Cuarta edición: Enero de 2024

Ilustraciones:
  María Torres Dos Ramos, Raquel García Fernández, Tatio Viana, Carmen Toro de Federico,
  Daigo Ohnuma.

Supervisión de la terminología anatómica:
  Dr. Hiroshi Ishizuka (Director del Japan Shiatsu College).

Fotografía:
  Claudia Costanzo, Loukia Stathatou.

Depósito legal: M-38903-2016
ISBN: 978-84-617-6163-0

Versión Kindle e Imprenta por: Amazon.

Índice

Capítulo 1. PRONO

Aze Shiatsu. Tratamiento básico en decúbito prono

Capítulo 2. SUPINO

Aze Shiatsu. Tratamiento básico en decúbito supino 144

DEBIDO a los múltiples tratamientos que realizo al día y a mi experiencia con cientos de pacientes, puedo asegurar que el cuerpo japonés y el occidental son completamente distintos; tanto anatómicamente como estructuralmente.

La esperanza de vida ha crecido notablemente; sin embargo, no olvidemos que ha aumentado el número

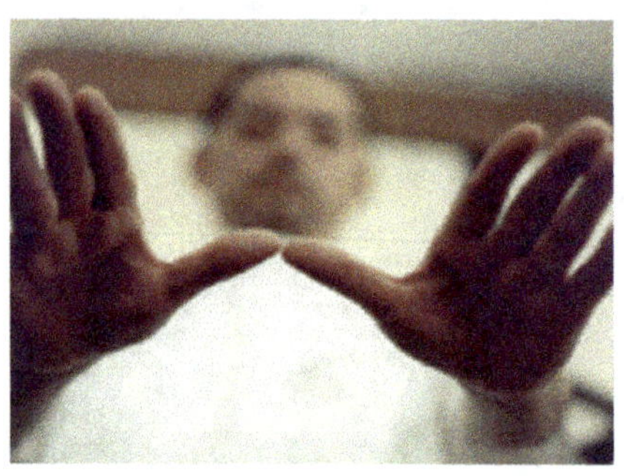

de jóvenes que mueren víctimas de enfermedades como el cáncer. Analizaremos estos datos más detenidamente, ya que, en España, el cáncer con mayor incidencia es el rectal; en Japón, sin embargo, es el de estómago, fundamentalmente por la diferencia en la comida, e incluso por la longitud del intestino, ya que en los japoneses este órgano es más largo.

Otro dato a reseñar, y que me parece sumamente curioso, es que los japoneses, no poseen las principales enzimas que metabolizan el alcohol; aunque esto a simple vista pueda parecer una desventaja, tienen un riesgo mucho menor en el desarrollo de la hepatopatía alcohólica, presumiblemente debido a su sensibilidad a la intoxicación por alcohol.

La inclinación del sacro en los occidentales es muy aguda, por lo que más del 20% sufre hernia discal; en cambio, en los japoneses esta patología equivale al 2%.

Con los años de tratamiento, en mis pacientes también he descubierto que tienen las cervicales muy frágiles, casi podría decir que son como el cristal; por eso siempre trato de realizar los movimientos de cuello con sumo cuidado y observando las reacciones de todos mis pacientes.

El shiatsu es de origen japonés; fue concebido para aumentar y mejorar las autodefensas del cuerpo oriental, por lo que, tras muchos años de estudio con occidentales, me di cuenta de que la evolución en mis pacientes era muy lenta al trabajar con el estilo Namikoshi, la «biblia» del shiatsu que se me enseñó en Japón.

Pasado el tiempo, decidí adecuarme al cuerpo occidental creando una serie de técnicas y de variantes del Shiatsu Namikoshi que poco a poco fueron dando su fruto, con mejoras bastante notables en todos mis pacientes.

He trabajado en este libro, fruto de mis años de estudio con pacientes, y lo he llamado Shiatsu Aze, que significa «buscar los puntos clave fuera de las líneas de los meridianos».

Este libro es la teoría del Shiatsu Aze estándar y hoy en día la base del trabajo de todos mis alumnos.

Shigeru Onoda
Fundador de Aze Shiatsu
Shiatsupractor

1. ¿Qué es Shiatsu?

LA traducción literal del vocablo Shiatsu es «presión con los dedos», pero en Japón todo el mundo entiende lo que significa realmente. Shiatsu es una terapia manual originaria de Japón, cuyo objetivo es el mantenimiento y la mejora de la salud. El Ministerio de Sanidad de Japón define el Shiatsu como: «Tratamiento que, aplicando unas presiones con los dedos pulgares y las palmas de las manos sobre determinados puntos, corrige irregularidades, mantiene y mejora la salud, contribuye a aliviar ciertas enfermedades (molestias, dolores, estrés, trastornos nerviosos, etc.), activando así la capacidad de autocuración del cuerpo humano. NO TIENE EFECTOS SECUNDARIOS».

Actualmente en Europa, igual que sucede con el Kárate o el Judo, el tratamiento del Shiatsu es conocido y no es necesario explicar en qué consiste. Su historia de más de cuarenta años le otorga una entidad propia dentro del mundo de las terapias manuales.

El origen primitivo del Shiatsu remonta al acto inconsciente del ser humano de frotar o presionar con las manos el cuerpo cuando siente algún tipo de flojedad, rigidez, entumecimiento o dolor. Acciones instintivas como éstas para curar los desórdenes son anteriores a la medicina y a la historia misma. Los japoneses, al usar la palabra TEATE, entienden que se refiere a cualquier tratamiento manual.

TEATE significa literalmente «tocar con la mano». Para ellos una terapia manual debe equilibrar el cuerpo, mantener la capacidad de autodefensa y hacer mejorar la calidad de vida de los pacientes.

Tokujiro Namikoshi fue quien elaboró el método de enseñanza y aplicación del Shiatsu. Actualmente para ser terapeuta de Shiatsu hay que realizar tres años de estudio (2.145 horas) en uno de los colegios autorizados por el Ministerio de Educación de Japón. Al terminar se obtiene un título académico que da derecho a realizar un examen estatal que, de ser aprobado, te capacita como terapeuta de Shiatsu. Existen varios colegios que forman a futuros profesionales del Shiatsu, pero es el Japan Shiatsu

College, fundado por Tokujiro Namikoshi, el de mayor reconocimiento y prestigio.

Por otro lado, hay que destacar que otro de los objetivos de Namikoshi fue la difusión de esta terapia fuera de las fronteras japonesas. Su línea se ha extendido mundialmente y, en concreto en España, la Escuela Japonesa de Shiatsu, dirigida por Shigeru Onoda, ha impulsado el conocimiento del Shiatsu por toda Europa. La colaboración entre la Escuela y el Japan Shiatsu College es continua. Periódicamente una delegación japonesa acude a los diferentes eventos que se organizan para respaldar el trabajo de la Escuela.

A nivel técnico, el Shiatsu se basa en el uso de tres técnicas diferentes:

1. Presión con los dedos.
2. Alineación de la columna vertebral.
3. Ejercicios para mantener y/o aumentar la flexibilidad.

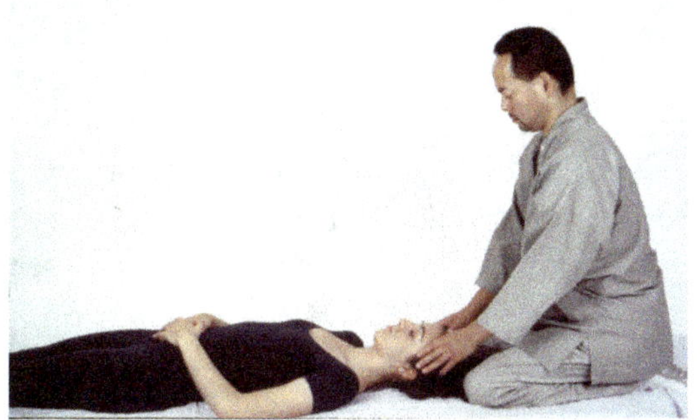

Terapeuta Shigeru Onoda, fundador de Aze Shiatsu.

Actualmente, el Shiatsu en Japón se centra en la enseñanza de la técnica de presión con los dedos. Aze Shiatsu retoma las otras dos técnicas, y desde su particular punto de vista elabora todo un Shiatsu adaptado al cuerpo de los occidentales. Mantiene la esencia de terapia para el mantenimiento de la salud, pero atiende las necesidades que plantea el estilo de vida de la sociedad del siglo XXI.

2. Tokujiro Namikoshi (1905-2000)
Fundador de la terapia Shiatsu

El Shiatsu fue creado por el maestro Tokujiro Namikoshi en Japón.

Tokujiro nació en la provincia de Kagawa, situada en la isla sureña Shikoku de Japón, y cuando tenía siete años su familia emigró a Hokkaido, la isla más al norte de Japón. El cambio brusco del clima suave y cálido de Shikoku al frío y severo de Hokkaido, junto con otros problemas, causó a la madre de Tokujiro un polirreumatismo, produciendo dolores en las articulaciones. Rusutsu, un pueblecito de Hokkaido, en aquella época era un lugar sin médicos, sin medios para conseguir ni inyecciones ni medicamentos. Lo único que podía hacer el pequeño Tokujiro por su madre era intentar aliviar su dolor frotando, golpeando, masajeando o presionando las zonas que le dolían. En su lucha contra la dolencia de su madre, Tokujiro descubrió que lo más eficaz para aliviar el dolor era presionar la zona con los dedos.

A partir de ese momento, Tokujiro investigó distintos tipos de técnicas de presión en la zona de dolor, y así desarrolló la técnica de Shiatsu. Tomó la decisión de dedicar esta terapia para ayudar a la gente con problemas de salud. Después se trasladó a Tokio. Allí comenzó su particular lucha para conseguir el reconocimiento del Shiatsu como terapia manual

Tokujiro Namikoshi, leyenda de Shiatsu.

por las autoridades niponas. En 1940 fundó la primera escuela de Shiatsu, el actual Japan Shiatsu College. Durante una época tuvo un programa en la televisión japonesa llamado «Tres minutos de Shiatsu». Su carisma atrajo a la gente a acercarse al Shiatsu, lo que le proporcionó muchos alumnos y popularidad a nivel nacional. Finalmente, en el año 1957, el Shiatsu fue reconocido por los ministerios de Sanidad y Trabajo de Japón como una terapia per se.

Tras la muerte de Tokujiro, su hijo mayor, Toru, dirigió el Japan Shiatsu College. Actualmente es su hijo menor, Kazutami, quien está al frente de la institución. Ambos mantienen la premisa que Tokujiro Namikoshi dejó como testamento: «La difusión del Shiatsu en todo el mundo». Muchos de sus discípulos se encargan de llevar a cabo esta tarea por todos los rincones del planeta.

El Shiatsu era conocido antes de Tokujiro, pero con su dedicación y empeño consiguió estandarizar un método de enseñanza y una terapia con entidad propia para su aprobación por las autoridades sanitarias de Japón. La esencia del Shiatsu se resume en las palabras del maestro Tokujiro Namikoshi:

*"El corazón del Shiatsu es como el amor de madre,
la presión sobre el cuerpo estimula la fuente de vida"*

Amor de madre.

3. ¿Qué es Aze Shiatsu?

LA NECESIDAD DE CREAR
UN TRATAMIENTO ESTÁNDAR

Cuando los japoneses escuchan la palabra Shiatsu, la asocian directamente a los problemas de espalda. Con esta terapia se ha hecho mucho bien a esta zona y ha quedado esta idea en el subconsciente colectivo.

Sin embargo, el Shiatsu no sirve exclusivamente para aliviar problemas de columna; también hemos comprobado, a través de la experiencia de muchos años, que se puede utilizar para tratar numerosas enfermedades.

Los profesionales del Shiatsu saben que la terapia Shiatsu puede ayudar en el tratamiento de numerosas enfermedades, aunque está especialmente indicada para tratar problemas de la columna vertebral.

Existe el dicho popular: «Es mejor prevenir que curar». Su coherencia radica en que la naturaleza del sistema de autodefensa del cuerpo tiene la capacidad innata de autocuración. Y ésta utiliza el dolor como señal de alarma para avisarnos de que algo no funciona correctamente, de modo que podamos prevenir el mal a tiempo.

Cada persona tiene un umbral de dolor y una sensibilidad diferentes; cuando se sobrepasa, salta la alarma y el cuerpo lo somatiza, lo recibe como un mensaje de dolor (¿el nivel de dolor cambia según la persona y la edad?).

Con el paso de los años, las malas posturas, el estrés y el cansancio hacen que esa capacidad innata de recuperación se debilite, con lo que aumenta el umbral de dolor y hace que la recuperación sea más lenta.

La tendencia general ante el dolor es el uso de medicamentos que eliminan el síntoma rápidamente. Pero hay que evitar la confusión; la causa sigue ahí aunque no sintamos dolor. Los mecanismos de dolor e inflamación son los que utiliza el organismo para autocurarse. Cuando una zona está inflamada y tomamos antiinflamatorios, lo que estamos haciendo es interrumpir el proceso de regeneración que pone en funcionamiento nuestro propio organismo; digamos que los tejidos son reparados, pero no regenerados, lo que afecta a la calidad y la durabilidad de los mismos. De este modo, la patología se convierte en crónica (los macrófagos no pueden limpiar la zona y los agentes patógenos permanecen).

Entre las diferentes razas existen diferencias anatómicas. Por ejemplo, entre los asiáticos y los europeos existe una constitución distinta, en especial la curvatura lumbar, lo que crea una diferencia en la frecuencia de sufrir hernias discales; mientras que en Occidente ronda el 20%, en Oriente es un 2%.

Pero, desgraciadamente, aunque existan diferencias culturales, el dolor de la zona lumbar es universal y casi inevitable. En el mundo de las terapias manuales existen diferentes teorías acerca de las patologías y de sus orígenes. Al ser la zona lumbar el centro del cuerpo y el ser humano el único mamífero bípedo, una afectación de la zona lumbar puede estar provocada tanto por problemas del miembro inferior (esguinces mal curados), como por problemas en el miembro superior (latigazo cervical).

Desde el punto de vista del Shiatsu, el cuerpo hay que verlo como un todo en el que todas las partes están interconectadas influyéndose unas en otras, de modo que el realizar un tratamiento como un ensamblaje de partes separadas tiene sus riesgos.

Desde la antigüedad, el hombre ha recibido tratamiento manual para curar sus dolencias; por otro lado, la medicina china dice que «en la búsqueda del equilibrio en el cuerpo hay una unión infranqueable entre lo mental y lo físico». Lo que sugiere que un dolor de espalda puede estar ocasionado entre otros motivos por causas emocionales. Un estado emocional puede crear una úlcera, taquicardia o debilitar cualquier órgano, así como la irritación de hígado influir en el estado emocional (hay un dicho que dice «tener un humor de hígados»).

Nuestro tratamiento no se centra en la enfermedad, aunque se plantea según el síntoma y dolor que presente el paciente. El objetivo principal es equilibrar el cuerpo y aumentar las defensas. La búsqueda de dicho equilibrio no debe confundirse con la búsqueda de acercar el cuerpo a un ideal griego, sino con encontrar la tendencia del paciente y entender el equilibrio dentro de su estructura. El ADN de cada persona determina desde el nacimiento la tendencia estructural y postural de cada uno. Por ello existe una infinidad de posibilidades, tantas como personas hay. En definitiva, un tratamiento holístico e individual.

Es el propio cuerpo, a través de los estímulos recibidos (la presión), el que va equilibrándose y ganando salud, manteniendo así el cuerpo joven, flexible y con las defensas elevadas para hacer frente a cualquier enfermedad.

Con el Shiatsu trabajamos y corregimos las asimetrías, encontrando el límite de presión que pueda aguantar el paciente para conseguir su equilibrio.

¿Por qué de la necesidad de un tratamiento estándar del paciente europeo?

Esta técnica nace en oriente, de modo que el tratamiento estándar se ha elaborado a partir de las experiencias y necesidades de dicha comunidad. Al difundirse en occidente, el Shiatsu tiene que hacer a frente nuevas necesidades; la diferencia entre orientales y occidentales no es sólo estructural sino también cultural. En Japón, las personas están acostumbradas a un tratamiento de presiones profundas, cercanas al dolor. Su estructura física soporta mejor este tipo de presión; el japonés está acostumbrado a recibir Shiatsu con regularidad y por eso necesita un estímulo cada vez mayor. Además, culturalmente existe el juicio de que un masaje sólo hace efecto si la presión es fuerte. Sin embargo, el occidental exige una presión más ligera, sin provocar dolor. El ideal de la terapia manual es estimular lo menos posible. Estamos acostumbrados a soportar grandes y continuas tensiones que se acumulan en nuestro cuerpo sin intentar corregirlas. Tarde o temprano el organismo comienza a avisar de la sobrecarga en forma de dolor o molestia. Entonces acudimos al médico o al terapeuta manual en busca de un remedio que cada vez tiene que ofrecer una estimulación mayor para obtener resultados positivos. Si pensamos en mantener una buena calidad de vida, la estimulación del cuerpo del paciente siempre debe ser mínima. Esta irá en aumento sólo debido al proceso de envejecimiento que disminuye las funciones orgánicas que, entonces sí, deben ser estimuladas en mayor medida.

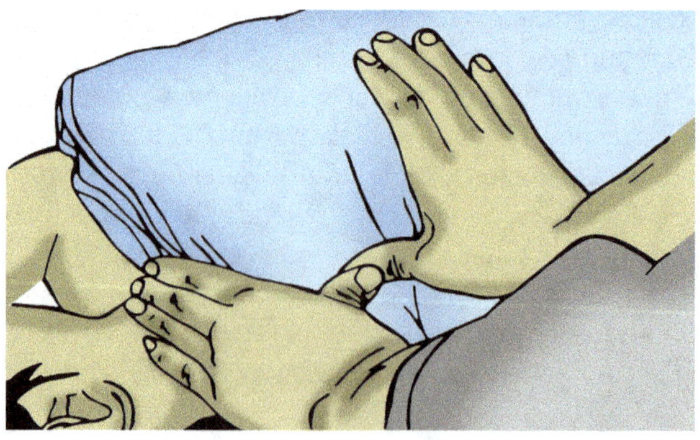

En general, un tratamiento se considera estándar cuando, con una efectividad del 60%, es capaz de conseguir una mejoría considerable en las personas. Normalmente el estándar se centra en las lumbares o espalda. Esto se considera la base para todos los tratamientos, incluso los que son principiantes saben adoptar un tratamiento específico; si hacen un tratamiento estándar la persona mejora. Éste se centra en estimular las autodefensas y el sistema autoinmune del cuerpo.

A partir de ahí salen el resto de técnicas. Metafóricamente se puede considerar el tratamiento estándar como el tronco de un árbol y, el resto de técnicas, las ramas.

En el caso del árbol occidental, la clave o primera rama principal sería el tratamiento específico del miembro superior y, en especial, los dolores cervicales, porque es el punto débil de la estructura vertebral.

Por este motivo se crea el estilo AZE del maestro Onoda, basado en más de 30 años de experiencia con pacientes occidentales. Nace lo que se puede considerar una adaptación del método tradicional japonés (Namikoshi) a un estilo AZE estándar para el cuerpo y la mente occidental.

4. Puntos clave, puntos Aze y Aze Shiatsu

Cada región de trabajo de Shiatsu consta de una o varias líneas y éstas a su vez contienen varios puntos. Dentro de estos puntos hay algunos que tienen influencia en desequilibrios concretos y que deben ser tratados de manera especial, según los conocimientos de Aze Shiatsu. En la literatura de nuestro estilo de Shiatsu aparecen continuamente referencias a estos puntos. Vamos a definirlos brevemente:

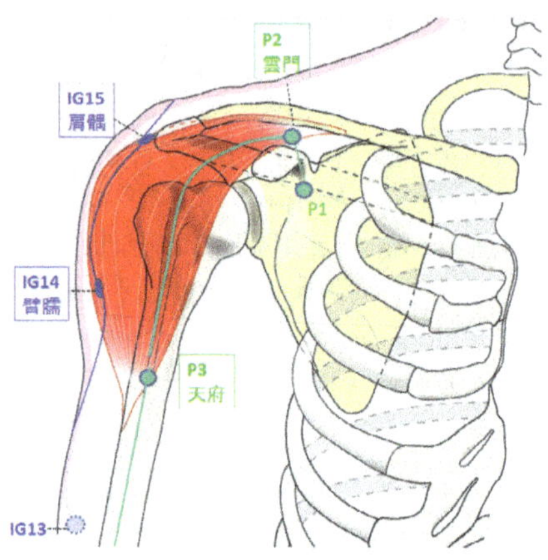

Puntos clave: Son puntos importantes para el tratamiento de algunos desequilibrios. La mayoría son puntos estrechamente relacionados con puntos de acupuntura. Otros son puntos de experiencia y de probada eficacia en el trabajo con Shiatsu, definidos y localizados después de más de treinta años de trabajo.

Puntos Aze: Es la manera japonesa de denominar a los puntos ashi, a los que hace referencia la medicina tradicional china. Los puntos ashi no tienen nombre ni ubicación específica; se localizan en zonas dolorosas cuando existen desequilibrios.

Los puntos clave se identifican siempre según la localización tradicional de la acupuntura, pero el trabajo de Aze Shiatsu exige buscar el punto aze cercano. En muchas ocasiones coinciden exactamente, pero en otras tantas no.

Es importante distinguir entre Acupuntura y Shiatsu. Ambos beben de una fuente común y tienen el mismo objetivo, restaurar la salud y el bienestar del paciente, pero las formas de diagnóstico y de tratamiento son diferentes. La Acupuntura es una técnica que trabaja directamente sobre la energía que circula por el cuerpo a través de los meridianos y los puntos que los forman. Normalmente utiliza entre diez y treinta agujas en cada sesión. El Shiatsu es una técnica manual que trabaja corrigiendo los desequilibrios estructurales que se producen en el cuerpo por diferentes razones (posturales, emocionales, energéticas, traumáticos). Trabaja todo el cuerpo con las manos, siendo el contacto físico y su calidez muy importantes en el resultado final.

También el modo de trabajar estos puntos es diferente en ambas técnicas. Es indudable que no se puede comparar la acción de una aguja insertada a dos o tres centímetros de profundidad durante veinte minutos con el trabajo de un pulgar presionando tres veces durante tres segundos, que es la presión básica de Shiatsu. Para que la acción de la presión sea eficaz, Aze Shiatsu propone una técnica sencilla para trabajar estos puntos importantes. El terapeuta tiene que considerar la región donde se localiza el punto como una zona amplia que debe ir acotando con líneas y éstas a su vez con puntos que debe ir trabajando poco a poco. Se trata de ir de lo más amplio a lo más concreto: cada punto se localiza en una zona muscular cuyo estado le afecta irremisiblemente. Hay que devolver el músculo a su estado fisiológico para que el trabajo posterior sobre el punto concreto sea mucho más efectivo.

5. Características de la terapia Shiatsu

1. El Shiatsu es un tratamiento integral. Cada vez que se realiza un tratamiento se trabaja todo el cuerpo, debido a que el tratamiento local, generalmente, tiene efectos temporales sobre los síntomas y no llega a curar la causa.

2. El Shiatsu, como su etimología indica, es una terapia en la que se utilizan únicamente los dedos, sin recurrir a ninguna maquinaria ni utensilios. Tampoco se emplean ni puños ni codos. Es porque nuestros dedos están dotados con más receptores sensoriales que el resto del cuerpo y son muy sensibles y capaces de sentir el grosor de un papel fino.

3. En el Shiatsu, el diagnóstico y la terapia se hacen al mismo tiempo. Cuando el terapeuta aplica presiones de Shiatsu en el cuerpo del paciente recibe información, a través de las manos y los dedos, del estado de la piel, los músculos, la temperatura del cuerpo, etc. De esta manera, el terapeuta profesional puede determinar el tratamiento necesario a realizar.

4. El Shiatsu es una terapia corporal que aplica presiones con los dedos y las manos sobre el cuerpo del paciente. Estas presiones son perpendiculares y se modulan según la respuesta de la zona presionada con el objeto de estimular no solamente la piel, sino también los músculos, el sistema hormonal y el sistema nervioso central y periférico, sobre todo el sistema nervioso autónomo.

5. El Shiatsu no tiene efectos secundarios, debido a que la presión se modula de modo que produce sensaciones agradables en el cuerpo. Nunca se atraviesa el umbral del dolor agradable, y el terapeuta debe armonizar su presión de acuerdo a la zona que esté tratando.

6. El Shiatsu puede aplicarse a hombres, mujeres y niños de todas las edades, y en cada caso se determinan los objetivos a conseguir. En el niño o la niña se busca mejorar su constitución y el fortalecimiento del cuerpo. En los adultos se intenta mantener y mejorar el estado general. En las mujeres embarazadas se aplica Shiatsu desde el primer

al último día de gestación; después del parto, acelera el proceso de recuperación de la cadera. En los ancianos conserva el cuerpo flexible para prevenirlo de las enfermedades.

7. Recibir Shiatsu con regularidad ayuda a descubrir los posibles cambios e irregularidades que se manifiestan en el cuerpo. Así se impide la acumulación de estrés y de toxinas que pueden provocar la aparición de alguna patología. El objetivo del Shiatsu es mantener y aumentar la capacidad de autodefensa del organismo.

6. Funciones fisiológicas de Shiatsu

Cuando nos duele alguna parte del cuerpo, de forma natural solemos acercar nuestra mano a la zona dolorida. Esta es una acción instintiva que nace con el ser humano y no necesita de un adiestramiento previo; es una forma natural de aliviar el dolor y es el origen del Shiatsu y de otros tratamientos. A nivel fisiológico lo que ocurre es que en la inflamación se acumulan iones positivos que provocan la sensación de dolor. Al poner nuestras manos cargadas de iones negativos sobre la zona inflamada, neutralizamos la carga positiva y el dolor desaparece.

El terapeuta de Shiatsu presiona las zonas del cuerpo del paciente, cuyo riego sanguíneo no es el adecuado. Cuando una zona del cuerpo no recibe el riego sanguíneo correcto, en la piel de dicha zona observaremos lo siguiente:

1. No tiene brillo.
2. Está seca.
3. Carece de elasticidad.
4. Aparece vello para proteger la zona.

Al presionar estas zonas, que por lo general suelen coincidir con los denominados tsubos, mejora la circulación. Para hacer una comparación, si el cuerpo fuera una red de ferrocarril, las vías serían las líneas que conectan los puntos de presión y las estaciones serían los tsubos. Éstos suelen encontrarse en mayor cantidad alrededor de las articulaciones y cerca de las inserciones de los músculos. Al igual que en las curvas de los ríos se acumulan sedimentos, alrededor de las articulaciones y zonas de complicada estructura del cuerpo humano se acumulan los tsubos. Tsubo en Japón tiene dos significados: «lugar de acumulación de energía» y «cuenco»; en este caso es un deposito de energía.

El terapeuta puede, por medio de sus manos, percibir y conocer el estado del cuerpo del paciente y recibir sus vibraciones aunque no converse con él. Cuanto mayor sea la experiencia del terapeuta, más sensible será la información que reciba del cuerpo del paciente. La percepción y la experiencia permiten al terapeuta tratar las zonas adecuadas creando comunicación a través de sus manos.

El Shiatsu-shi (terapeuta de Shiatsu en japonés) utiliza sus conocimientos de medicina occidental acerca del sistema nervioso y los reflejos víscero-cutáneos. El sistema nervioso periférico es una parte del sistema nervioso, considerado como una prolongación del encéfalo y la médula espinal. Está formado por nervios sensitivos (fibras centrípetas) que transmiten los estímulos que recogen a los centros nerviosos, y nervios motores (fibras centrífugas) que llevan las órdenes de estos centros a distintas estructuras corporales, especialmente los músculos.

Por medio de las fibras centrípetas, el estímulo que viene de un órgano interno puede producir dolor reflejo u otras reacciones que el sistema nervioso canaliza hacia algunas zonas del cuerpo como los hombros, la espalda o el abdomen. Eso indicaría que una contracción exagerada del músculo puede ser producida por una enfermedad orgánica. La distribución de los nervios de la médula espinal es muy ordenada y las zonas que inervan forman segmentos alrededor del cuerpo. Estos segmentos son los denominados dermatomas.

Atendiendo a la localización de las zonas de dolor y contractura podemos conocer qué órgano o víscera se encuentra en mal estado. Conocer cuando un órgano está afectado por medio del reflejo víscero-cutáneo es una llave que abre la puerta a muchos tratamientos de Shiatsu. Así podremos ayudar a muchas personas a mejorar el funcionamiento de sus órga-

7. Efectos de Shiatsu en el organismo

nos presionando las zonas reflejas. Dependiendo de las condiciones del paciente, el terapeuta presiona las zonas afectadas del cuerpo.

1. Flexibiliza la piel.
2. Mejora el sistema circulatorio.
3. Flexibiliza el sistema muscular.
4. Ayuda a la recuperación del equilibrio del sistema digestivo.
5. Facilita las funciones del sistema digestivo.
6. Mejora el control del sistema endocrino.
7. Regula las funciones neuronales.

Después de una sesión de Shiatsu en la que los músculos han sido presionados por las manos, los estiramientos son un complemento ideal. Uno de los puntos fundamentales del Shiatsu es que siempre se trata todo el cuerpo.

Habitualmente los pacientes tienden a pensar que sólo se les debe tratar la parte afectada del cuerpo o aquella que les duele. En Shiatsu sabemos que una disfunción del estómago puede estar producida por una baja función de los órganos relacionados con él.

Por lo tanto, siempre trabajamos todo el cuerpo para que el funcionamiento de todos los órganos mejore y el organismo recobre su armonía natural.

El sistema esquelético del ser humano está compuesto por 206 huesos. Las articulaciones son la unión de unos huesos con otros para que el cuerpo pueda moverse libremente. Sin ellas seríamos como robots. El Shiatsu consigue que las articulaciones recuperen sus movimientos sincronizados naturales.

Las articulaciones del cuerpo están conectadas de tal forma que si tumbamos a una persona de 100 kg. boca arriba, un niño de pocos años podría, con la ayuda sólo de su mano o un dedo, empujar por el pulgar del pie a la persona tumbada y mover todo su cuerpo de los pies a la cabeza. Si una articulación deja de funcionar y su movimiento se ve reducido, todas las articulaciones relacionadas con ella se verán afectadas.

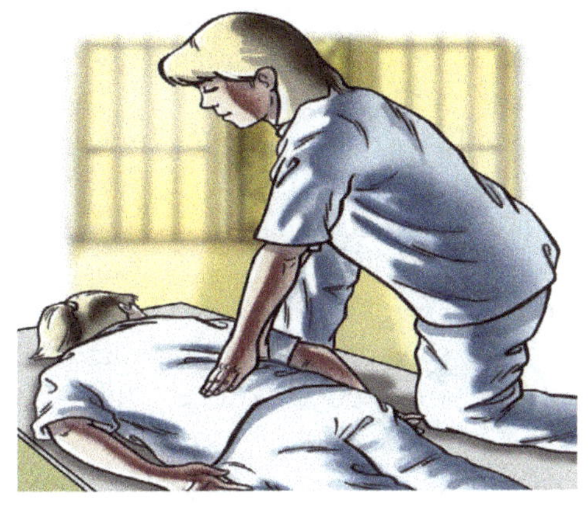

Imaginemos que nos torcemos un tobillo; debido al dolor, y para proteger la articulación afectada, utilizaremos más el otro pie desplazando nuestro centro de gravedad. Es indiscutible que un cambio de este tipo afectará a todas las articulaciones. El Shiatsu actúa regulando los desequilibrios del cuerpo de los pies a la cabeza, tratando todas y cada una de las articulaciones para que recobren su sincronía natural. Este es otro claro punto de apoyo para la teoría del Shiatsu que defiende el tratamiento de todo el cuerpo y no sólo de la zona afectada.

El Shiatsu induce al paciente a realizar una respiración abdominal calmada y profunda, y equilibra su sistema nervioso autónomo. Al recibir Shiatsu la respiración se hace más profunda y si respiramos con el abdomen todo el cuerpo respira.

La sangre recorre el cuerpo de extremo a extremo, por lo que respirando con profundidad y abdominalmente conseguiremos que la sangre circule mejor, mejoraremos el movimiento de las articulaciones, el equilibrio del cuerpo y nuestra postura. Con este tipo de respiración nuestra mente pasa a un estado que nos induce a la meditación, el cuerpo se relaja y se elimina el estrés. El movimiento de subida y bajada del diafragma masajea las vísceras, consiguiendo con ello un mejor funcionamiento de las mismas.

El Shiatsu también tiene un importante papel en el reequilibrio del cuerpo, corrigiendo las alteraciones producidas por la repetición diaria de ciertos movimientos o ejercicios. El ser humano anda, actúa y se mantiene erguido sobre sus pies, y suele realizar movimientos y ejercicios que se repiten a diario, forzando así unas zonas más que otras.

Por ejemplo, usamos una mano más que otra, cruzamos una pierna sobre la otra y de esta forma llevamos nuestro centro de gravedad siempre hacia un mismo lado.

El tenis, el golf y el baseball son ejemplos exagerados de estas tendencias. Para arreglar estos desequilibrios el Shiatsu y el cambio de los hábitos posturales son primordiales.

El Shiatsu ayuda al paciente a alcanzar el límite máximo de la capacidad de autocuración de su organismo que todo ser humano posee. El organismo tiene capacidad para estar siempre en un estado adecuado de salud. Instintivamente, rechazamos lo que le perjudica y admitimos lo que le beneficia.

El dolor es una señal de alarma que el cuerpo nos envía para avisarnos de que lo estamos dañando. Las personas que tienen «anestesiada» esta sensación no conocen dónde está el límite de aguante de su cuerpo y suelen padecer graves enfermedades.

Los animales cuando enferman no comen ni beben, sólo descansan, posibilitando que su cuerpo sane gracias a su capacidad de autocuración. El instinto es lo que los hace actuar de esa manera; sólo el ser humano no descansa cuando está enfermo.

El mejor indicador de un buen estado de salud es que al levantarnos por las mañanas estemos descansados y con energía para empezar el nuevo día. El ser humano debe vivir de acuerdo a sus biorritmos y mantener un estado de salud que le permita tener la sensibilidad suficiente para recibir cualquier señal que el cuerpo le envíe, y poder reaccionar con prontitud ante cualquier enfermedad. Día a día nuestro cuerpo cambia, pierde tono y salud; es normal y debe ocurrir.

El ser humano nace para terminar muriendo, pero puede disfrutar de su vida con plenitud. Si nuestra medida de salud descendiera hasta un 50%, sintiéramos dolor o cualquier síntoma de enfermedad, el ideal sería descansar y recibir Shiatsu para recuperar nuestro nivel de salud habitual. Conseguir que el mayor número de personas logre disfrutar de su vida plenamente y ser feliz, es la misión del Shiatsu.

8. Patologías que podemos trabajar con Shiatsu

1. Catarro.
2. Demencia senil en personas mayores (prevención).
3. Desequilibrio del SNA.
4. Insomnio.
5. Obesidad.
6. Agotamiento.

Problemas circulatorios:

1. Hipertensión.
2. Infarto cerebral (prevención y rehabilitación).
3. Diabetes (prevención y mantenimiento).
4. Hiperlipidemias.
5. Angina de pecho (prevención).
6. Arritmia.
7. Taquicardia.
8. Sensación de ahogo.
9. Agobio.
10. Infarto de miocardio (prevención).

Problemas del aparato digestivo:

1. Equilibrar apetito.
2. Diarrea.
3. Estreñimiento.
4. Mala digestión.
5. Gases.

Problemas de la piel:

1. Alergia.
2. Picor de la piel.
3. Aspereza de la piel.
4. Asma (problema del sistema respiratorio).
5. Alergia del polen (problema del sistema respiratorio).

Problemas del aparato genital:

1. Dolor de la menstruación.
2. Menstruación irregular.
3. Menopausia.
4. Mioma.
5. Síntomas durante el embarazo.
6. Problemas en el postparto (cadera).

Problemas de las piernas:

1. Pie hinchado.
2. Calambres.
3. Piernas frías.
4. Pesadez de piernas.
5. Varices.
6. Retención de líquidos.

Problemas de la columna:

1. Cervicalgia.
2. Hernia discal.
3. Hombro congelado (periartritis escápulohumeral).
4. Lumbalgia.
5. Ciática.
6. Escoliosis (rehabilitación y prevención).

9. Normas de precaución

1. En todo momento las manos deben estar limpias y las uñas cortadas a una longitud adecuada.

2. Antes de comenzar el tratamiento, el terapeuta debe respirar profundamente para regular su respiración y unificarse mentalmente.

3. Los fundamentos básicos de una terapia correcta deben ser dominados.

4. Deben dominarse las adecuadas posturas básicas de la terapia. Si no se mantienen cuidadosamente las posturas, la presión no se estabilizará como debiera.

5. Los puntos de presión deben ser localizados exactamente. Desde el principio, la presión debe tener la intensidad correcta. Nunca ha de ser demasiado fuerte.

6. Cuando el paciente sufra una afección que le impida mover el cuerpo libremente —periartritis escápulohumeral, esguinces, embarazo, hernia de los discos intervertebrales, síndrome del latigazo cervical, hemiplejia, etc.—, el terapeuta deberá tener especial cuidado en ajustarse a las posturas del paciente y regular la intensidad de la presión aplicada.

7. Durante la terapia, el terapeuta debe concentrarse en su trabajo con sinceridad y precaución.

8. Las sesiones terapéuticas deben durar de treinta minutos a una hora, dependiendo de la edad, sexo, condición y síntomas del paciente.

9. Antes de iniciar la terapia, el paciente orinará o defecará si le es preciso, y deberá relajarse física y mentalmente. Por supuesto, si es necesario, la terapia puede interrumpirse a mitad.

10. Las sesiones de terapia no deberían comenzar antes de transcurridos treinta minutos después de las comidas, y sí cuando el estómago no está ni vacío ni demasiado lleno.

10. Modo correcto de presionar

Eʟ dedo pulgar es la herramienta principal de la terapia Shiatsu. La presión de Shiatsu recae en un 90% sobre este dedo; el 10% restante se realiza con la palma de la mano.

La penetración de la presión ha de ser perpendicular a la superficie presionada; para ello se ejerce la presión con el pulpejo a la vez que inclinamos el cuerpo desde la cintura pélvica. Con este movimiento el peso que soporta el dedo pulgar puede llegar a un máximo de 15 ó 20 kilos. Debemos tener cuidado con la práctica de la presión, debido a que si no se adopta la postura adecuada tanto del cuerpo como de las manos y dedos pulgares, puede sobrevenir alguna enfermedad o deformación de los dedos.

El dedo pulgar debe soportar el peso desde la primera falange; es decir, desde la primera articulación que se une al hueso metacarpo, y no desde la segunda. El pulgar y el resto de los dedos deben formar un triángulo con respecto a la zona presionada.

NORMAS DE PRESIÓN Y POSTURA DE LOS DEDOS PULGARES

1. Cada presión de Shiatsu tendrá, en general, una duración de tres segundos, a excepción de los puntos individuales, donde se harán presiones de cinco segundos.

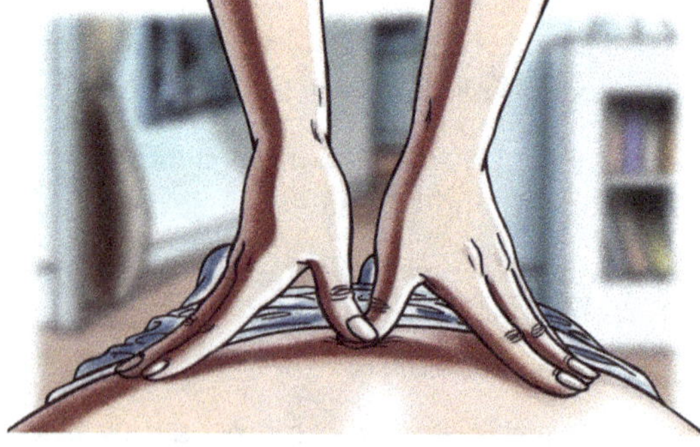

2. Cada línea, región o punto clave a presionar, se repetirá tres veces.

3. En postura básica se aplicará teoría del Aspa para la postura de pulgar sobre pulgar; es decir, el pulgar que soportará más peso e irá por debajo del otro será el contrario al pie que se esté apoyando en el suelo.

4. Cuando se traten líneas transversales, el pulgar que se colocará por debajo será el que esté más cercano y en la dirección de la línea que se está tratando.

5. Hay varias excepciones a estas normas, tanto para favorecer una mejor presión como para una mejor sujeción de la zona sobre la que se trabaja, usando debajo el pulgar de la mano que sujeta mejor esa zona.

6. En posiciones donde la línea a tratar se localice de forma central, se colocará por debajo el pulgar derecho para la gente diestra y el izquierdo para la persona zurda.

11. Características de la presión

1. Perpendicularidad: La presión de los dedos debe ser siempre perpendicular a la superficie del cuerpo que se está tratando.

2. Mantenimiento: Mantener la calidad de la presión mientras dure la misma.

3. Concentración: La presión debe tener la concentración necesaria en el punto que permita la penetración suficiente para aliviar el dolor o corregir la enfermedad.

El Shiatsu Aze introduce cuatro nuevos conceptos como extensión de los anteriores:

1. Dirección.
2. Tiempo.
3. Profundidad.
4. Relación con la respiración del paciente.

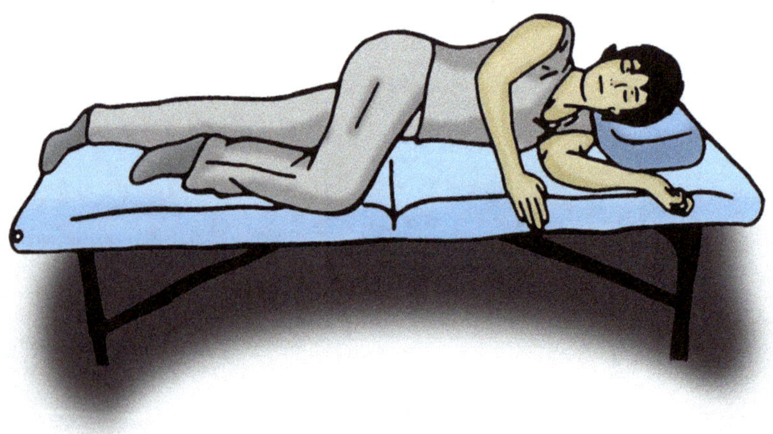

12. Trastornos en los que NO debe aplicarse Shiatsu

1. Enfermedades contagiosas.

2. Si el paciente padece las siguientes patologías: Pleuresía, peritonitis, apendicitis, pielitis, pancreatitis, úlcera péptica, úlcera duodenal, cirrosis hepática, leucemia, retortijones de estómago, obstrucción intestinal, cáncer.

3. En los siguientes casos especiales: Fiebre elevada inmediatamente después de una operación quirúrgica, extrema debilidad física, enfermedades infecciosas de la piel.

13. Reflejos del sistema nervioso autónomo

Hay otros reflejos, pero aquí indicamos los dos más importantes:

Reflejos del seno carotídeo

Dada la importancia del tratamiento Shiatsu sobre la región cervical anterior, las funciones fisiológicas del área del seno carotídeo deben ser entendidas concienzudamente. El seno carotideo se localiza en el punto del cuello donde la arteria carótida se ramifica en dirección a la cabeza. En este punto se halla situado el cuerpo carotídeo, una distribución de tejidos nerviosos conectados con el nervio vago llamado en su conjunto nervio sinus. Es extremadamente sensible a la presión sanguínea y a las condiciones respiratorias.

Fenómeno de Aschner (fenómeno óculo-cardíaco)

Este reflejo es especialmente importante en conexión con la presión Shiatsu aplicada a los ojos por medio de las palmas. Una presión suave y persistente aplicada a los ojos estimula las terminaciones del nervio trigémino localizado detrás de ellos. Éste, a su vez, induce reflejos en el cuerpo central del nervio vago, lo que conlleva una reducción del pulso y un descenso de la presión sanguínea.

14. Tipos de presión

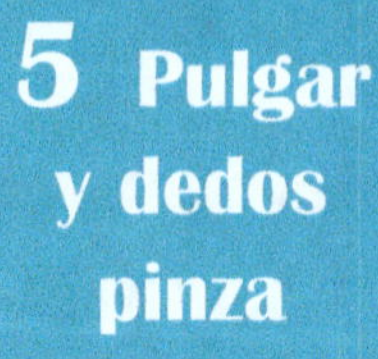
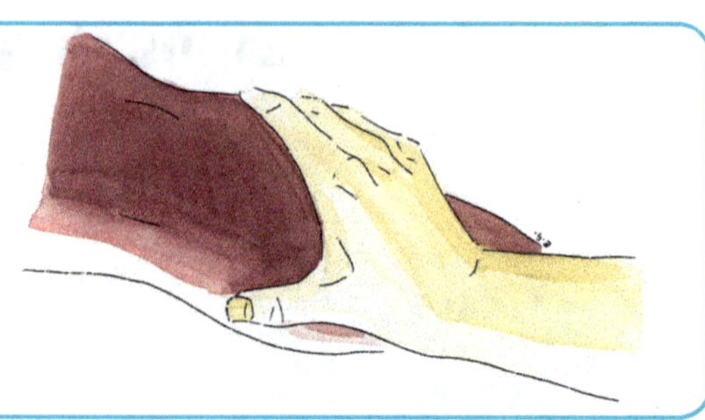

5 Pulgar y dedos pinza

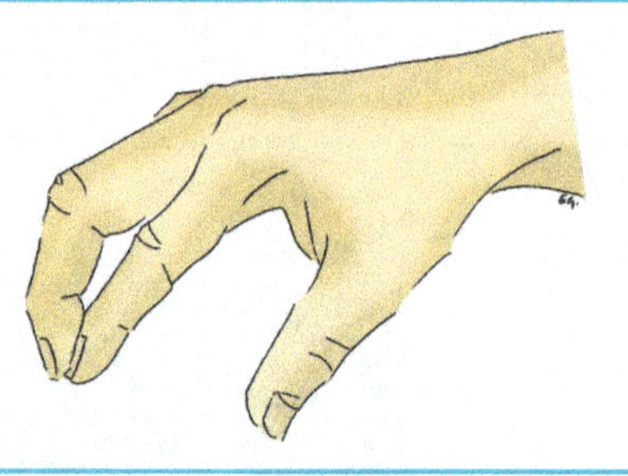

6 Con dedos medio e índice

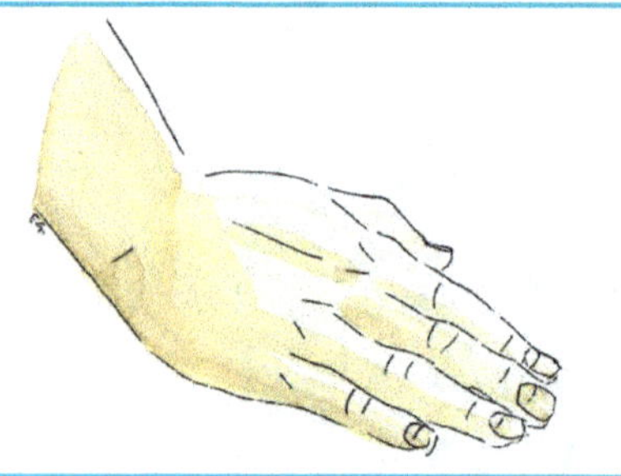

7 Presión palmar

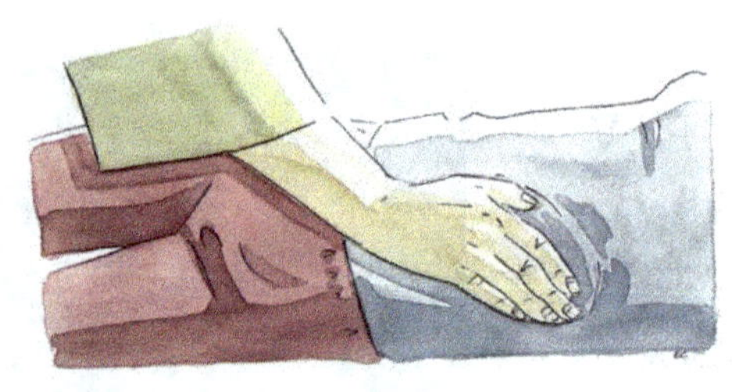

8 Presión con eminencias tenar e hipotenar

 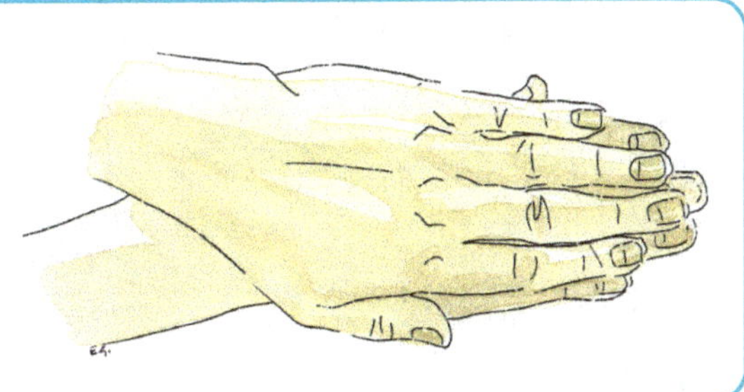

9 Ambas palmas

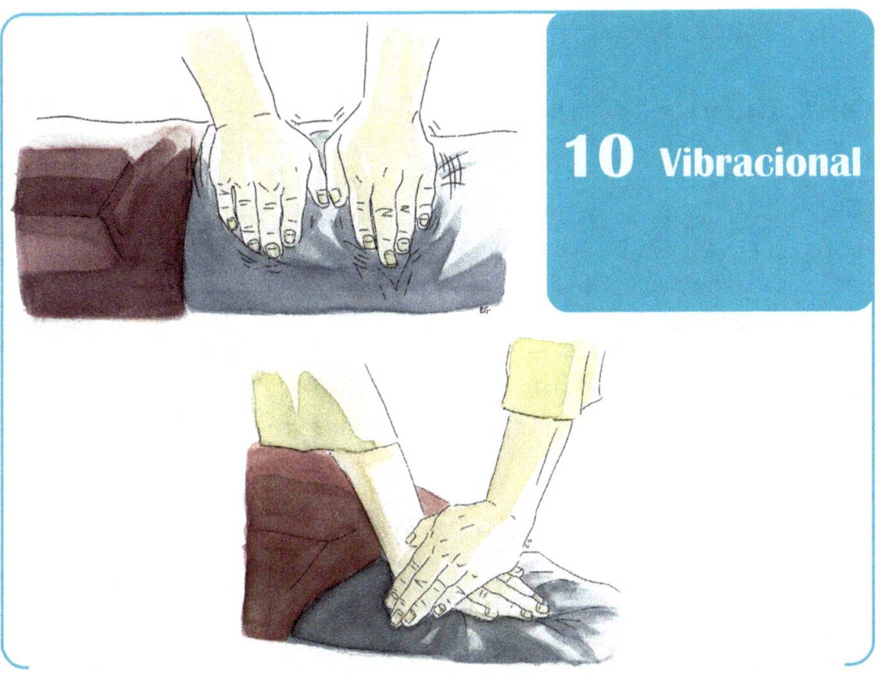

10 Vibracional

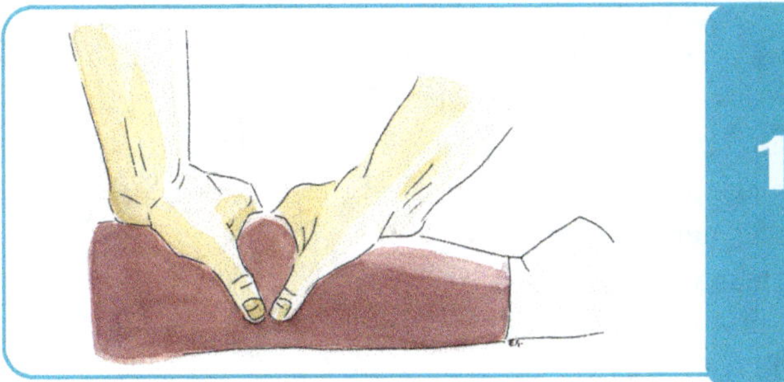

11 Pulgares en V

15. Postura del terapeuta

TIPOS DE POSTURA

Los terapeutas de Shiatsu utilizan fundamentalmente tres posturas básicas para realizar el tratamiento:

1. Postura básica.   2. Seiza.   3. Rodillas.

Conciencia corporal de la postura del terapeuta

Para el trabajo con Shiatsu es muy importante que el terapeuta tenga conciencia de su propio cuerpo. Debe conocer cuál es su postura adecuada para estar equilibrado y administrar, así, una mejor terapia.

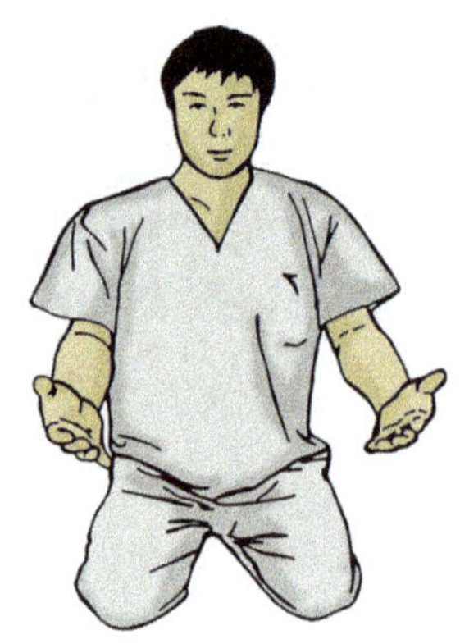

La parte superior del cuerpo debe estar completamente relajada. Debe tener sus meñiques hacia su tronco, de esta manera los codos se pegan al cuerpo y se relajan los trapecios. Se concentra así la postura en la parte anterior del tronco, sobre todo sobre el pectoral mayor. Un ejercicio adecuado es realizar círculos amplios con los brazos, recogiendo éstos hacia el hara, atrayendo los meñiques.

La parte inferior del cuerpo debe estar concentrada manteniendo la postura adecuada. Para ello los dedos gordos deben pegarse fuertemente al suelo. De esta forma las rodillas se juntan y se concentran las regiones femoral y sural medial (meridiano del Bazo-Páncreas), creándose mayor estabilidad. Después se concentra la postura sobre el hara y el tanden.

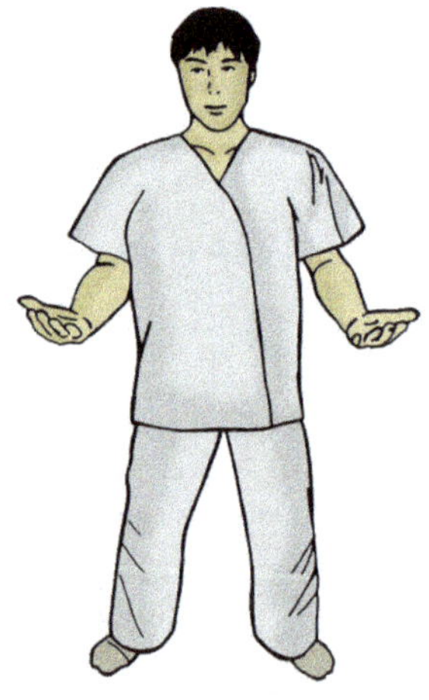

Esta manera de asentar el cuerpo es válida tanto para la postura en bipedestación como para la postura de rodillas (seiza).

El cuerpo y la presión

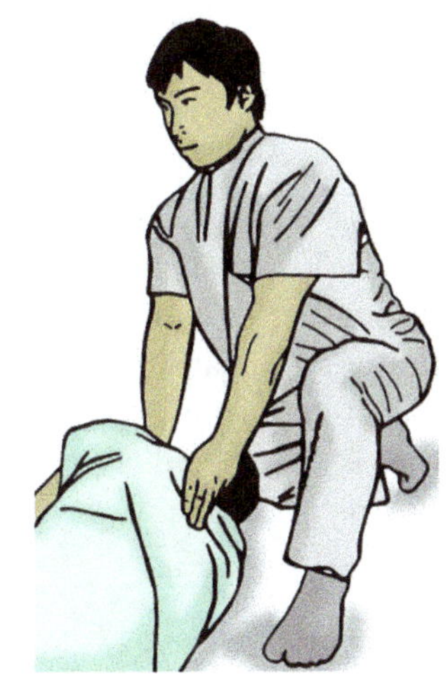

A partir de esta postura se genera el movimiento, y a través de éste se realiza la presión. El peso del cuerpo recae sobre las manos y ejerce la presión a través de ellas. No se utiliza la fuerza de los brazos.

La columna y la cadera del terapeuta deben formar un ángulo de 90° bloqueando la zona de la cadera para evitar problemas en la columna vertebral.

Al trabajar sobre una camilla, el terapeuta debe imaginar el triángulo formado por los dedos gordos de ambos pies y el tanden para mantener la postura correcta; además de cuidar el triángulo formado por el tanden, el periné y el sacro de donde parte el movimiento que genera la presión.

La respiración ha de adecuarse en ritmo a la del paciente. A medida que avanza la sesión, la respiración del paciente se volverá más lenta y profunda.

El terapeuta debe, también, concentrarse en el punto 8MC de sus manos. Siempre ha de dejar un espacio entre este punto y el cuerpo del paciente. Este es el lugar por donde la energía se proyecta desde el terapeuta hacia el paciente. Debe adecuar la postura de las manos para mantener esta posición.

1. Manera de trabajar con la postura básica

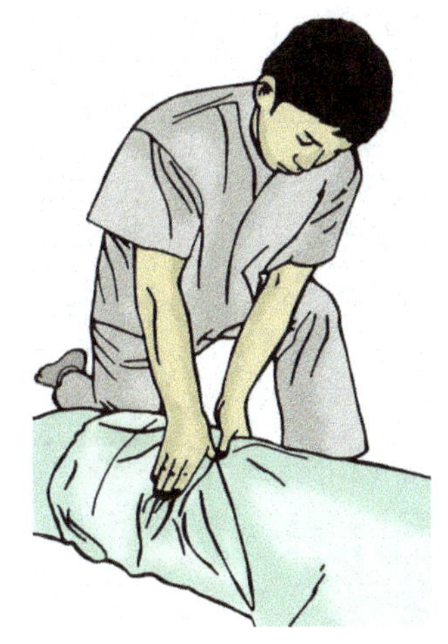

La postura básica es la más utilizada en Shiatsu. Tiene tres puntos de apoyo: rodilla, pie y pulgares. El triángulo que forman debe ser lo más equilátero posible. De esta manera se puede ejercer la presión adecuada sobre el paciente.

Como indicamos al principio, es fundamental concentrase en el dedo gordo del pie apoyado para cerrar la pierna y mantener una buena postura que nos permita presionar correctamente, haciendo uso del hara y del tanden.

2. Postura Seiza

La postura Seiza es la postura tradicional japonesa. La espalda se mantiene perfectamente elongada y se apoya por medio de los glúteos sobre los talones. Es muy importante iniciar la presión desde el hara (tanden). Como siempre es el hara el que ejerce la presión, no los brazos ni las manos.

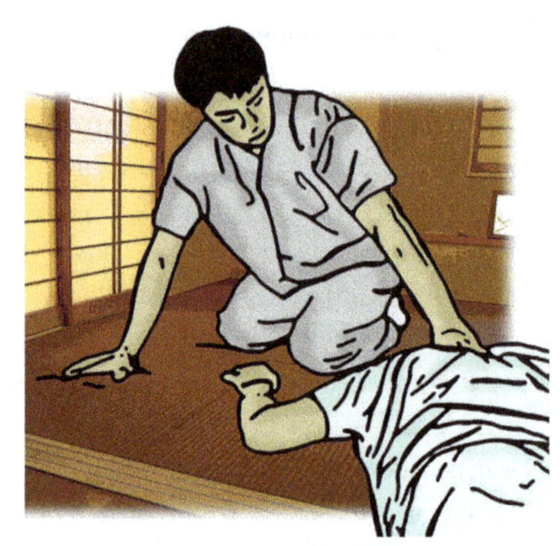

3. Postura de Rodillas

En la postura de rodillas, el terapeuta se apoya sobre sus rodillas con las caderas ligeramente levantadas. La manera de presionar es igual que en seiza, pero esta postura es algo más inestable. El terapeuta debe fijar ambos empeines del pie para estabilizarse mejor.

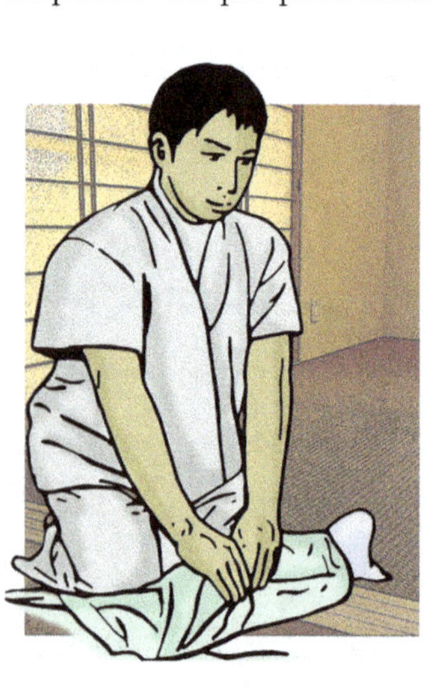

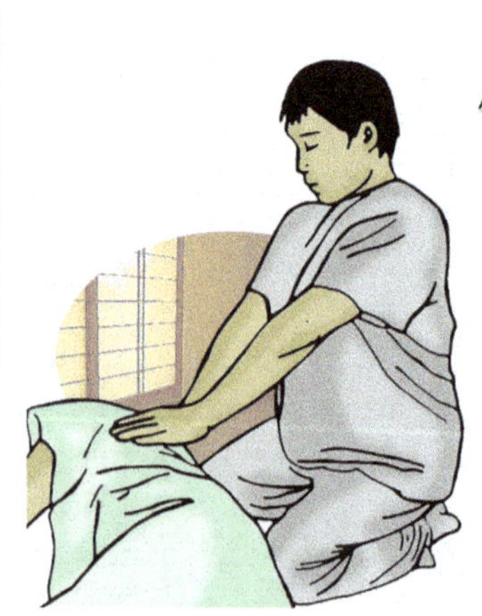

16. La columna vertebral y localización de vértebras

La columna vertebral es una estructura ósea flexible, con las funciones de proteger la médula espinal, sujetar el cráneo, dar movilidad al tronco y transmitir fuerza a través de la pelvis a los miembros inferiores. Se la denomina también espina dorsal o raquis y está compuesta de 33 ó 34 pequeños huesos llamados vértebras, cuyas protuberancias posteriores (apófisis espinosas) se pueden percibir cuando palpamos el centro de la espalda. Entre cada vértebra están los discos intervertebrales, formados por cartílagos elásticos con un núcleo gelatinoso y una parte periférica compuesta de láminas concéntricas de cartílago fibroso, cuya función es la de amortiguar las presiones a las que se ven sometidas las vértebras.

La columna vertebral está formada por:

7 vértebras cervicales.
12 vértebras dorsales.
5 vértebras lumbares.
5 vértebras soldadas en el sacro.
4 vértebras soldadas en el coxis.

Las primeras siete vértebras, situadas en el cuello, son las cervicales, y sobre la primera de ellas (atlas) descansa el cráneo. Por debajo del cuello están las doce vértebras dorsales, que están unidas a las costillas y, por último, están las cinco vértebras lumbares. Todas las vértebras citadas tienen movilidad, mientras que las del sacro y el coxis están soldadas.

Si observamos lateralmente la columna vertebral veremos que no es recta, sino que tiene determinadas curvaturas, dos cóncavas y dos convexas. La zona del sacro y la dorsal son convexas hacia la parte posterior, mientras que la zona lumbar y la cervical son cóncavas hacia la zona posterior. A las partes cóncavas se les denomina lordosis.

Debido a la especial importancia que damos en el Shiatsu al tratamiento de la zona de la espalda, que se relaciona con la regulación del sistema nervioso autónomo, podemos situar el emplazamiento de algunas vértebras, para tenerlas como puntos de referencia, en localizaciones más precisas.

1. Para localizar la primera vértebra dorsal le pediremos al paciente que

flexione la cabeza; de esta forma observaremos la gran vértebra nudosa que sobresale en la base del cuello y que corresponde con la séptima vértebra cervical o también llamada vértebra prominente. Puede darse la circunstancia de que no podamos distinguir entre la séptima vértebra cervical y la primera dorsal, debido a que forman una gran superficie nudosa. Para poder distinguirlo le pediremos al paciente que haga un lento movimiento de rotación de la cabeza y así podremos comprobar que la vértebra que gira al mismo tiempo que el cuello es la séptima cervical.

2. Si imaginamos en el tórax la línea mamilar, que llega a la zona posterior de la espalda, correspondería al punto intermedio entre la quinta y la sexta vértebra dorsal.

3. Si trazamos una línea imaginaria entre los bordes inferiores de los omóplatos, coincidiría aproximadamente con la octava vértebra dorsal.

4. La altura del ombligo corresponde en la zona de la espalda al punto situado entre la segunda y la tercera vértebra lumbar.

5. Por último, si trazamos una línea imaginaria que uniera las crestas ilíacas, correspondería a la cuarta vértebra lumbar.

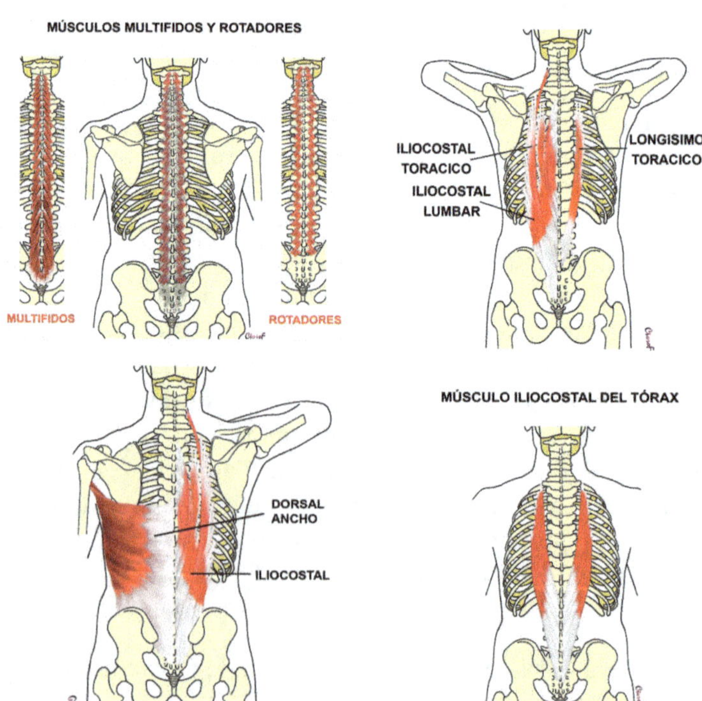

INTERNATIONAL EJS Shiatsu School

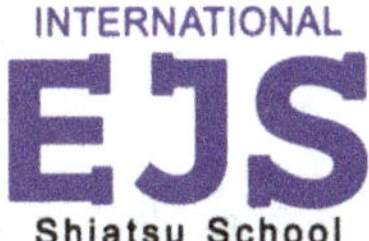

LOCALIZACIÓN DE VÉRTEBRAS

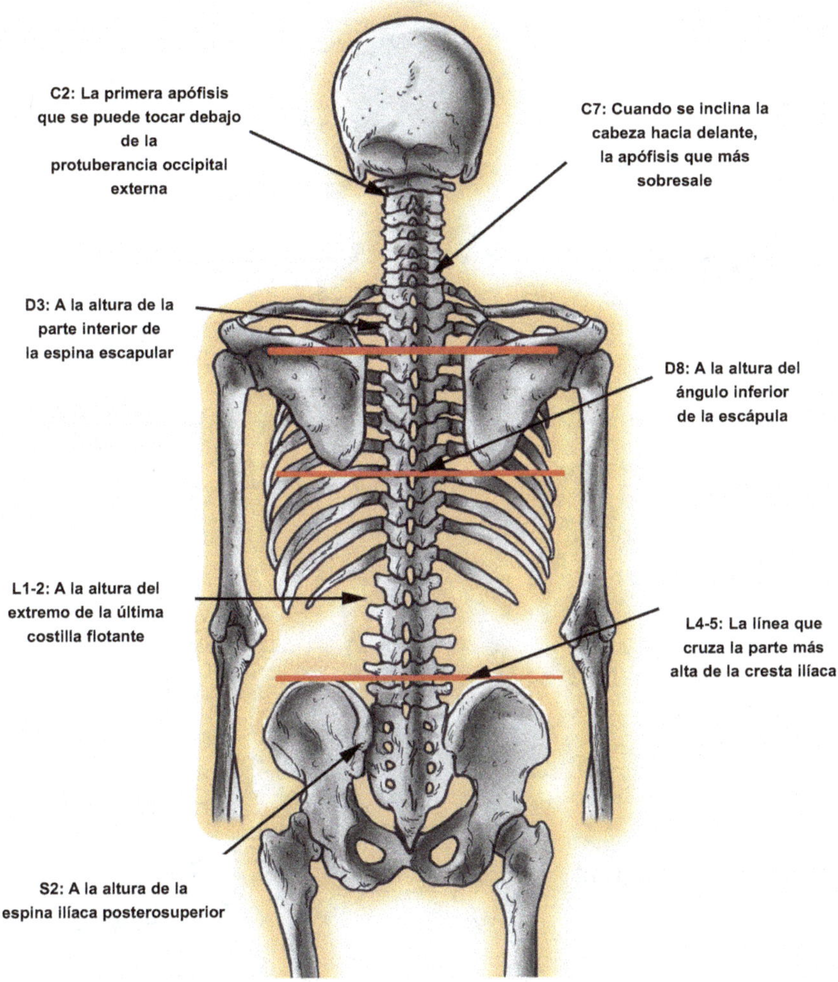

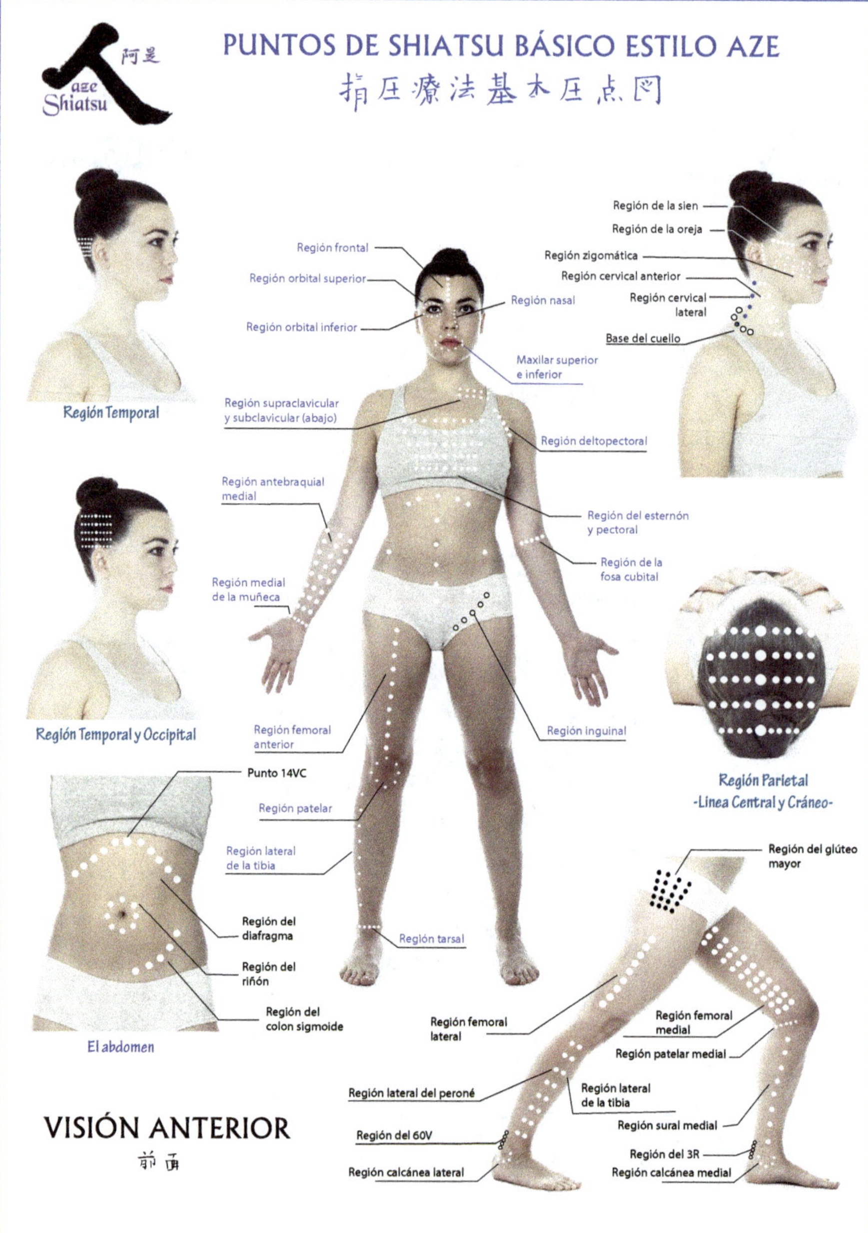

PUNTOS DE SHIATSU BÁSICO ESTILO AZE
aze Shiatsu
Región Temporal
Región Temporal y Occipital
El abdomen
VISIÓN ANTERIOR
Región frontal
Región orbital superior
Región orbital inferior
Región nasal
Maxilar superior e inferior
Región supraclavicular y subclavicular (abajo)
Región antebraquial medial
Región medial de la muñeca
Región femoral anterior
Punto 14VC
Región patelar
Región lateral de la tibia
Región del diafragma
Región del riñón
Región del colon sigmoide
Región de la sien
Región de la oreja
Región zigomática
Región cervical anterior
Región cervical lateral
Base del cuello
Región deltopectoral
Región del esternón y pectoral
Región de la fosa cubital
Región inguinal
Región Parietal
-Linea Central y Cráneo-
Región del glúteo mayor
Región femoral lateral
Región femoral medial
Región patelar medial
Región lateral del peroné
Región lateral de la tibia
Región sural medial
Región del 60V
Región del 3R
Región calcánea lateral
Región calcánea medial
Región tarsal

PUNTOS DE SHIATSU BÁSICO ESTILO AZE

指圧療法基本圧点図

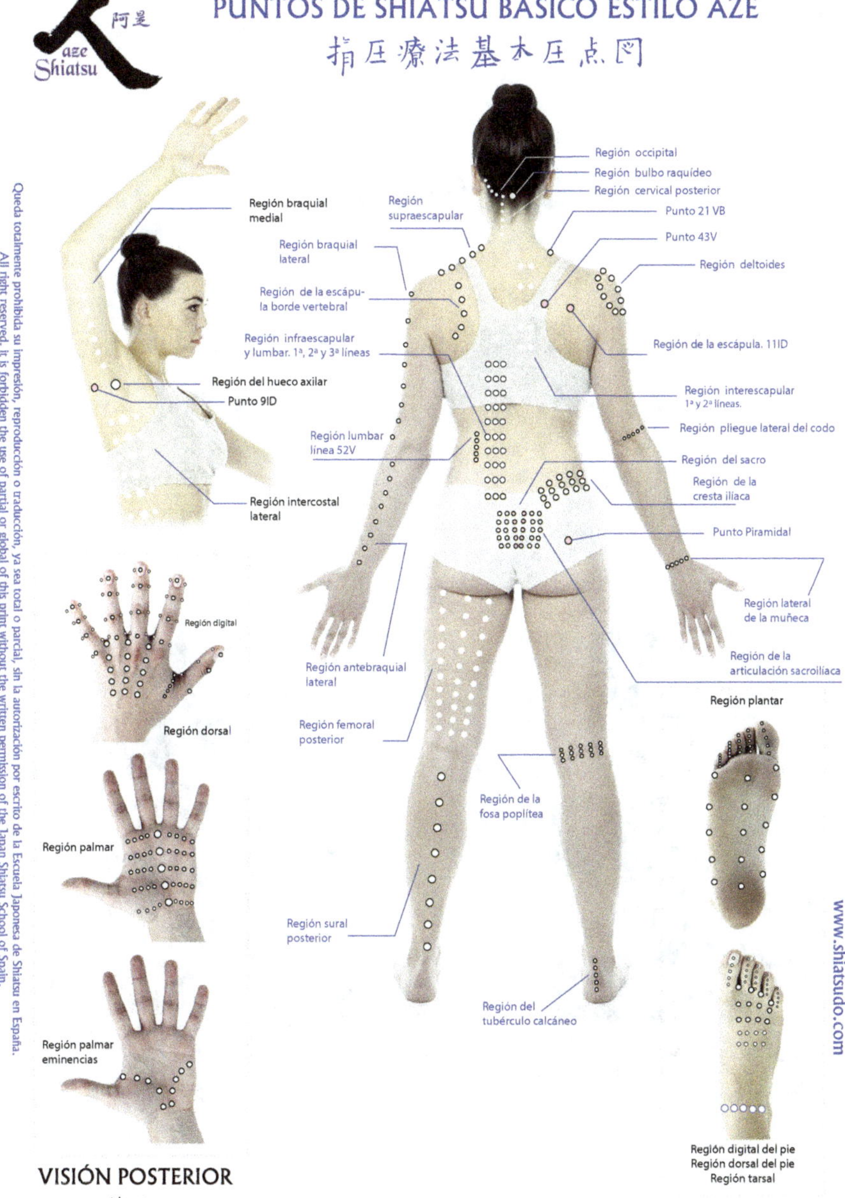

VISIÓN POSTERIOR

後面

Aze Shiatsu

1. Tratamiento básico en decúbito prono

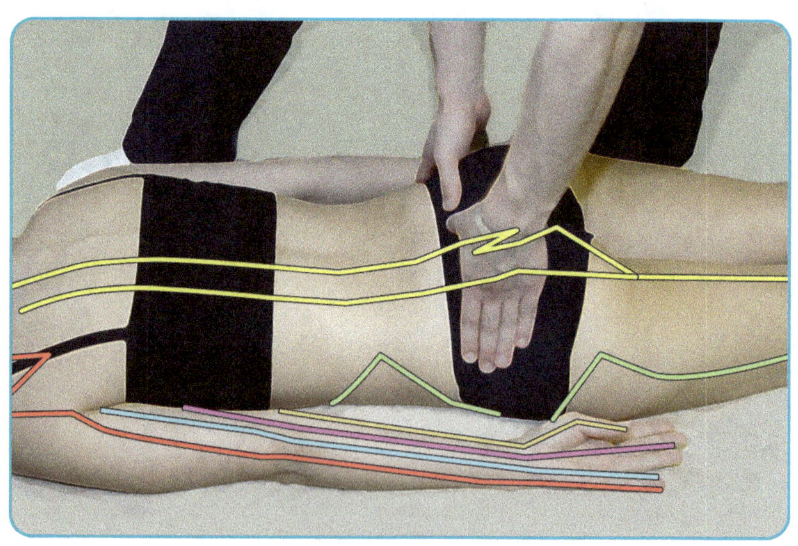

1. Preparación de la espalda (I): Dorsal y lumbar

1.1. Presiones con palmas cruzadas.

1.2. Presiones con las eminencias.

1.3. Estiramiento de la columna.

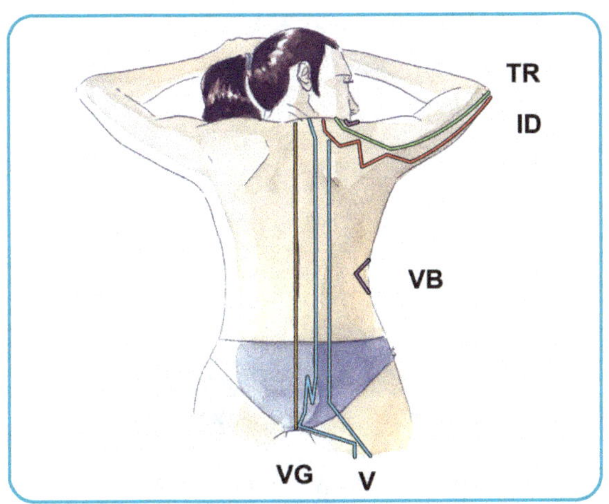

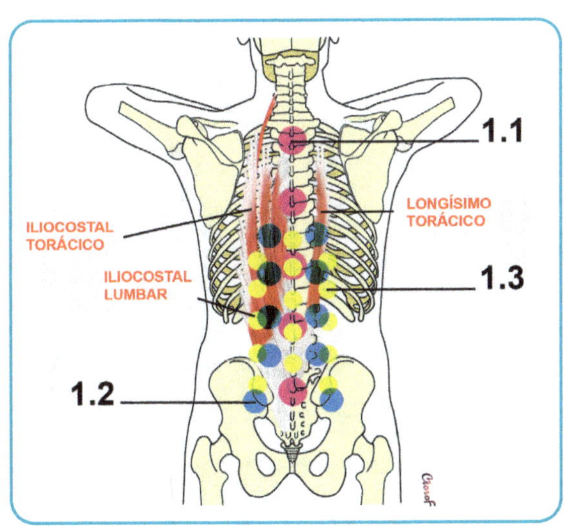

1.1. PRESIONES CON PALMAS CRUZADAS

POSTURA DEL PACIENTE: Prono. Cabeza girada hacia el terapeuta, hombros en abducción y codos flexionados.

POSTURA DEL TERAPEUTA: Básica, al lado izquierdo del paciente.

TIPO DE PRESIÓN: Palmar (palmas cruzadas, derecha debajo).

N.º DE PUNTOS: Cinco zonas.

DIRECCIÓN DE LA LÍNEA: Desde la zona interescapular hasta la región del sacro, sobre las apófisis espinosas.

Tres veces tres segundos.

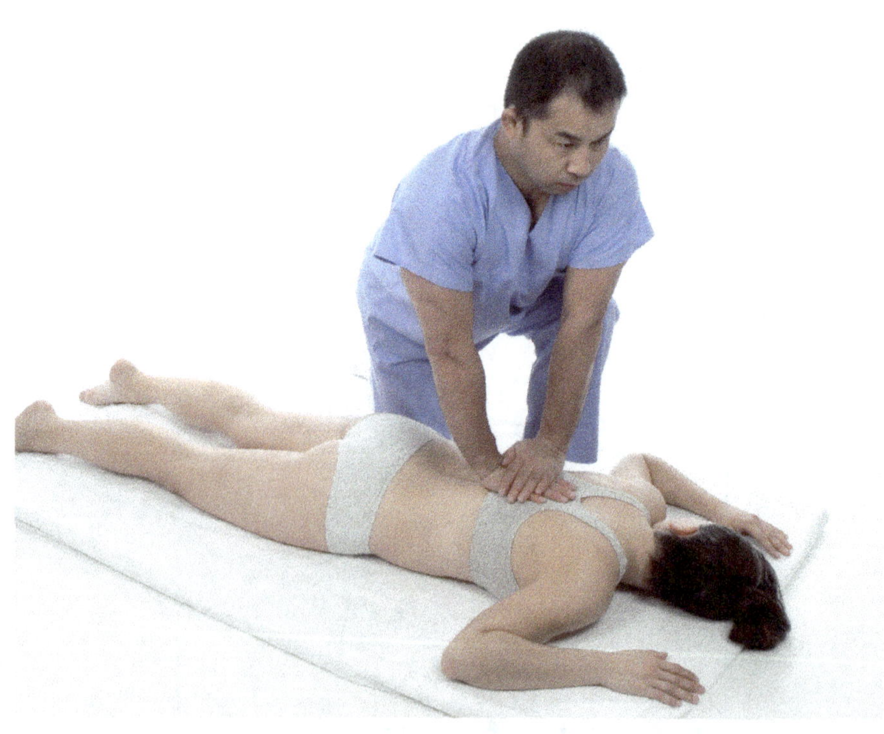

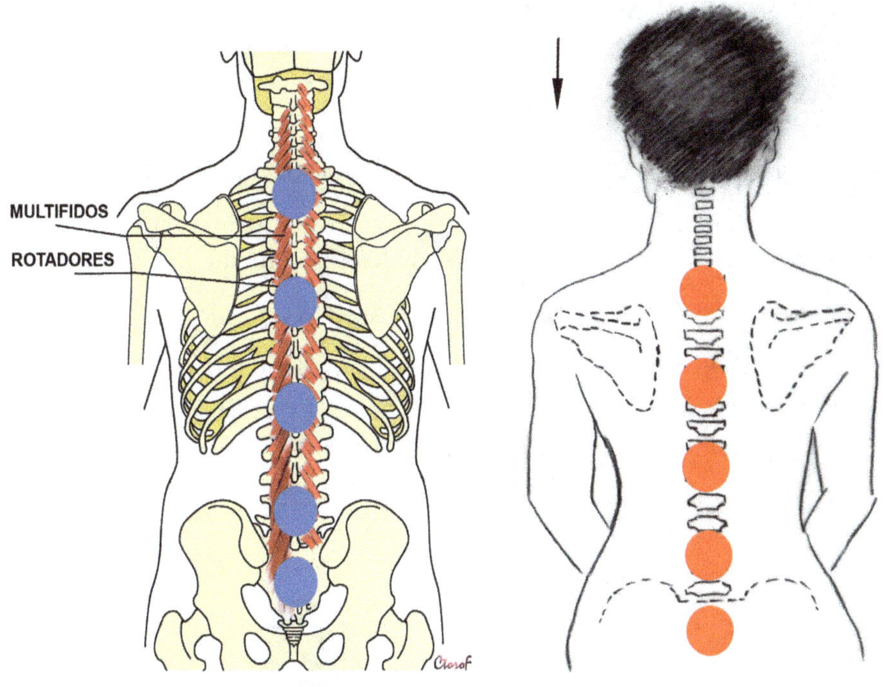

MULTIFIDOS
ROTADORES

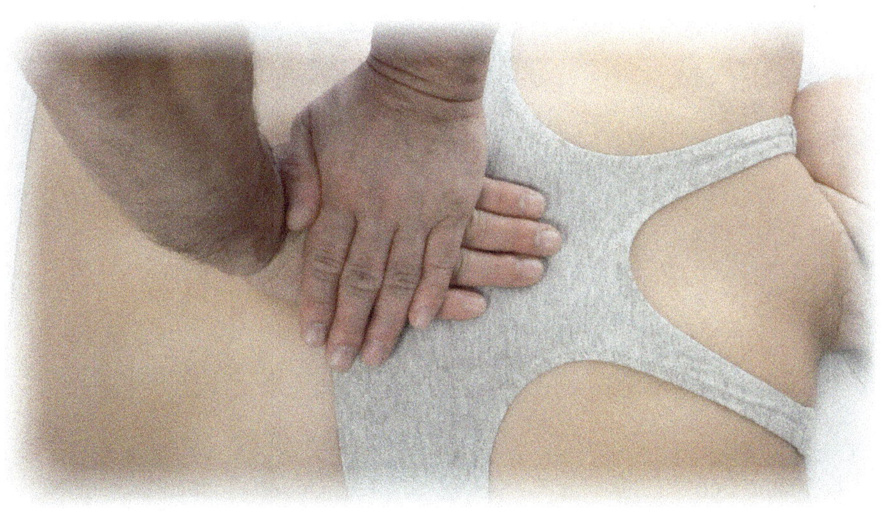

1.2. PRESIONES CON LAS EMINENCIAS

POSTURA DEL PACIENTE: Prono. Cabeza girada hacia el terapeuta, hombros en abducción y codos flexionados.

POSTURA DEL TERAPEUTA: Básica, al lado izquierdo del paciente.

TIPO DE PRESIÓN: Manos en paralelo, presión con las eminencias, la columna queda entre las dos manos, dedos hacia fuera.

N.º DE PUNTOS: Cinco zonas.

DIRECCIÓN DE LA LÍNEA: Desde el ángulo inferior del omóplato hasta la región del sacro, sobre los músculos paravertebrales. La última presión se realiza sobre el sacro y los glúteos.

Varias veces atendiendo a las zonas menos flexibles.

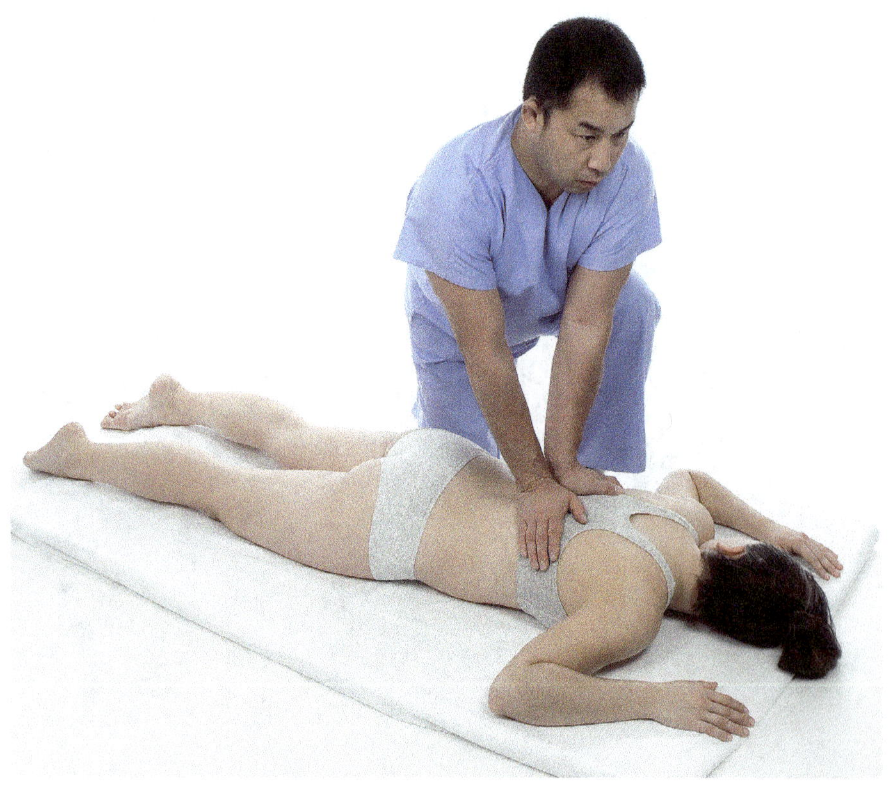

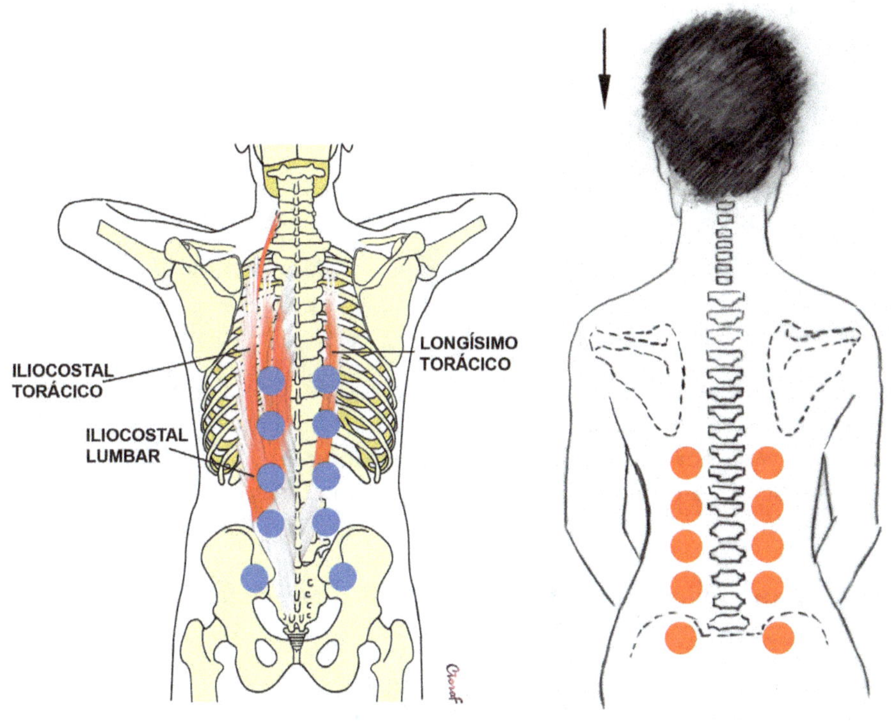

ILIOCOSTAL
TORÁCICO
ILIOCOSTAL
LUMBAR
LONGÍSIMO
TORÁCICO

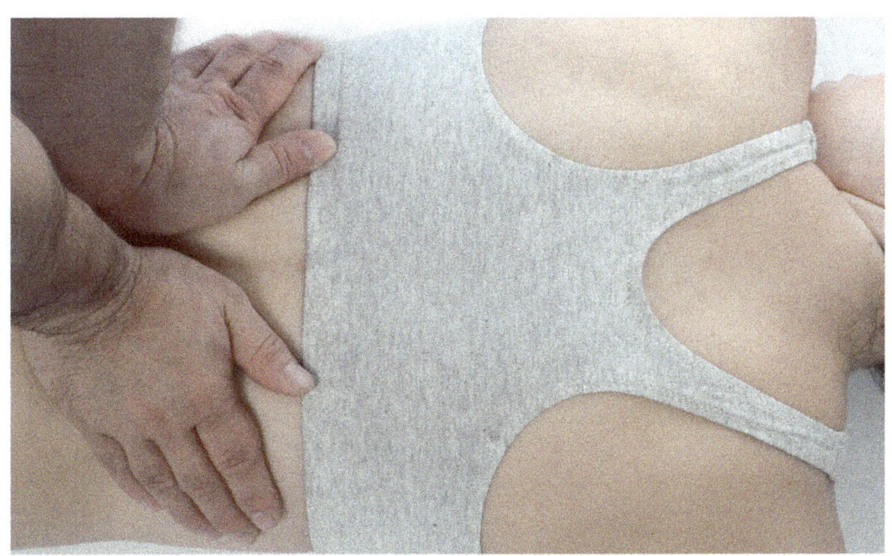

1.3. ESTIRAMIENTO DE LA COLUMNA

POSTURA DEL PACIENTE: Prono. Cabeza girada hacia el terapeuta, hombros en abducción y codos flexionados.

POSTURA DEL TERAPEUTA: Rodillas.

TIPO DE PRESIÓN: Presión palmar cruzando los brazos.

DIRECCIÓN DE LA LÍNEA: Desde el sacro hasta la zona dorsal (aprox. D8). Una mano bloquea el sacro sin moverse hasta que termina la manipulación. La otra realiza estiramiento de la columna.

OBSERVACIONES: Tres líneas de trabajo. Una central sobre las apófisis espinosas, otras dos líneas a cada lado de la columna vertebral, a tres dedos de la anterior y sobre la musculatura paravertebral. En la 2.ª y 3.ª líneas se bloquea desde la cresta ilíaca contraria. El número de presiones varía en función de la espalda del paciente. Trabajo lento y profundo.

Cinco segundos y se repite en función del estado de tensión de la zona.

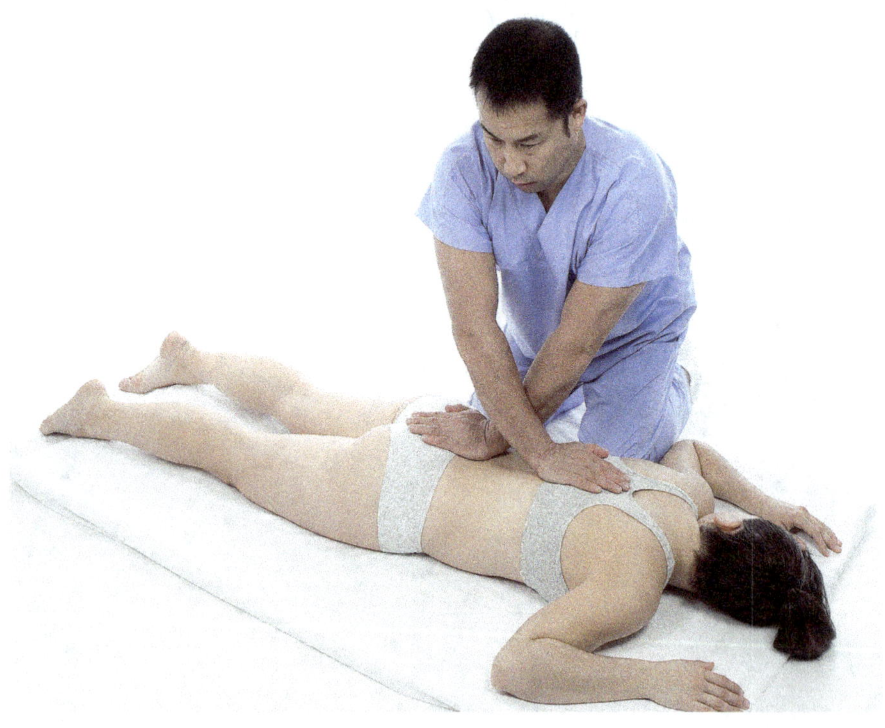

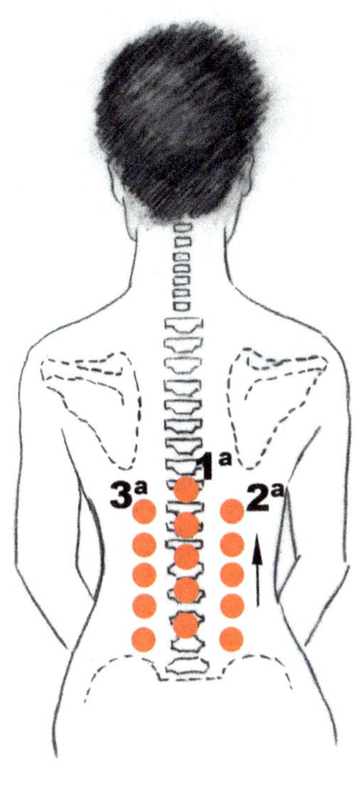
3ª
1ª
2ª

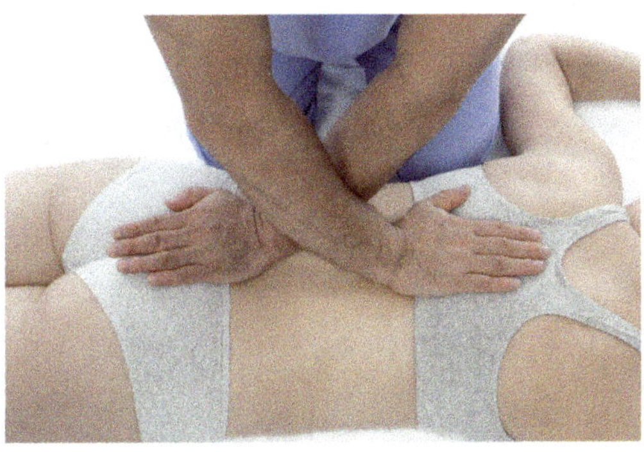

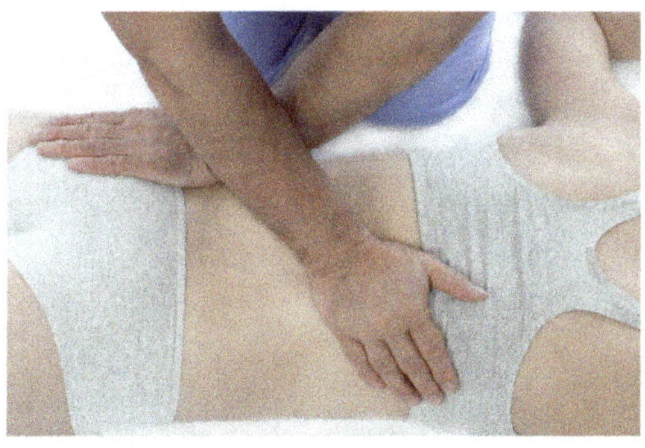

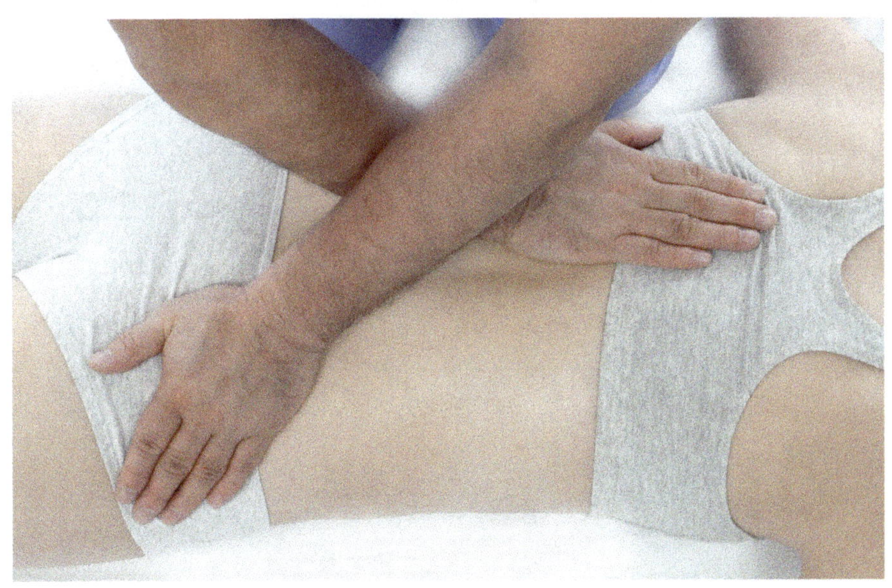

2. Preparación de la espalda (II): Cuello, hombro y dorsal

2.1. Región occipital. Tracción.

2.2. Punto supraescapular. Ambos lados.

2.3. Región interescapular. 1.ª y 2.ª líneas. Ambos lados.

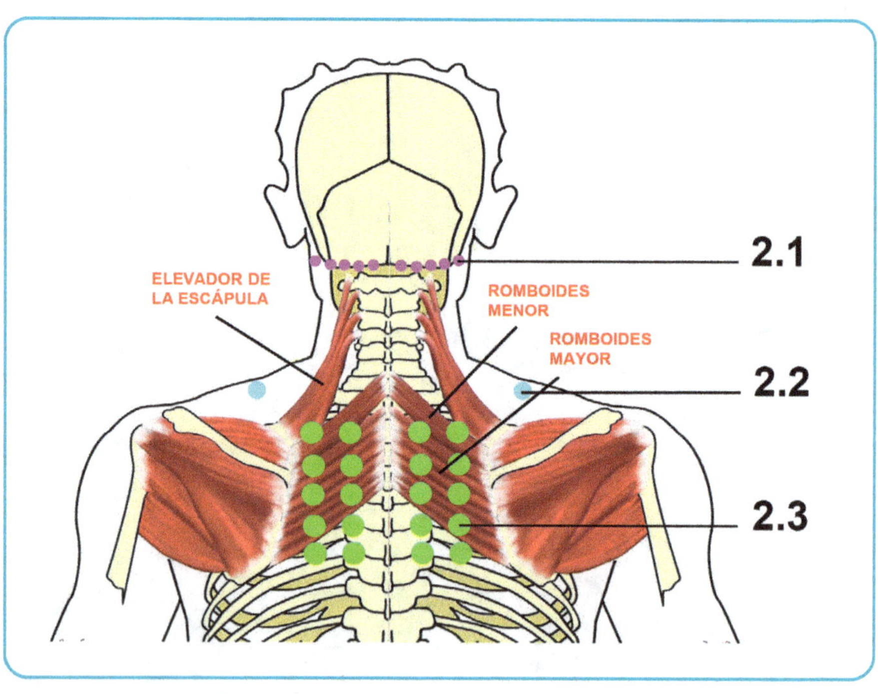

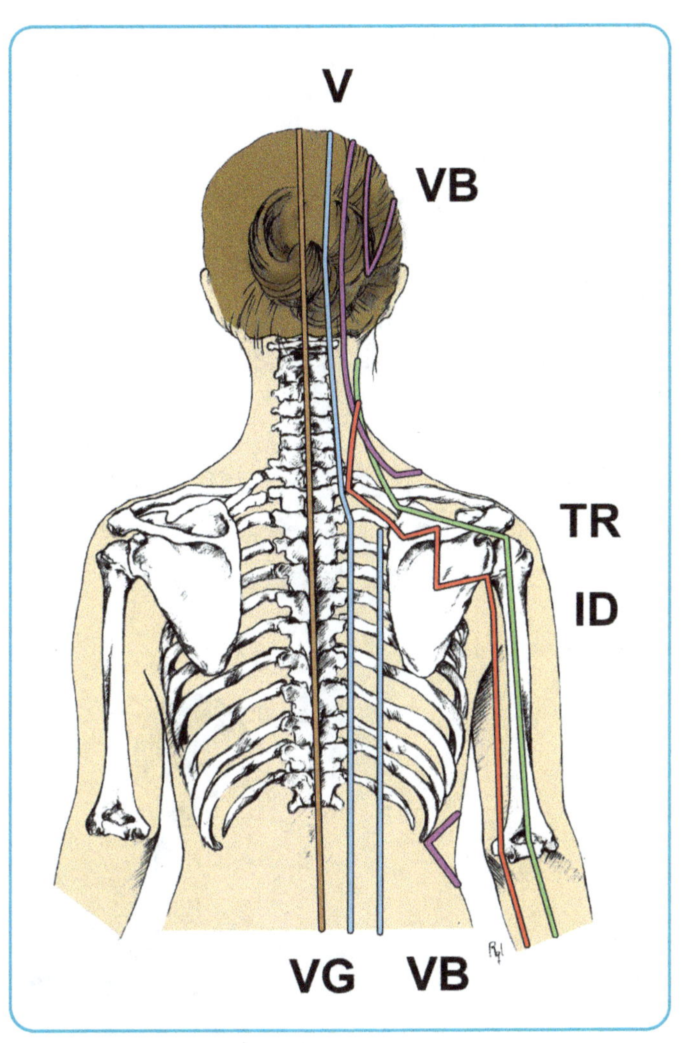

V
VB
TR
ID
VG
VB

2.1. REGIÓN OCCIPITAL. TRACCIÓN

POSTURA DEL PACIENTE: Prono. La frente apoyada sobre una almohada, hombros en abducción y codos flexionados.

POSTURA DEL TERAPEUTA: Seiza frente a la cabeza del paciente.

TIPO DE PRESIÓN: Tracción con los pulpejos de los dedos índice, medio y anular.

N.º DE PUNTOS: Dos líneas de cinco puntos. Se trabajan simultáneamente.

DIRECCIÓN DE LA LÍNEA: Desde la musculatura paravertebral hacia la apófisis mastoides, por el reborde occipital.

OBSERVACIONES: El terapeuta concentra su trabajo en la zona del tanden con los codos pegados a sus costados. Realiza la tracción con el movimiento de su cuerpo, sin usar la fuerza de sus brazos.

El primer punto de esta región se corresponde con el punto clave 10V (Tenchuu), y el último con el punto clave 12VB (Kankotsu).

Es una zona muy importante porque refleja el estado de muchos sistemas orgánicos con síntomas como dolor de cabeza, estrés mental, vista cansada, etc.

Tres veces tres segundos.

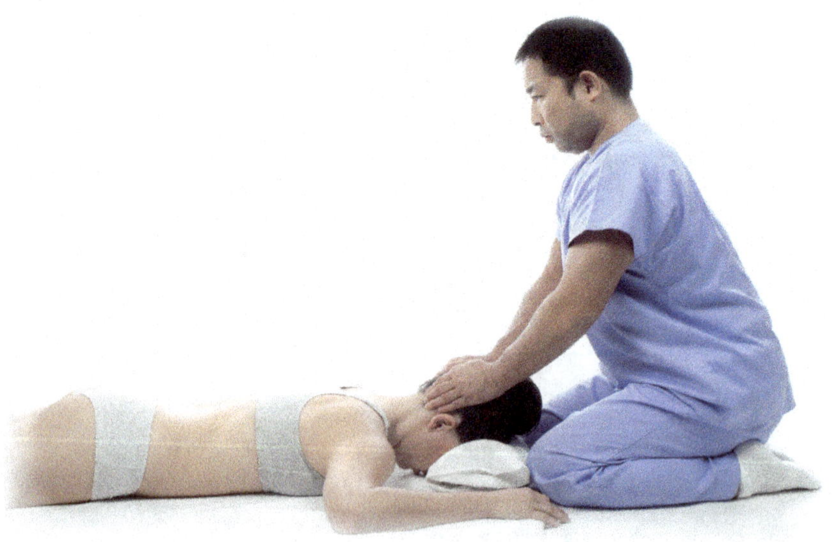

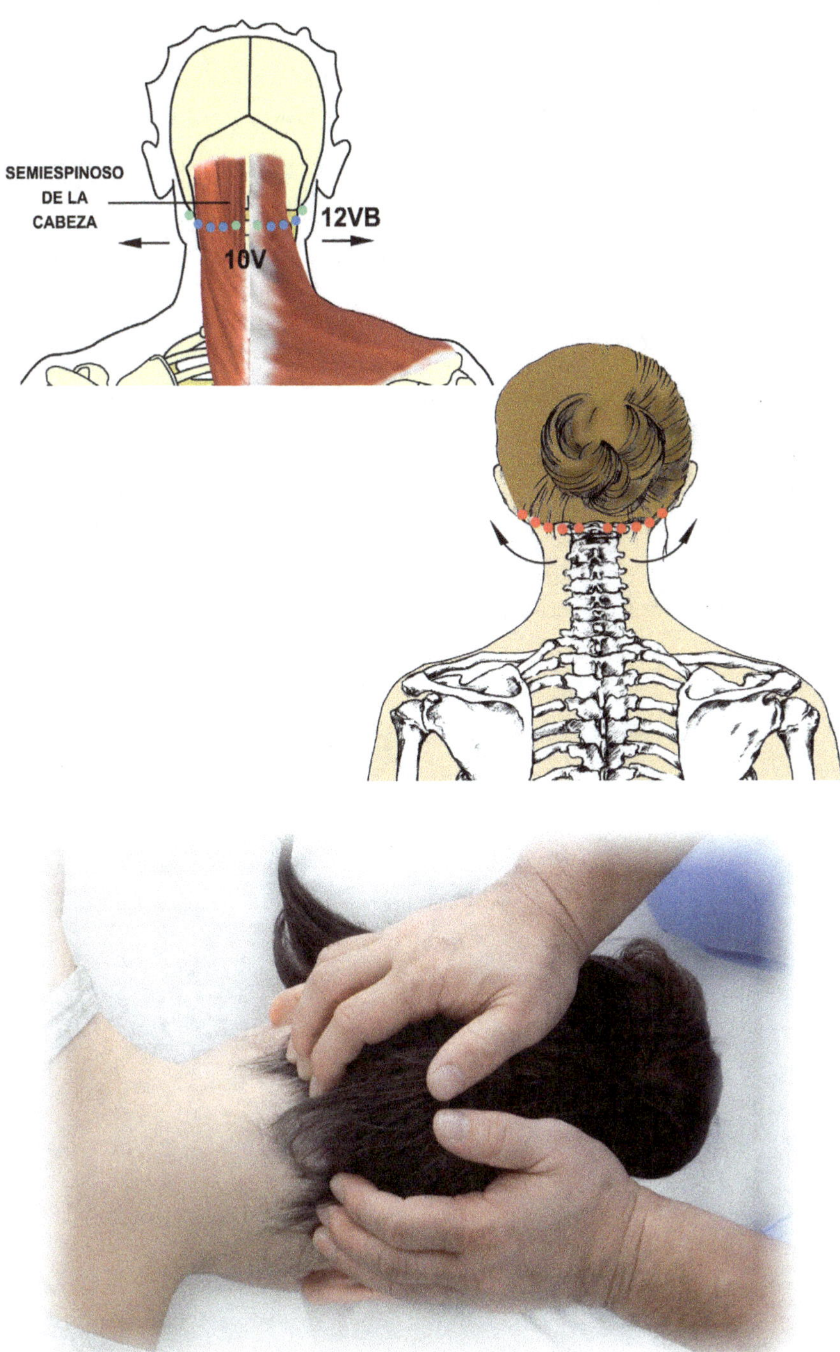
SEMIESPINOSO
DE LA
CABEZA
12VB
10V

2.2. PUNTO SUPRAESCAPULAR. AMBOS LADOS

POSTURA DEL PACIENTE: Prono. La frente apoyada sobre una almohada, hombros en abducción y codos flexionados.

POSTURA DEL TERAPEUTA: Seiza, por encima de la cabeza del paciente.

TIPO DE PRESIÓN: Con ambos pulgares al mismo tiempo, brazos ligeramente flexionados.

N.º DE PUNTOS: 1/1. Se trabaja simultáneamente.

DIRECCIÓN DE LA LÍNEA: Presión hacia la línea media del cuerpo a la altura de D7.

OBSERVACIONES: Este punto coincide con el segundo de la región supraescapular y se aproxima a la localización del punto clave 21VB (Kensei).

Tres veces cinco segundos.

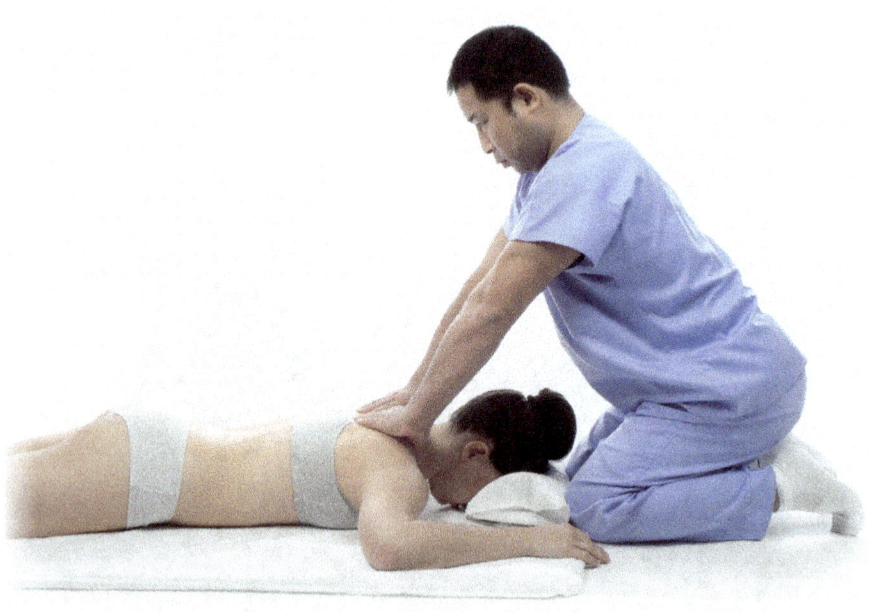

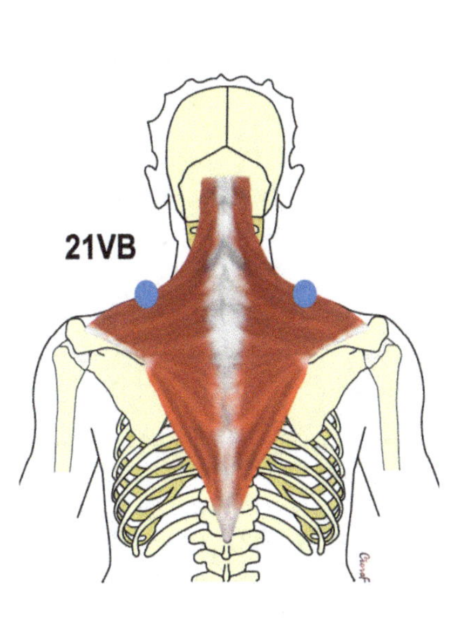

21VB

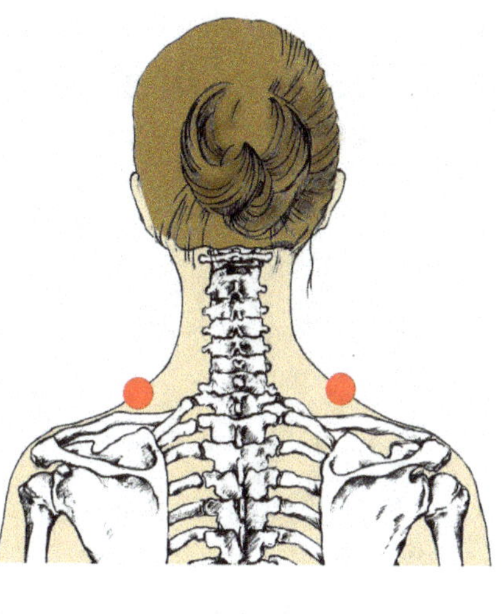

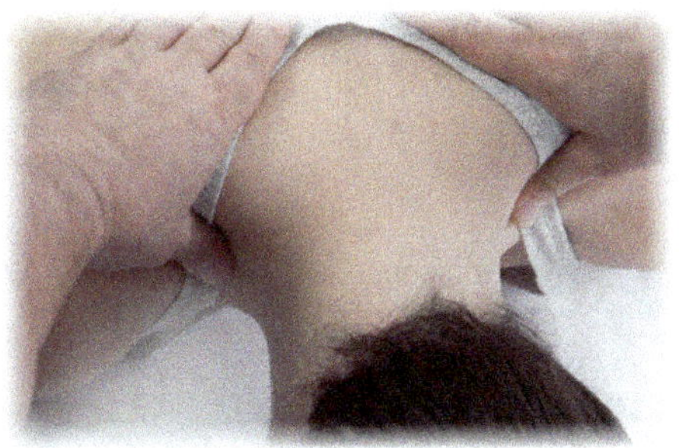

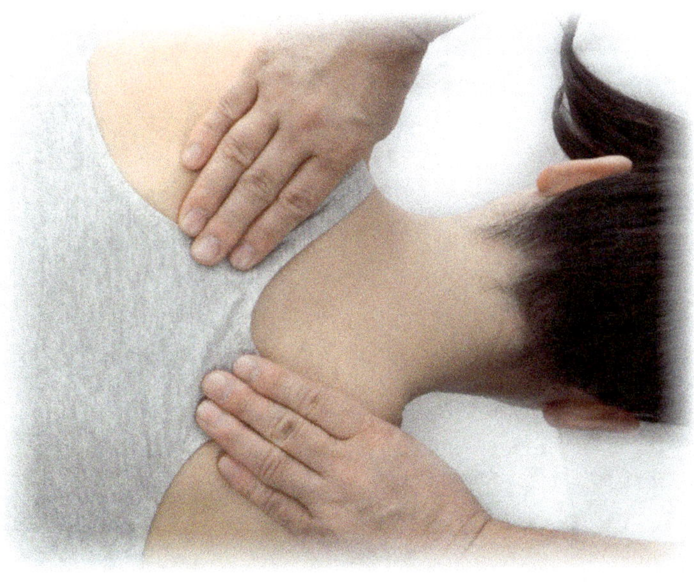

2.3. REGIÓN INTERESCAPULAR 1.ª Y 2.ª LÍNEAS. AMBOS LADOS

POSTURA DEL PACIENTE: Prono. La frente apoyada sobre una almohada, hombros en abducción y codos flexionados.

POSTURA DEL TERAPEUTA: Rodillas, por encima de la cabeza del paciente.

TIPO DE PRESIÓN: Con ambos pulgares al mismo tiempo.

N.º DE PUNTOS: Dos líneas de cinco puntos (1.ª línea interna y 2.ª externa).

DIRECCIÓN DE LA LÍNEA: La 1.ª línea se localiza en el borde interno de los músculos paravertebrales. El primer punto se sitúa a la altura de D1 hasta D7/D8. La 2.ª línea discurre paralela a la anterior por el borde lateral de la musculatura paravertebral. Repetir alternativamente ambas líneas.

Tres veces tres segundos.

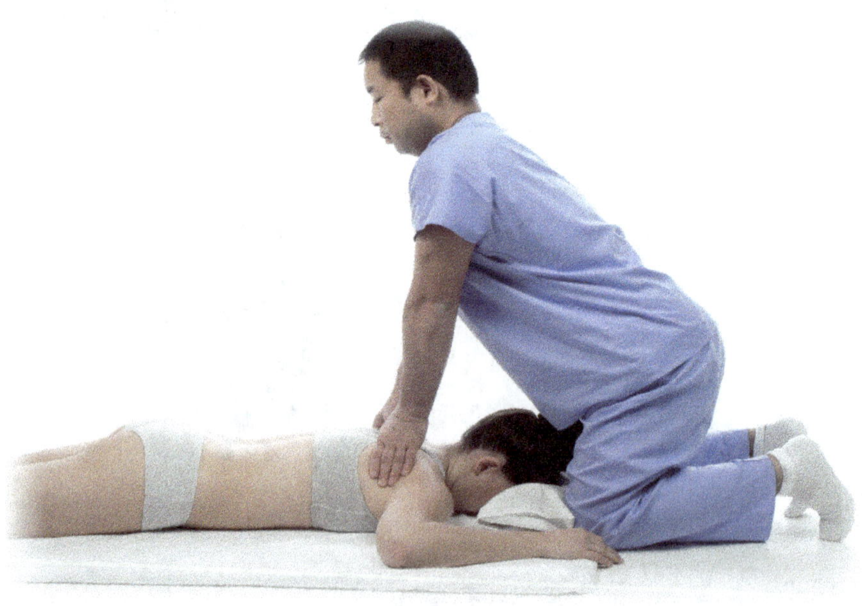

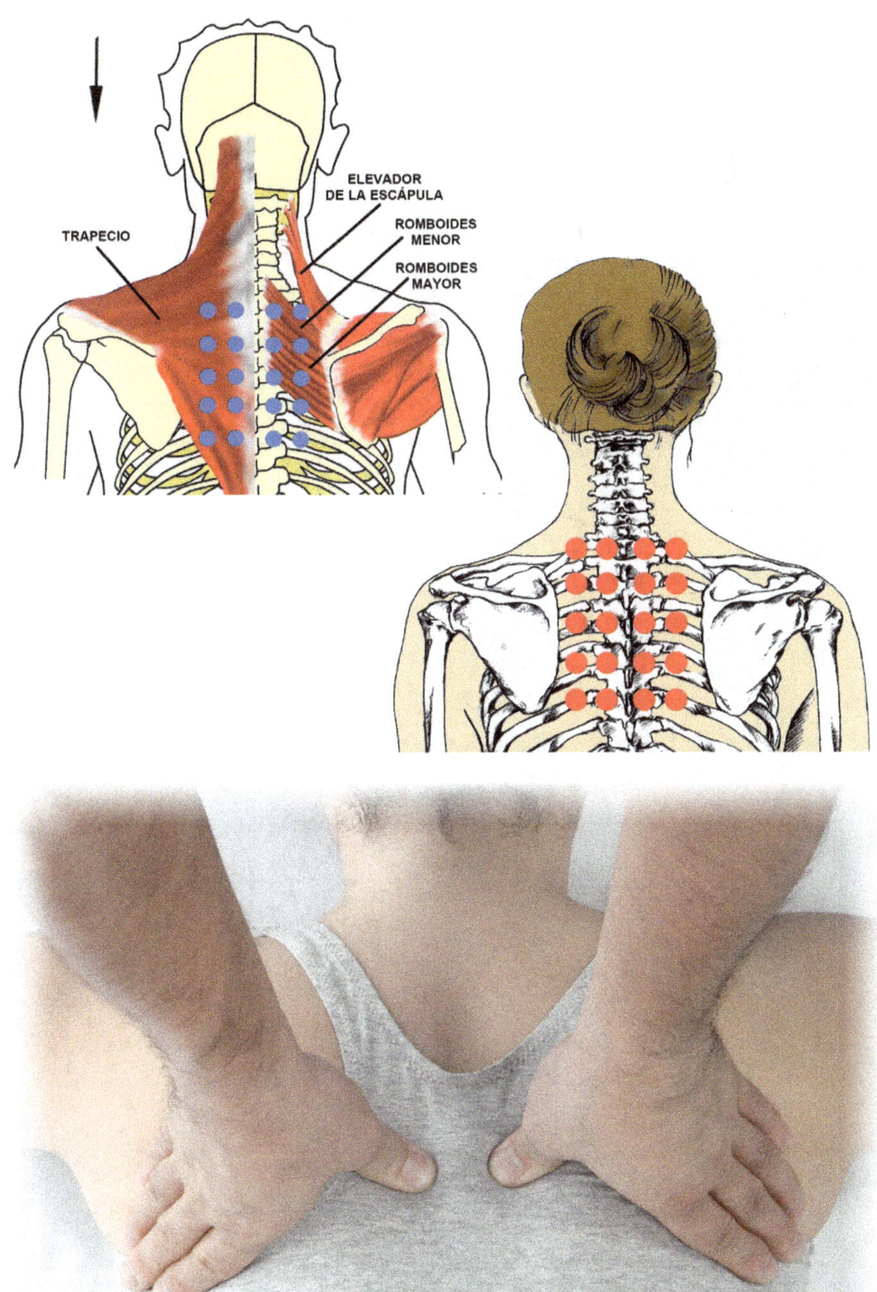

TRAPECIO
ELEVADOR
DE LA ESCÁPULA
ROMBOIDES
MENOR
ROMBOIDES
MAYOR

3. El cuello

3.1. Región occipital.

3.2. Región cervical posterior.

3.3. Región cervical lateral.

3.4. Región del bulbo raquídeo.

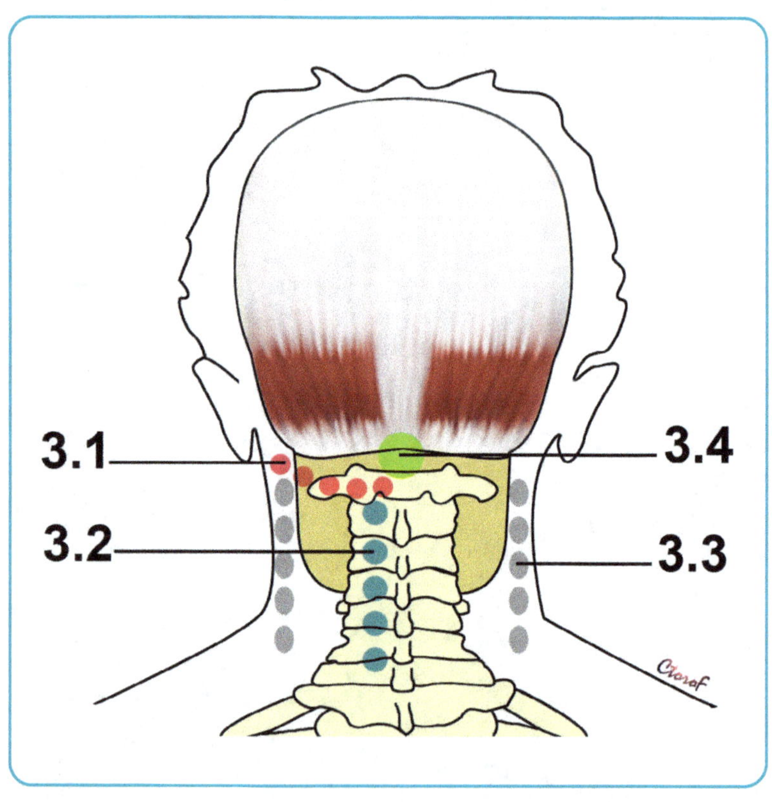

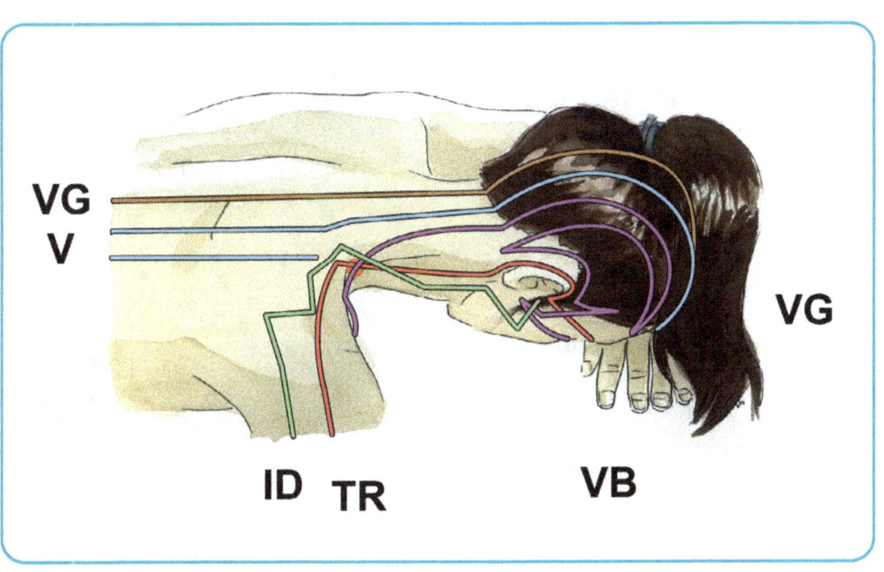

VG
V
VG
ID
TR
VB

3.1. REGIÓN OCCIPITAL

POSTURA DEL PACIENTE: Prono, con la frente apoyada sobre una almohada, hombros en abducción y codos flexionados.

POSTURA DEL TERAPEUTA: Básica, al lado izquierdo del paciente. Rodilla derecha a la altura de la región axilar.

TIPO DE PRESIÓN: Pulgar derecho presiona y la mano izquierda sujeta la parte superior de la cabeza del paciente.

N.º DE PUNTOS: Una línea de cinco puntos.

DIRECCIÓN DE LA LÍNEA: Desde la tuberosidad mastoidea hacia el bulbo raquídeo. Presión hacia el centro de la mano que sujeta la cabeza.

OBSERVACIONES: La mano que sujeta la cabeza adopta forma de «cuenco» para evitar el contacto desagradable con el paciente. Además, esta postura ayuda al terapeuta a concentrar la energía en el centro de su palma (punto clave 8MC, Roukyuu).

El último punto de esta región se corresponde con el punto clave 10V (Tenchuu).

Tres veces tres segundos.

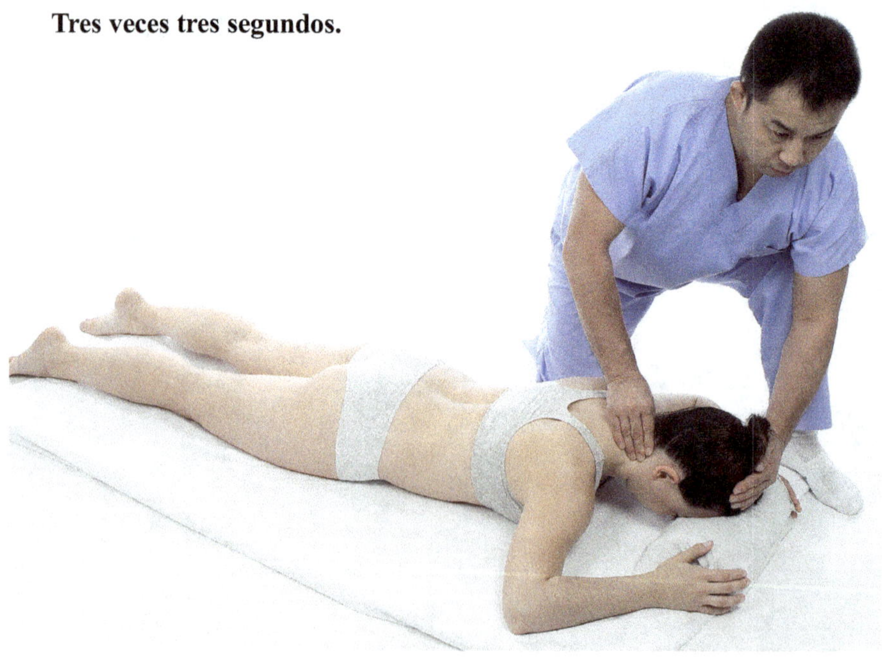

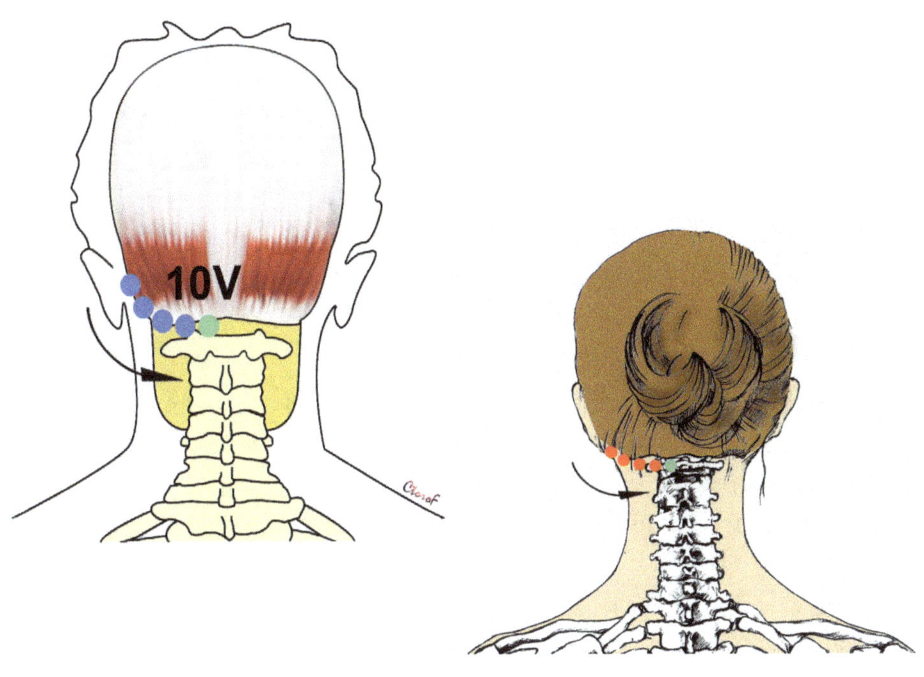

10V

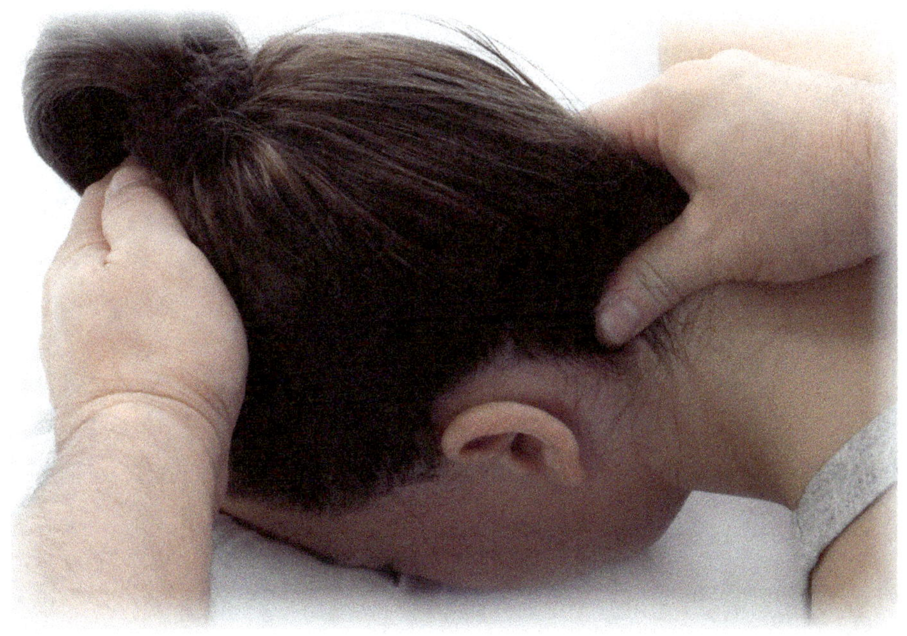

3.2. REGIÓN CERVICAL POSTERIOR

POSTURA DEL PACIENTE: Prono, con la frente apoyada en una almohada, hombros en abducción y codos flexionados.

POSTURA DEL TERAPEUTA: Básica, lado izquierdo del paciente. Rodilla derecha a la altura de la región axilar.

TIPO DE PRESIÓN: Pulgar derecho; los demás dedos rodean el cuello. La otra mano sujeta la parte superior de la cabeza del paciente.

N.º DE PUNTOS: Una línea de cinco puntos.

DIRECCIÓN DE LA LÍNEA: El primer punto por debajo del hueso occipital hasta C7-D1; la dirección de la presión será hacia la tráquea.

OBSERVACIONES: El trabajo de pulgar y meñique es muy importante. La presión en forma de pinza evita aplastar la cara del paciente contra la superficie de reposo.

Entre la segunda y la tercera vértebras cervicales, y en el lado derecho, se localiza uno de los puntos complementarios a los Cinco Puntos Aviso.

Tres veces tres segundos.

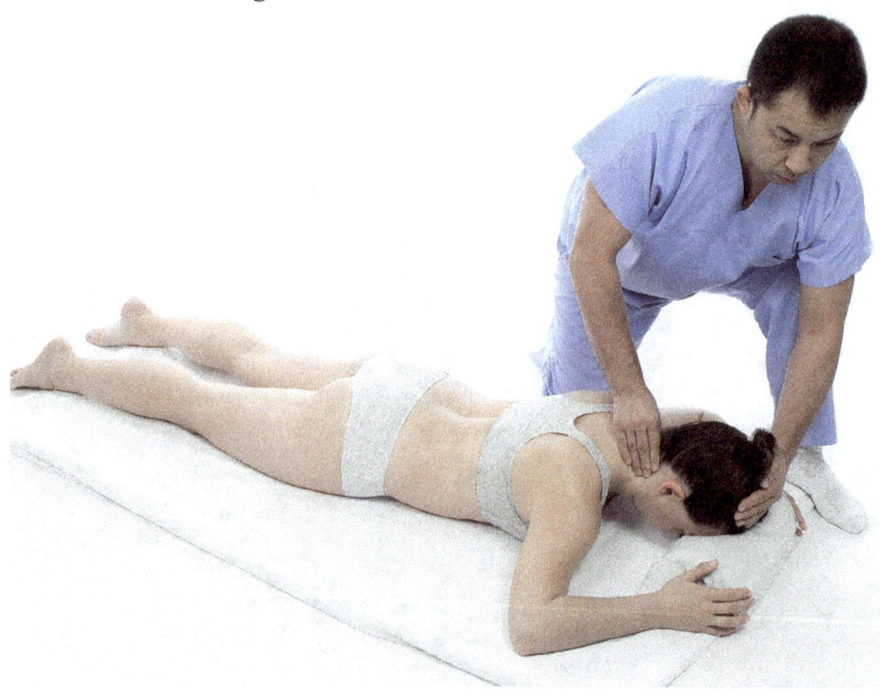

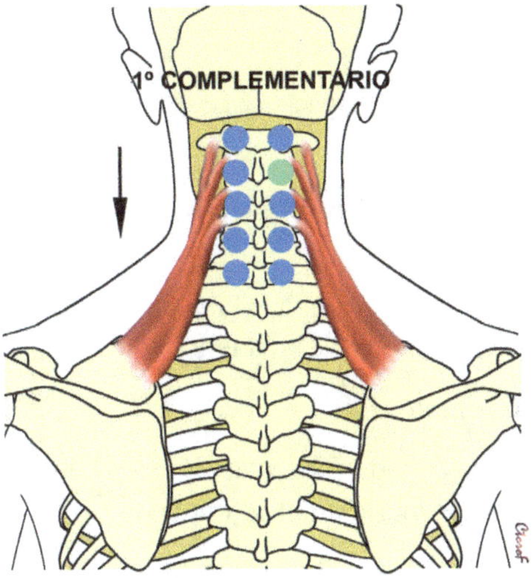

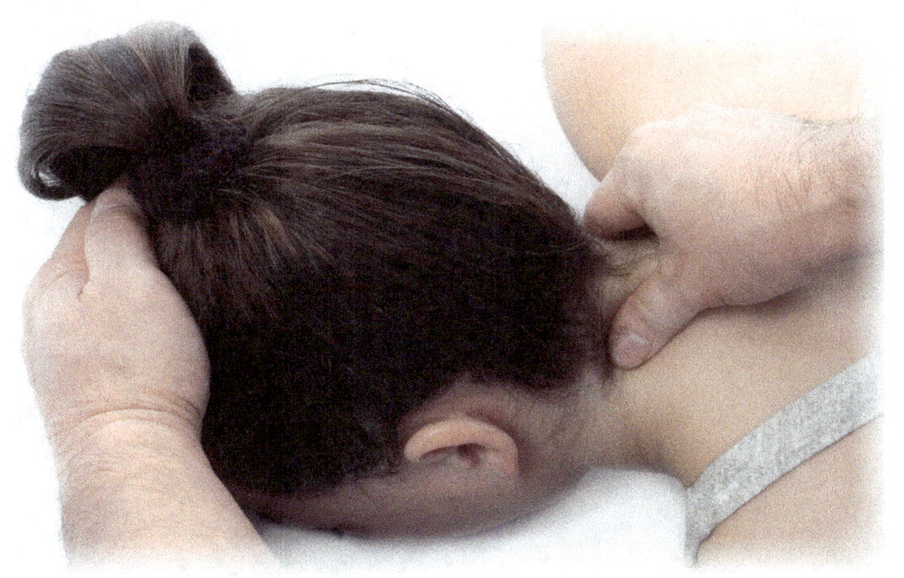

71

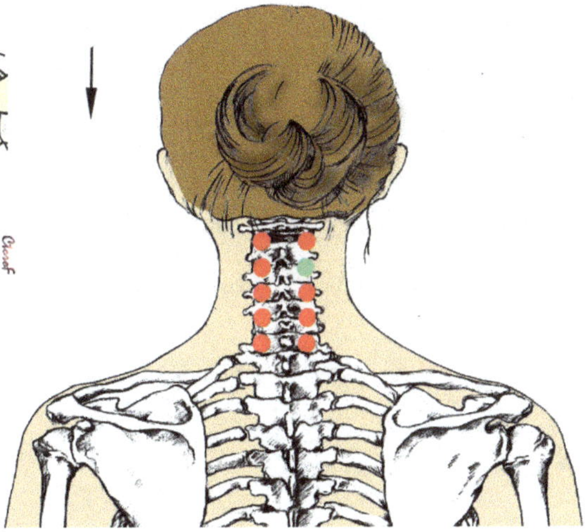

3.3. REGIÓN CERVICAL LATERAL

POSTURA DEL PACIENTE: Prono, la frente apoyada sobre una almohada, hombros en abducción y codos flexionados.

POSTURA DEL TERAPEUTA: Básica, al lado izquierdo del paciente. Rodilla derecha a la altura de la región axilar.

TIPO DE PRESIÓN: Pulgar derecho; los demás dedos rodean el cuello. La otra mano sujeta la parte superior de la cabeza del paciente.

N.º DE PUNTOS: Una línea de cinco puntos.

DIRECCIÓN DE LA LÍNEA: Desde debajo de la tuberosidad mastoidea hasta la base del cuello; la dirección será perpendicular al cuello.

OBSERVACIONES: El segundo punto es adecuado para el tratamiento del insomnio.

Tres veces tres segundos.

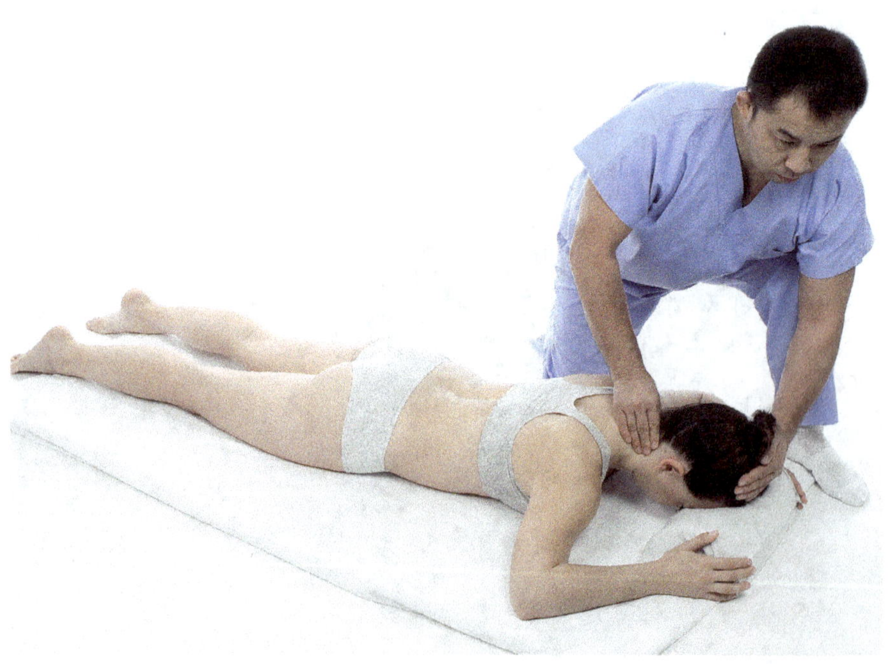

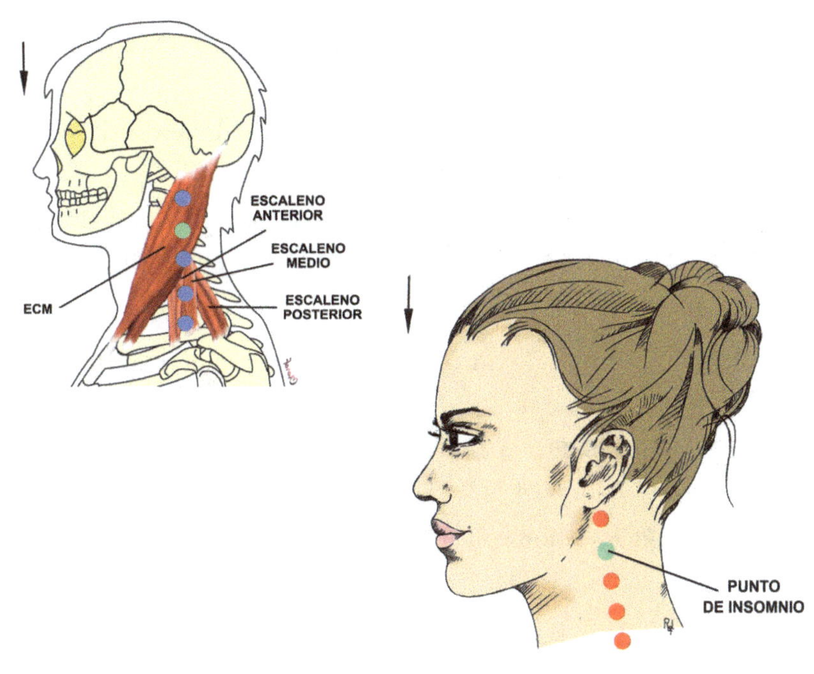
ESCALENO
ANTERIOR
ESCALENO
MEDIO
ESCALENO
POSTERIOR
ECM
PUNTO
DE INSOMNIO

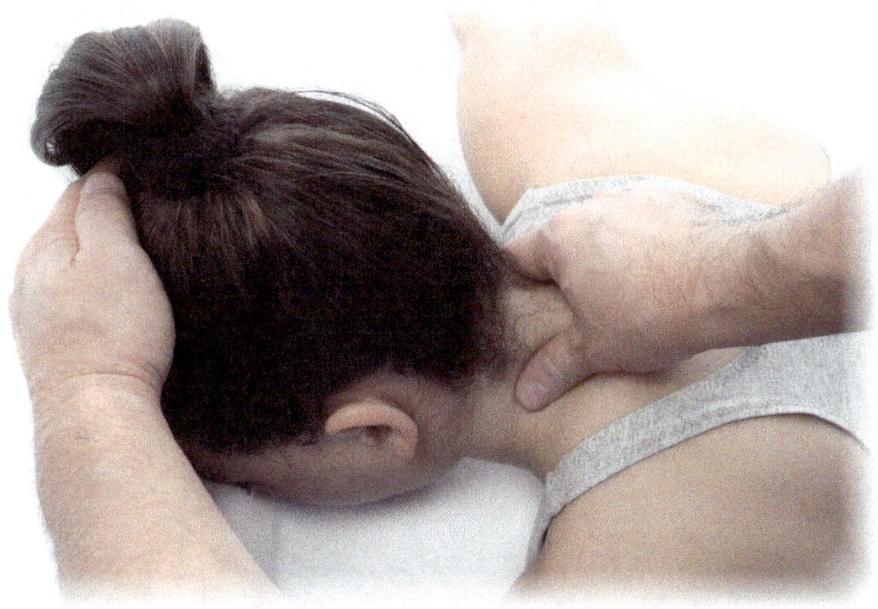

3.4. REGIÓN DEL BULBO RAQUÍDEO

POSTURA DEL PACIENTE: Prono, frente apoyada en una almohada, hombros en abducción y codos flexionados.

POSTURA DEL TERAPEUTA: Básica, al lado izquierdo del paciente. Rodilla derecha a la altura de la región axilar.

TIPO DE PRESIÓN: Pulgar derecho trabaja y los demás dedos rodean el cuello. La otra mano sujeta la parte superior de la cabeza del paciente.

N.º DE PUNTOS: Un punto.

DIRECCIÓN DE LA LÍNEA: Hacia el entrecejo y la mano que sujeta la cabeza.

OBSERVACIONES: Esta región se repite al trabajar el lado derecho. Corresponde con el punto clave 16VG (Fuufu).

Tres veces cinco segundos.

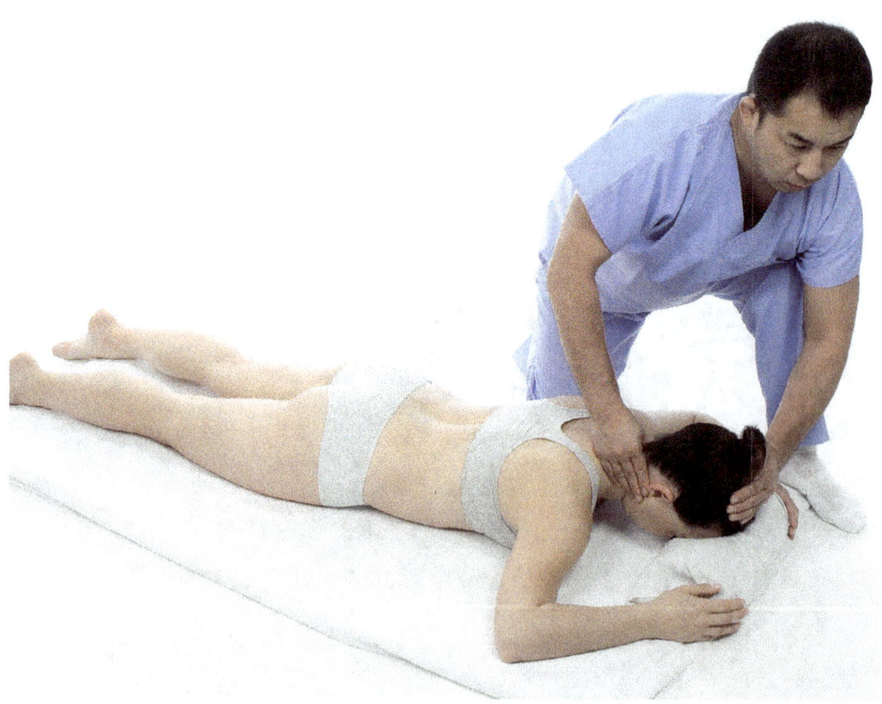

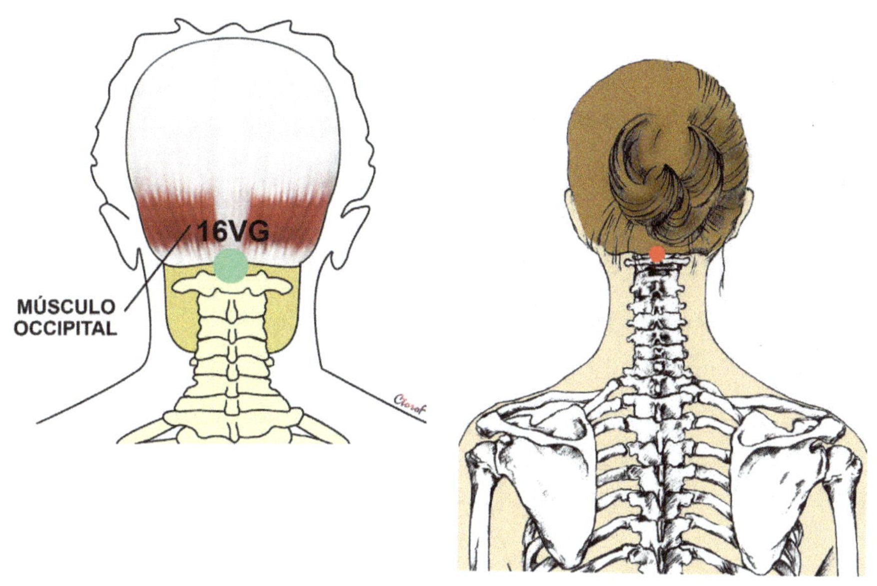
16VG
MÚSCULO
OCCIPITAL

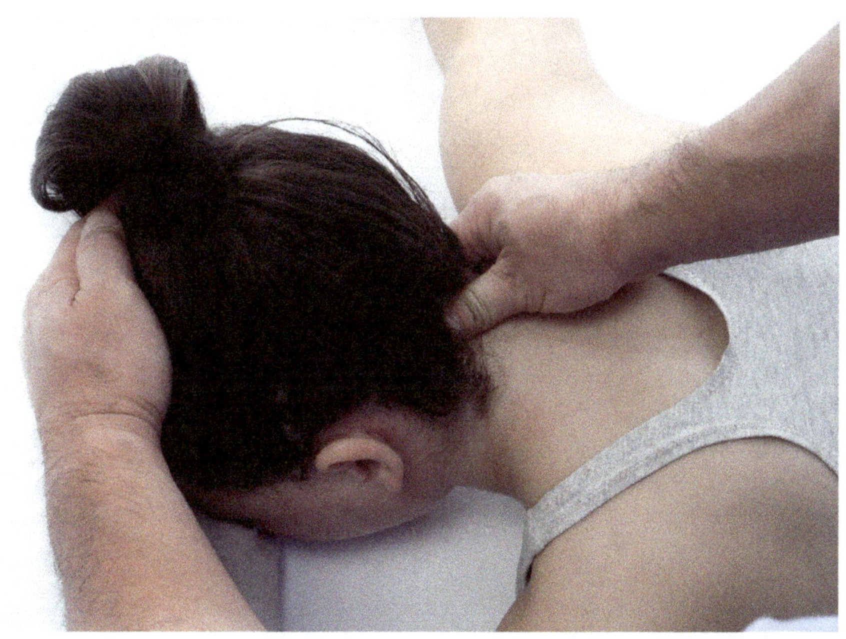

4. La espalda (I)

Región supraescapular

4.1. Punto supraescapular.

4.2. Región supraescapular.

4.3. Región de la base del cuello.

Región interescapular y escápula

4.4. Región interescapular. 1.ª y 2.ª líneas.

4.5. Región de la escápula. Borde medial.

4.6. Región de la escápula. Punto central.

4.7. Región de la escápula. Pliegue axilar.

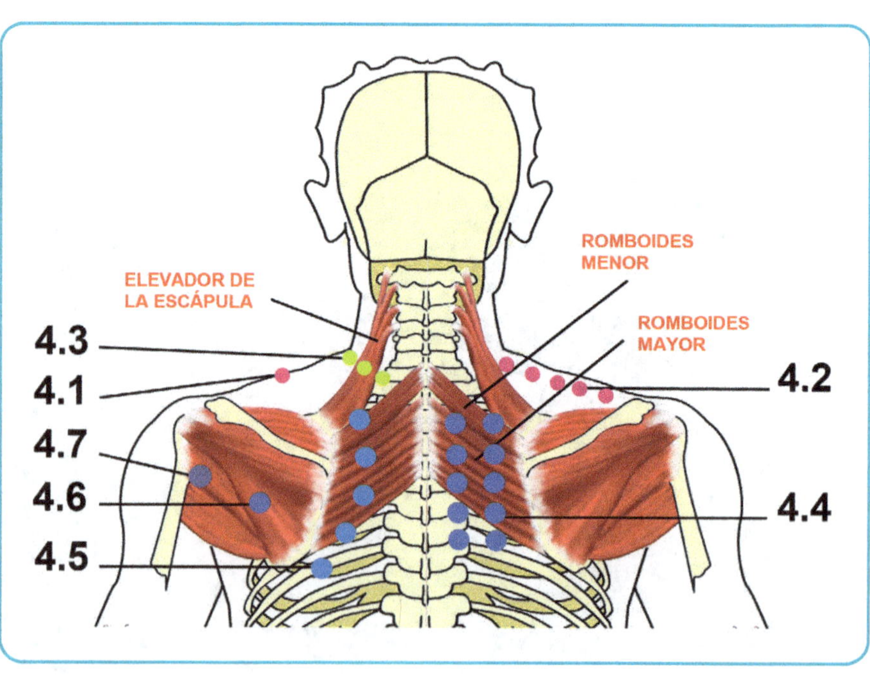

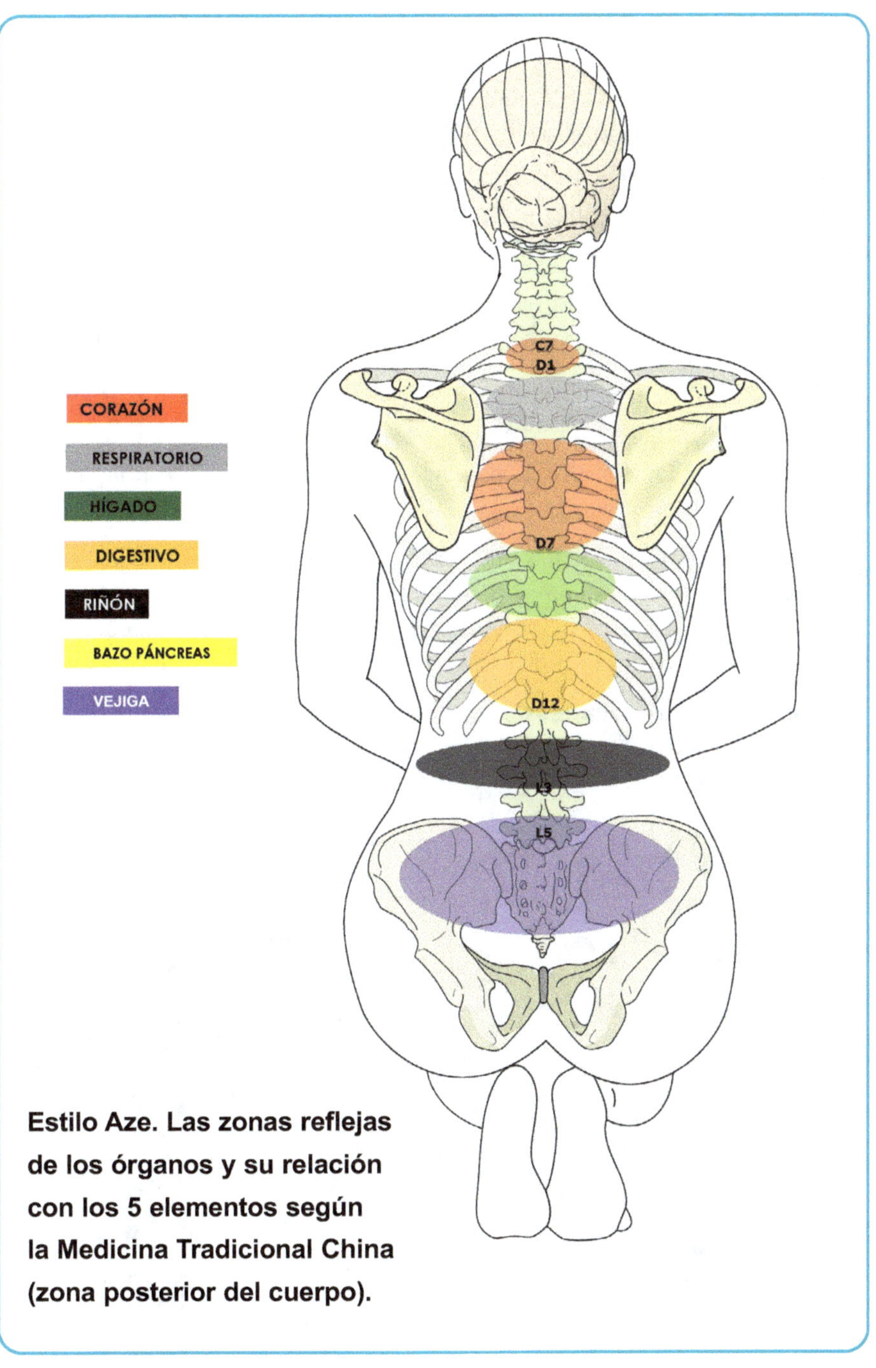

Estilo Aze. Las zonas reflejas de los órganos y su relación con los 5 elementos según la Medicina Tradicional China (zona posterior del cuerpo).

4.1. PUNTO SUPRAESCAPULAR

POSTURA DEL PACIENTE: Prono. Cabeza girada hacia el terapeuta, hombros en abducción y codos flexionados.

POSTURA DEL TERAPEUTA: Seiza frente a la cabeza del paciente. Girar sobre los empeines y colocarse a 45° respecto a la línea central del cuerpo del paciente.

TIPO DE PRESIÓN: Pulgar izquierdo; el dedo corazón sobre la columna vertebral. La otra mano se apoya en el suelo y fija la postura.

N.º DE PUNTOS: Un punto. Coincide con el segundo punto de la línea supraescapular: 21VB (Kensei).

DIRECCIÓN DE LA PRESIÓN: Hacia el centro del cuerpo a la altura de D7.

OBSERVACIONES: Inclinar el cuerpo desde el hara manteniendo la posición del brazo para que la presión penetre correctamente. Presión lenta y profunda. Este punto coincide con el segundo punto de la Línea Supraescapular (punto clave 21VB, Kensei).

Tres veces cinco segundos.

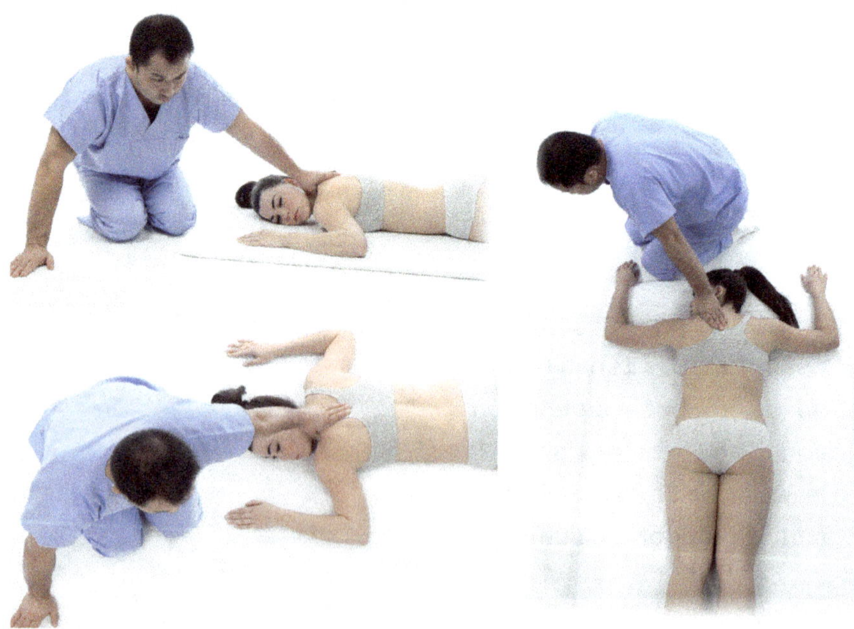

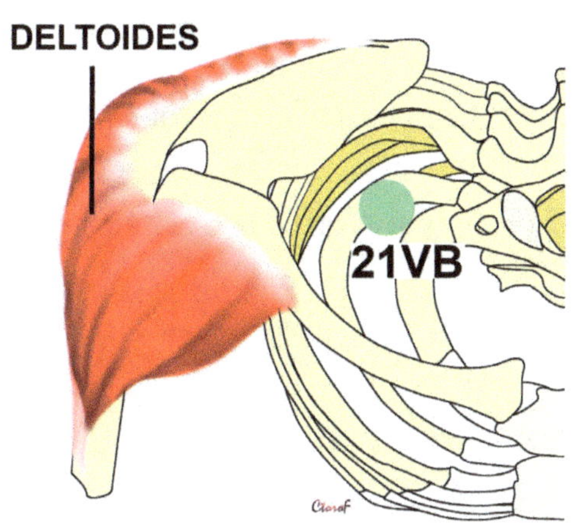

DELTOIDES
21VB

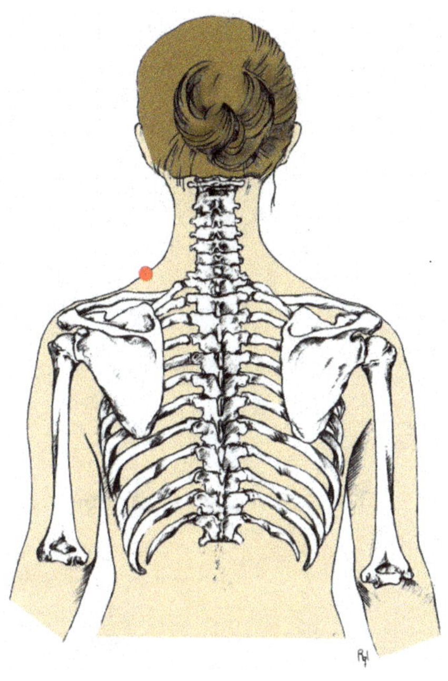

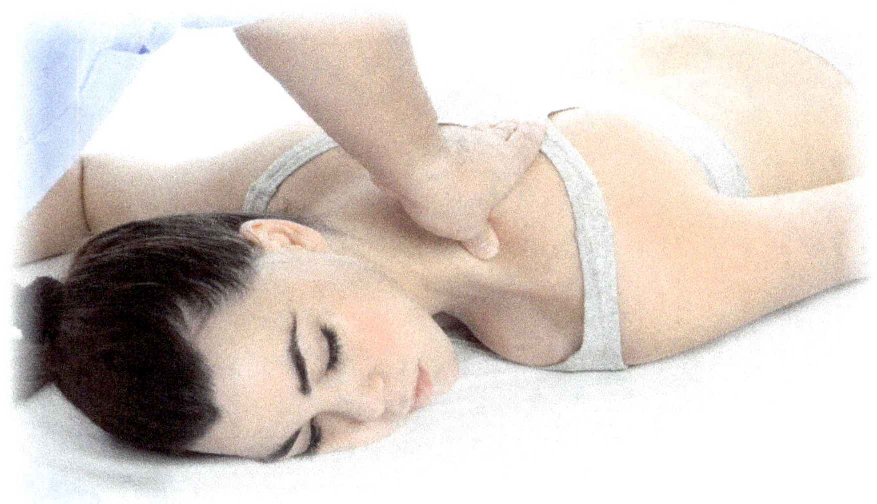

4.2. REGIÓN SUPRAESCAPULAR

POSTURA DEL PACIENTE: Prono. Cabeza girada hacia el terapeuta, hombros en abducción y codos flexionados.

POSTURA DEL TERAPEUTA: Seiza, a 45° por encima de la cabeza del paciente.

TIPO DE PRESIÓN: Pulgar izquierdo. La otra mano se apoya en el suelo.

N.º DE PUNTOS: Una línea de cinco puntos.

DIRECCIÓN DE LA LÍNEA: A lo largo del haz superior del músculo trapecio, desde la base del cuello hacia el hombro. Presión lenta y profunda.

OBSERVACIONES: El segundo punto de esta región es el punto supraescapular (ver 4.1) y se corresponde con el punto clave 21VB (Kensei).

Tres veces tres segundos.

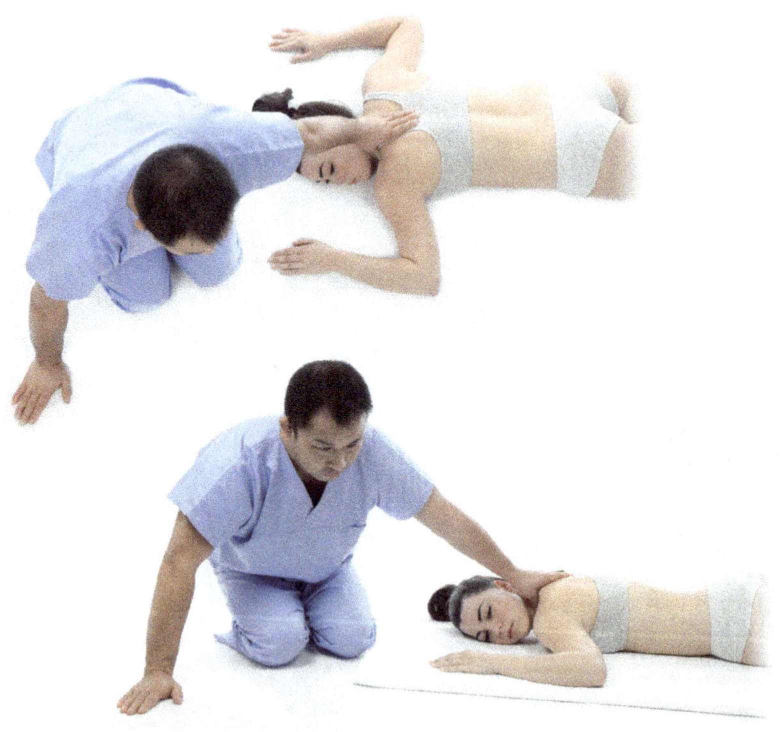

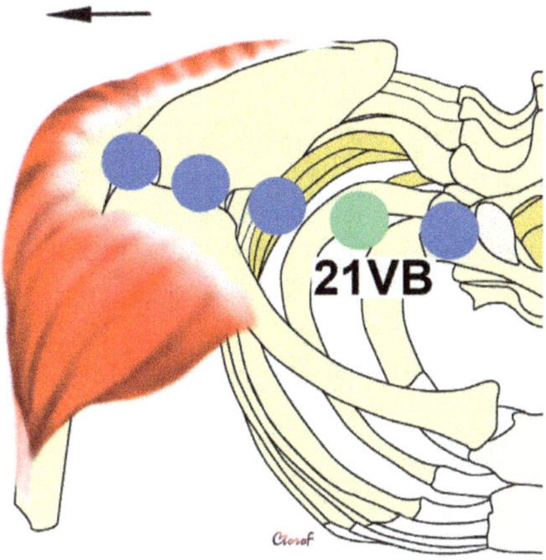

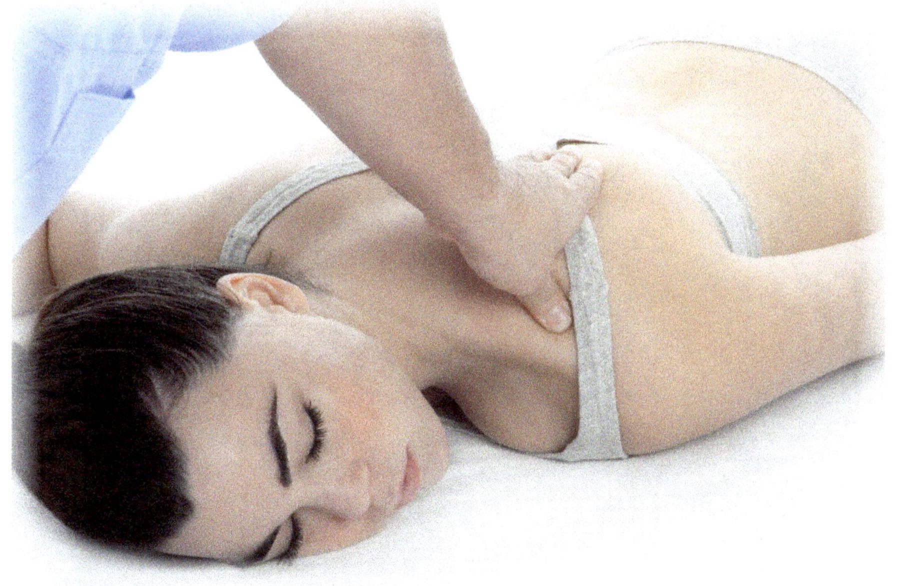

21VB

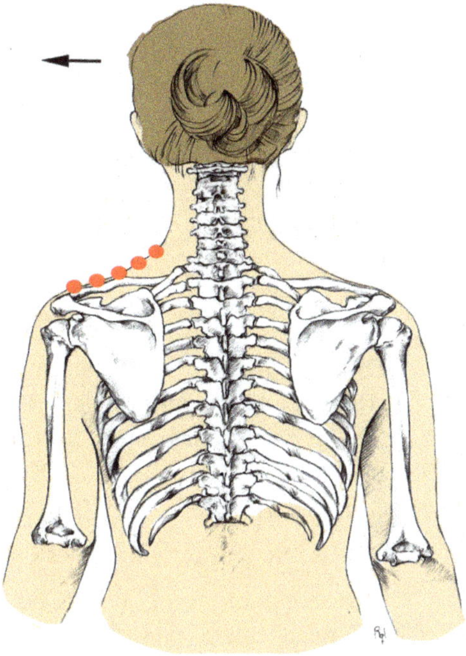

4.3. REGIÓN DE LA BASE DEL CUELLO

POSTURA DEL PACIENTE: Prono. Cabeza girada hacia el terapeuta, hombros en abducción y codos flexionados.

POSTURA DEL TERAPEUTA: Seiza, a 45º por encima de la cabeza del paciente.

TIPO DE PRESIÓN: Pulgar izquierdo. La otra mano se apoya en el suelo.

N.º DE PUNTOS: Una línea de cinco puntos.

DIRECCIÓN DE LA LÍNEA: Alrededor del cuello. El primer punto localizado en la parte superior del tercio medio de la clavícula (inserción del músculo esternocleidomastoideo) y el último punto sobre el elevador de la escápula.

Para tratar la región imaginamos una línea entre las zonas descritas y trabajamos sobre los músculos escalenos.

El tercer punto, en el centro del recorrido, es el último punto de la Región Cervical Lateral y el primero de la Región Supraescapular.

OBSERVACIONES: La posición de los brazos del paciente contrae la zona haciendo salir la contractura hacia fuera para un mejor trabajo.

Tres veces tres segundos.

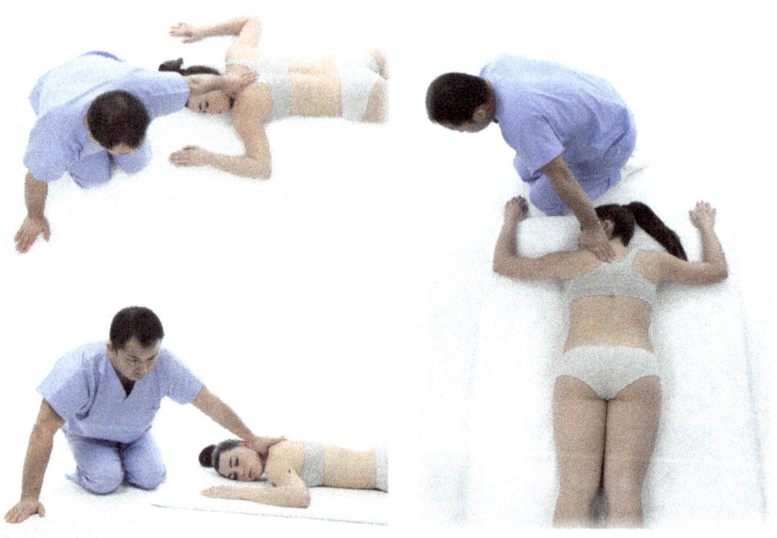

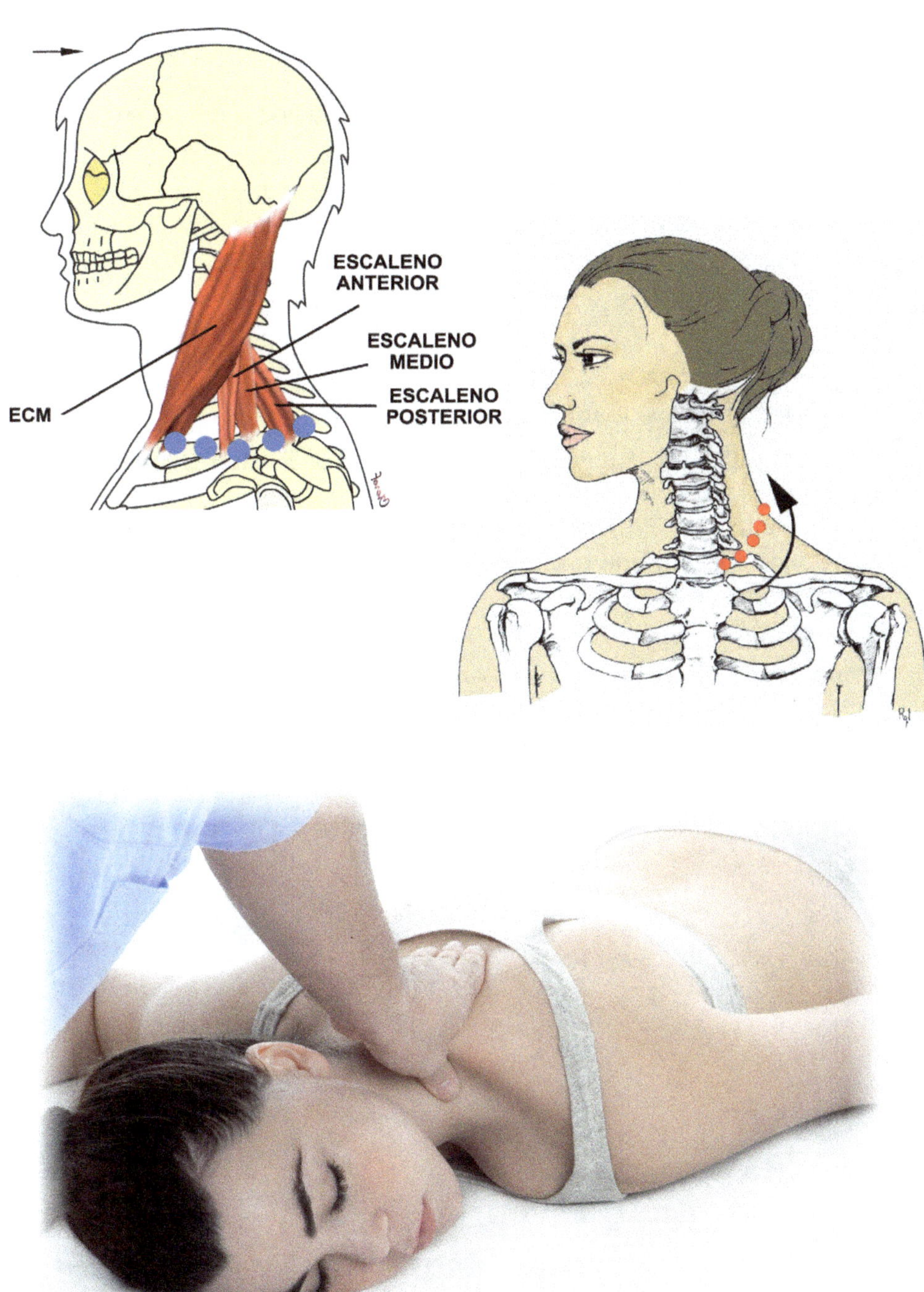
ESCALENO
ANTERIOR
ESCALENO
MEDIO
ESCALENO
POSTERIOR
ECM

4.4. REGIÓN INTERESCAPULAR. 1.ª Y 2.ª LÍNEAS

POSTURA DEL PACIENTE: Prono. Cabeza girada hacia el terapeuta, hombros en abducción y codos flexionados.

POSTURA DEL TERAPEUTA: Básica, perpendicular a la zona de trabajo. La rodilla derecha en el suelo, a la altura del omóplato del paciente; pie izquierdo por encima de su cabeza.

TIPO DE PRESIÓN: 1.ª y 2.ª repeticiones: Logo.

3.ª repetición: Pulgar sobre pulgar (izquierdo debajo).

N.º DE PUNTOS: Dos líneas de cinco puntos.

DIRECCIÓN DE LA LÍNEA: La primera línea se localiza en el borde interno de los músculos paravertebrales. El primer punto se sitúa a la altura de D1 y el último en la línea de D7. La segunda línea discurre paralela a la anterior por el borde externo de la musculatura paravertebral. Repetir alternativamente ambas líneas.

OBSERVACIONES: Al trabajar pulgar sobre pulgar, el pulgar de la mano que sujeta el hombro permanece debajo. Esta es la mejor manera de trabajar sobre cuerpos occidentales que tienen la cifosis dorsal más acentuada.

Tres veces tres segundos.

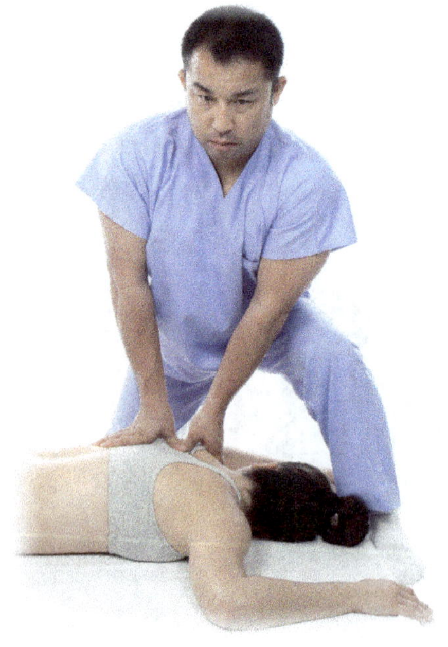

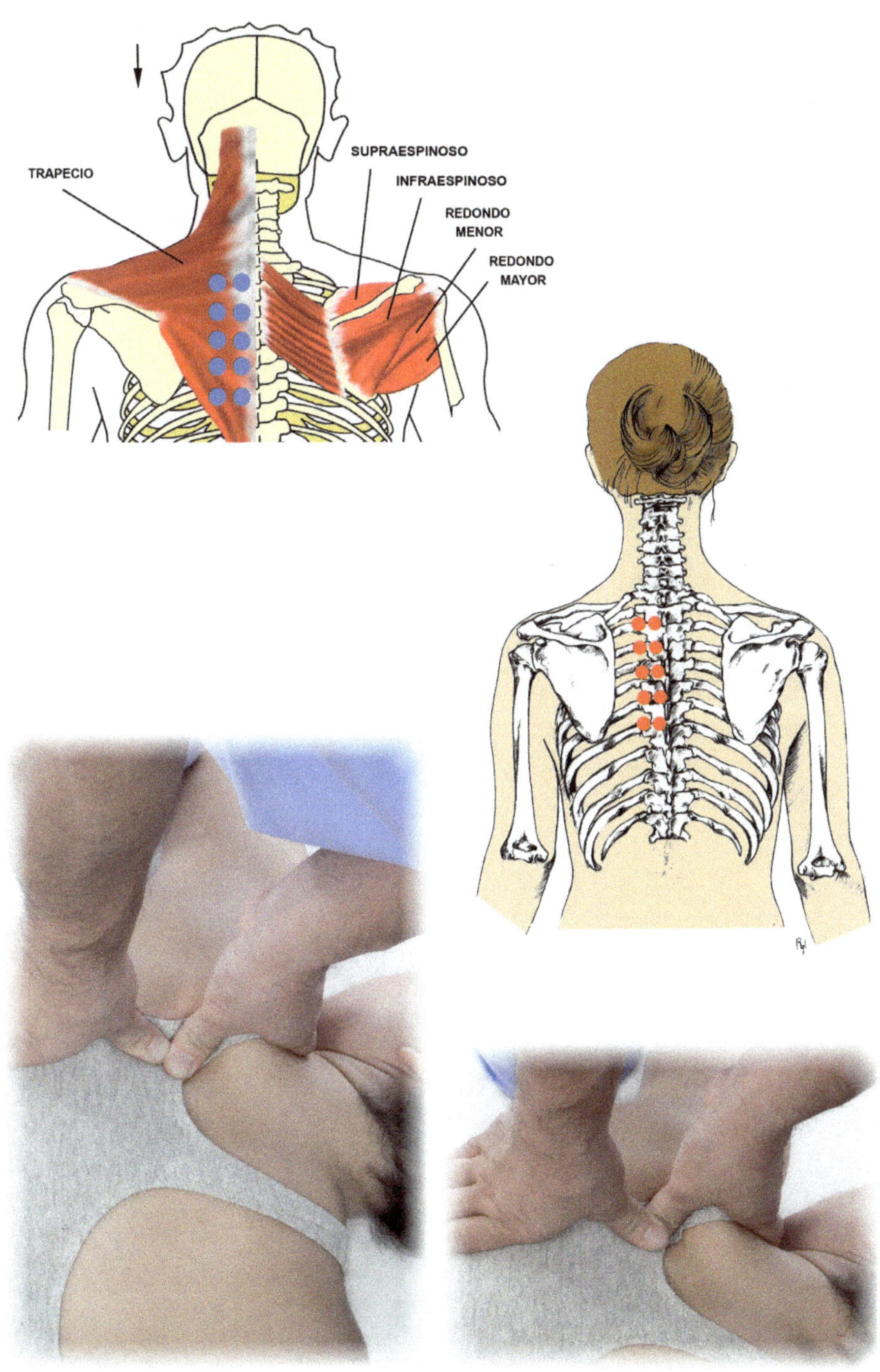

TRAPECIO
SUPRAESPINOSO
INFRAESPINOSO
REDONDO
MENOR
REDONDO
MAYOR

4.5. REGIÓN DE LA ESCÁPULA: BORDE MEDIAL

POSTURA DEL PACIENTE: Prono. Cabeza girada hacia el terapeuta, hombros en abducción y codos flexionados.

POSTURA DEL TERAPEUTA: Básica, rodilla derecha en el suelo, a la altura del omóplato del paciente; pie izquierdo por encima de la cabeza.

TIPO DE PRESIÓN: 1.ª y 2.ª repeticiones: Logo.

3.ª repetición: Pulgar sobre pulgar.

Si la escápula tiene poca movilidad y está pegada a la parrilla costal, se utilizarán los pulgares en A.

N.º DE PUNTOS: Una línea de cinco puntos.

DIRECCIÓN DE LA LÍNEA: Se localiza alrededor del borde vertebral, desde el ángulo superior al inferior.

OBSERVACIONES: Como en el caso anterior, el pulgar de la mano que sujeta el hombro permanece debajo. Hay que buscar la contractura en la zona del tercer punto y trabajarla durante más tiempo. Esta zona coincide aproximadamente con el punto 43V (Koukou), que es uno de los cinco puntos de aviso.

Tres veces tres segundos.

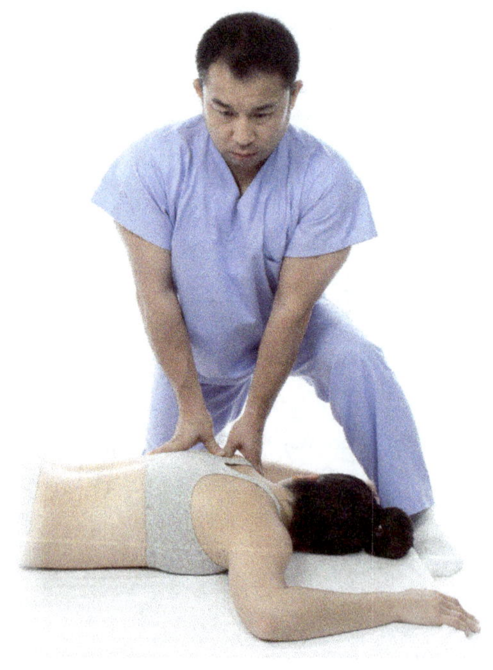

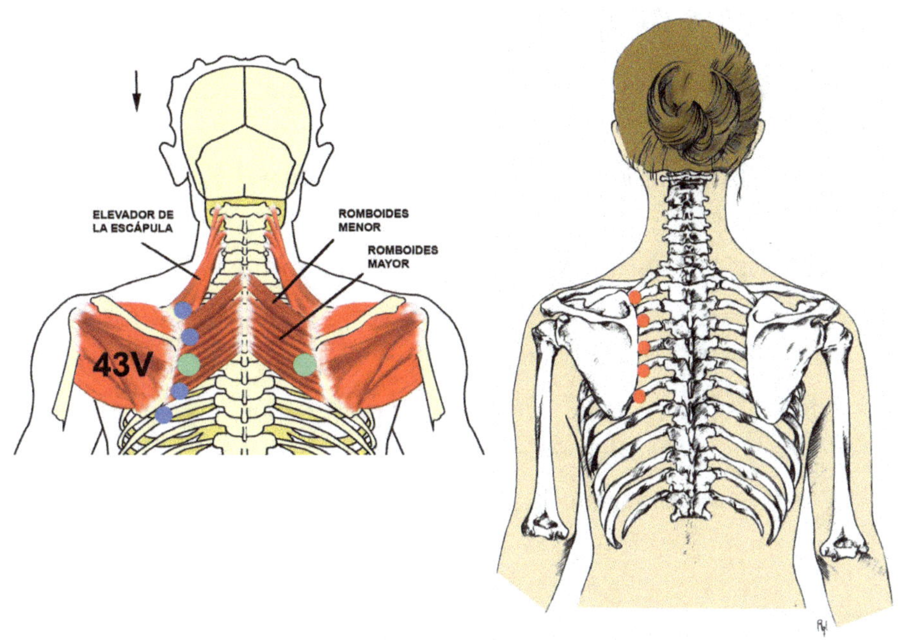

ELEVADOR DE
LA ESCÁPULA
ROMBOIDES
MENOR
ROMBOIDES
MAYOR
43V

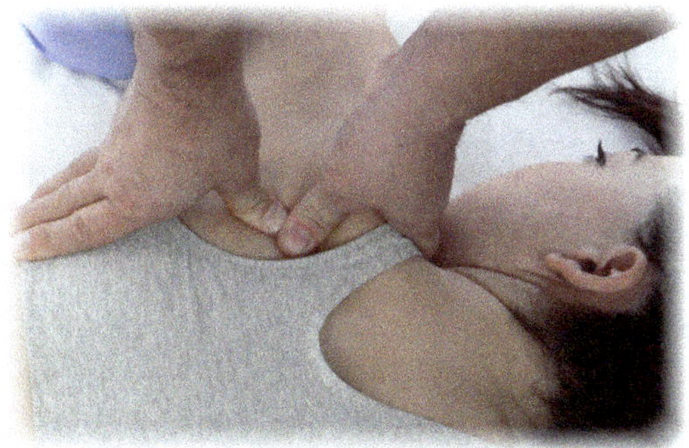

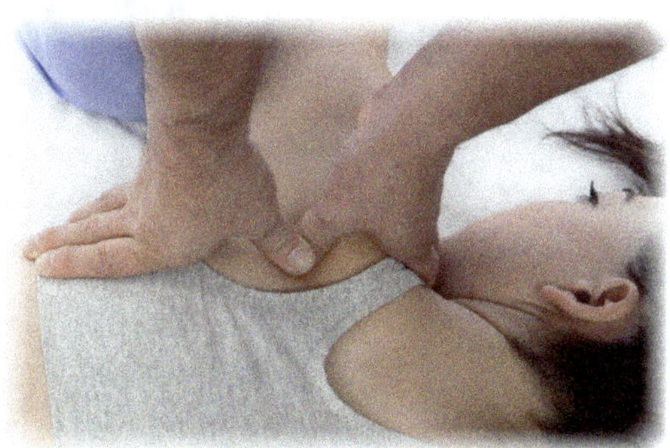

4.6. REGIÓN DE LA ESCÁPULA: PUNTO CENTRAL

POSTURA DEL PACIENTE: Prono. Cabeza girada hacia el terapeuta, hombros en abducción y codos flexionados.

POSTURA DEL TERAPEUTA: Básica, rodilla derecha en el suelo, a la altura del omóplato del paciente; pie izquierdo por encima de la cabeza.

TIPO DE PRESIÓN: Un solo pulgar. La otra mano se apoya en la espalda.

N.º DE PUNTOS: Un punto.

OBSERVACIONES: Este punto coincide con el punto clave 11ID (Tensou). Presión lenta y profunda.

Tres veces cinco segundos.

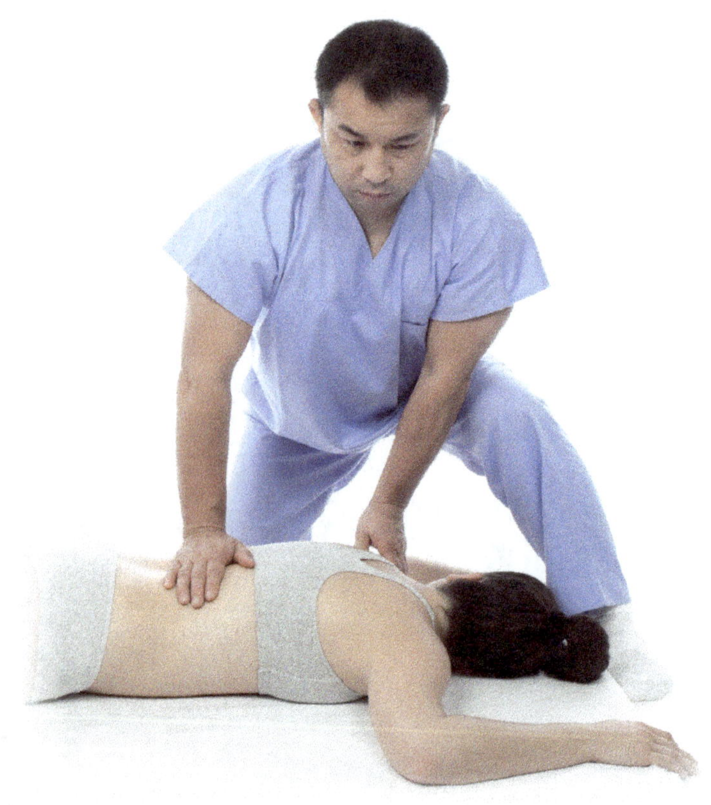

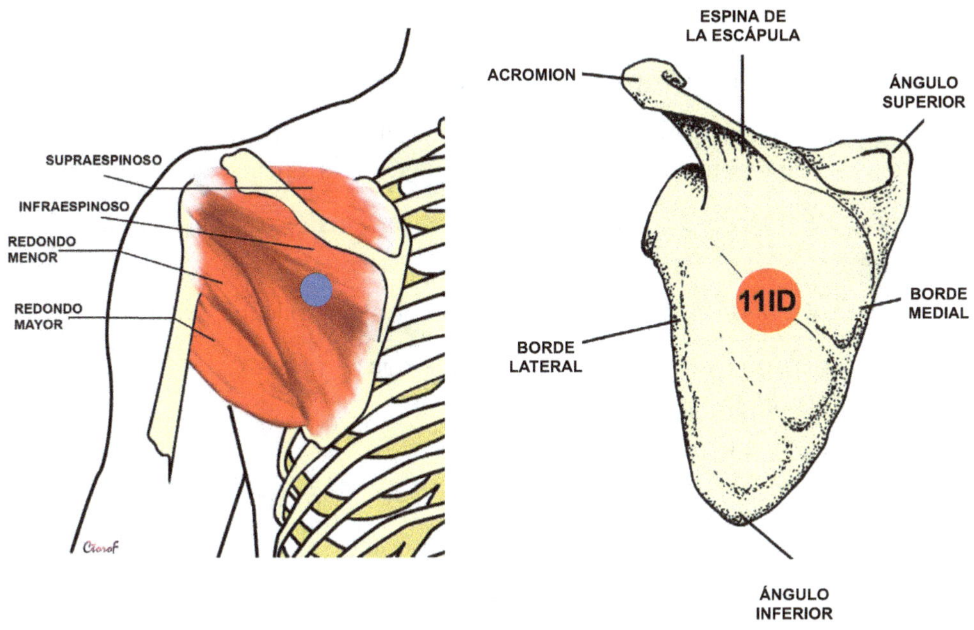

SUPRAESPINOSO
INFRAESPINOSO
REDONDO MENOR
REDONDO MAYOR
ESPINA DE LA ESCÁPULA
ACROMION
ÁNGULO SUPERIOR
BORDE MEDIAL
BORDE LATERAL
11ID
ÁNGULO INFERIOR

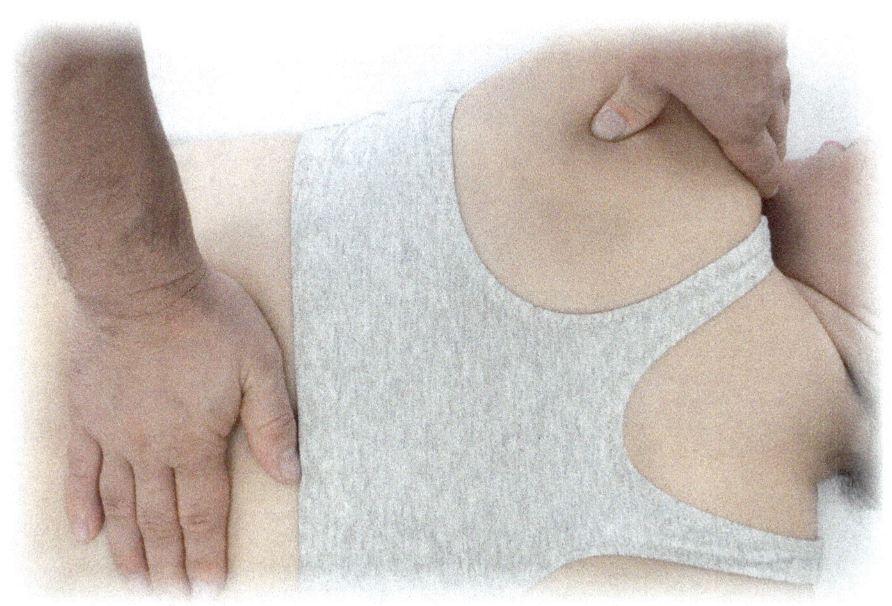

4.7. REGIÓN DE LA ESCÁPULA: PLIEGUE AXILAR

POSTURA DEL PACIENTE: Prono. Cabeza girada hacia el terapeuta, hombros en abducción y codos flexionados.

POSTURA DEL TERAPEUTA: Básica, rodilla derecha en el suelo, a la altura del omóplato del paciente; pie izquierdo por encima de la cabeza.

TIPO DE PRESIÓN: Un solo pulgar. La otra mano se apoya en la espalda.

N.º DE PUNTOS: Un punto. Extremo dorsal del pliegue axilar.

OBSERVACIONES: Este punto coincide con el punto clave 9ID (Kentei). Presión lenta y profunda.

Tres veces tres segundos.

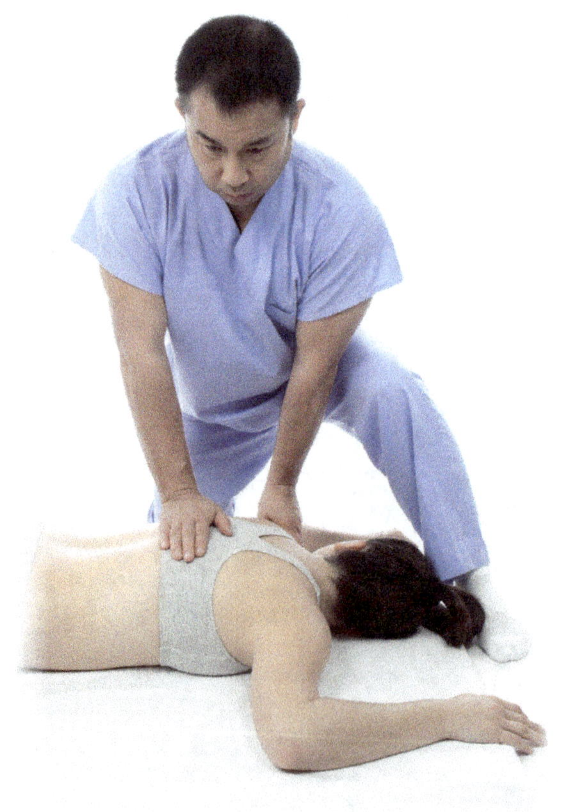

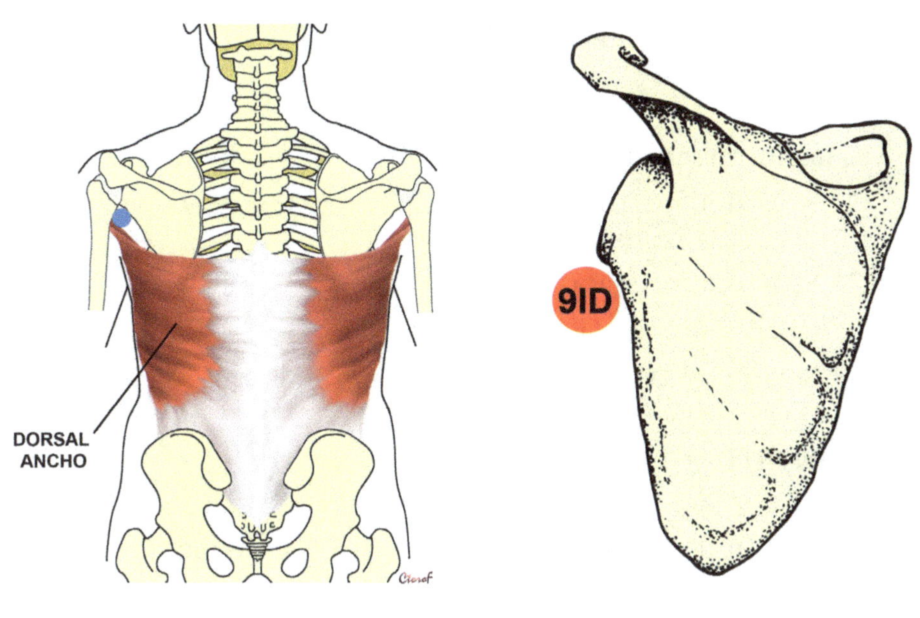

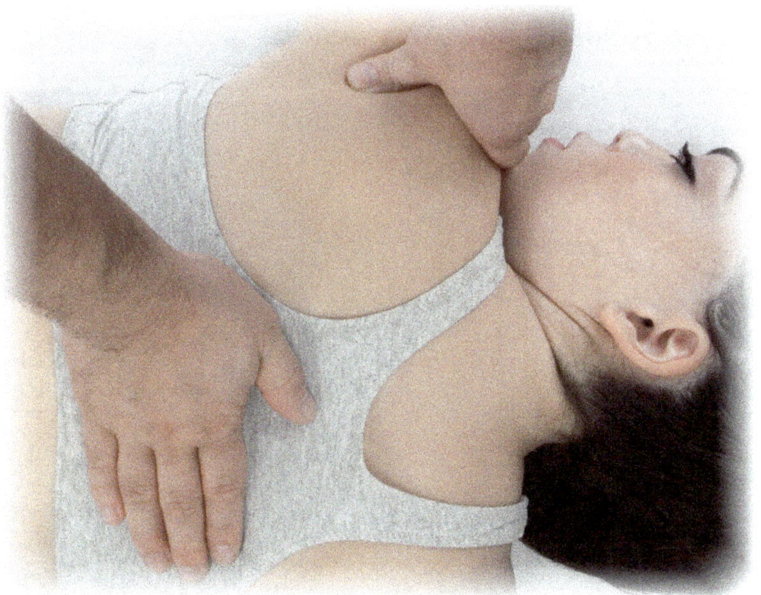

Repetir el trabajo de Cuello y Espalda (I)
por el LADO DERECHO.

5. La espalda (II)

Región infraescapular y lumbar

5.1. Región infraescapular y lumbar. 1.ª y 2.ª líneas a ambos lados de la columna.

5.2. Región infraescapular y lumbar. 1ª, 2ª y 3ª líneas.

5.3. Región lumbar. Línea 52V.

5.4. Región de la cresta ilíaca.

Región del sacro y glúteo

5.5. Región del sacro.

5.6. Región de la articulación sacroilíaca (borde interno).

5.7. Región de la articulación sacroilíaca (borde externo).

5.8. Region del glúteo mayor.

5.9. Punto piramidal.

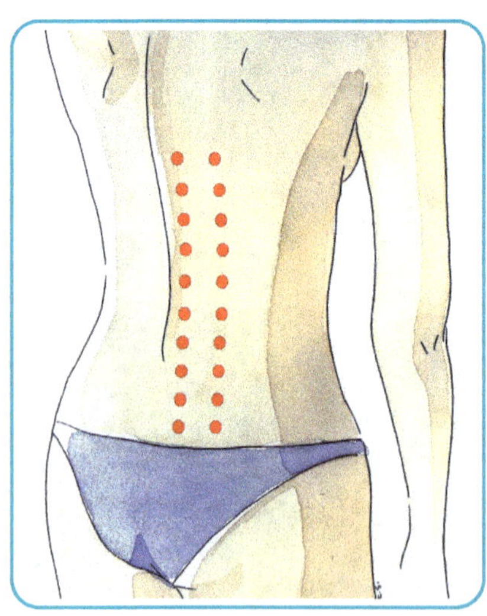

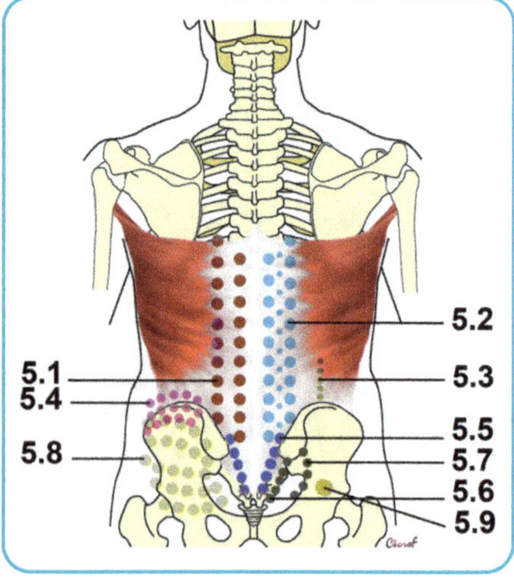

5.1. REGIÓN INFRAESCAPULAR Y LUMBAR. 1.ª Y 2.ª LÍNEAS A AMBOS LADOS DE LA COLUMNA

POSTURA DEL PACIENTE: Prono. Cabeza girada hacia el terapeuta, hombros en abducción y codos flexionados.

POSTURA DEL TERAPEUTA: Básica. Lado izquierdo del paciente, rodilla derecha a la altura de la región sacra.

TIPO DE PRESIÓN: Ambos pulgares a la vez.

N.º DE PUNTOS: Dos líneas simultáneas de diez puntos a ambos lados de la columna vertebral. La primera línea recorre el borde medial de la musculatura paravertebral y la segunda el borde lateral.

DIRECCIÓN DE LA LÍNEA: Desde el borde inferior del omóplato (D8-D9) hasta L5-S1. Se debe presionar entre las apófisis transversas sin tocar la columna. Repetir alternativamente ambas líneas.

OBSERVACIONES: El trabajo simultáneo de ambos lados permite el diagnóstico por comparación del estado de la espalda. La zona lumbar es el centro del cuerpo y «termómetro» del estado general del mismo.

Tres veces tres segundos.

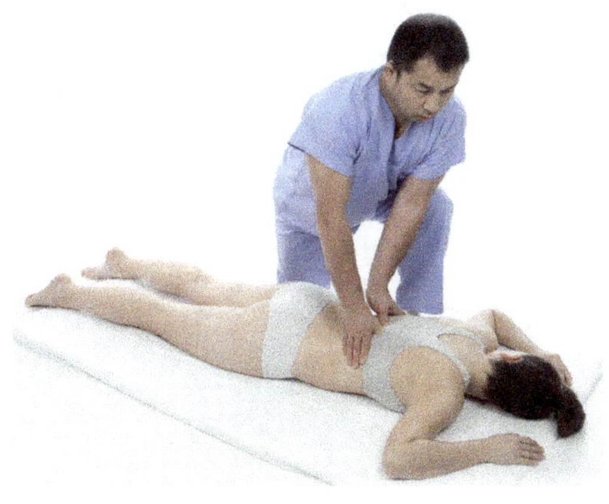

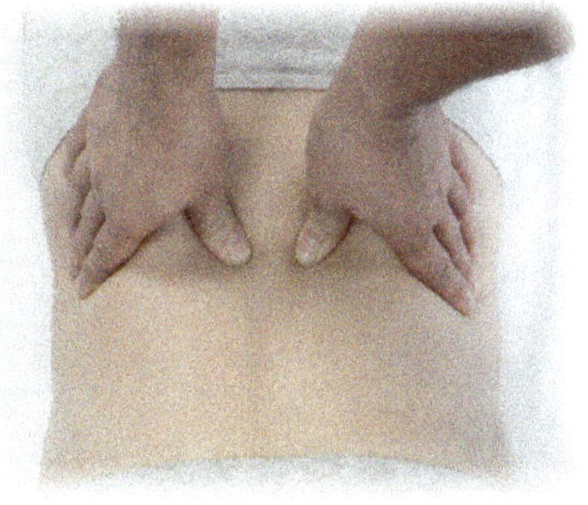

5.2. REGIÓN INFRAESCAPULAR Y LUMBAR. 1.ª, 2.ª Y 3.ª LÍNEAS

POSTURA DEL PACIENTE: Prono. Cabeza girada hacia el terapeuta, hombros en abducción y codos flexionados.

POSTURA DEL TERAPEUTA: Básica. Manteniendo la posición anterior.

TIPO DE PRESIÓN: 1.ª y 2.ª repeticiones: Logo.

3.ª repetición: Pulgar sobre pulgar (derecho debajo).

N.º DE PUNTOS: Tres líneas de diez puntos.
1.ª línea: 10 puntos (borde medial de los músculos paravertebrales).
2.ª línea: 10 puntos (borde lateral de los músculos paravertebrales).
3.ª línea: 10 puntos (en el centro de los músculos paravertebrales).

DIRECCIÓN DE LA LÍNEA: De D8-D9 hasta L5–S1. Primero 1.ª y 2.ª líneas alternativamente y luego las tres repeticiones de la 3.ª línea.

OBSERVACIONES: Al trabajar la 3.ª línea, observar la perpendicularidad y trabajar lentamente.

El quinto punto 21V (Iyu) de la 3.ª línea es uno de los cinco avisos y sirve de diagnóstico de problemas digestivos. El décimo punto 26V (Kangenyu), de la 3.ª línea es otro punto aviso relativo al estado de la zona lumbar.

Tres veces tres segundos.

Décimo punto 3 ✖ 5 segundos al finalizar la 1.ª línea.

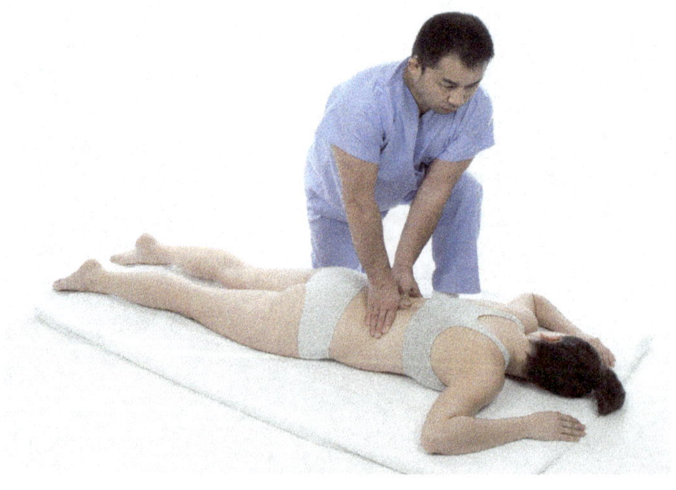

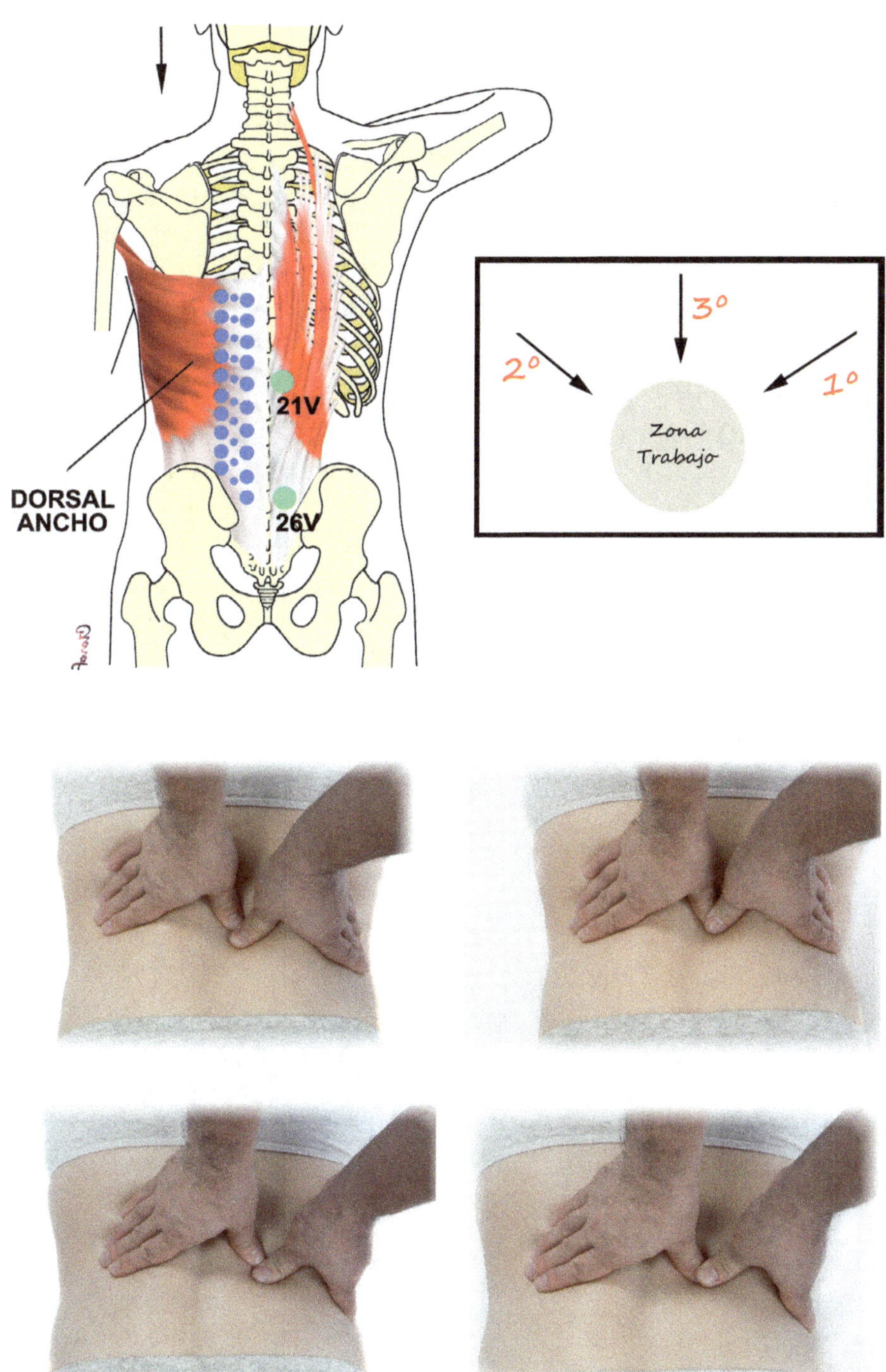
DORSAL
ANCHO
21V
26V
3°
2°
1°
Zona
Trabajo

5.3. REGIÓN LUMBAR. LÍNEA 52V

POSTURA DEL PACIENTE: Prono. Cabeza girada hacia el terapeuta, hombros en abducción y codos flexionados.

POSTURA DEL TERAPEUTA: Seiza o rodillas, perpendicular al cuerpo del paciente.

TIPO DE PRESIÓN: Pulgar sobre pulgar (derecho debajo) con las manos juntas y ligeramente superpuestas. Presión lenta y hacia el centro del cuerpo.

N.º DE PUNTOS: Una línea de cinco puntos.

DIRECCIÓN DE LA LÍNEA: Se localiza dos dedos lateralmente de la segunda línea de la Región Infraescapular y Lumbar. En sentido descendente. Entre la décimosegunda costilla y la cresta ilíaca.

OBSERVACIONES: Formando un triángulo se localizan los puntos de aviso, 52V (Shishitsu, tercer punto), que se relaciona con el estado de la zona lumbar, el punto de ovarios (quinto punto), relacionado con el aparato genital y un tercer punto de aviso, 26V (Kangenyu, décimo de la zona lumbar) y que a su vez indica en centro del cuerpo.

En el centro del triángulo formado podemos imaginar un punto central más importante.

Tres veces tres segundos.

Tercer punto: Tres veces cinco segundos.

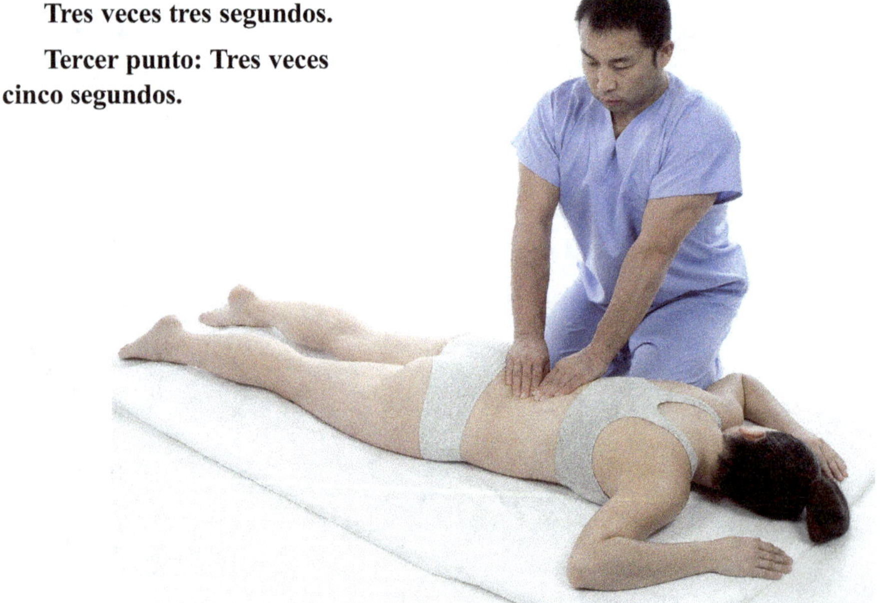

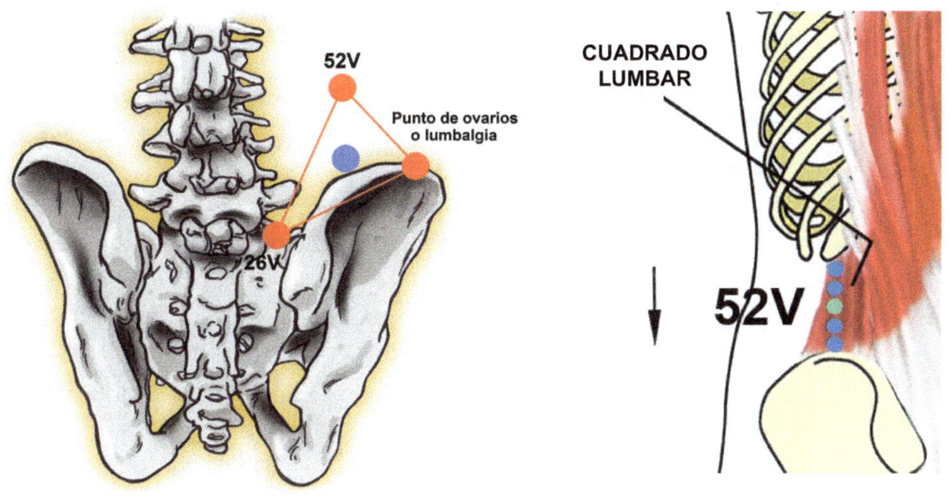

52V
Punto de ovarios
o lumbalgia
26V
CUADRADO
LUMBAR
52V

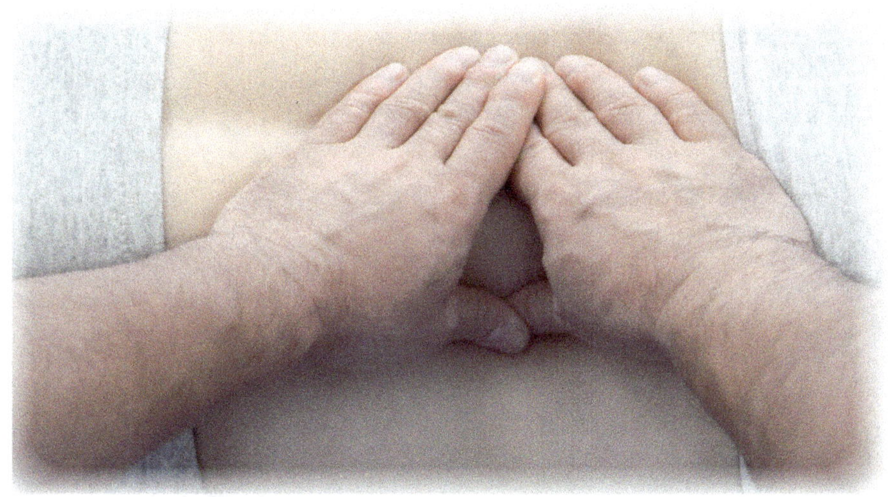

5.4. REGIÓN DE LA CRESTA ILÍACA

POSTURA DEL PACIENTE: Prono. Cabeza girada hacia el terapeuta, hombros en abducción y codos flexionados.

POSTURA DEL TERAPEUTA: Básica. Lado izquierdo del paciente, la rodilla derecha a la altura del trocánter mayor.

TIPO DE PRESIÓN: Pulgar sobre pulgar (aspa).
1.ª y 2.ª repeticiones: Logo.
3.ª repetición: Pulgar sobre pulgar (derecho debajo).

N.º DE PUNTOS: Tres líneas de cinco puntos:
1.ª línea: Siguiendo el borde de la cresta ilíaca.
2.ª línea: Un dedo por encima de la anterior, sobre el músculo cuadrado lumbar.
3.ª línea: Sobre el borde óseo de la cresta ilíaca, en la zona de inserción del cuadrado lumbar y los glúteos medio y mayor.

DIRECCIÓN DE LA LÍNEA: Desde el sacro hacia el lateral. Repetir alternativamente en este orden: 1.ª línea, 2.ª línea y 3.ª línea.

OBSERVACIONES: El punto de aviso de lumbalgia o de ovarios puede encontrarse en el 3.er punto de cualquiera de las tres líneas anteriormente citadas. Se utiliza para problemas lumbares y hormonales.

En la tercera línea, sobre el borde óseo de la cresta ilíaca, se pueden encontrar contracturas con facilidad si la persona tiene problemas lumbares.

Tres veces tres segundos.

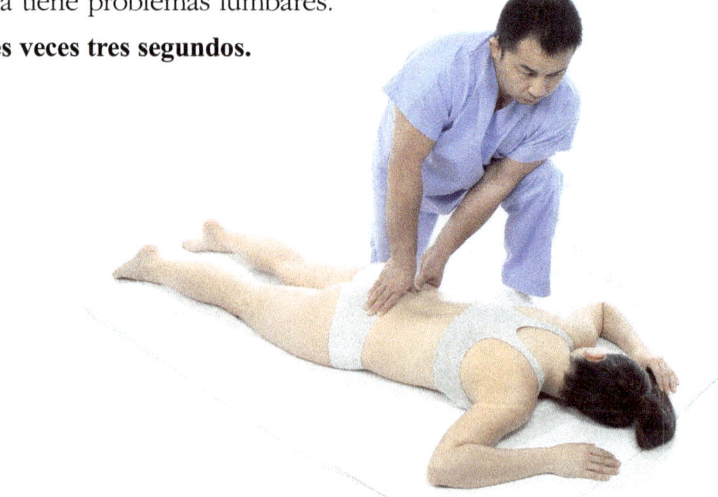

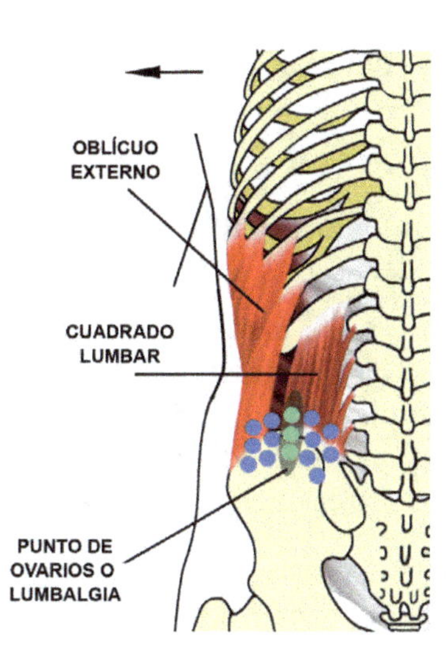

OBLÍCUO
EXTERNO
CUADRADO
LUMBAR
PUNTO DE
OVARIOS O
LUMBALGIA

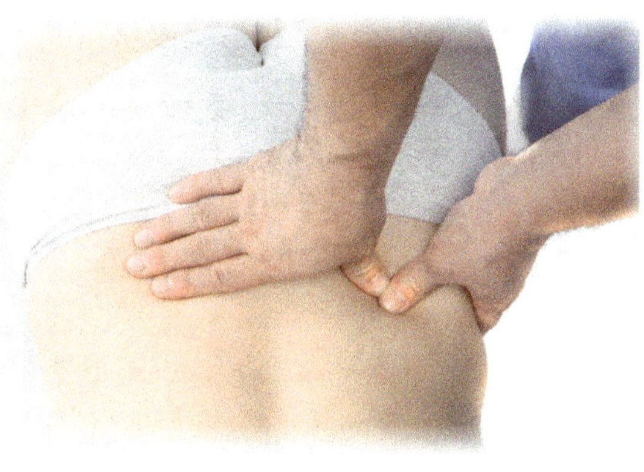

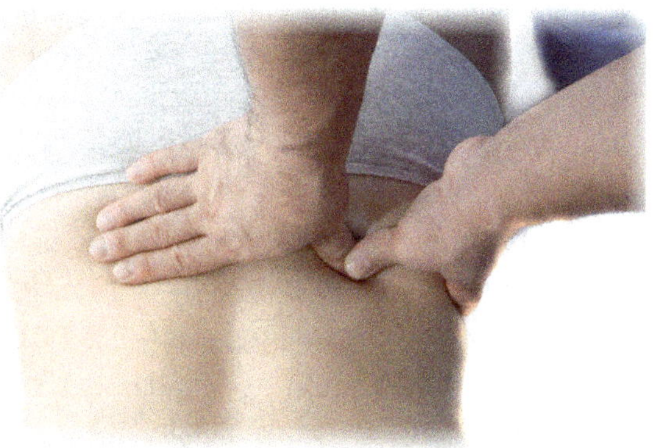

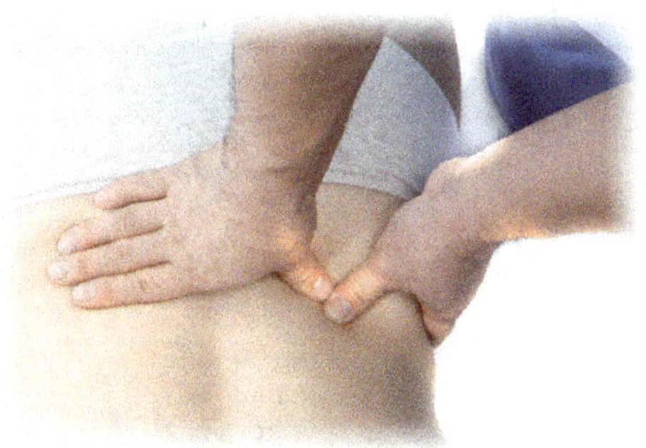

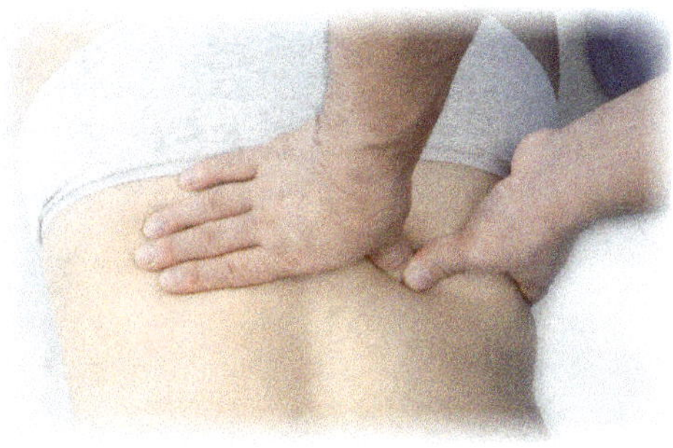

5.5. REGIÓN DEL SACRO

POSTURA DEL PACIENTE: Prono. Cabeza girada hacia el terapeuta, hombros en abducción y codos flexionados.

POSTURA DEL TERAPEUTA: Básica, manteniendo la posición anterior.

TIPO DE PRESIÓN: Ambos pulgares, brazo derecho ligeramente flexionado.

N.º DE PUNTOS: Dos líneas de cinco puntos.

DIRECCIÓN DE LA LÍNEA: Línea descendente (en forma de V) las dos líneas a la vez, desde el primer agujero del sacro hasta el cuarto.

OBSERVACIONES: Los puntos cuatro y cinco se localizan muy cercanos, en torno al cuarto foramen sacro. Podemos encontrar contracturas a este nivel si el paciente padece de ciática o tiene hernia discal en L5-S1. El occidental sufre más en esta zona por la hiperlordosis acentuada que hace que la zona contacte con la superficie de reposo, enrojeciéndose al limitarse la circulación.

El segundo punto de esta región, sobre el segundo foramen sacro, se corresponde con el punto clave 32V (Jiryou).

El triángulo formado, desde la 2.ª y 3.ª lumbar que coincide con el punto 4VG (Meimon), es fundamental para el tratamiento de lumbalgia y trastornos en el aparato genital.

Tres veces tres segundos.

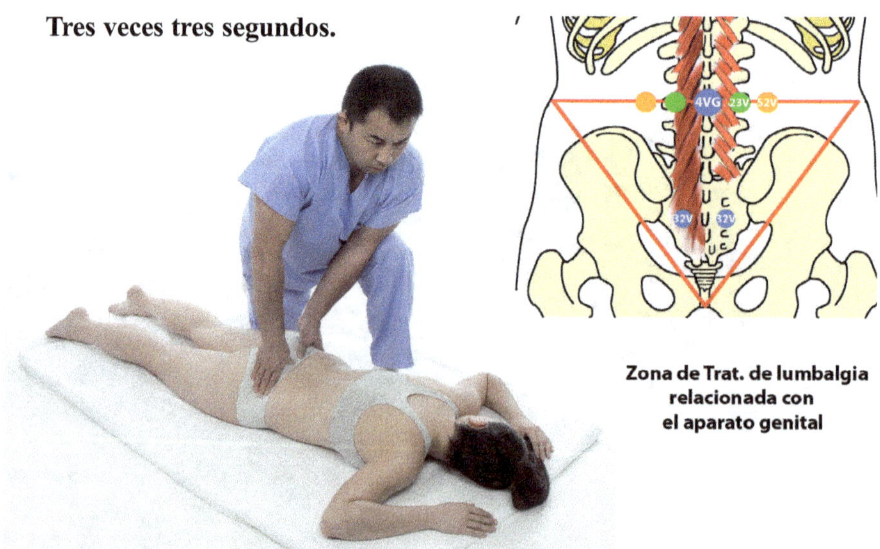

**Zona de Trat. de lumbalgia
relacionada con
el aparato genital**

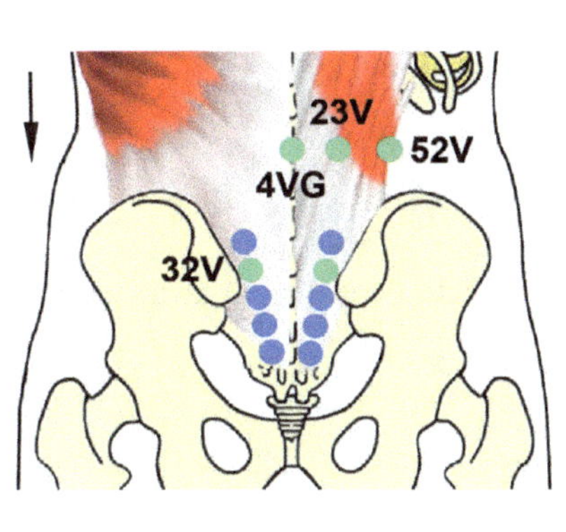

23V
52V
4VG
32V

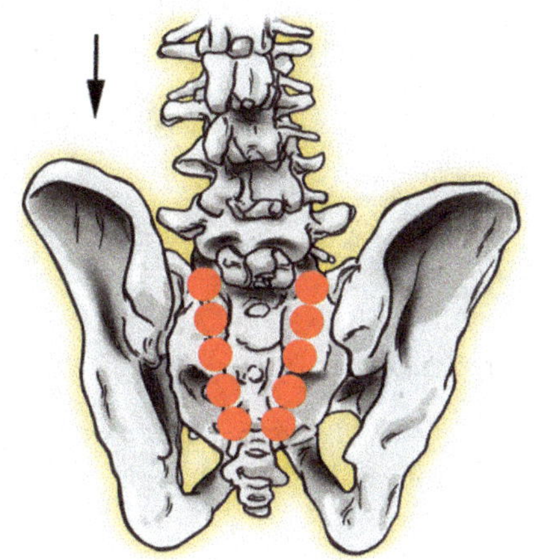

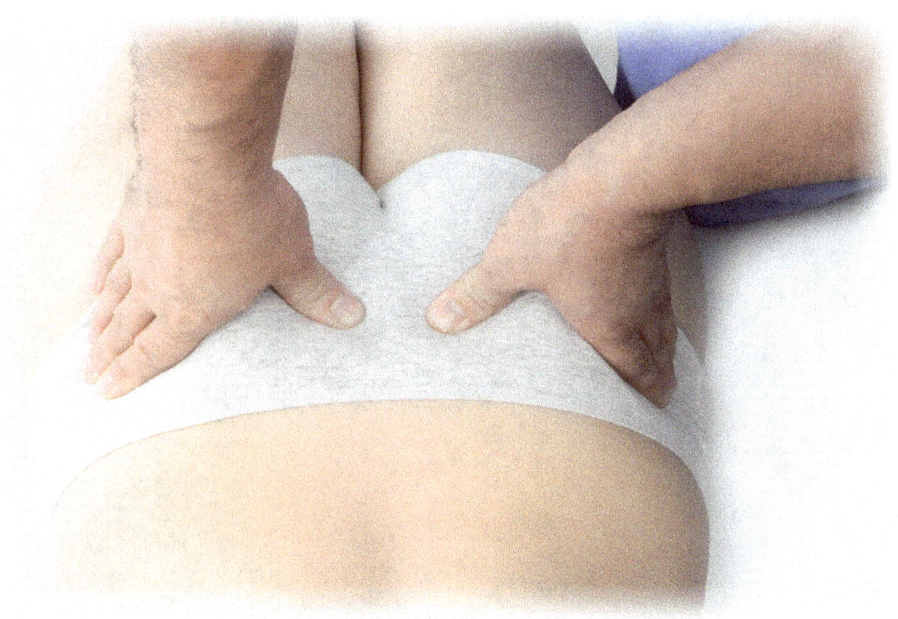

5.6. REGIÓN DE LA ARTICULACIÓN SACROILÍACA (BORDE INTERNO)

POSTURA DEL PACIENTE: Prono. Cabeza girada hacia el terapeuta, hombros en abducción y codos flexionados.

POSTURA DEL TERAPEUTA: Básica, manteniendo la posición anterior.

TIPO DE PRESIÓN: Pulgar sobre pulgar (aspa).

N.º DE PUNTOS: Una línea de cinco puntos.

DIRECCIÓN DE LA LÍNEA: Sobre el borde interno de la articulación sacroilíaca. Desde la EIPS y hacia el coxis.

OBSERVACIONES: El trabajo de la articulación sacroíliaca es muy importante por su relación con la zona lumbar y los músculos y nervios de la pierna.

Esta región trabaja sobre la inserción del glúteo mayor y los ligamentos sacroíliacos posteriores; además de sobre la porción inferior de la aponeurosis toracolumbar.

Tres veces tres segundos.

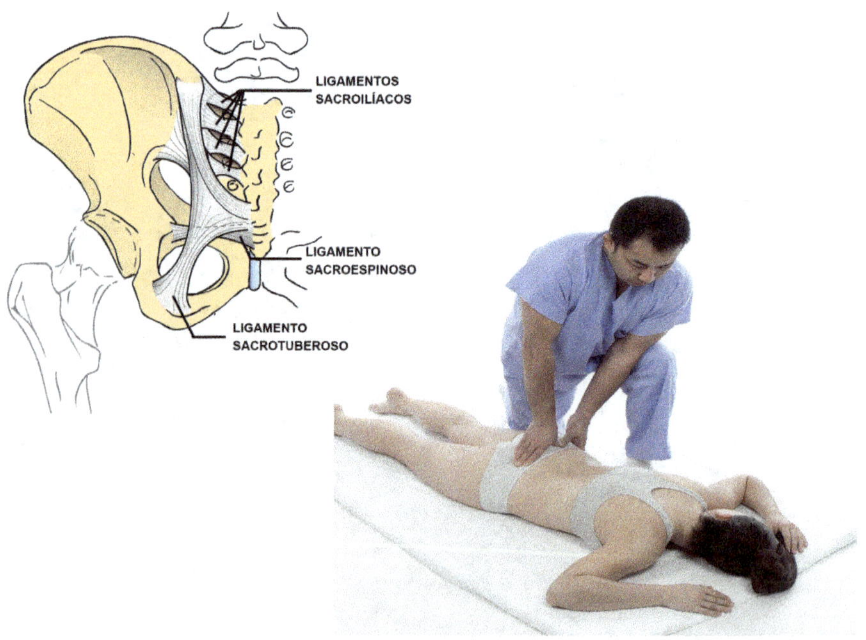

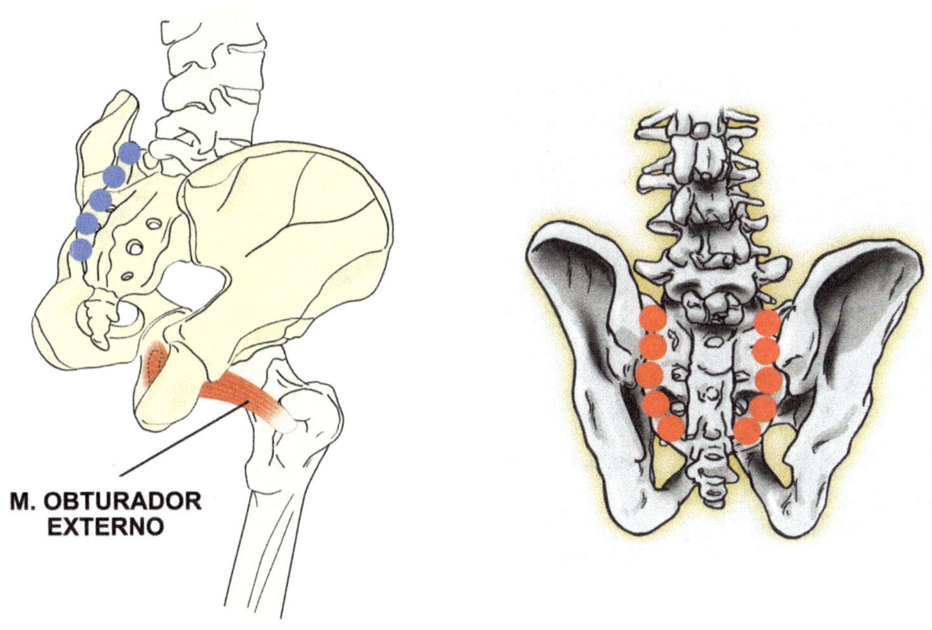

M. OBTURADOR
EXTERNO

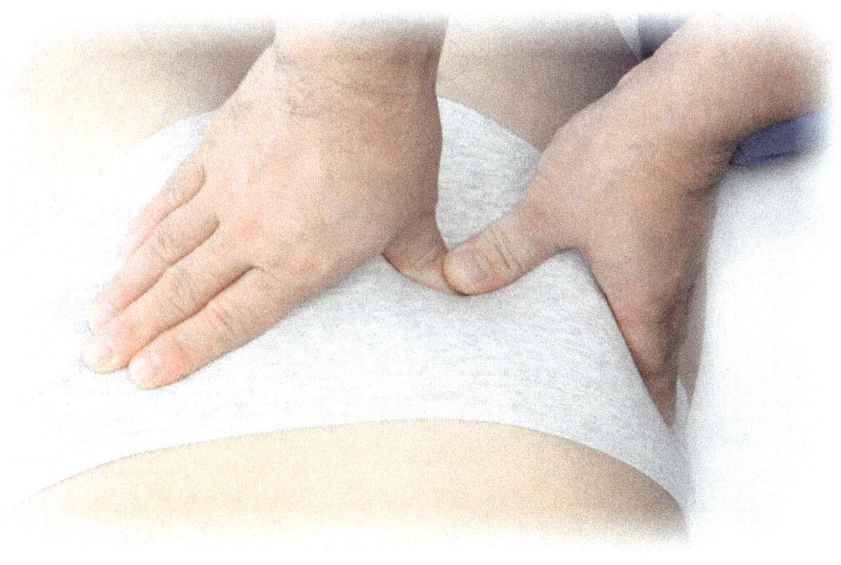

5.7. REGIÓN DE LA ARTICULACIÓN SACROILÍACA (BORDE EXTERNO)

POSTURA DEL PACIENTE: Prono. Cabeza girada hacia el terapeuta, hombros en abducción y codos flexionados.

POSTURA DEL TERAPEUTA: Seiza, perpendicular al cuerpo del paciente.

TIPO DE PRESIÓN: Pulgar sobre pulgar (derecho debajo).

N.º DE PUNTOS: Una línea de cinco puntos.

DIRECCIÓN DE LA LÍNEA: Sobre el borde externo de la articulación sacroíliaca. Desde la EIPS y hacia el coxis.

OBSERVACIONES: Esta región trabaja sobre las inserciones del piramidal, el glúteo mayor, así como el ligamento sacrotuberoso y la porción inferior de la aponeurosis toracolumbar.

Tres veces tres segundos.

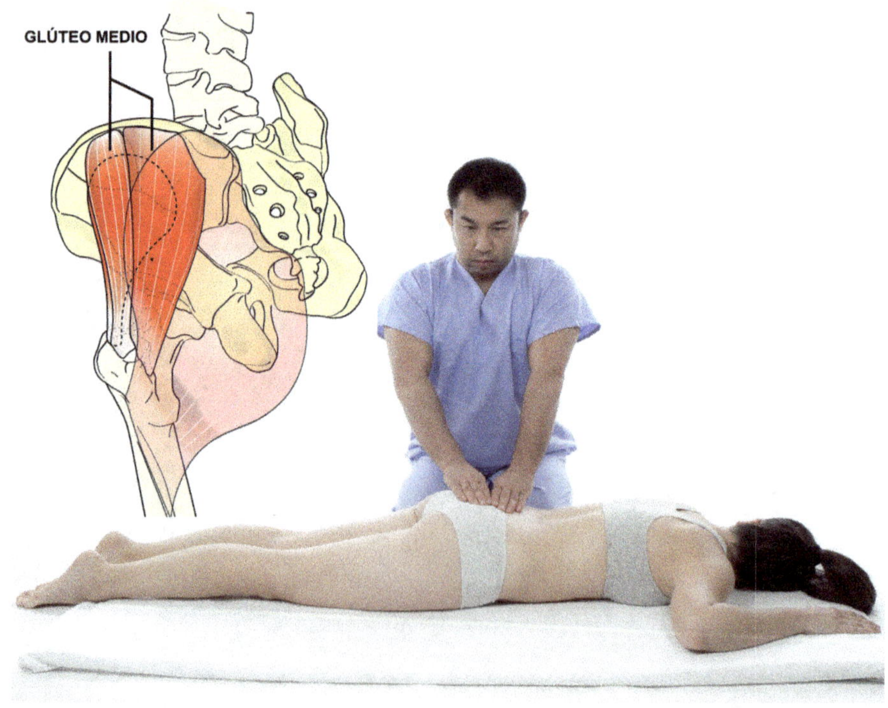

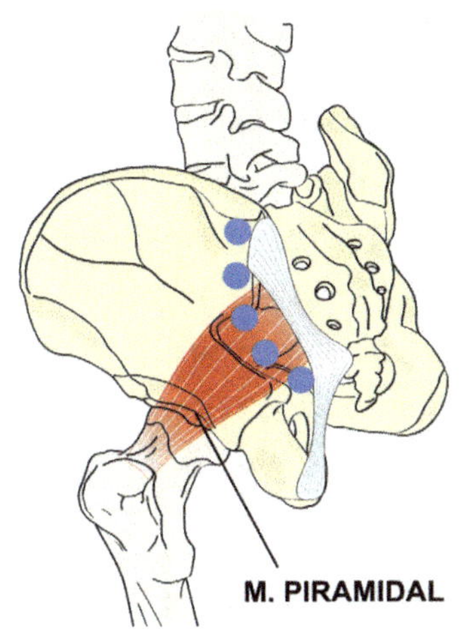

M. PIRAMIDAL

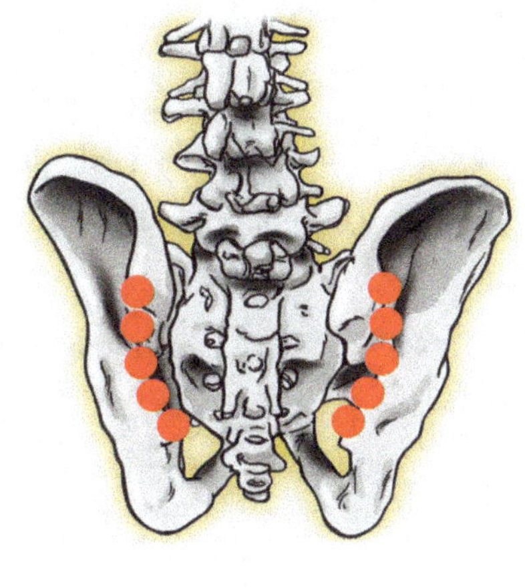

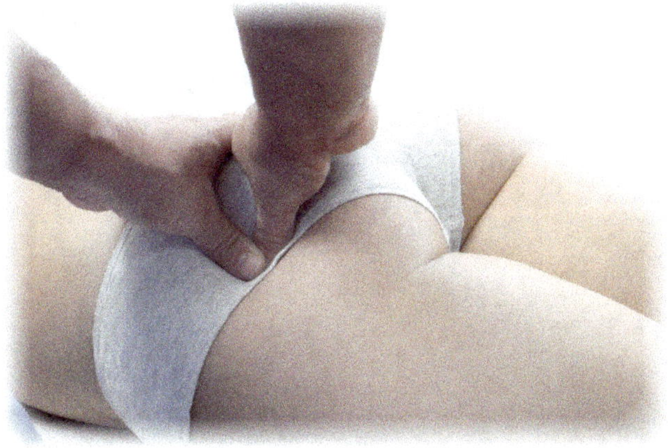

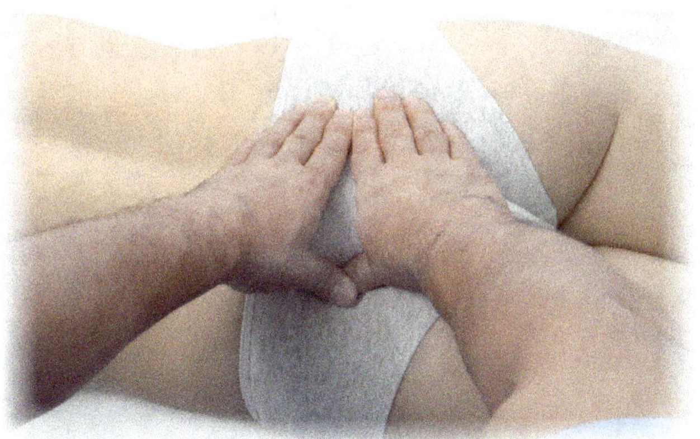

5.8. REGIÓN DEL GLÚTEO MAYOR

POSTURA DEL PACIENTE: Prono. Cabeza girada hacia el terapeuta, hombros en abducción y codos flexionados.

POSTURA DEL TERAPEUTA: Seiza, perpendicular al cuerpo del paciente.

TIPO DE PRESIÓN: Pulgar sobre pulgar (derecho debajo). En forma de abanico, tomando la punta de ambos dedos corazón como eje del movimiento.

N.º DE PUNTOS: Cinco líneas de cinco puntos.

DIRECCIÓN DE LA LÍNEA: De cresta ilíaca al final del sacro, y de la articulación sacroilíaca a trocánter mayor.

OBSERVACIONES: La primera línea coincide con la región anterior.

Tres veces tres segundos.

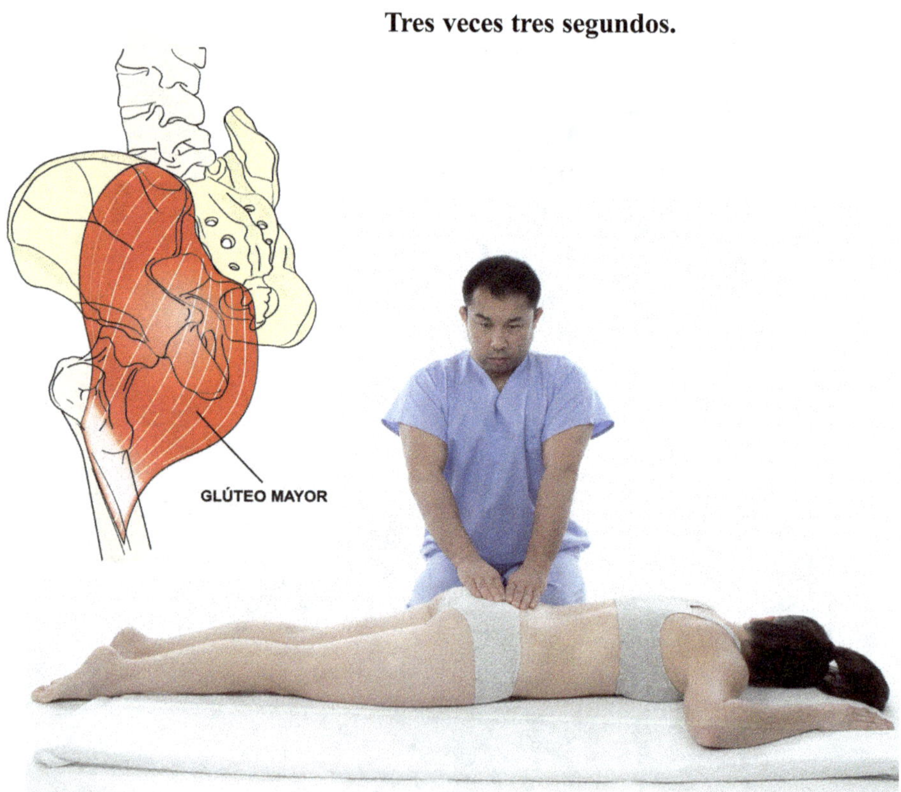

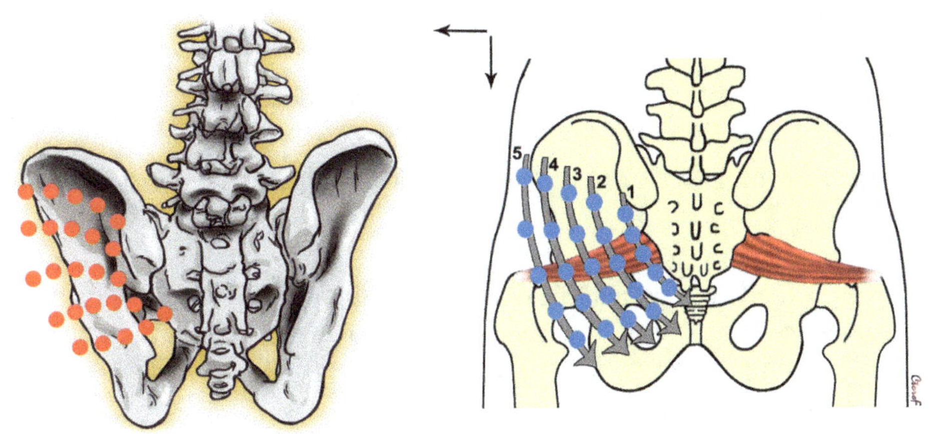

5 4 3 2 1

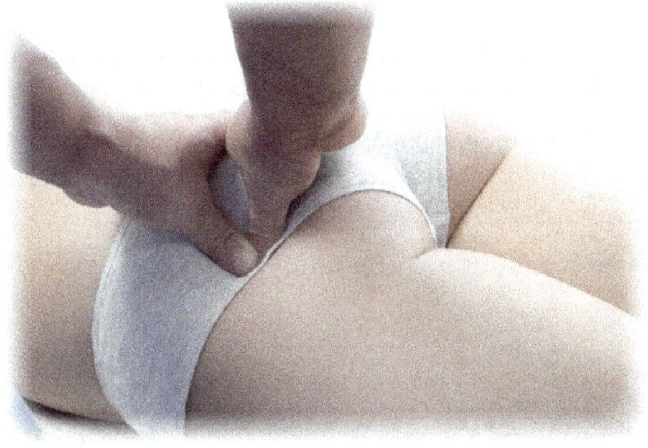

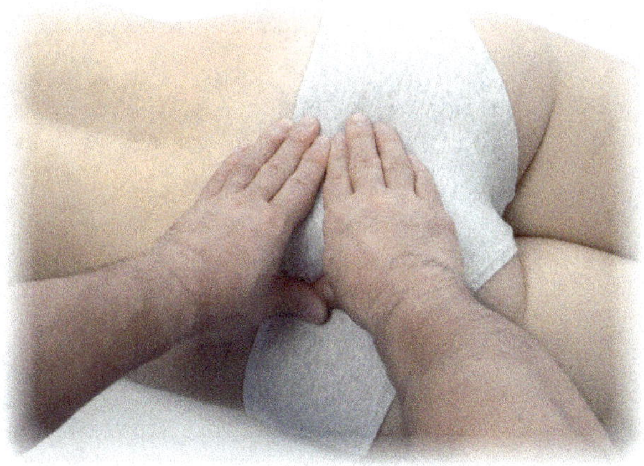

5.9. PUNTO PIRAMIDAL

POSTURA DEL PACIENTE: Prono. Cabeza girada hacia el terapeuta, hombros en abducción y codos flexionados.

POSTURA DEL TERAPEUTA: De rodillas o seiza, perpendicular al cuerpo del paciente.

TIPO DE PRESIÓN: Pulgar sobre pulgar (derecho debajo). Las manos se apoyan en el sacro para fijar la presión. Ésta debe ser ligera y mantenida entre 30 segundos y un minuto. Si la zona es muy sensible, utilizar presión con pulgares en V.

N.º DE PUNTOS: Un punto.

DIRECCIÓN DE LA LÍNEA: Este punto se localiza aproximadamente en la mitad del músculo piramidal o piriforme (el origen se encuentra en la superficie anterior del sacro y la inserción en el trocánter mayor).

OBSERVACIONES: Situado por debajo del músculo piramidal, podemos buscar el punto 30VB (Kanchou) que se localiza entre el trocánter mayor del femur y el hiato sacro a un tercio más cerca del trocánter mayor. Este punto se utiliza para numerosas dolencias: diarrea, indigestión, estreñimiento, lumbalgia, disfunción eréctil e infertilidad.

Presión de 30 segundos a un minuto.

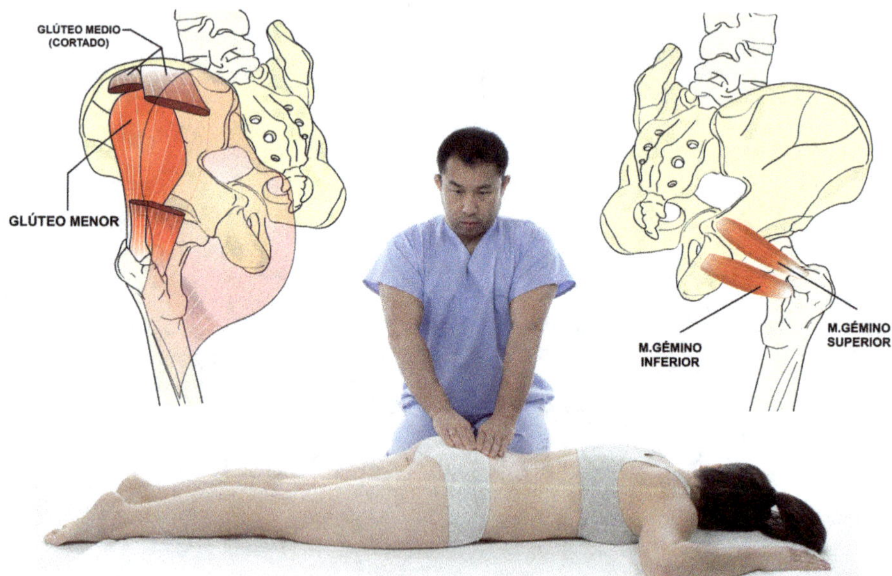

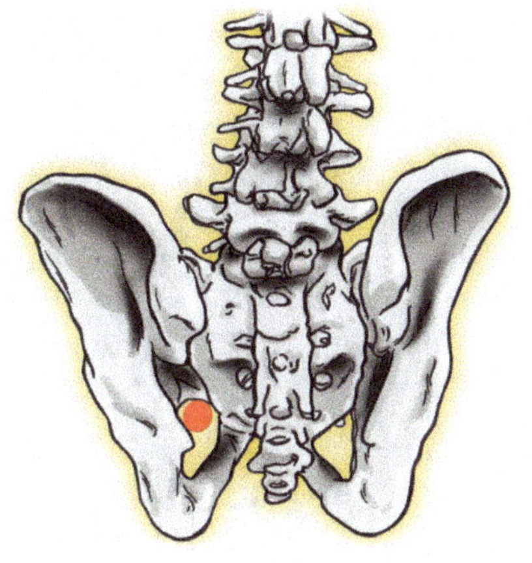 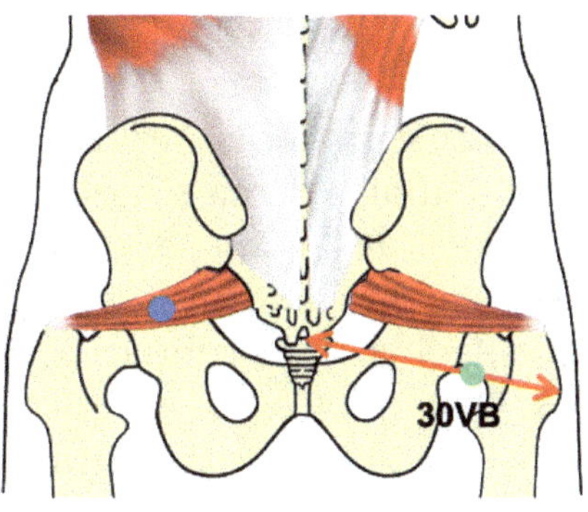

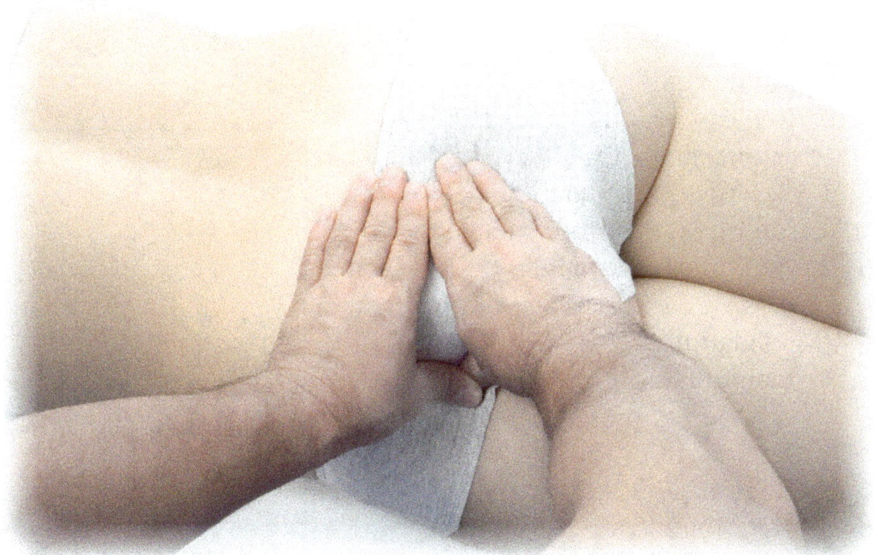

Repetir el trabajo de Espalda (II)
por el LADO DERECHO.

6. Extremidades inferiores

Pierna

6.1. Región femoral posterior. Línea central, interna y externa.

6.2. Región de la fosa poplítea.

6.3. Región sural posterior.

6.4. Región sural lateral y medial

6.5. Región 60V-3R. Ambos lados.

6.6. Región calcánea lateral y medial. Ambos lados.

6.7. Región del tubérculo calcáneo.

Planta y estiramientos

6.8. Región plantar. Línea central.

6.9. Región plantar. Línea del arco plantar externo.

6.10. Región plantar. Línea del arco plantar interno.

6.11. Región plantar. Línea de la zona inferior del primer metatarsiano.

6.12. Región plantar. Línea de los espacios de las articulaciones metatarsofalángicas.

6.13. Estiramiento y rotación de los dedos de los pies (circunducción).

6.14. Rotación del tobillo.

6.15. Región de los metatarsos.

6.16. Estiramiento del tendón de Aquiles.

6.17. Vaivén del tobillo.

6.18. Relajación del tríceps sural.

6.19. Liberación de las articulaciones de la pierna.

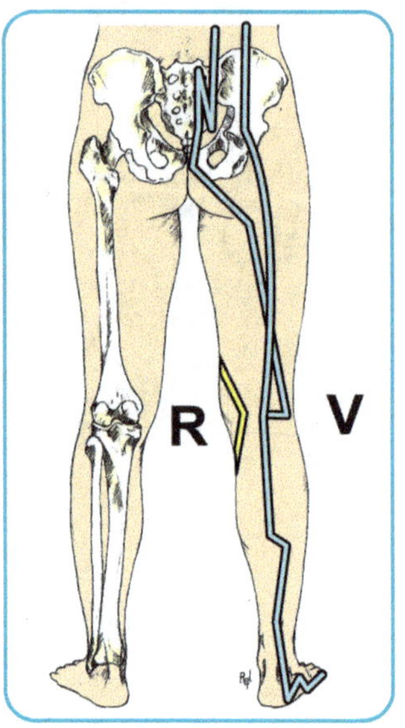

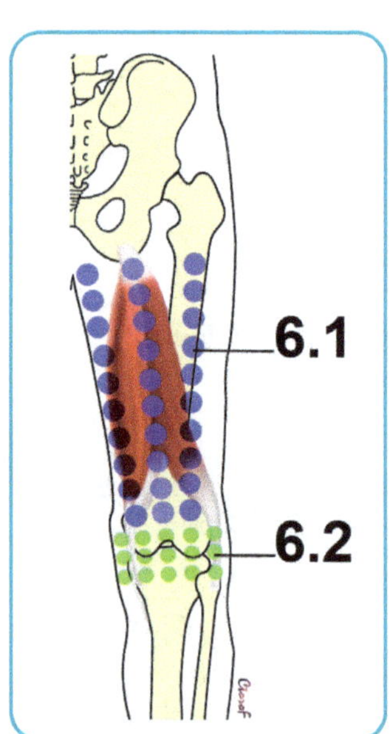

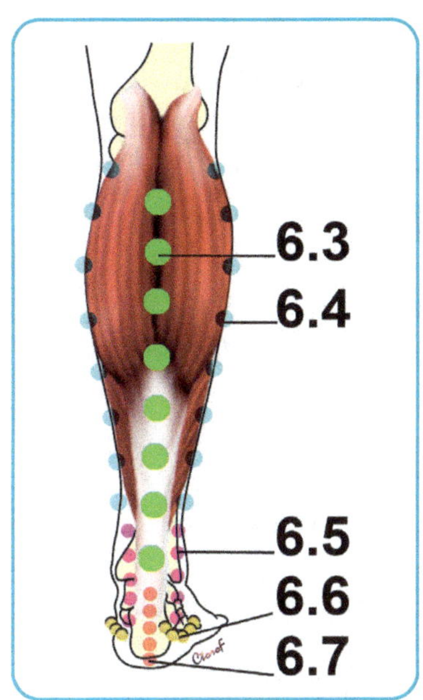

6.3
6.4
6.5
6.6
6.7

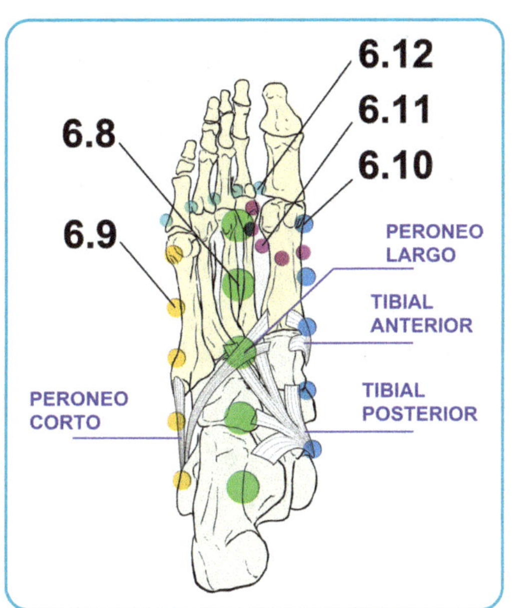

6.12
6.11
6.10
6.8
6.9
PERONEO LARGO
TIBIAL ANTERIOR
TIBIAL POSTERIOR
PERONEO CORTO

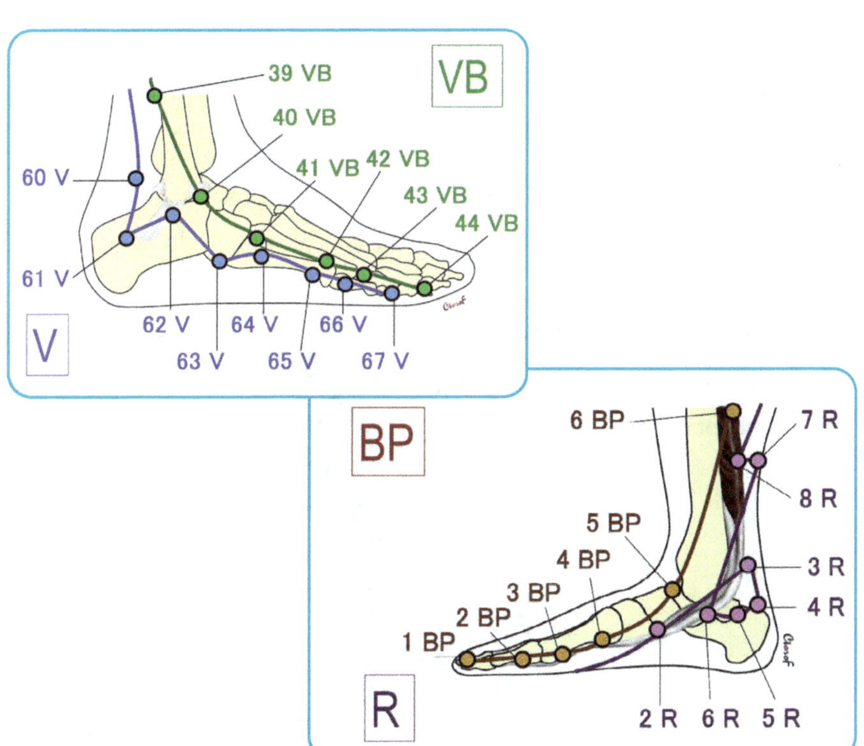

VB
39 VB
40 VB
41 VB
42 VB
43 VB
44 VB
60 V
61 V
V
62 V
63 V
64 V
65 V
66 V
67 V
BP
6 BP
5 BP
4 BP
3 BP
2 BP
1 BP
7 R
8 R
3 R
4 R
R
2 R
6 R
5 R

6.1. REGIÓN FEMORAL POSTERIOR. LÍNEAS CENTRAL, INTERNA Y EXTERNA

POSTURA DEL PACIENTE: Prono. Cabeza girada hacia el terapeuta, hombros en abducción y codos flexionados.

POSTURA DEL TERAPEUTA: Básica.

TIPO DE PRESIÓN: 1.ª y 2.ª repeticiones: Logo.

3.ª repetición: Pulgar sobre pulgar (no aspa).

N.º DE PUNTOS: Tres líneas de diez puntos.

Línea central: Desde la tuberosidad isquiática hacia el centro de la fosa poplítea.

Línea medial: Dos dedos medialmente a la anterior y hacia el extremo medial de la fosa poplítea.

Línea lateral: Desde el trocánter menor hacia el extremo lateral de la fosa poplítea.

DIRECCIÓN DE LA LÍNEA: Desde el pliegue glúteo hacia la fosa poplítea. Repetir alternativamente en este orden: línea central, línea medial, línea lateral.

OBSERVACIONES: El primer punto de la primera línea se corresponde con el punto clave 36V (Shoufu); útil cuando el nervio ciático está afectado. El quinto punto de la misma línea se corresponde con el punto clave 37V (Inmon); esta zona es reflejo de la región supraescapular.

Mantener la perpendicularidad adecuada al trabajar la segunda y tercera líneas.

Tres veces tres segundos.

Primer punto de la 1.ª línea, 3 x 5 segundos la primera vez.

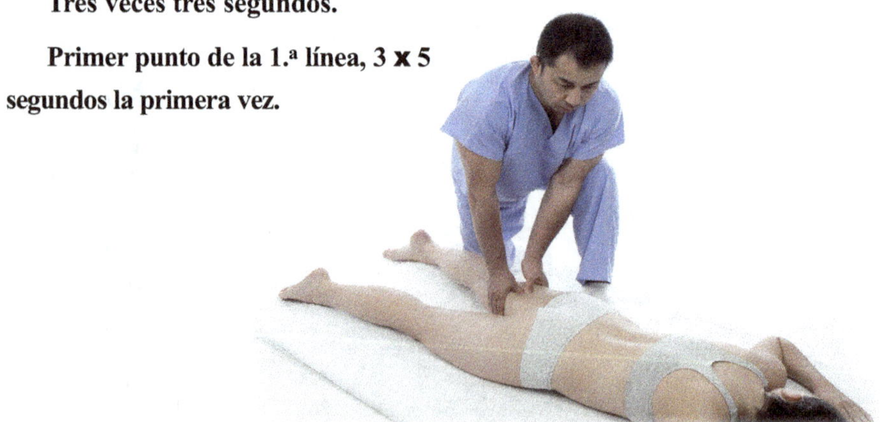

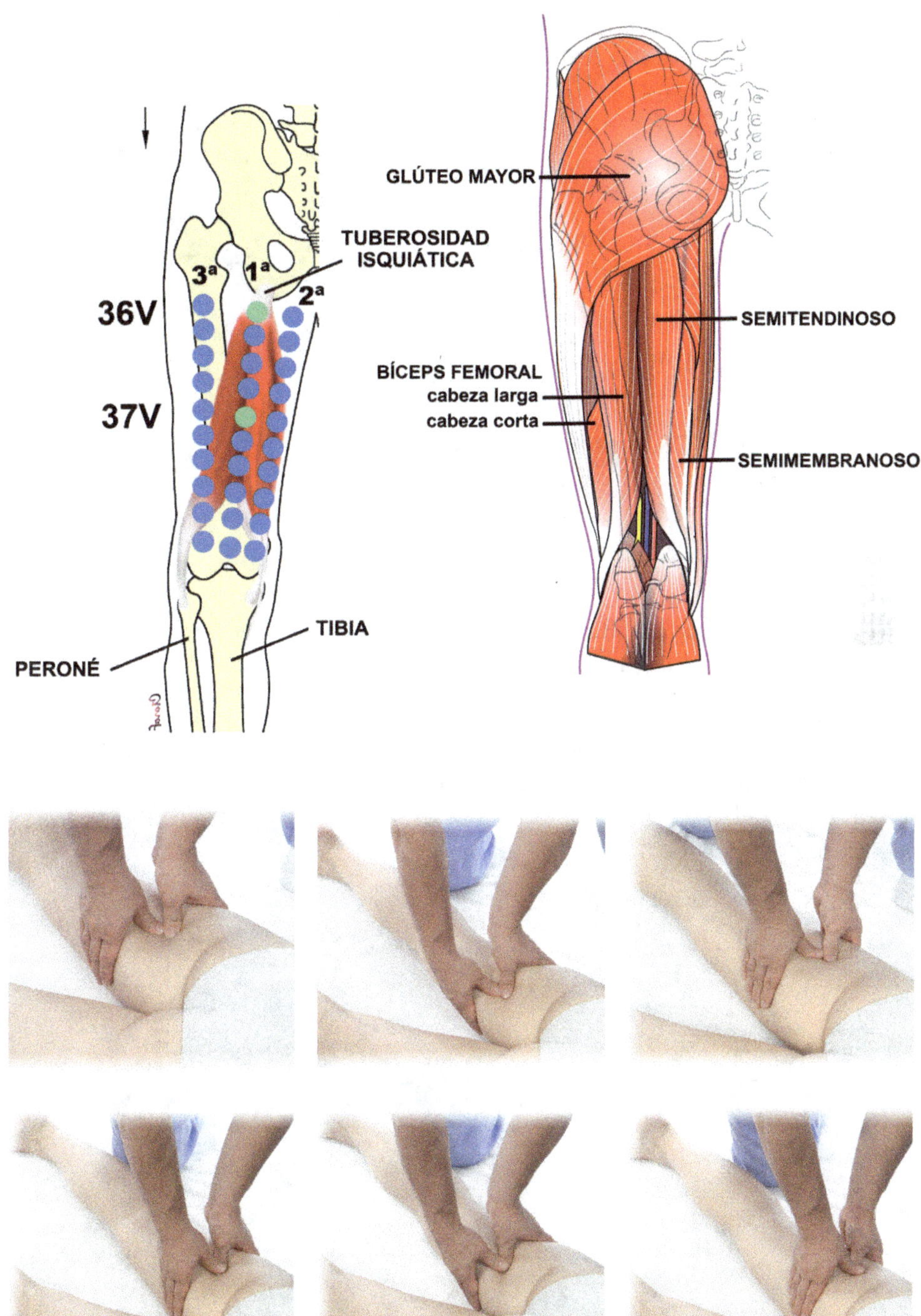

36V
37V
3ª
1ª
2ª
TUBEROSIDAD ISQUIÁTICA
PERONÉ
TIBIA
GLÚTEO MAYOR
SEMITENDINOSO
BÍCEPS FEMORAL
cabeza larga
cabeza corta
SEMIMEMBRANOSO

6.2. REGIÓN DE LA FOSA POPLÍTEA

POSTURA DEL PACIENTE: Prono. Cabeza girada hacia el terapeuta, hombros en abducción y codos flexionados.

POSTURA DEL TERAPEUTA: Básica, al lado izquierdo del paciente. Rodilla derecha a la altura del tobillo.

TIPO DE PRESIÓN: Pulgares en forma de A.

N.º DE PUNTOS: Tres líneas de cinco puntos.
1.ª línea: Sobre el pliegue de la rodilla.
2.ª línea: Un dedo por encima de la primera.
3.ª línea: Un dedo por debajo de la primera.

DIRECCIÓN DE LA LÍNEA: De lateral a medial, entre los tendones de los músculos isquiotibiales. Repetir alternativamente en este orden: 1.ª línea, 2.ª línea y 3.ª línea.

OBSERVACIONES: En esta región se localizan varios puntos clave importantes. En la primera línea se localizan el 39V (Iyou, primer punto), el 40V (Ichuu, tercer punto) y el 10R (Inkoku, quinto punto). En la tercera línea, justo debajo del 10R (quinto punto), se localiza uno de los puntos complementarios de los Cinco Puntos Aviso.

Tres veces tres segundos.

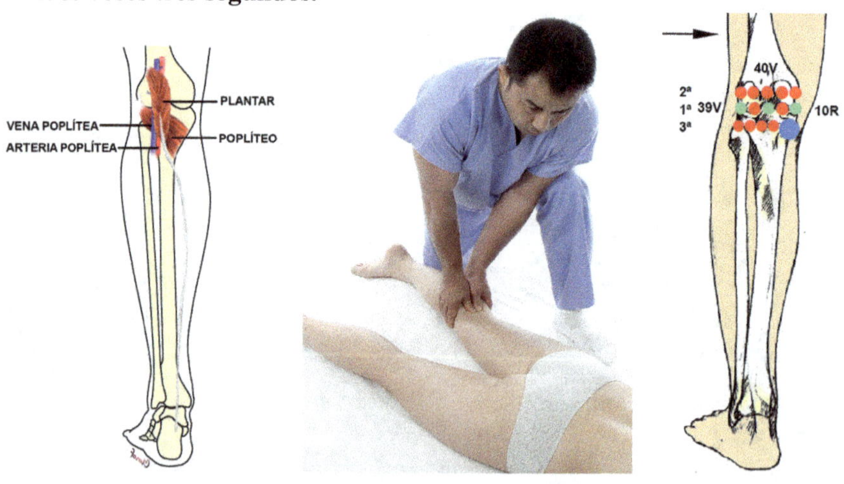

6.3. REGIÓN SURAL POSTERIOR

POSTURA DEL PACIENTE: Prono. Cabeza girada hacia el terapeuta, hombros en abducción y codos flexionados.

POSTURA DEL TERAPEUTA: Básica, lado izquierdo del paciente. Rodilla derecha a la altura de los dedos del pie del paciente.

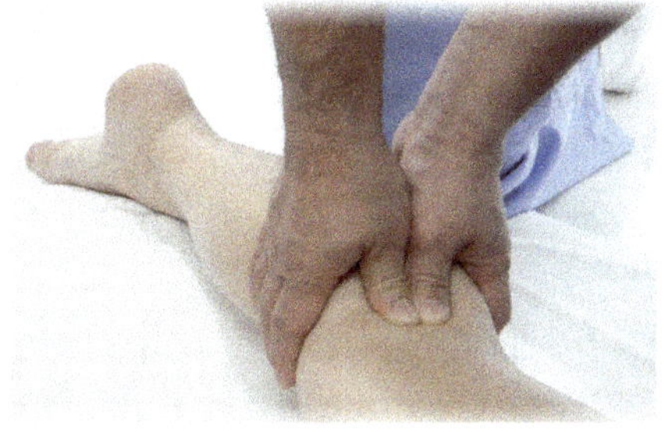

TIPO DE PRESIÓN: Pulgares en forma de A. El resto de la mano abraza la pierna.

N.º DE PUNTOS: Una línea de ocho puntos.

DIRECCIÓN DE LA LÍNEA: Comienza por debajo del hueco poplíteo y termina sobre el tendón de Aquiles (por encima del hueso calcáneo).

OBSERVACIONES: Hay que corregir la posición del pie del paciente, si éste no se dirige hacia dentro, para mantener la perpendicularidad de la presión.

Esta región es reflejo del músculo cardíaco y, por tanto, del estado de la función cardíaca. En esta región se localizan los puntos clave 56V (Syoukin, segundo punto) y 57V (Syouzan, cuarto punto).

Tres veces tres segundos.

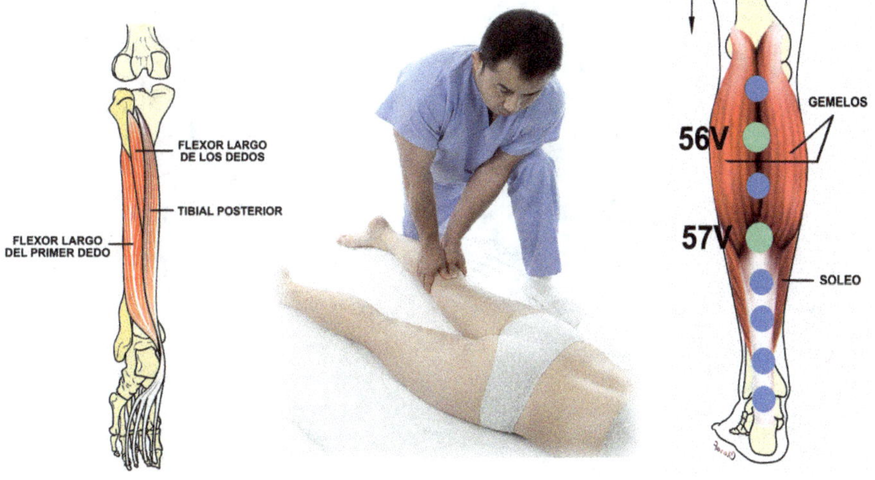

6.4. REGIÓN SURAL LATERAL Y MEDIAL

POSTURA DEL PACIENTE: Prono. Cabeza girada hacia el terapeuta, hombros en abducción y codos flexionados.

POSTURA DEL TERAPEUTA: Seiza frente a la zona.

TIPO DE PRESIÓN: En pinza, con pulgares en forma de V.

N.º DE PUNTOS: Dos líneas de ocho puntos.

DIRECCIÓN DE LA LÍNEA: Por debajo de la rodilla y hacia el hueso calcáneo. La línea lateral discurre por el vientre del músculo siguiendo el borde posterior del peroné. La línea medial discurre por el vientre del músculo siguiendo el borde medial de la tibia. Las cuatro primeras presiones sobre el vientre muscular y las cuatro restantes sobre la zona tendinosa.

OBSERVACIONES: Como en el caso anterior, esta zona refleja el estado del músculo cardíaco.

Tres veces tres segundos.

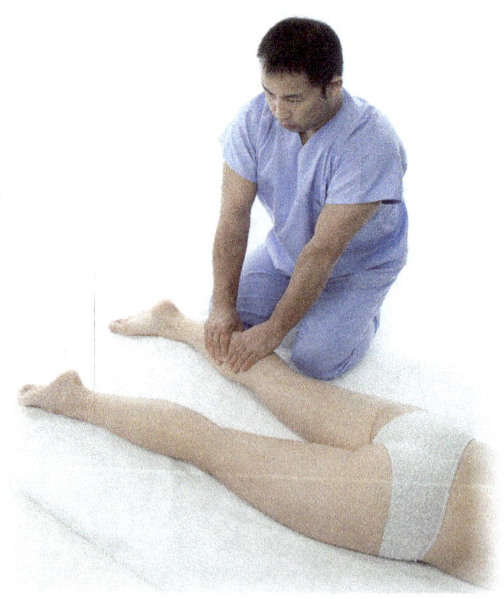
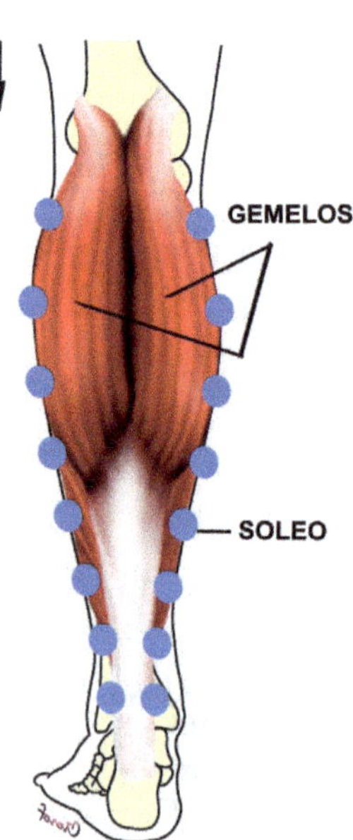

6.5. REGIÓN 60V-3R. AMBOS LADOS

POSTURA DEL PACIENTE: Prono. Cabeza girada hacia el terapeuta, hombros en abducción y codos flexionados.

POSTURA DEL TERA-PEUTA: Seiza, mirando a los talones del paciente. Espalda recta y brazos ligeramente flexionados. Las manos abrazan el pie por la planta.

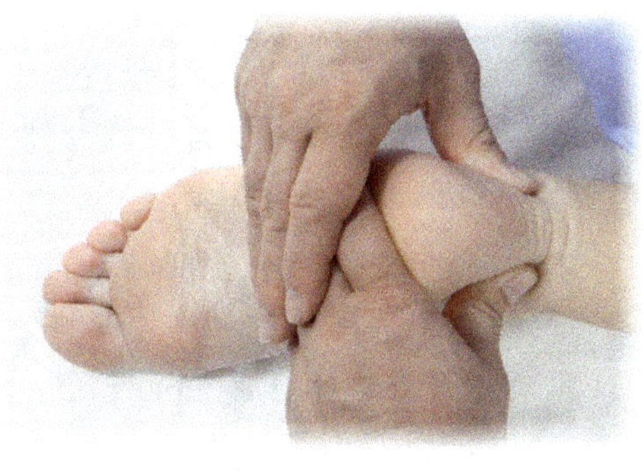

TIPO DE PRESIÓN: Ambos pulgares. Se presionan ambos lados a la vez, contraponiendo la dirección de ambos pulgares.

N.º DE PUNTOS: Dos líneas de cinco puntos.

DIRECCIÓN DE LA LÍNEA: Hacia la planta del pie, por el borde interno del tendón calcáneo. El tercer punto a cada lado coincide con el 3R (Taikei, interno) y el 60V (Konron, externo). El primer y el último punto están tres dedos por encima y por debajo de los anteriores respectivamente.

Tres veces tres segundos.

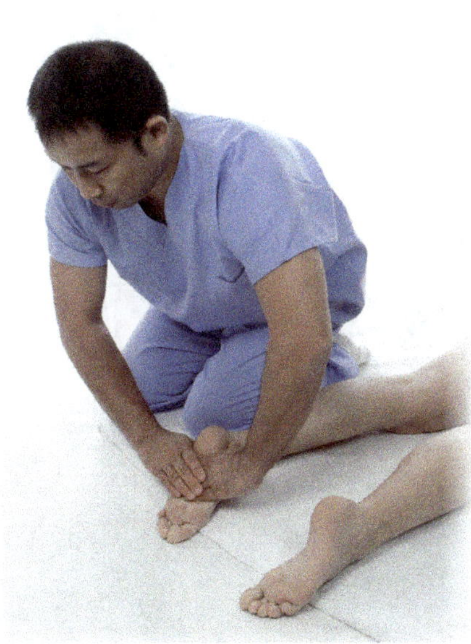

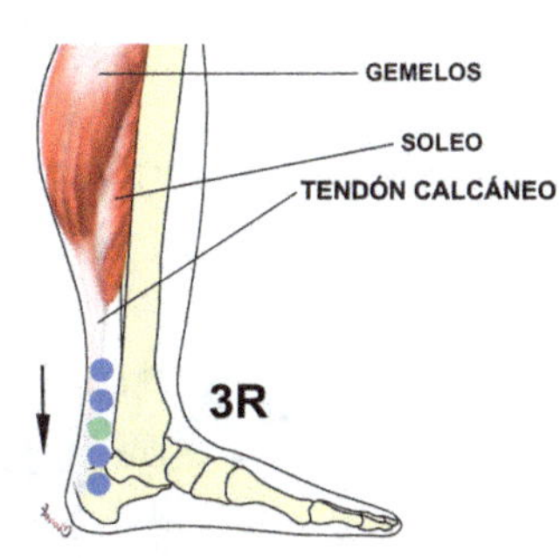

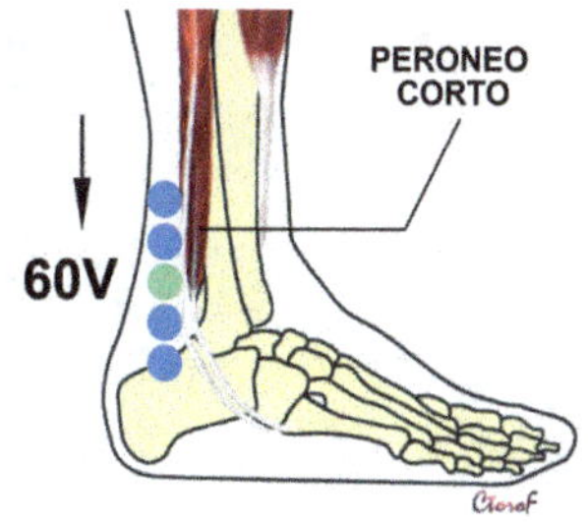

6.6. REGIÓN CALCÁNEA LATERAL Y MEDIAL. AMBOS LADOS

POSTURA DEL PACIENTE: Prono. Cabeza girada hacia el terapeuta, hombros en abducción y codos flexionados.

POSTURA DEL TERAPEUTA: Seiza, manteniendo la posición anterior.

TIPO DE PRESIÓN: Ambos pulgares. Se presionan ambos lados a la vez, contraponiendo la dirección de ambos pulgares.

N.º DE PUNTOS: Dos líneas de cinco puntos.

DIRECCIÓN DE LA LÍNEA: Desde el tendón calcáneo hasta el empeine, bordeando ambos maléolos. El primer punto a cada lado coincide con el 3R (Taikei, interno) y el 60V (Konron, externo).

OBSERVACIONES: En esta región se localizan varios puntos clave. En la parte lateral se encuentran el 60V (Kon-ron, primer punto), el 62V (Shinmyaku, tercer punto) y el 40VB (Kyuukyo, cuarto punto). Para localizar los puntos clave de la parte medial consultar 1.10. REGIÓN CALCÁNEA MEDIAL en decúbito supino.

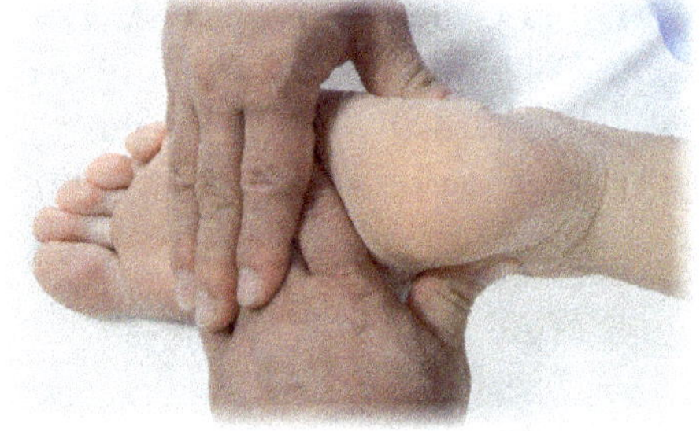

Tres veces tres segundos.

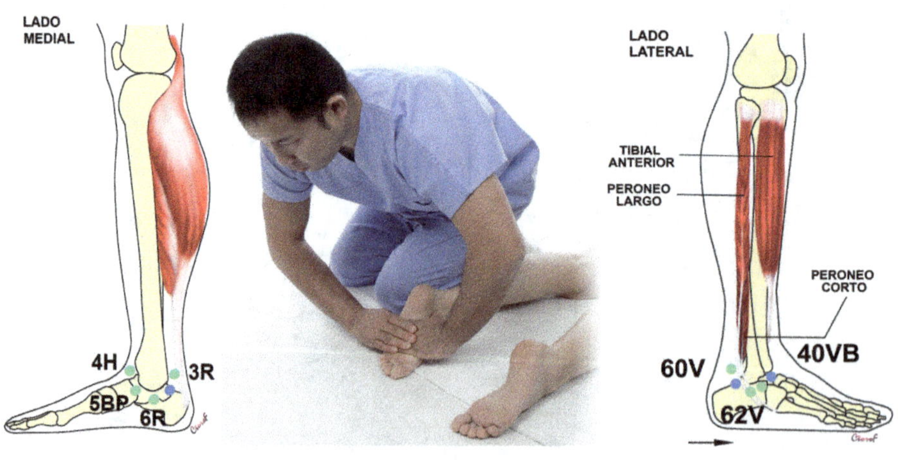

6.7. REGIÓN DEL TUBÉRCULO CALCÁNEO

POSTURA DEL PACIENTE: Prono. Cabeza girada hacia el terapeuta, hombros en abducción y codos flexionados.

POSTURA DEL TERAPEUTA: Seiza, sujetando la pierna con ambas manos por debajo del tobillo.

TIPO DE PRESIÓN: Pulgares en forma de A; la presión irá acompañada de una dorsiflexión del pie.

N.º DE PUNTOS: Una línea de cinco puntos.

DIRECCIÓN DE LA LÍNEA: Del talón hacia los maléolos.

Tres veces tres segundos.

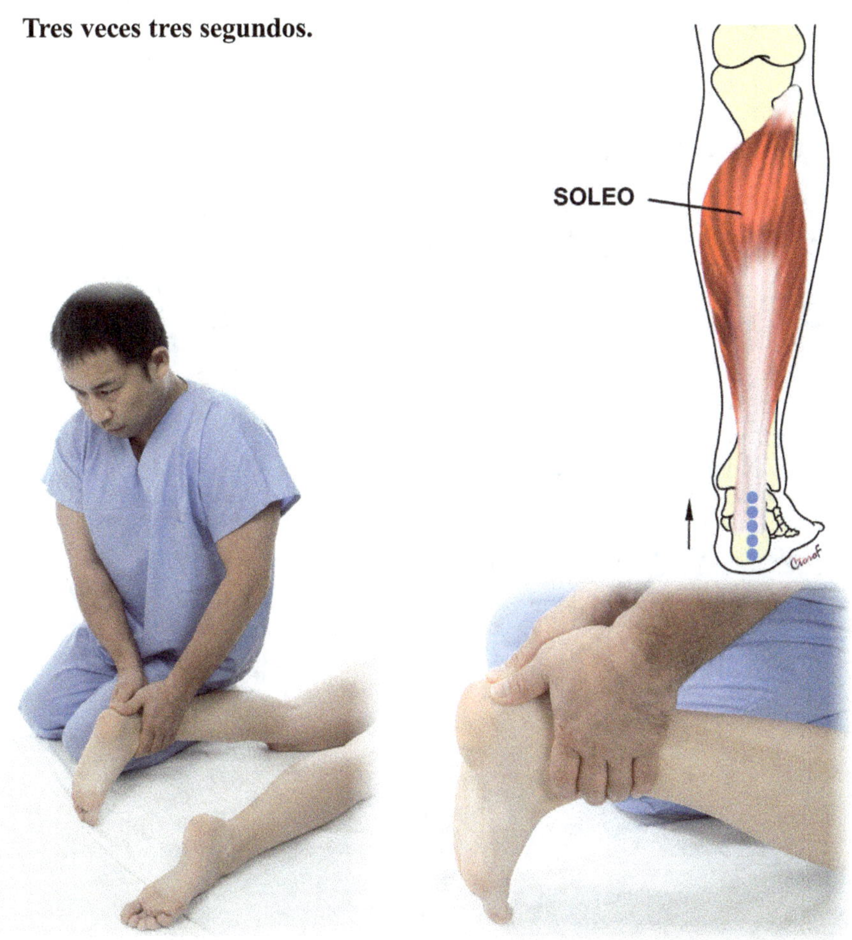

6.8. REGIÓN PLANTAR. LÍNEA CENTRAL

POSTURA DEL PACIENTE: Prono. Cabeza girada hacia el terapeuta, hombros en abducción y codos flexionados.

POSTURA DEL TERAPEUTA: Seiza, perpendicular a la zona y colocando el pie izquierdo del paciente sobre el muslo derecho del terapeuta.

TIPO DE PRESIÓN: Sujetando con la mano izquierda el tobillo y presionando con el pulgar de la mano derecha.

N.º DE PUNTOS: Una línea de cinco puntos.

DIRECCIÓN DE LA LÍNEA: Desde el talón hacia los dedos.

OBSERVACIONES: En la línea central de la planta del pie podemos destacar el punto 1R (Yuusen, cuarto punto), utilizado para tratar retenciones de orina, cefaleas y vértigos.

Tres veces tres segundos.

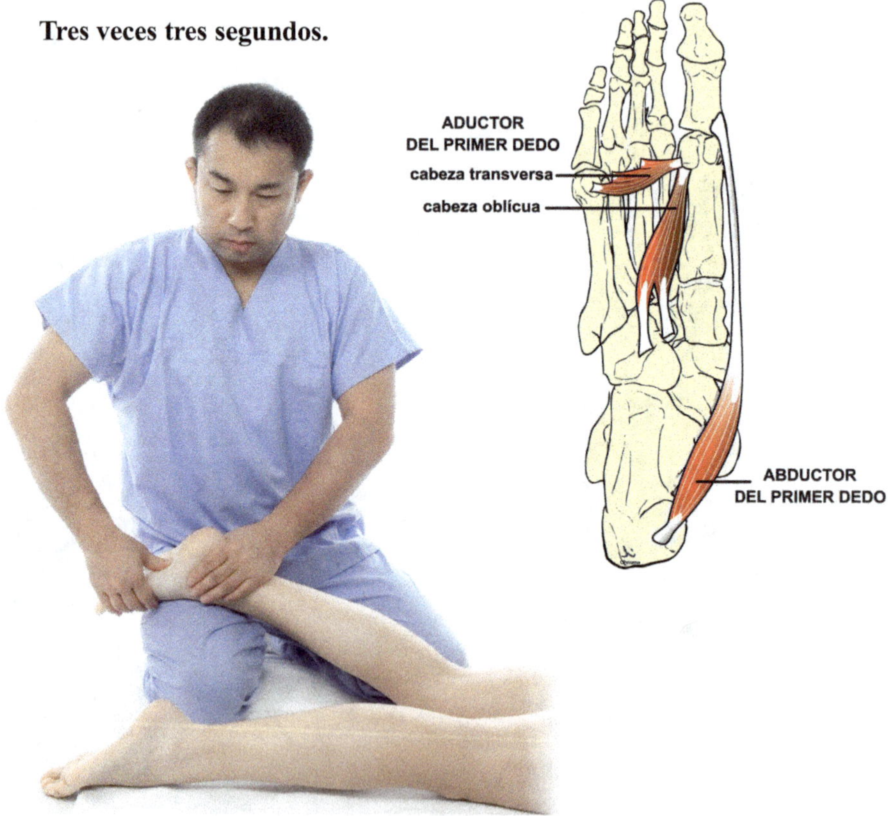

120

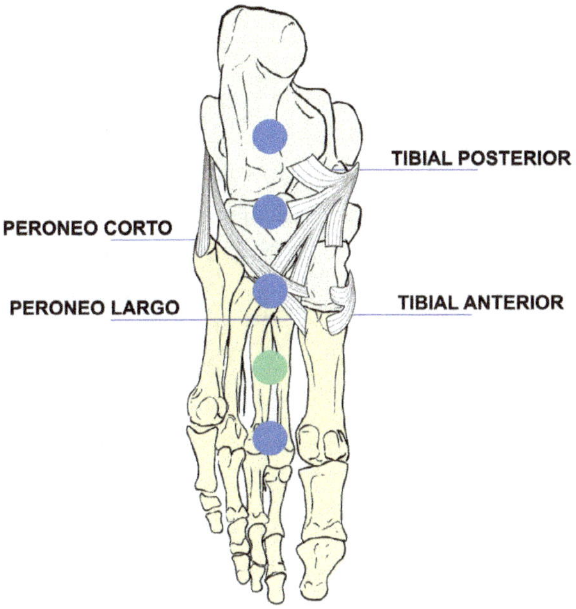

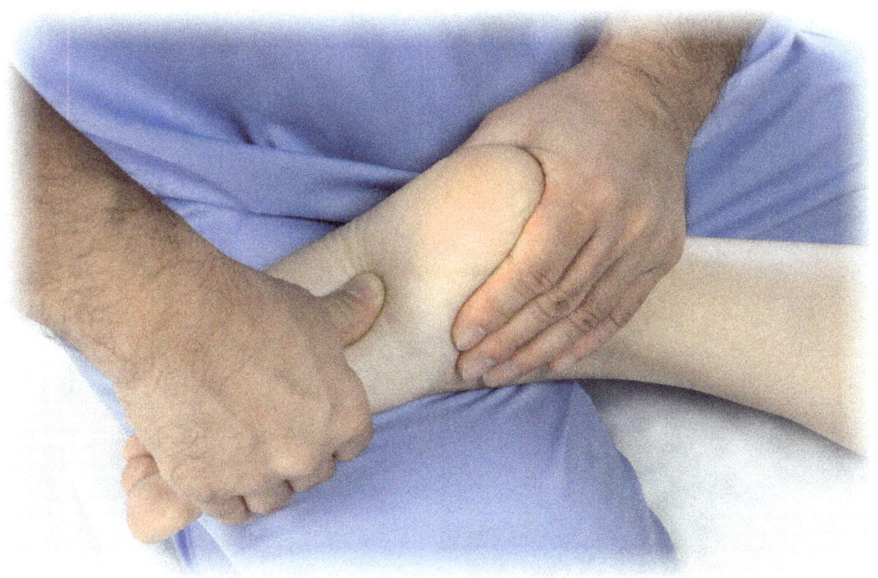

TIBIAL POSTERIOR
PERONEO CORTO
PERONEO LARGO
TIBIAL ANTERIOR
1R

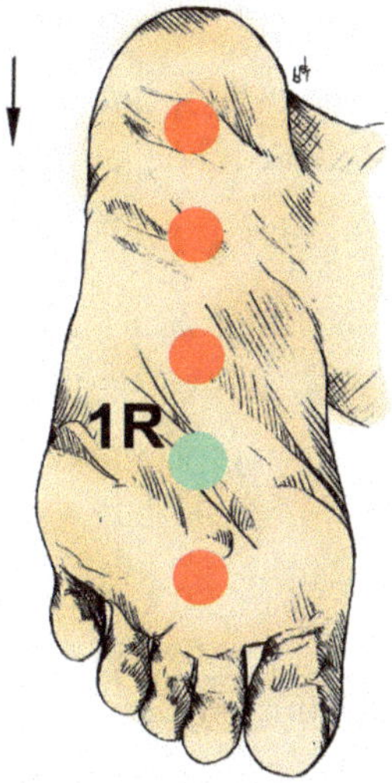

6.9. REGIÓN PLANTAR. LÍNEA DEL ARCO PLANTAR EXTERNO

POSTURA DEL PACIENTE: Prono. Cabeza girada hacia el terapeuta, hombros en abducción y codos flexionados.

POSTURA DEL TERAPEUTA: Seiza, perpendicular a la zona y colocando el pie izquierdo del paciente sobre el muslo derecho del terapeuta.

TIPO DE PRESIÓN: Sujetando con la mano izquierda el tobillo y presionando con el pulgar de la mano derecha.

N.º DE PUNTOS: Una línea de cinco puntos.

DIRECCIÓN DE LA LÍNEA: Desde el talón hacia los dedos, por el borde lateral de la planta del pie.

OBSERVACIONES: En el borde lateral de la planta del pie se localizan dos puntos clave 63V (Kinmon, tercer punto) y 66V (Ashitsuukoku, quinto punto).

El punto 63V, se utiliza para el tratamiento de lumbalgia, mientras que el punto 66V, nos ayuda en los trastornos psíquicos y psicosomáticos.

Tres veces tres segundos.

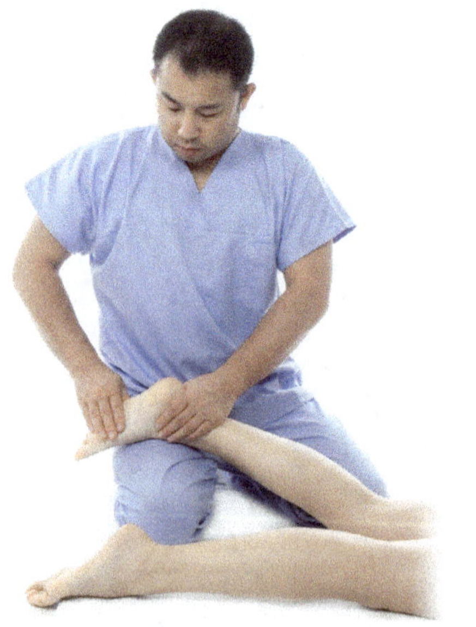

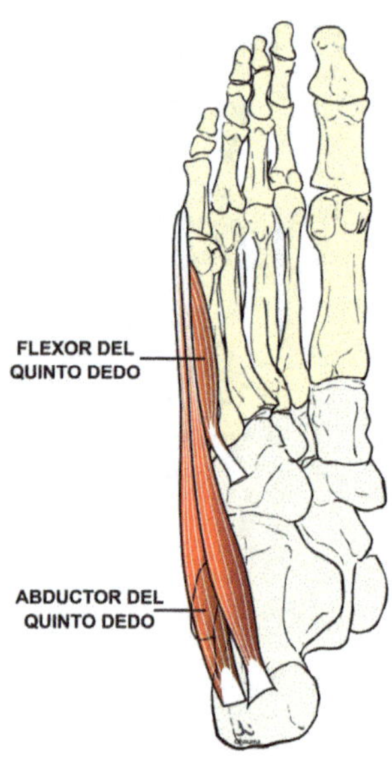

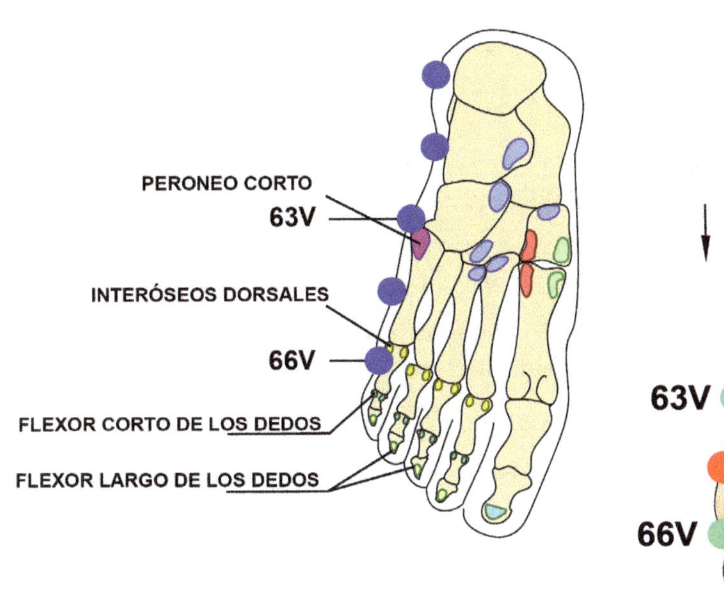

PERONEO CORTO
63V
INTERÓSEOS DORSALES
66V
FLEXOR CORTO DE LOS DEDOS
FLEXOR LARGO DE LOS DEDOS

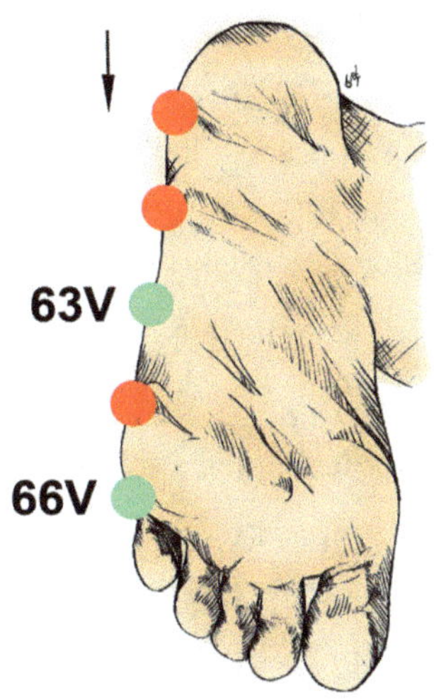

63V
66V

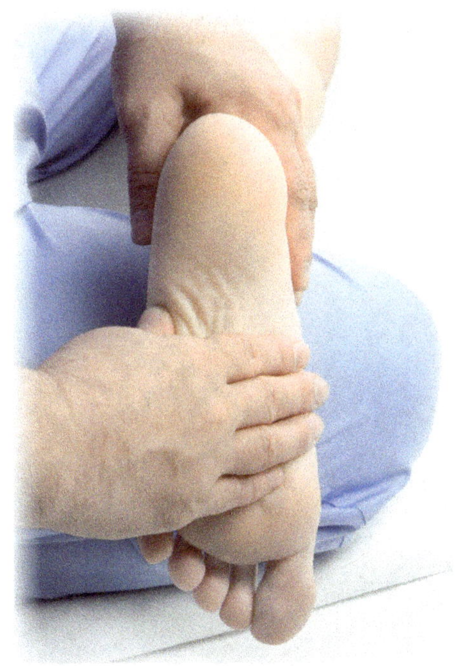

6.10. REGIÓN PLANTAR. LÍNEA DEL ARCO PLANTAR IN-TERNO

POSTURA DEL PACIENTE: Prono. Cabeza girada hacia el terapeuta, hombros en abducción y codos flexionados.

POSTURA DEL TERAPEUTA: Seiza, perpendicular a la zona y colocando el pie izquierdo del paciente sobre el muslo derecho del terapeuta.

TIPO DE PRESIÓN: Sujetando con la mano izquierda el tobillo y presionando con el pulgar de la mano derecha.

N.º DE PUNTOS: Una línea de cinco puntos.

DIRECCIÓN DE LA LÍNEA: Desde el talón hacia los dedos, por el borde medial de la planta del pie.

OBSERVACIONES: El tercer punto 2R (Nenkoku), indicado para tratar trastornos ginecológicos.

El cuarto y quinto punto, 4BP (Kouson) y 2BP (Daito), mejoran los trastornos digestivos, reforzando el bazo y armonizando el estómago.

Tres veces tres segundos.

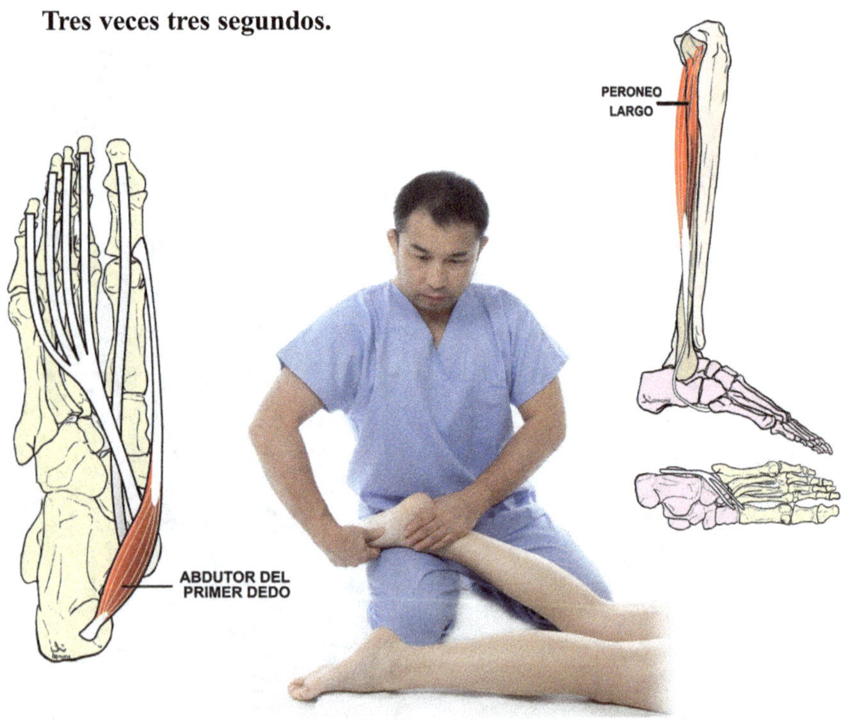

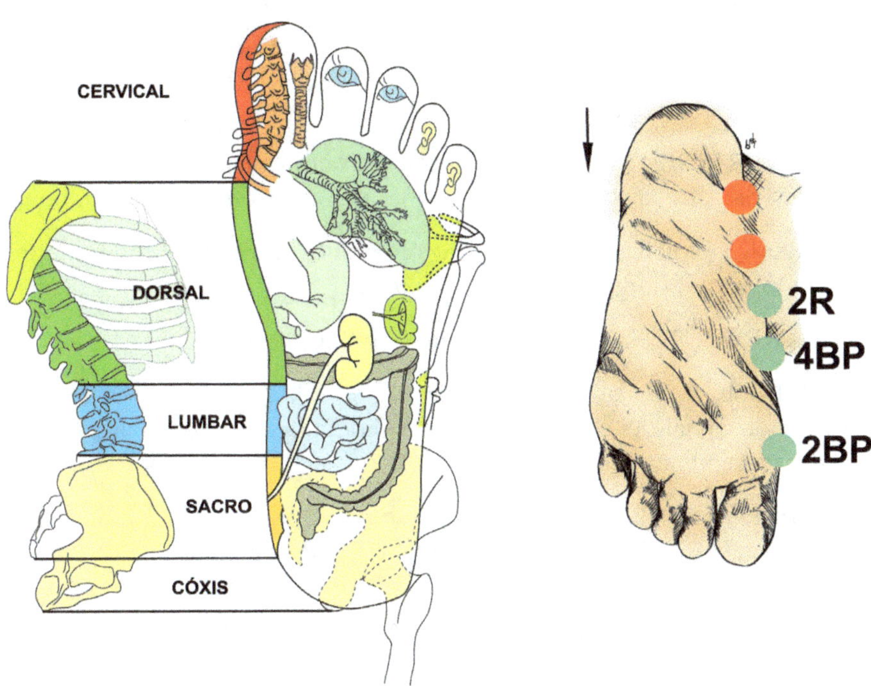

ZONAS REFLEJAS DE LA COLUMNA VERTEBRAL
CERVICAL
DORSAL
LUMBAR
SACRO
CÓXIS
2R
4BP
2BP

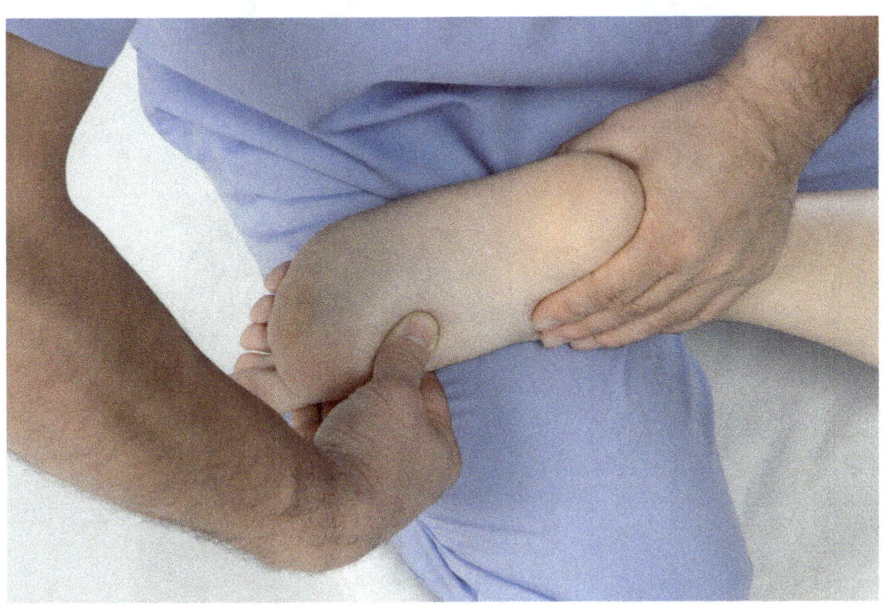

6.11. REGIÓN PLANTAR. LÍNEA DE LA ZONA INFERIOR DEL PRIMER METATARSO

POSTURA DEL PACIENTE: Prono. Cabeza girada hacia el terapeuta, hombros en abducción y codos flexionados.

POSTURA DEL TERAPEUTA: Seiza, perpendicular a la zona y colocando el pie izquierdo del paciente sobre el muslo derecho del terapeuta.

TIPO DE PRESIÓN: Sujetando con la mano izquierda el tobillo y presionando con el pulgar de la mano derecha.

N.º DE PUNTOS: Una línea de cinco puntos.

DIRECCIÓN DE LA LÍNEA: Desde el arco plantar interno hacia el espacio inter-digital del primer y segundo dedo; alrededor de la articulación metatarso-falángica del primer dedo.

OBSERVACIONES: El primer punto se corresponde con el punto clave 3BP (Taihaku), indicado para combatir la gastroenteritis y trastornos digestivos en general.

Tres veces tres segundos.

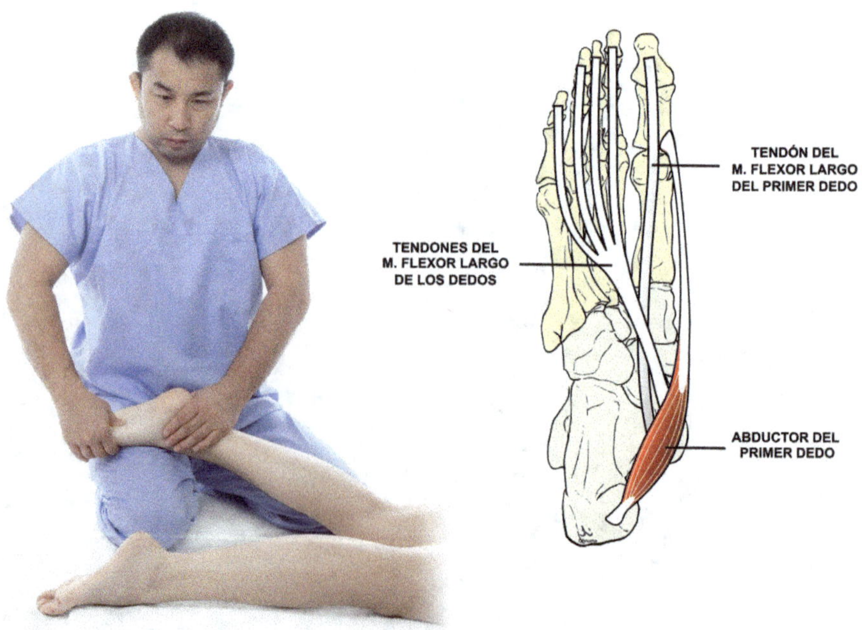

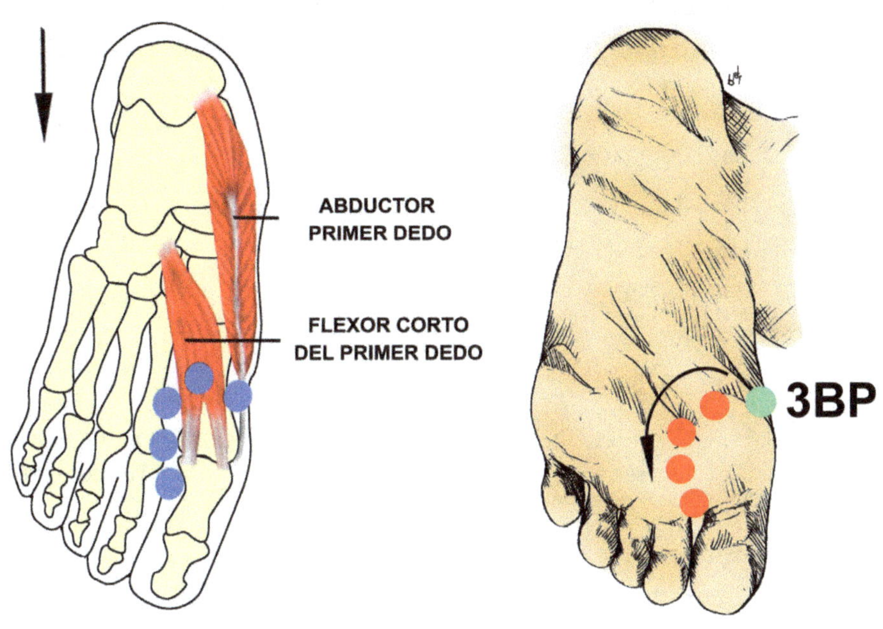

ABDUCTOR
PRIMER DEDO
FLEXOR CORTO
DEL PRIMER DEDO
3BP

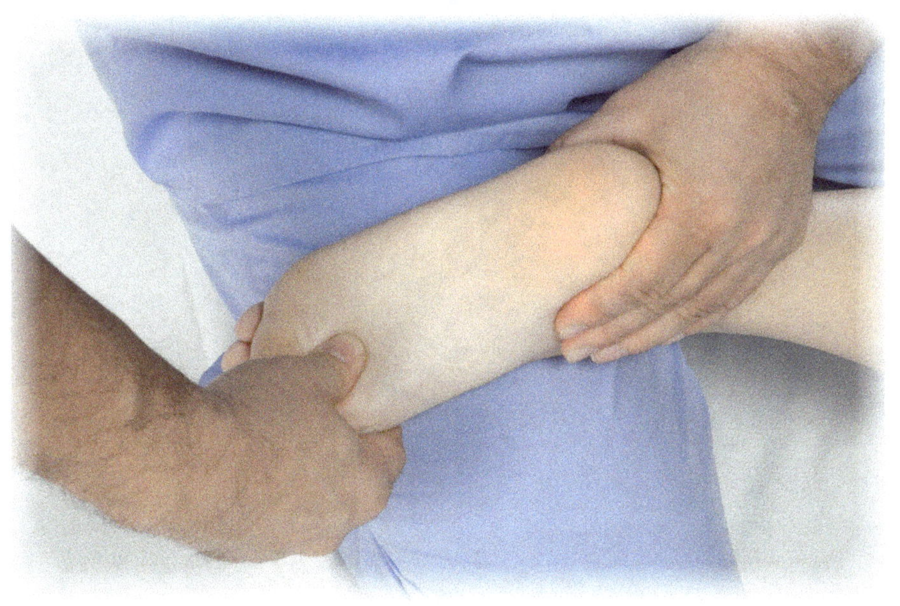

6.12. REGIÓN PLANTAR. LÍNEA DE LOS ESPACIOS DE LAS ARTICULACIONES METATARSOFALÁNGICAS

POSTURA DEL PACIENTE: Prono. Cabeza girada hacia el terapeuta, hombros en abducción y codos flexionados.

POSTURA DEL TERAPEUTA: Seiza, perpendicular a la zona y colocando el pie izquierdo del paciente sobre el muslo derecho del terapeuta.

TIPO DE PRESIÓN: Sujetando con la mano izquierda el tobillo y presionando con el pulgar de la mano derecha.

N.º DE PUNTOS: Una línea de cinco puntos.

DIRECCIÓN DE LA LÍNEA: Del primer dedo hacia el quinto, en los espacios interdigitales, salvo el último punto que se localiza en el borde externo del pie.

OBSERVACIONES: El quinto punto se corresponde con el punto clave 66V (Ashitsuukoku) y se utiliza en el tratamiento de dolor de cabeza, cefalea, rigidez de cuello, vértigos y epistaxis (hemorragia nasal).

Tres veces tres segundos.

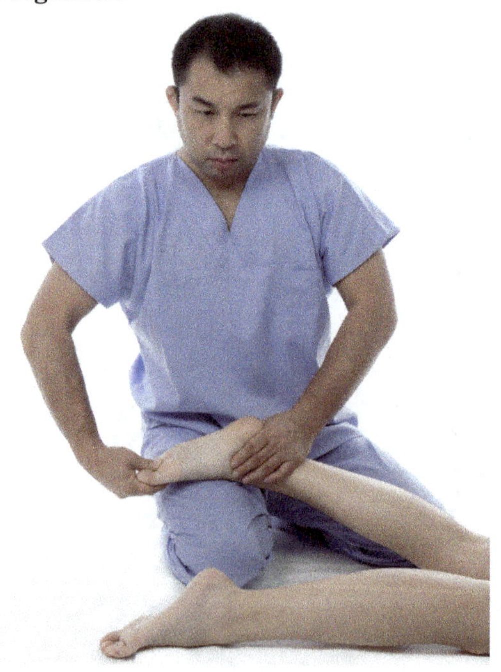

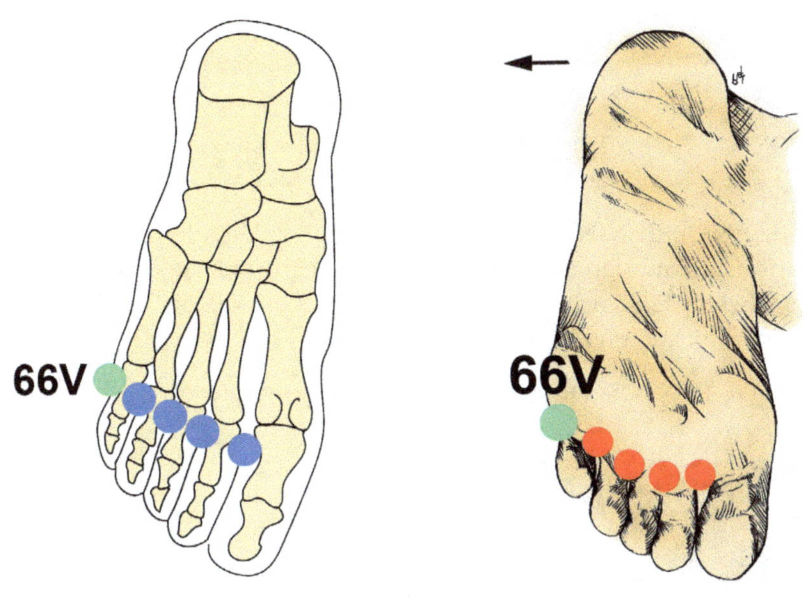
66V
66V

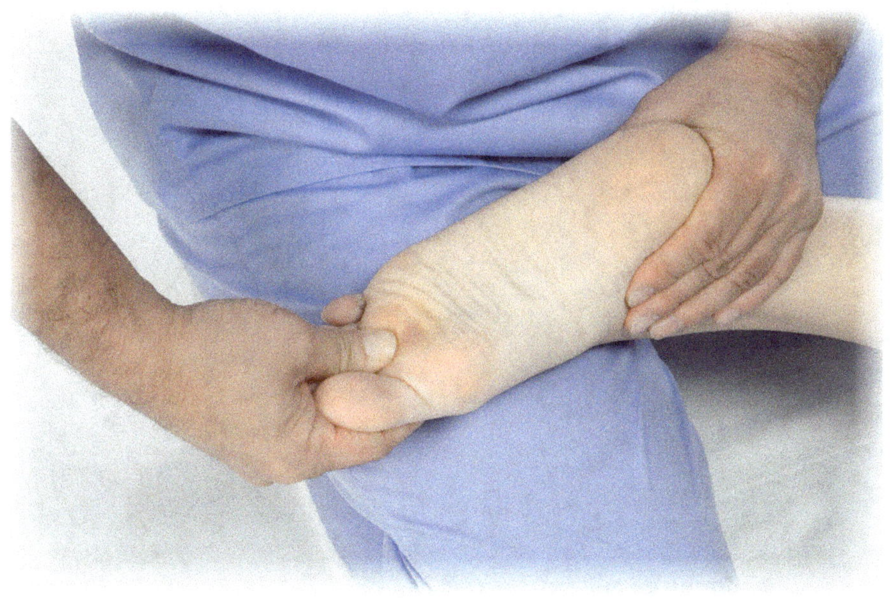

6.13. ESTIRAMIENTO Y ROTACIÓN DE LOS DEDOS DE LOS PIES (Circunducción)

POSTURA DEL PACIENTE: Prono. Cabeza girada hacia el terapeuta, hombros en abducción y codos flexionados.

POSTURA DEL TERAPEUTA: Seiza, perpendicular a la zona y colocando el pie izquierdo del paciente sobre el muslo derecho del terapeuta.

TIPO DE PRESIÓN: Sujetar con la mano izquierda la base de los metatarsos. La mano derecha engancha la falange proximal junto a la articulación metarsofalángica. Realizar estiramiento y rotación amplia (circunducción) de cada uno de los dedos.

N.º DE PUNTOS: Diez rotaciones por dedo y dirección.

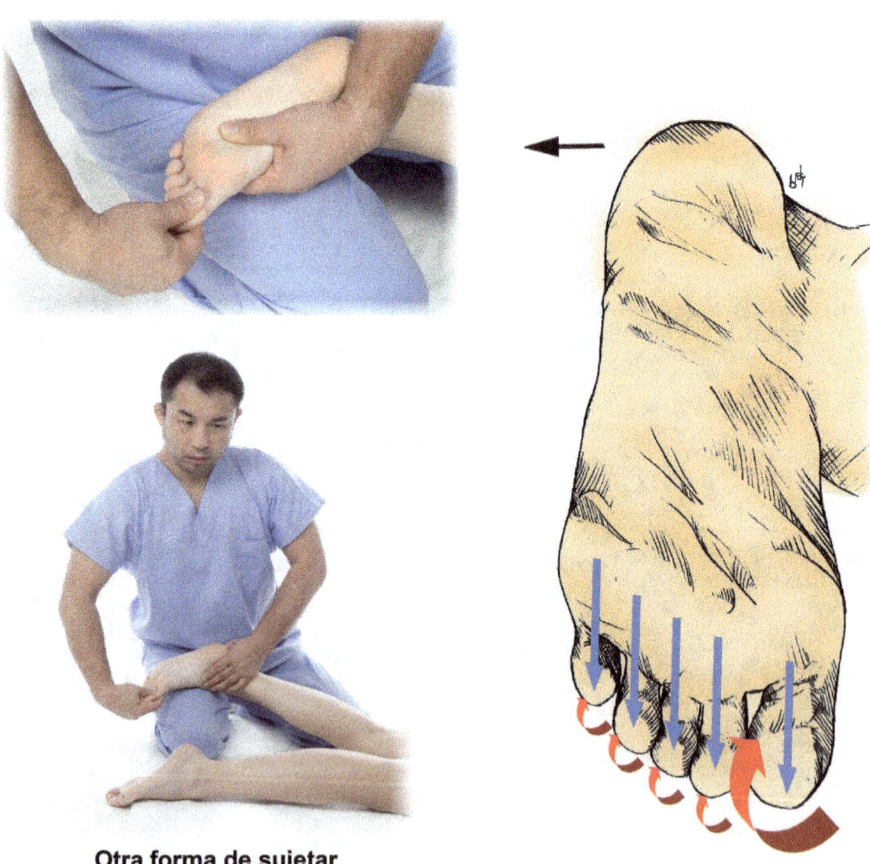

Otra forma de sujetar

6.14. ROTACIÓN DEL TOBILLO

POSTURA DEL PACIENTE: Prono, cabeza girada hacia la izquierda, hombros en abducción, codos flexionados y rodilla flexionada.

POSTURA DEL TERAPEUTA: Seiza, frente a la zona de tratamiento.

TIPO DE PRESIÓN: Sujetar el tobillo con la mano izquierda. Con la derecha realizar giros amplios sujetando desde las articulaciones metatarsofalángicas.

OBSERVACIONES: Cada giro debe realizarse abarcando todo el rango de movilidad del tobillo. Este movimiento trabaja sobre los puntos clave 62V (Shinmyaku) y 40VB (Kyuukyo); este último es muy importante para el tratamiento del esguince de tobillo.

Diez veces a cada lado.

Diez veces más hacia el lado de mayor resistencia.

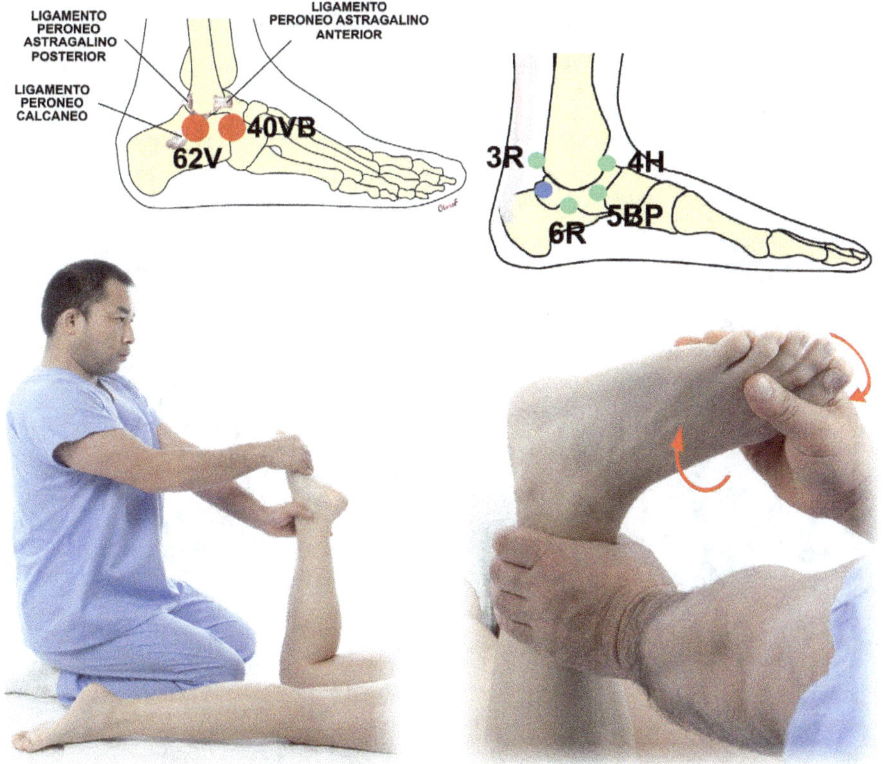

6.15. REGIÓN DE LOS METATARSOS

POSTURA DEL PACIENTE: Prono. Cabeza girada hacia la izquierda, hombros en abducción, codos flexionados y rodilla flexionada.

POSTURA DEL TERAPEUTA: Seiza, frente a la zona de tratamiento.

TIPO DE PRESIÓN: Movimiento de flexo-extensión de los metatarsos. Cada mano sujeta metatarsos contiguos y realiza el movimiento en sentido contrario: una mano hace flexión de un metatarso y, la otra, extensión del contiguo.

N.º DE PUNTOS: Cuatro zonas.

DIRECCIÓN DE LA LÍNEA: Desde el dedo gordo hacia el meñique.

OBSERVACIONES: A nivel local, este ejercicio ayuda a mejorar la movilidad de las articulaciones del pie. A nivel general ayuda a mejorar la circulación sanguínea por todo el cuerpo. Podemos destacar dos puntos clave entre los metatarsos del pie: el punto 41VB (Ashirinkyuu), calma el dolor en cefaleas y lumbalgias, y el punto 3H (Taishou), indicado para trastornos menstruales y urinarios.

Diez repeticiones por zona.

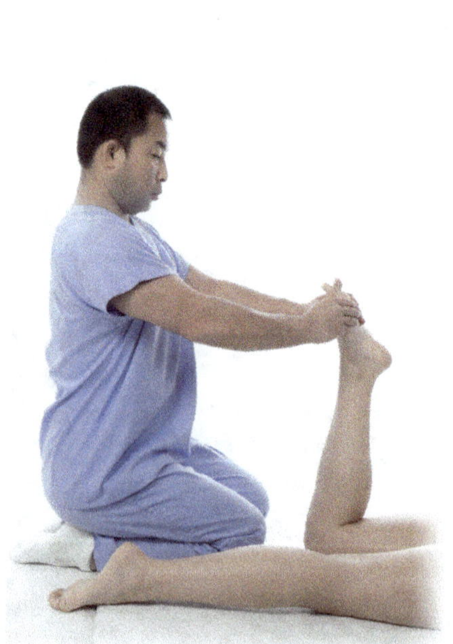

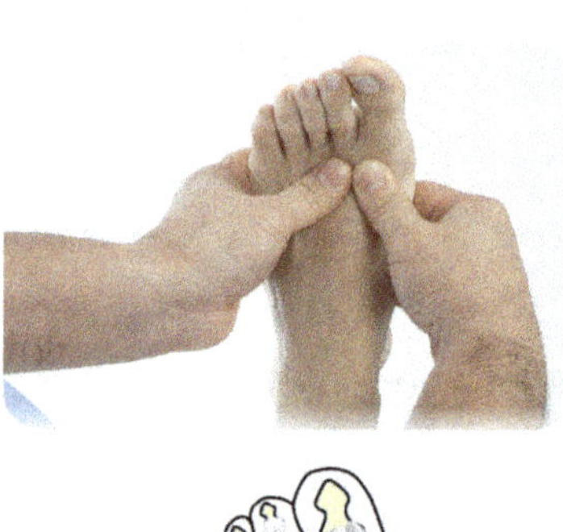

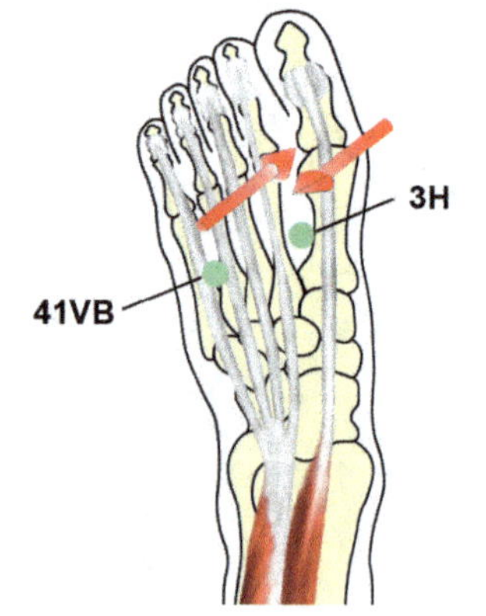

6.16. ESTIRAMIENTO DEL TENDÓN DE AQUILES

POSTURA DEL PACIENTE: Prono. Cabeza girada hacia la izquierda, hombros en abducción, codos flexionados y rodilla flexionada.

POSTURA DEL TERAPEUTA: Seiza, frente a la zona de tratamiento.

TIPO DE PRESIÓN: Se sujeta el tobillo con la mano izquierda y se estira con el brazo contrario haciendo palanca con el antebrazo.

N.º DE PUNTOS: Dos estiramientos. La primera vez se hace con la rodilla del paciente flexionada 90º. La segunda vez se flexiona 120º aproximadamente; en este caso se intensifica el estiramiento sobre el tendón calcáneo.

OBSERVACIONES: Este trabajo realiza también el estiramiento del m. sóleo, el más interno del grupo tríceps sural. No se estiran los m. gemelos. Esto sólo es posible con la rodilla en extensión; este ejercicio se realiza en decúbito supino.

Trabajar lentamente llevando el estiramiento hasta el límite del paciente.

Una vez cada estiramiento durante cinco segundos.

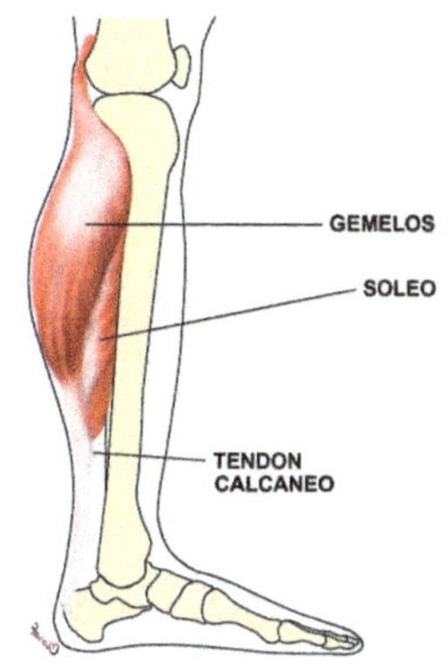

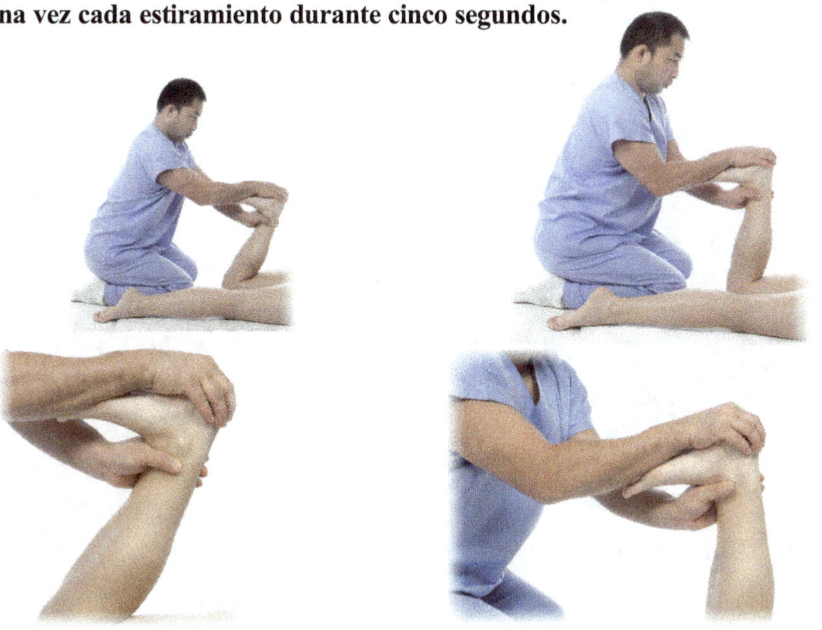

6.17. VAIVÉN DEL TOBILLO

POSTURA DEL PACIENTE: Prono. Cabeza girada hacia la izquierda, hombros en abducción, codos flexionados y rodilla flexionada.

POSTURA DEL TERAPEUTA: Seiza, manteniendo la posición anterior.

TIPO DE PRESIÓN: Pulgares en A, sobre el centro del tobillo. Se agita el pie haciendo flexión plantar y dorsal alternativamente.

OBSERVACIONES: El punto donde se colocan los pulgares se corresponde con el punto clave 41E (Kaikei).

Una vez diez segundos.

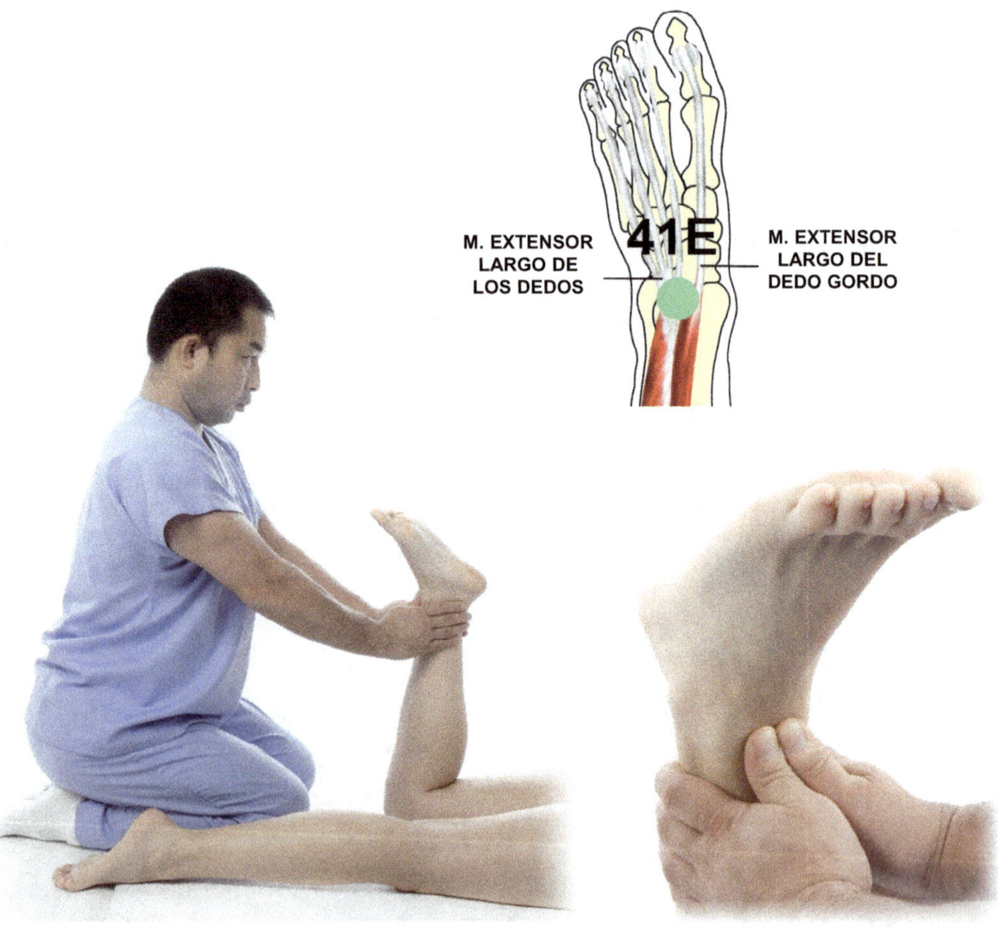

6.18. RELAJACIÓN DEL TRÍCEPS SURAL

POSTURA DEL PACIENTE: Prono. Cabeza girada hacia la izquierda, hombros en abducción, codos flexionados y rodilla flexionada.

POSTURA DEL TERAPEUTA: Seiza, manteniendo la posición anterior.

TIPO DE PRESIÓN: Sujetar el pie por los dedos con la mano izquierda (en el lado izquierdo) y agitar la pierna movilizando el tríceps sural.

Dos o tres veces diez segundos.

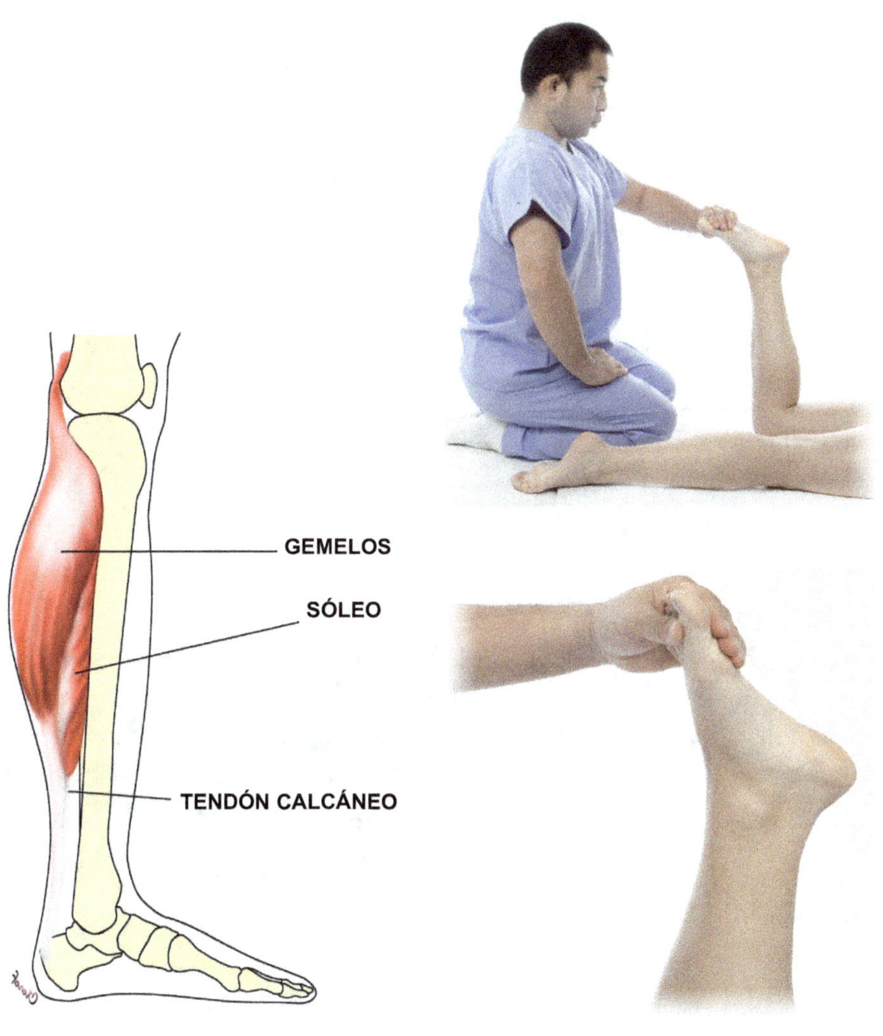

6.19. LIBERACIÓN DE LAS ARTICULACIONES DE LA PIERNA

POSTURA DEL PACIENTE: Prono. Cabeza girada hacia la izquierda, hombros en abducción y codos flexionados.

POSTURA DEL TERAPEUTA: Seiza, manteniendo la posición anterior.

TIPO DE MANIPULACIÓN: Abrazar el tobillo del paciente colocando la mano izquierda sobre el calcáneo y la mano derecha sobre el empeine (en el lado izquierdo). Se realiza el estiramiento con el movimiento del cuerpo del terapeuta que se inclina levemente hacia atrás.

OBSERVACIONES: El objetivo de este ejercicio es liberar las articulaciones de la pierna, especialmente la articulación de la cadera; la tracción debe llegar a la cadera y los músculos glúteos.

Tres veces cinco segundos.

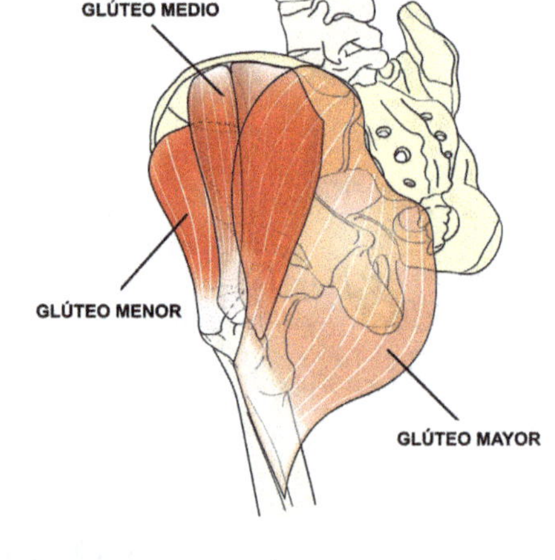

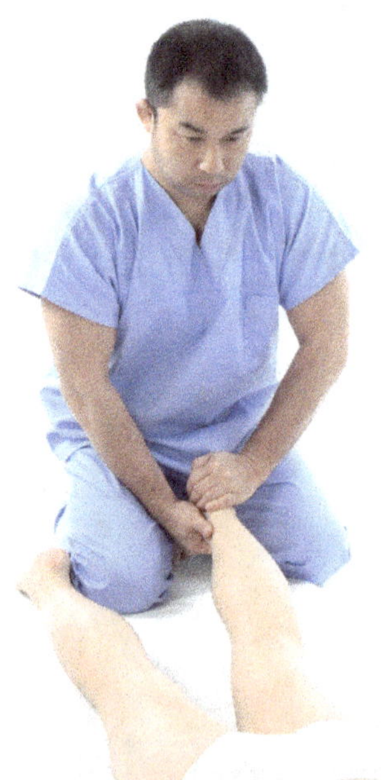

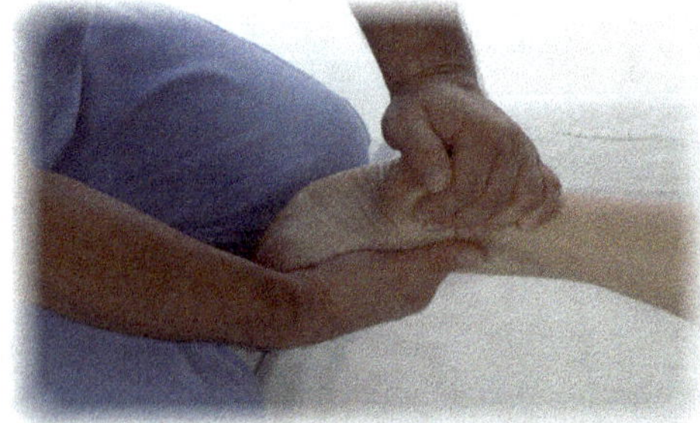

Repetir el mismo recorrido en la PIERNA DERECHA.

7. Ajustes de la espalda

7.1. Escápulas.

7.2. Glúteos.

7.3. Procesos espinosos.

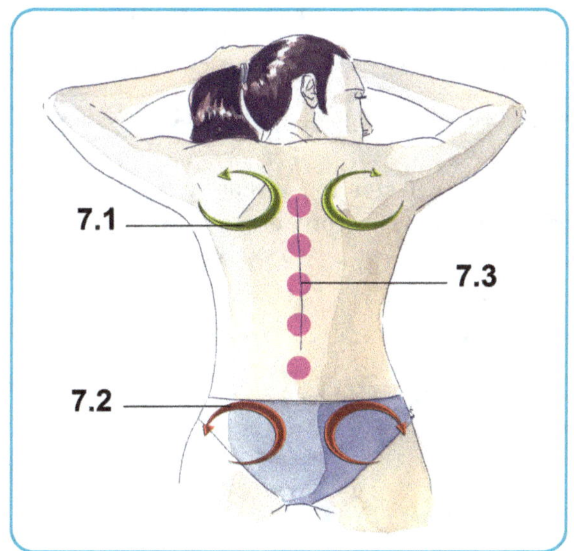

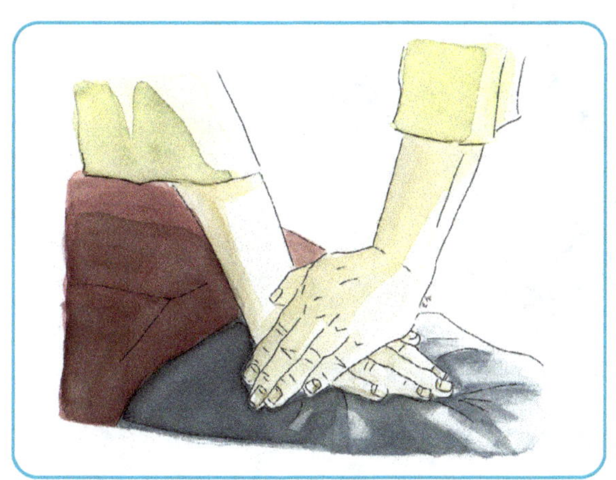

7.1. ESCÁPULAS

POSTURA DEL PACIENTE: Prono. Cabeza girada hacia el terapeuta, hombros en abducción y codos flexionados.

POSTURA DEL TERAPEUTA: Básica, lado derecho del paciente. Rodilla izquierda a la altura de la cadera del paciente.

TIPO DE PRESIÓN: Palmas de las manos en cada una de las escápulas, presionando firmemente sobre ellas.

N.º DE PUNTOS: Dos zonas, sobre las escápulas.

OBSERVACIONES: Trabajar profundamente, con el peso del cuerpo.

Cinco giros hacia el exterior. Primero mano izquierda y luego mano derecha.
Cinco giros hacia el exterior con ambas manos a la vez.
Cinco giros hacia el interior con ambas manos a la vez.

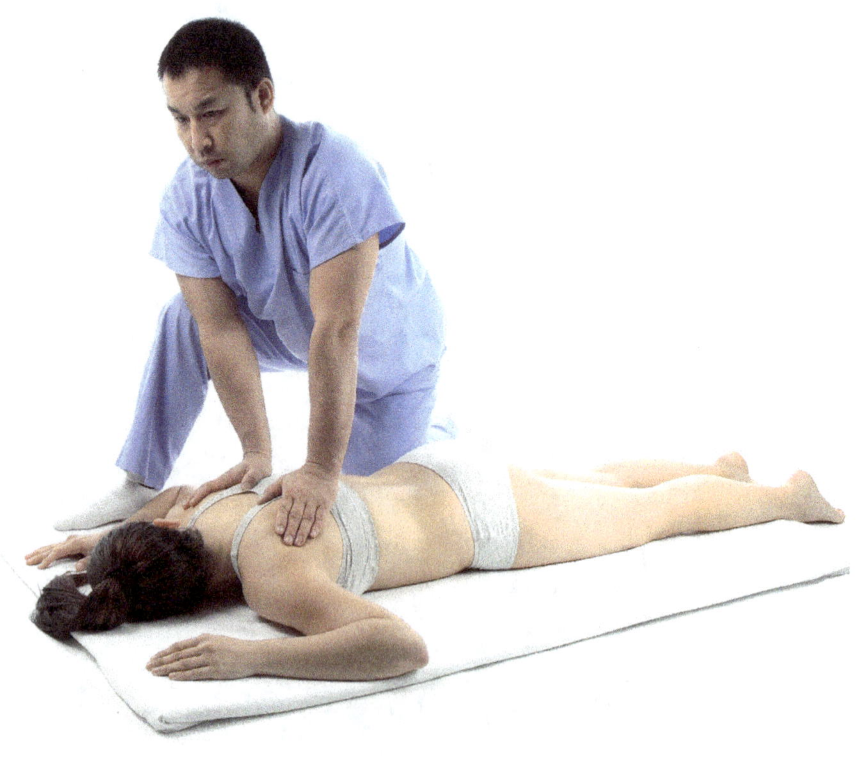

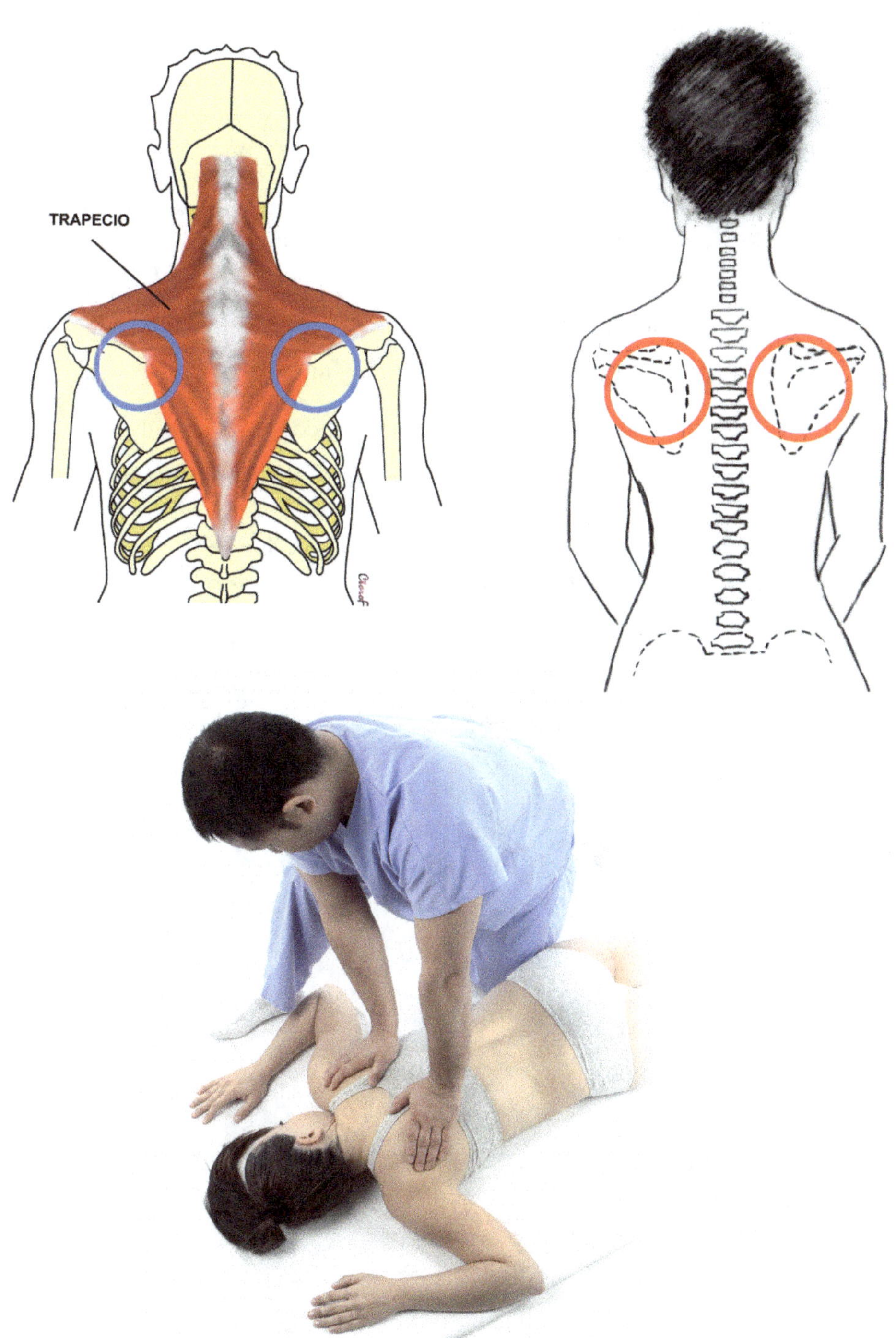
TRAPECIO

7.2. GLÚTEOS

POSTURA DEL PACIENTE: Prono. Cabeza girada hacia el terapeuta, hombros en abducción y codos flexionados.

POSTURA DEL TERAPEUTA: Básica, lado derecho del paciente. Rodilla izquierda a la altura del trocánter mayor del paciente.

TIPO DE PRESIÓN: Palmas de las manos en las caderas, presionando firmemente sobre los glúteos.

N.º DE PUNTOS: Dos zonas, sobre ambos glúteos mayores.

OBSERVACIONES: Trabajar profundamente, con el peso del cuerpo.

Cinco giros hacia el exterior. Primero mano izquierda y luego mano derecha.
Cinco giros hacia el exterior con ambas manos a la vez.
Cinco giros hacia el interior con ambas manos a la vez.

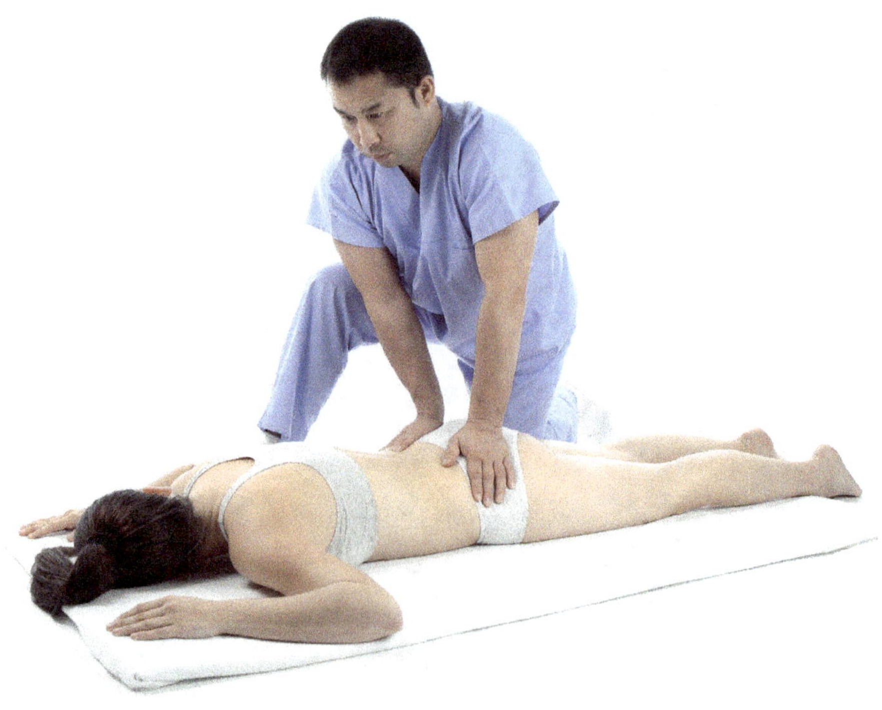

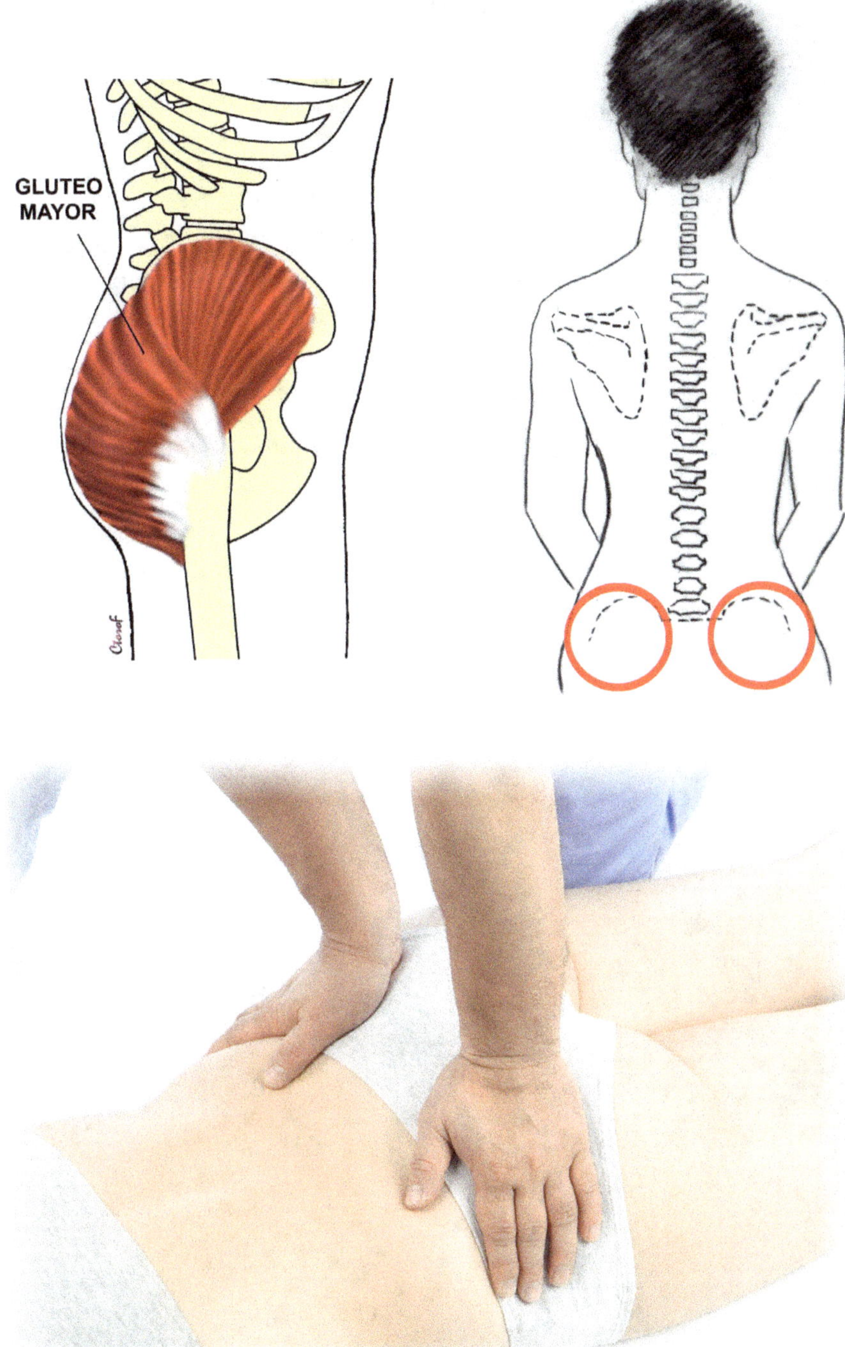

GLUTEO MAYOR

7.3. PROCESOS ESPINOSOS

POSTURA DEL PACIENTE: Prono. Cabeza girada hacia el terapeuta, hombros en abducción y codos flexionados.

POSTURA DEL TERAPEUTA: Básica, lado derecho del paciente. Rodilla izquierda a la altura de la cadera del paciente.

TIPO DE PRESIÓN: Palmas cruzadas. La izquierda sobre la columna vertebral entre los omóplatos, apoyando el dedo medio sobre la apófisis espinosa de la séptima vértebra cervical; la derecha se coloca cruzada sobre la izquierda.

N.º DE PUNTOS: Cinco presiones y dos fricciones.

DIRECCIÓN DE LA LÍNEA: Desde la zona interescapular hasta la región del sacro.

OBSERVACIONES: La última presión se realiza sobre el sacro. Las fricciones llegan hasta el final del sacro; hay que tener cuidado con no golpear el sacro al llegar a la unión de L5-S1.

Tres veces tres segundos.

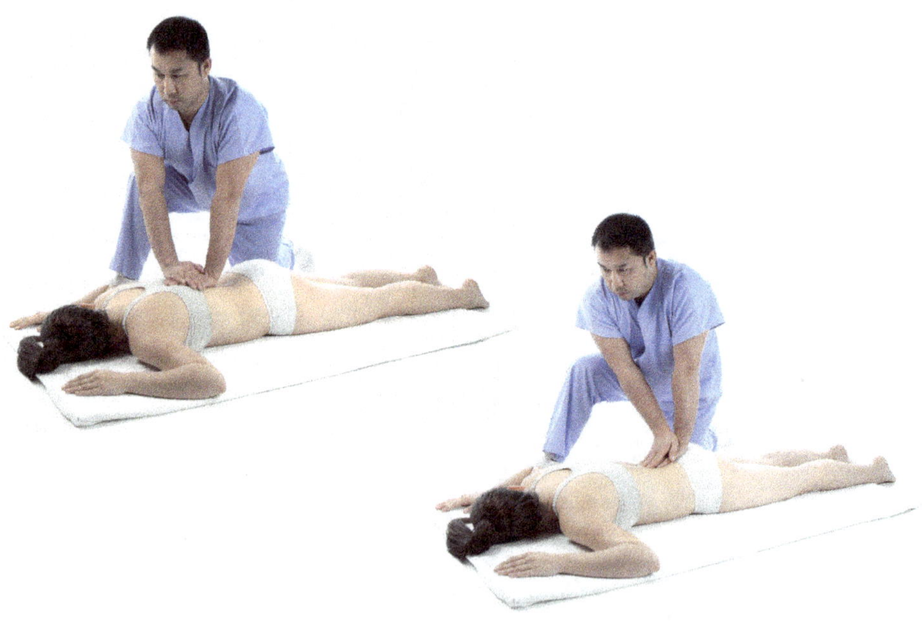

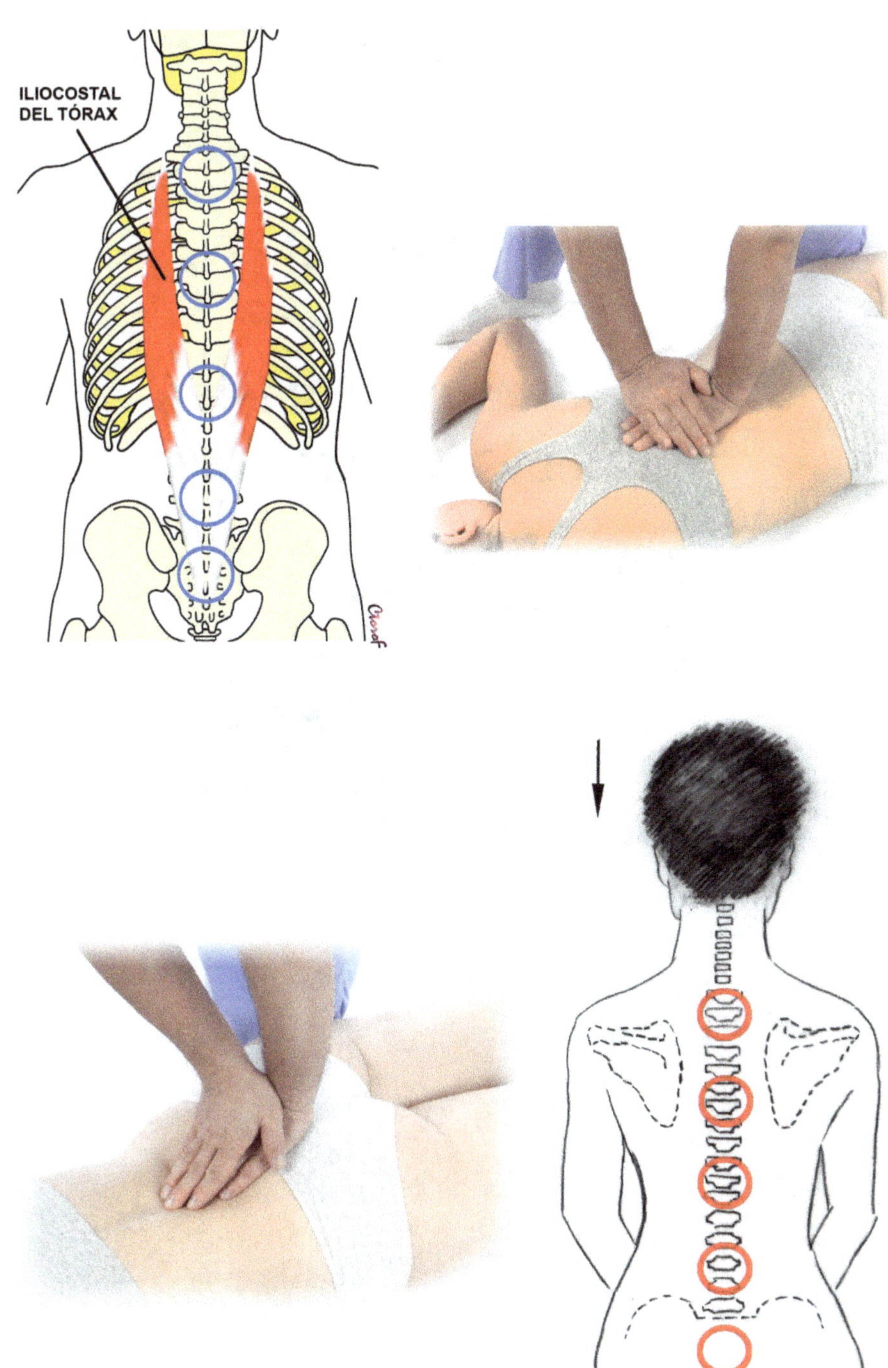

ILIOCOSTAL
DEL TÓRAX

Aze Shiatsu

2. Tratamiento básico en decúbito supino

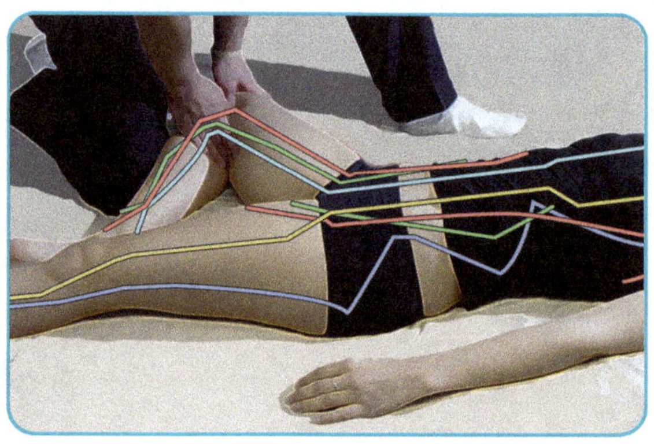

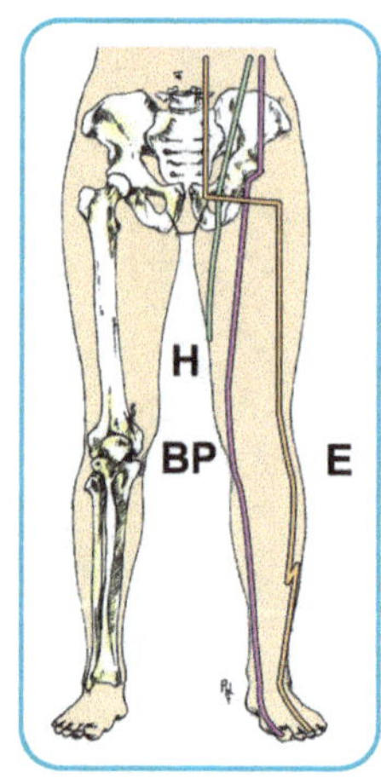

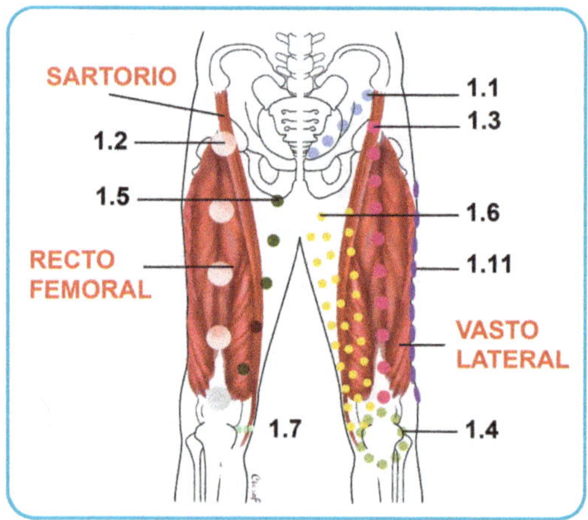

1. Extremidades inferiores

1.1. Región inguinal.

1.2. Región femoral anterior. Presión palmar.

1.3. Región femoral anterior. Presión con pulgares.

1.4. Región patelar.

1.5. Región femoral medial. Presión palmar.

1.6. Región femoral medial. Presión con pulgares.

1.7. Región patelar medial.

1.8. Región sural medial.

1.9. Región del 3R.

1.10. Región calcánea medial.

1.11. Región femoral lateral.

1.12. Región lateral de la tibia.

1.13. Región lateral del peroné.

1.14. Región tarsal.

1.15. Región dorsal del pie.

1.16. Rotación y estiramiento de los dedos.

1.17. Región digital del pie.

1.18. Vaivén.

1.19. Estiramiento del tendón de Aquiles.

1.20. Estiramiento de pierna con vibración.

El Shiatsu en las extremidades inferiores ayuda a mantener un buen tono muscular, descongestiona la circulación y ayuda a que el corazón trabaje más cómodamente.

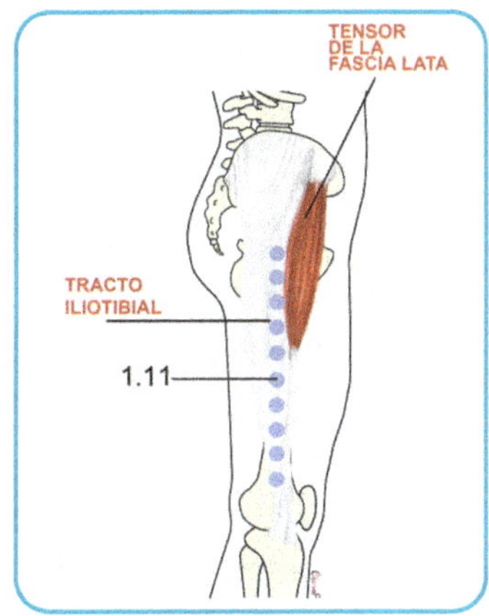

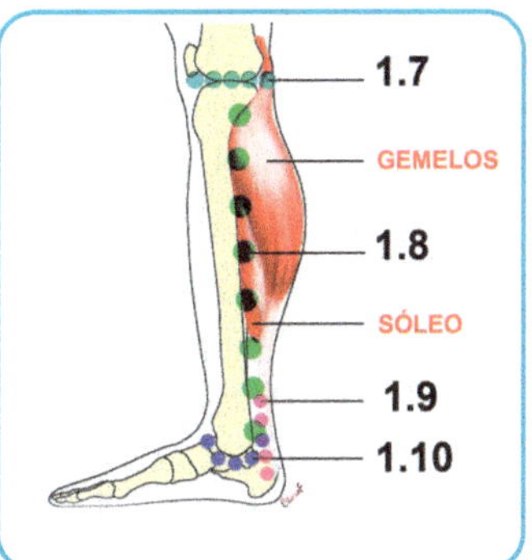

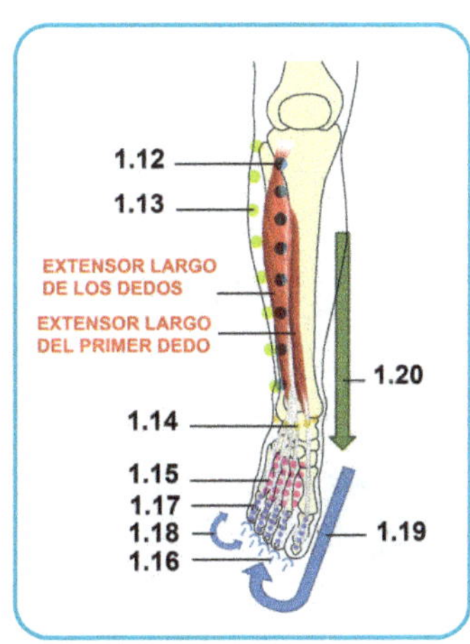

1.1. REGIÓN INGUINAL

POSTURA DEL PACIENTE: Decúbito supino. Brazos estirados a lo largo del cuerpo o cruzados sobre el pecho.

POSTURA DEL TERAPEUTA: Básica, lado izquierdo del paciente. Rodilla izquierda a la altura de la rótula del paciente.

TIPO DE PRESIÓN: Palmar. La mano más alejada al paciente, presiona suavemente sobre la región inguinal con la eminencia tenar. La mano más cercana al paciente, se apoya suavemente por encima de la rodilla de esa misma pierna.

N.º DE PUNTOS: Cinco presiones. El punto central se trabaja tres veces por cinco segundos tras las primeras repeticiones.

DIRECCIÓN DE LA LÍNEA: Desde la EIAS hacia la sínfisis púbica.

OBSERVACIONES: El tercer punto se localiza sobre la arteria femoral; se puede sentir su pulso. Trabajar lentamente y con precisión. Ayuda a mejorar la circulación sanguínea, sobre todo de los miembros inferiores.

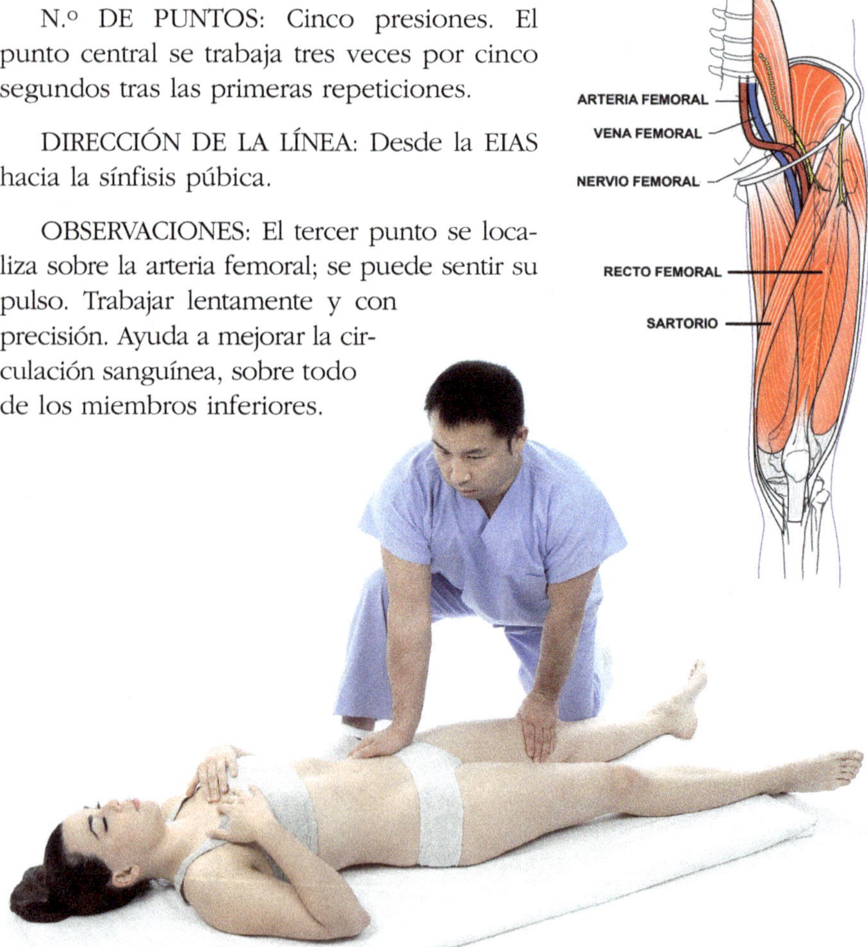

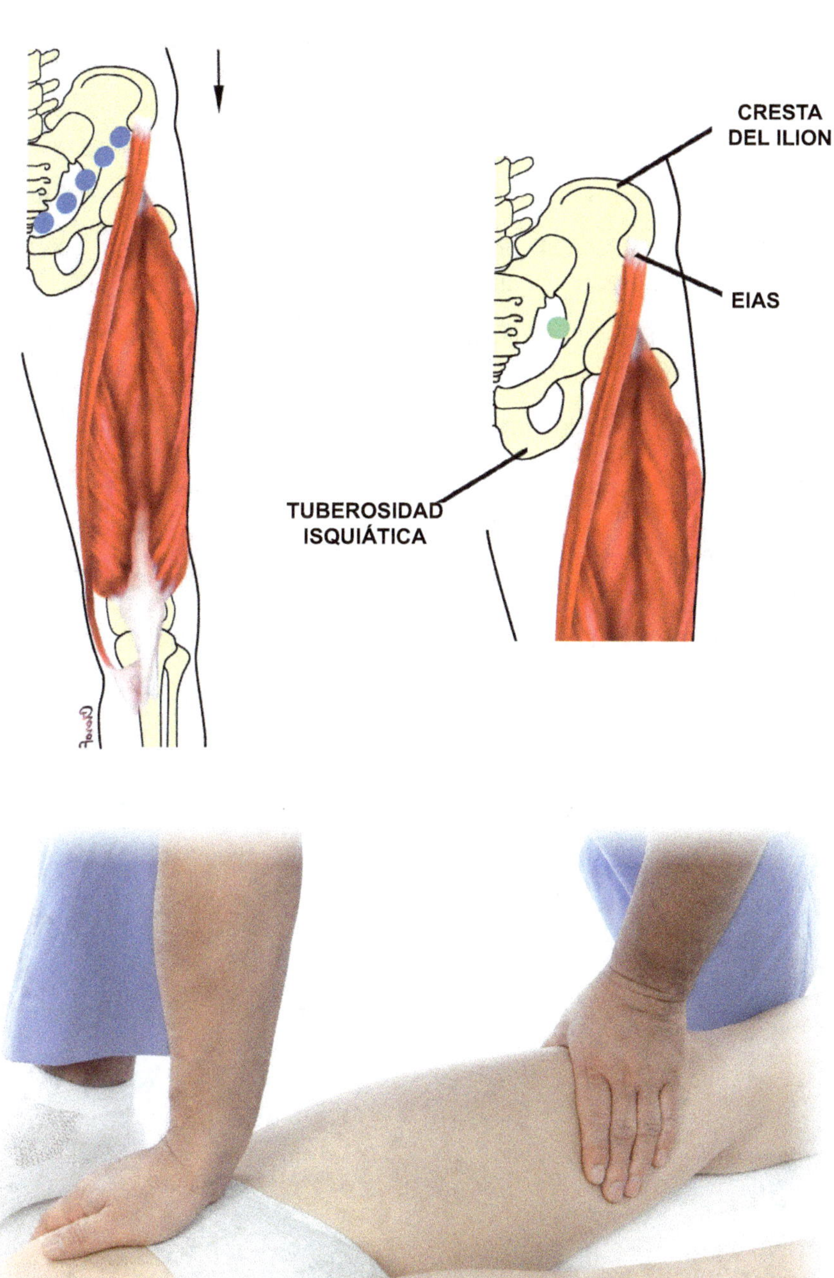
CRESTA
DEL ILION
EIAS
TUBEROSIDAD
ISQUIÁTICA

1.2. REGIÓN FEMORAL ANTERIOR. PRESIÓN PALMAR

POSTURA DEL PACIENTE: Decúbito supino. Brazos estirados a lo largo del cuerpo o cruzados sobre el pecho.

POSTURA DEL TERAPEUTA: Básica, manteniendo la posición anterior.

TIPO DE PRESIÓN: Palmar, con ambas manos en forma de logo.

N.º DE PUNTOS: Una línea, cinco presiones.

DIRECCIÓN DE LA LÍNEA: Desde la región inguinal hacia la rodilla. El primer punto está por debajo de la EIAS.

Tres veces tres segundos.

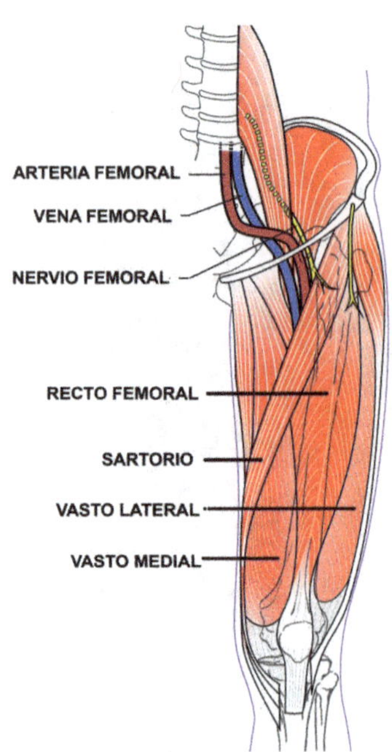

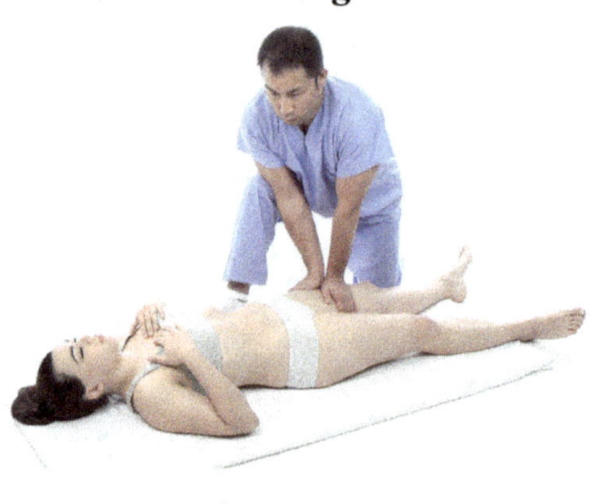

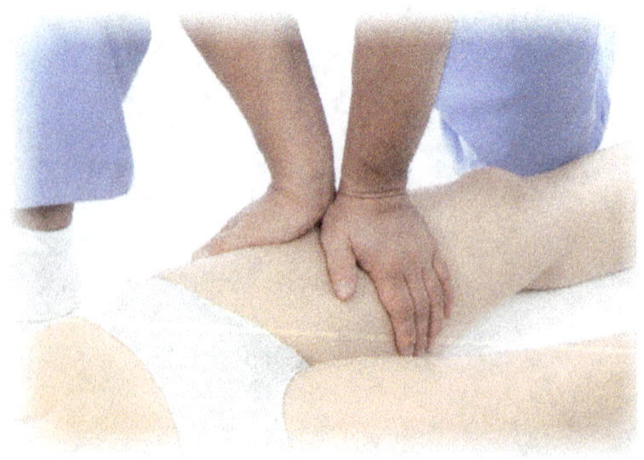

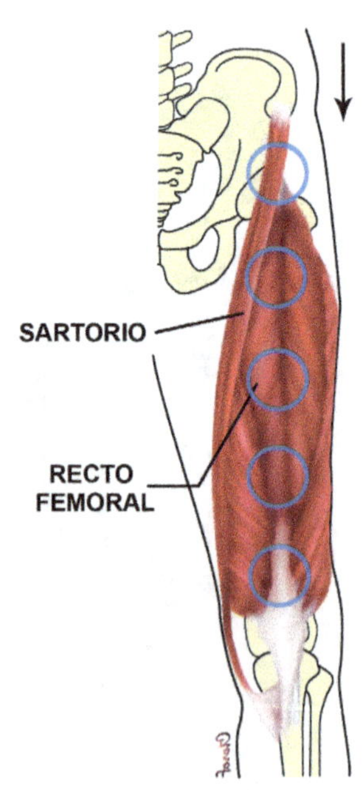

1.3. REGIÓN FEMORAL ANTERIOR. PRESIÓN CON PULGARES

POSTURA DEL PACIENTE: Decúbito supino. Brazos estirados a lo largo del cuerpo o cruzados sobre el pecho.

POSTURA DEL TERAPEUTA: Básica, manteniendo la posición anterior.

TIPO DE PRESIÓN: 1.ª y 2.ª repeticiones: Logo.

3.ª repetición: Pulgar sobre pulgar (aspa).

N.º DE PUNTOS: Una línea de diez puntos.

DIRECCIÓN DE LA LÍNEA: Desde la región inguinal hacia la rodilla. El primer punto está por debajo de la EIAS.

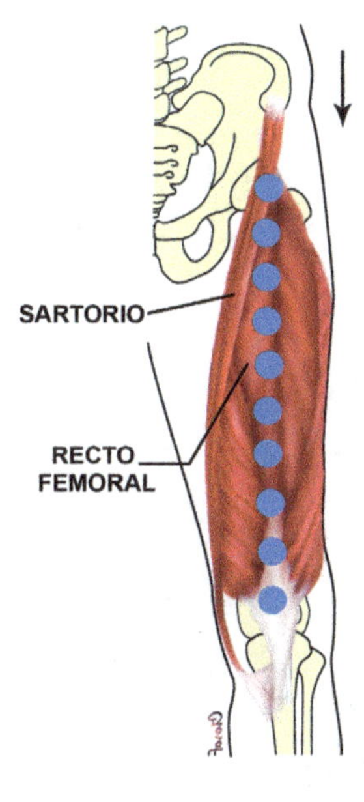

OBSERVACIONES: El trabajo sobre esta región ayuda a mejorar la función cardiaca. Es adecuado para personas obesas con el músculo cardíaco afectado por la sobrecarga funcional.

Tres veces tres segundos.

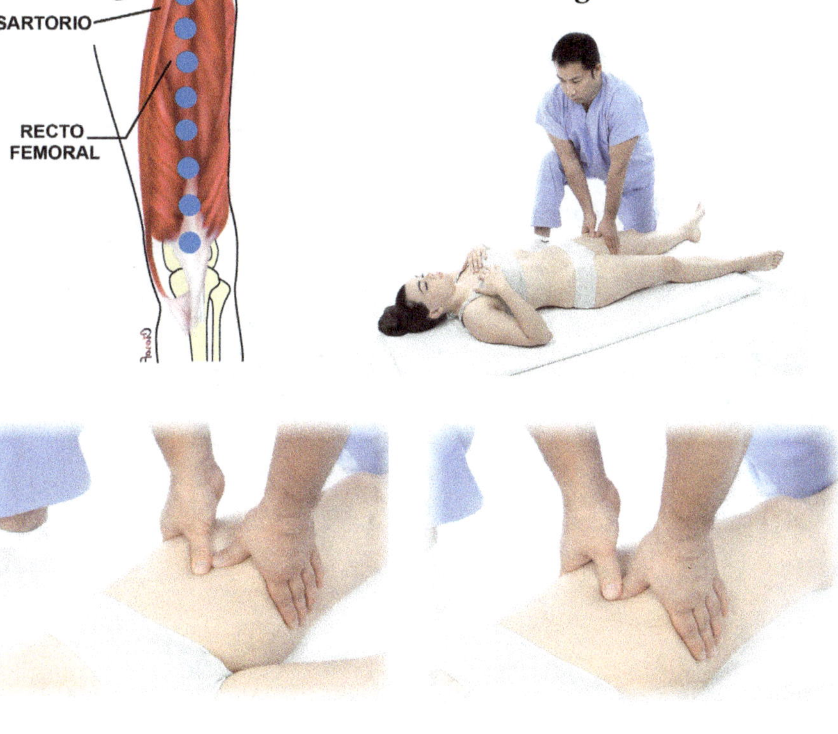

1.4. REGIÓN PATELAR

POSTURA DEL PACIENTE: Decúbito supino. Brazos estirados a lo largo del cuerpo o cruzados sobre el pecho.

POSTURA DEL TERAPEUTA: Seiza/Rodillas.

TIPO DE PRESIÓN: Ambos pulgares. El resto de los dedos sujetan la rótula por el lado contrario, evitando así su desplazamiento.

N.º DE PUNTOS: Dos líneas de cinco puntos.

DIRECCIÓN DE LA LÍNEA: Primero se trabaja la línea externa con ambos pulgares simultáneamente hacia dentro; posteriormente la línea interna con los pulgares hacia fuera.

OBSERVACIONES: Se finaliza el trabajo con los siguientes ejercicios:

Rotaciones en ambos sentidos: Cinco a cada lado.

Vibración: Cinco segundos.

La mano más cercana a la cadera hace el ejercicio colocándose perpendicular a la pierna, mientras la otra descansa sobre la tibia del paciente.

Tres veces tres segundos.

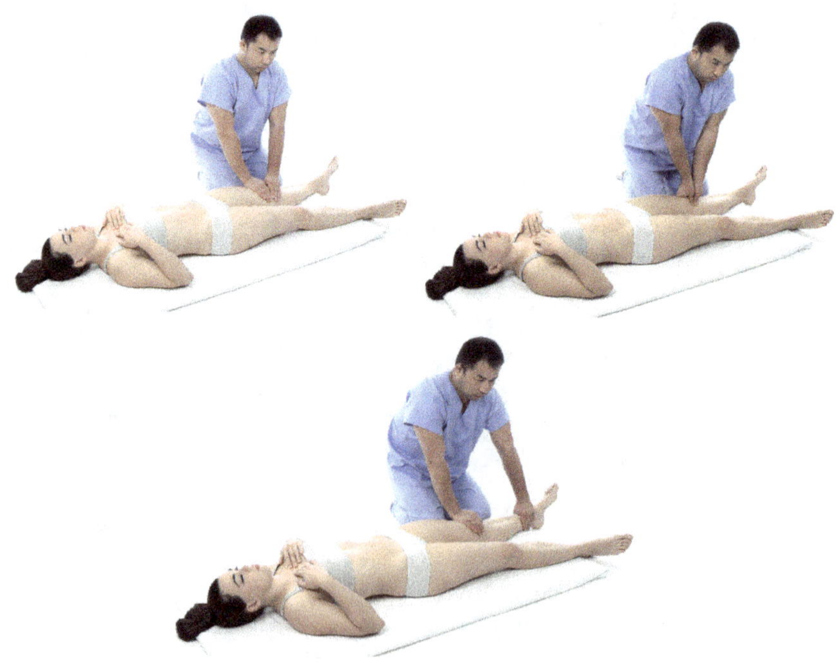

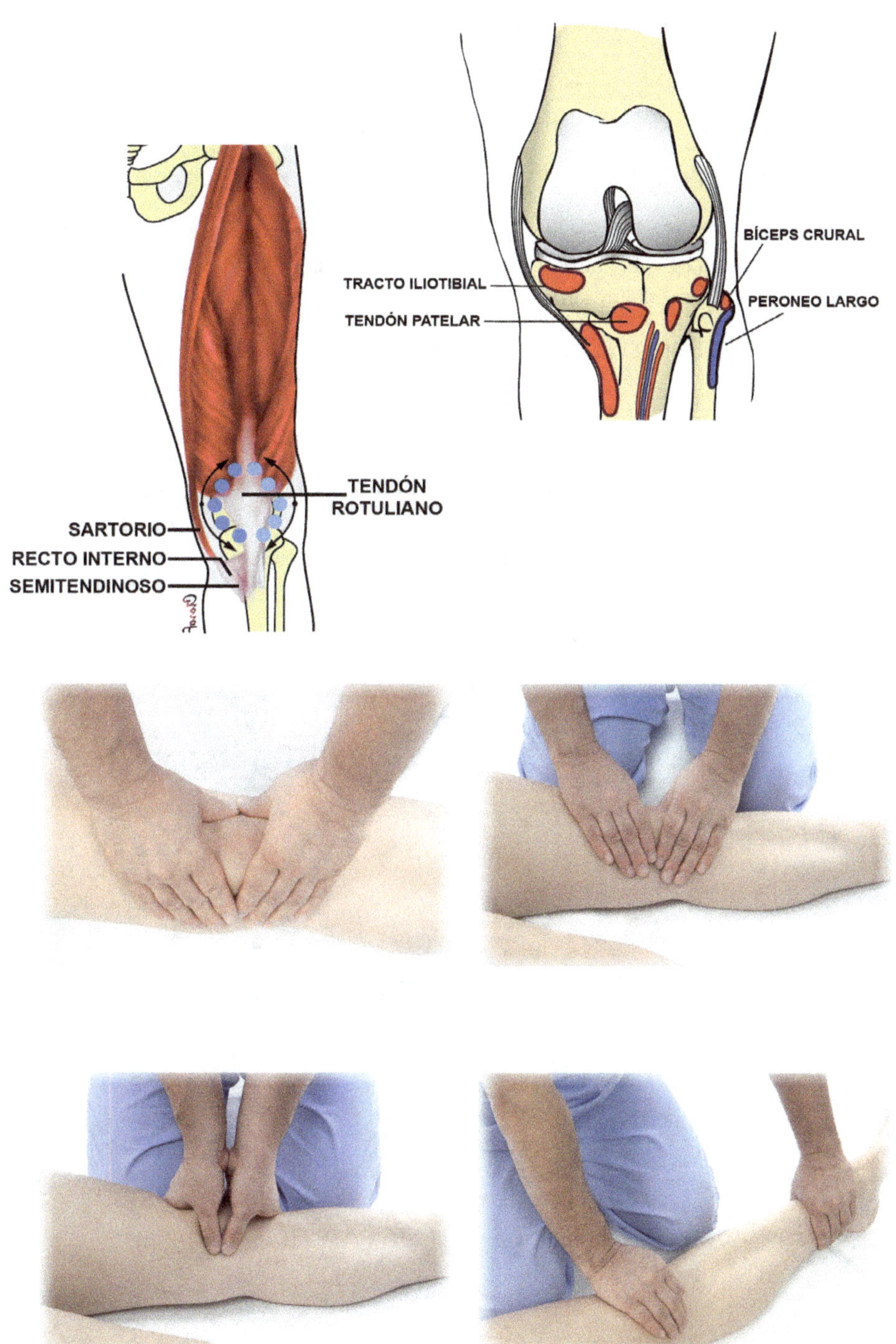

TRACTO ILIOTIBIAL
TENDÓN PATELAR
BÍCEPS CRURAL
PERONEO LARGO
TENDÓN ROTULIANO
SARTORIO
RECTO INTERNO
SEMITENDINOSO

1.5. REGIÓN FEMORAL MEDIAL. PRESIÓN PALMAR

POSTURA DEL PACIENTE: Supino, flexión de rodilla y rotación externa de cadera. La planta del pie junto a la rodilla contraria.

POSTURA DEL TERAPEUTA: Básica, frente a la zona de tratamiento.

TIPO DE PRESIÓN: Palmar. La mano cercana presiona con ambas eminencias, mientras que la mano alejada sujeta la rodilla para proteger la zona y ayudar a que penetre la presión.

N.º DE PUNTOS: Una línea, cinco presiones.

DIRECCIÓN DE LA LÍNEA: Sobre la línea media de la parte interna del muslo, desde la inserción del aductor largo hacia la rodilla.

OBSERVACIONES: Ligera presión palmar. En Japón se llama «camino de la sangre» a la parte interna de las piernas en la mujer. El tratamiento de esta zona es útil para tratar trastornos del ciclo de la mujer. Evitar en mujeres embarazadas.

Tres veces tres segundos.

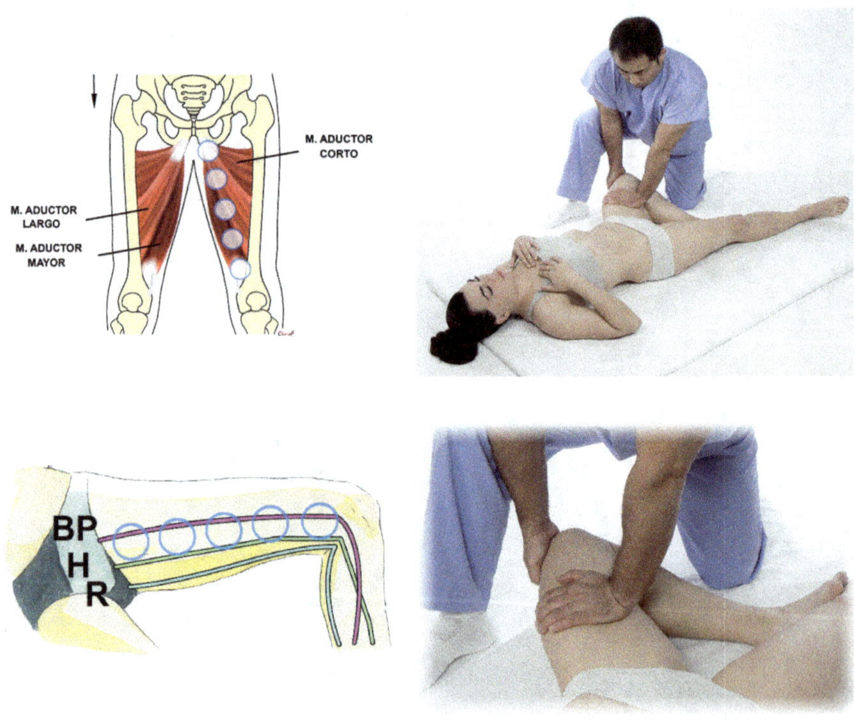

1.6. REGIÓN FEMORAL MEDIAL. PRESIÓN CON PULGARES

POSTURA DEL PACIENTE: Supino, flexión de rodilla y rotación externa de cadera. La planta del pie junto a la rodilla contraria.

POSTURA DEL TERAPEUTA: Básica, manteniendo la posición anterior.

TIPO DE PRESIÓN: 1.ª y 2.ª repeticiones: Logo.

3.ª repetición: Pulgar sobre pulgar (derecho debajo en el lado izquierdo).

N.º DE PUNTOS: Tres líneas de diez puntos.

Línea central: Desde encima del tendón del aductor largo y hacia la cara medial de la rodilla

Línea medial: Dos dedos debajo del tendón del aductor largo y hacia la cara medial de la rodilla.

Línea lateral: Dos dedos arriba del tendón del aductor largo y hacia la cara medial de la rodilla.

DIRECCIÓN DE LA LÍNEA: Desde la base de la pelvis hacia la cara medial de la rodilla (pata de ganso). Repetir alternativamente en este orden: línea central, línea medial y línea lateral.

OBSERVACIONES: En general esta es una zona muy sensible. La línea central trabaja sobre las afecciones de Hígado; y especialmente los puntos octavo, noveno y décimo trabajan los problemas oculares. La línea lateral trabaja sobre el meridiano de Bazo-Páncreas; en torno a los puntos octavo y noveno se localiza el punto clave 10BP (Kekkai, Mar de sangre).

Tres veces tres segundos.

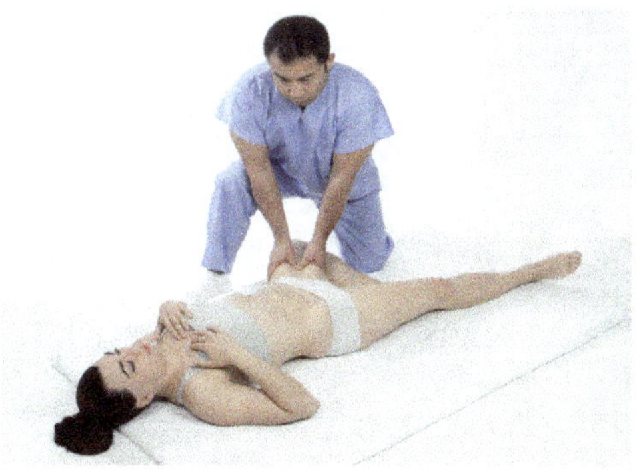

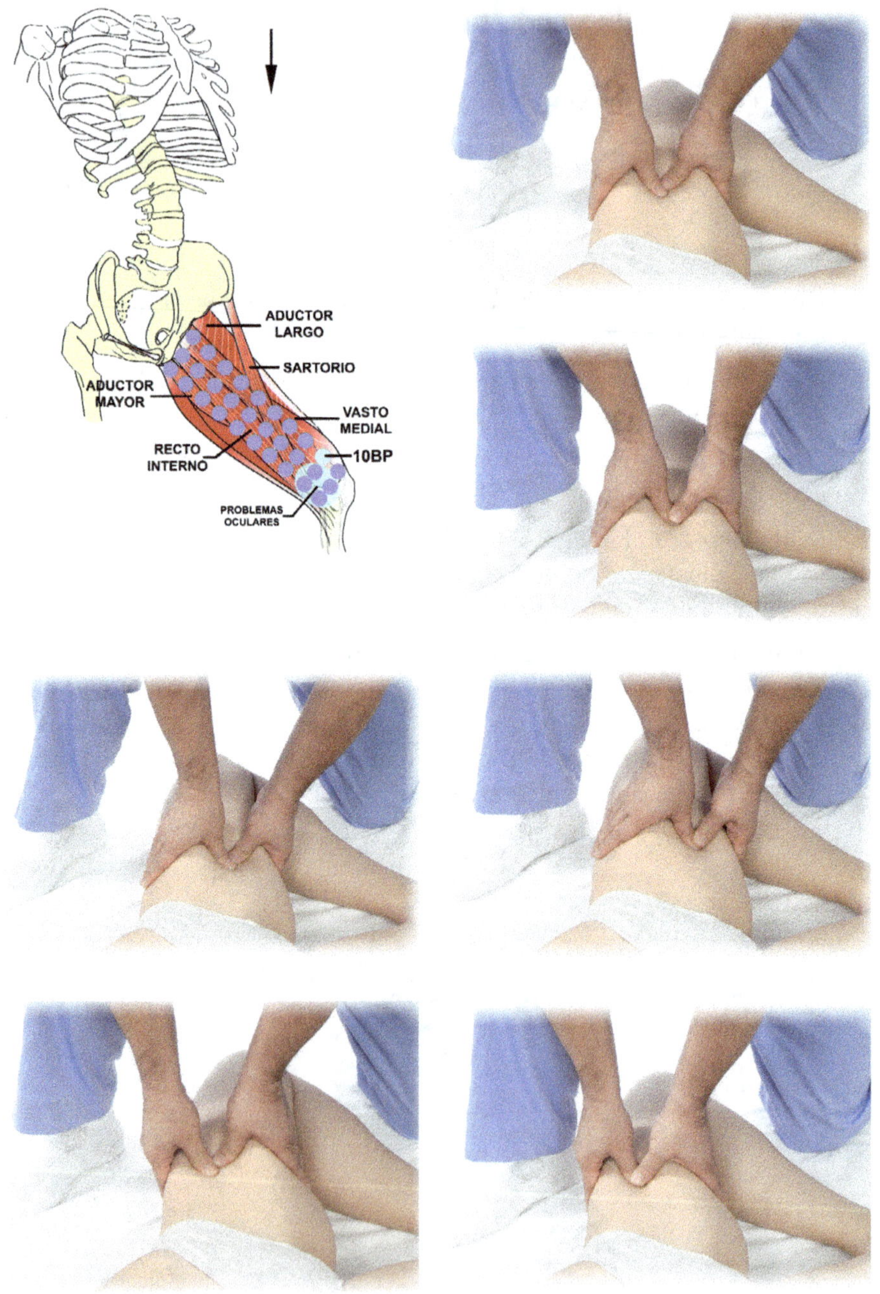

ADUCTOR LARGO
SARTORIO
ADUCTOR MAYOR
VASTO MEDIAL
RECTO INTERNO
10BP
PROBLEMAS OCULARES

1.7. REGIÓN PATELAR MEDIAL

POSTURA DEL PACIENTE: Supino, flexión de rodilla y rotación externa de cadera. La planta del pie junto a la rodilla contraria.

POSTURA DEL TERAPEUTA: Básica, manteniendo la posición anterior.

TIPO DE PRESIÓN: Un solo pulgar (derecho en el lado izquierdo). La otra mano descansa sobre el tobillo del paciente.

N.º DE PUNTOS: Una línea de cinco puntos.

DIRECCIÓN DE LA LÍNEA: Hacia la rótula sobre la articulación medial de la rodilla.

OBSERVACIONES: El primer punto 10R (Inkoku), indicado principalmente para trastornos de la función sexual masculina. El segundo punto se corresponde con el punto clave 8H (Kyokusen).

Tres veces tres segundos.

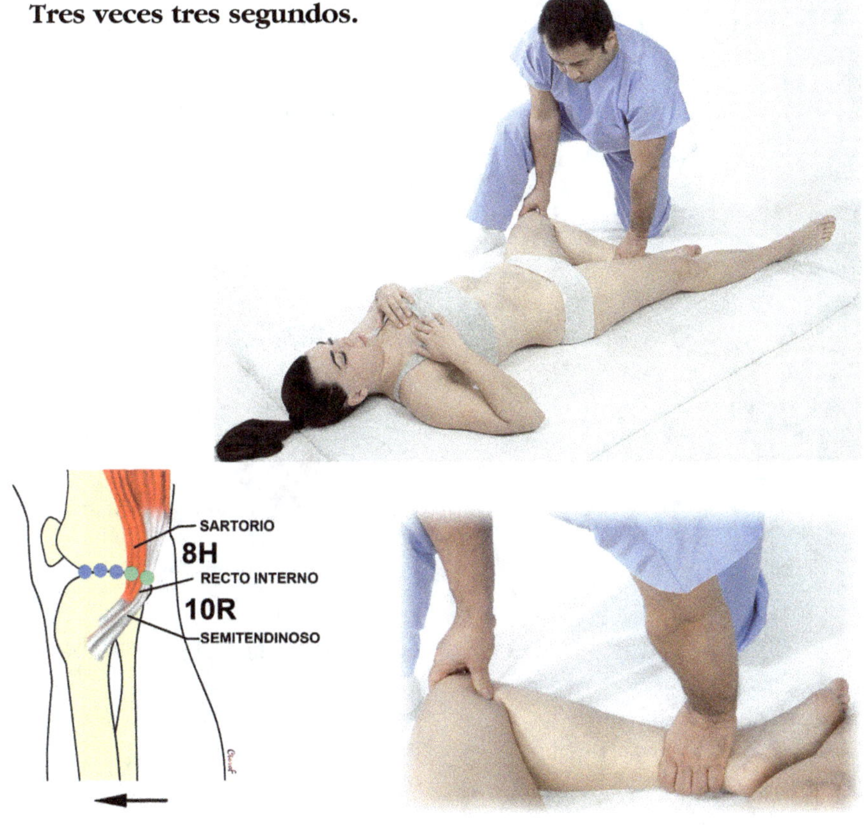

1.8. REGIÓN SURAL MEDIAL

POSTURA DEL PACIENTE: Supino, flexión de rodilla y rotación externa de cadera.

POSTURA DEL TERAPEUTA: Básica, desplazándose un poco hacia atrás.

TIPO DE PRESIÓN: Un solo pulgar (derecho en el lado izquierdo). La otra mano sujeta el pie del paciente.

N.º DE PUNTOS: Una línea de ocho puntos.

DIRECCIÓN DE LA LÍNEA: Desde el cóndilo medial de la rodilla hacia el tobillo y por el borde posterior de la tibia.

OBSERVACIONES: Zona muy dolorosa pero eficaz en el tratamiento de desarreglos menstruales/hormonales y retención de líquidos (problemas renales).

El primer punto se corresponde con el punto clave 9BP (Inryousen); el séptimo con el punto clave 6BP (Saninkou).

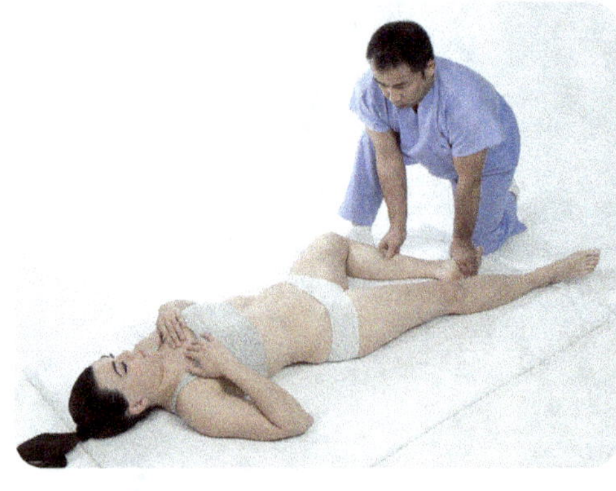

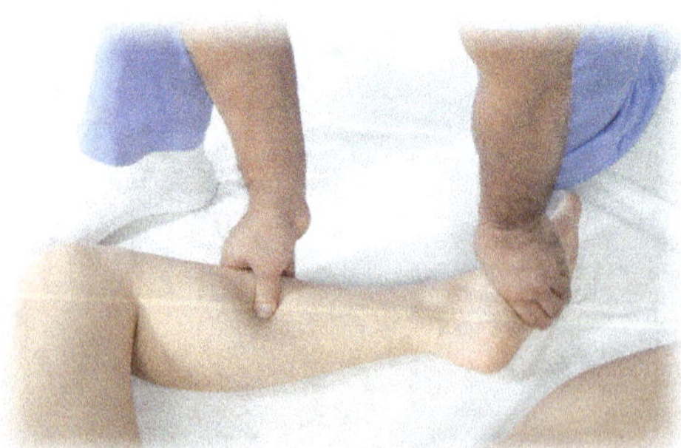

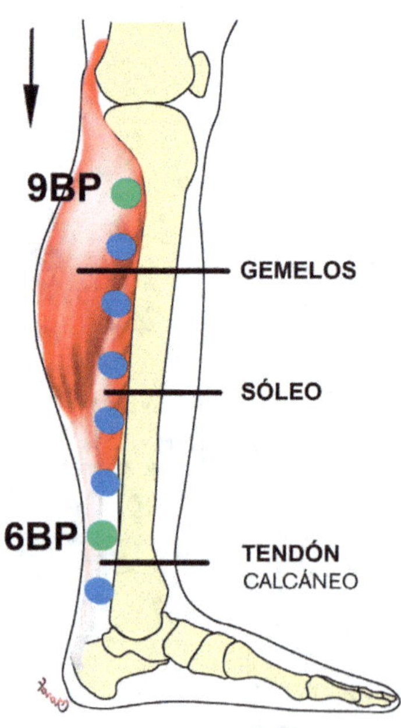

1.9. REGIÓN DEL 3R

POSTURA DEL PACIENTE: Supino, flexión de rodilla y rotación externa de cadera.

POSTURA DEL TERAPEUTA: Básica, manteniendo la posición anterior.

TIPO DE PRESIÓN: Un solo pulgar (derecho en el lado izquierdo). La otra mano sujeta el pie del paciente.

N.º DE PUNTOS: Una línea de cinco puntos.

DIRECCIÓN DE LA LÍNEA: Hacia el talón, entre el maléolo interno y el tendón del calcáneo. El tercer punto se corresponde con el punto clave 3R (Taikei). El primer y el último punto se localizan tres dedos por encima y por debajo del anterior, respectivamente.

Tres veces tres segundos.

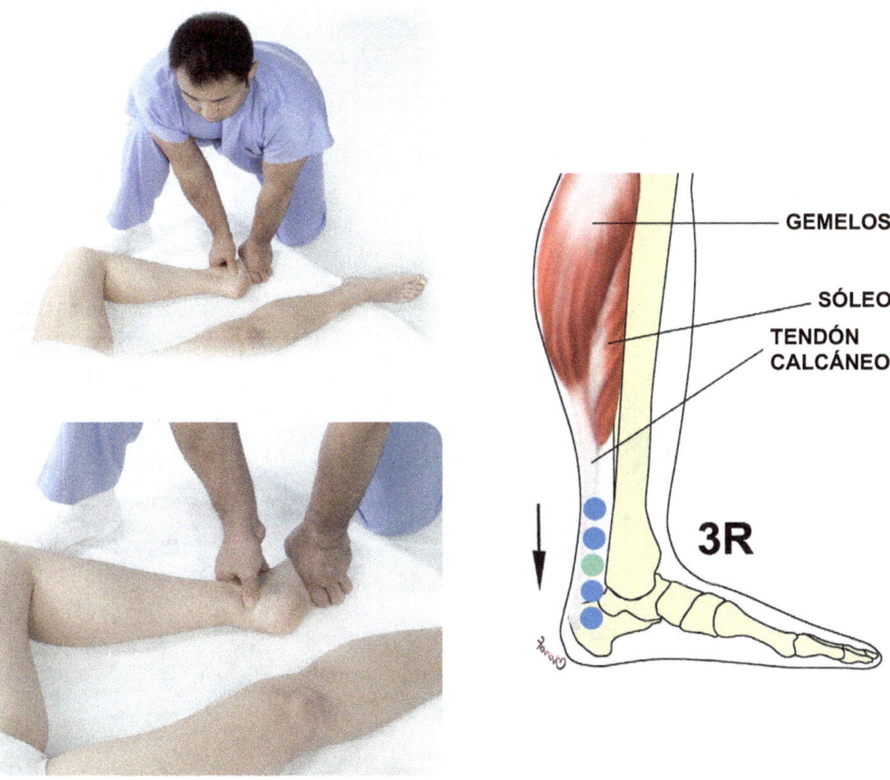

1.10. REGIÓN CALCÁNEA MEDIAL

POSTURA DEL PACIENTE: Supino, flexión de rodilla y rotación externa de cadera.

POSTURA DEL TERAPEUTA: Básica, manteniendo la posición anterior.

TIPO DE PRESIÓN: Un solo pulgar (derecho en el lado izquierdo). La otra mano sujeta el pie del paciente.

N.º DE PUNTOS: Una línea de cinco puntos.

DIRECCIÓN DE LA LÍNEA: Rodeando el maléolo interno, desde el tendón calcáneo hacia el empeine.

OBSERVACIONES: El primer punto se corresponde con el punto clave 3R (Taikei), el tercero con el 6R (Syoukai), el cuarto con el 5BP (Syoukyuu) y el quinto con el 4H (Chuuhou).

Tres veces tres segundos.

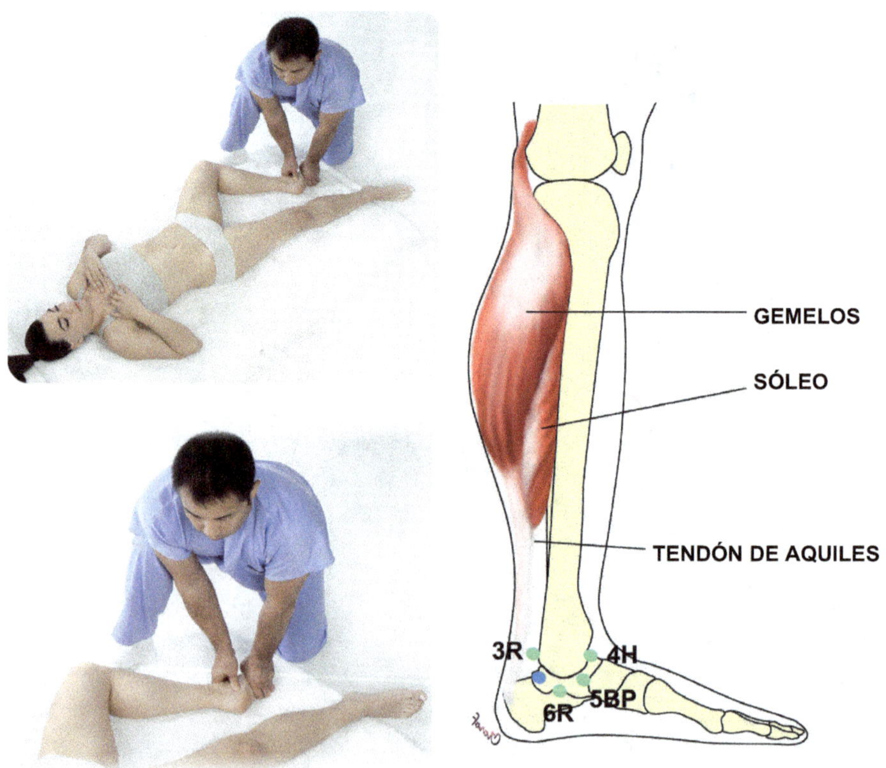

1.11. REGIÓN FEMORAL LATERAL

POSTURA DEL PACIENTE: Decúbito supino. Brazos estirados a lo largo del cuerpo o cruzados sobre el pecho.

POSTURA DEL TERAPEUTA: Seiza, perpendicular a la zona.

TIPO DE PRESIÓN: Pulgares en V.

N.º DE PUNTOS: Una línea de diez puntos.

DIRECCIÓN DE LA LÍNEA: Desde el trocánter mayor hacia el borde lateral de la rodilla.

OBSERVACIONES: El quinto punto se corresponde con el punto clave 31VB (Fuushi) y se utiliza en el tratamiento de la hipertensión.

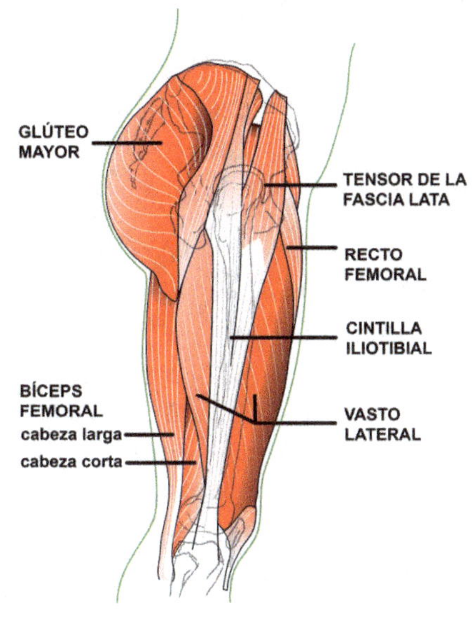

Tres veces tres segundos.

Tensor de la fascia lata

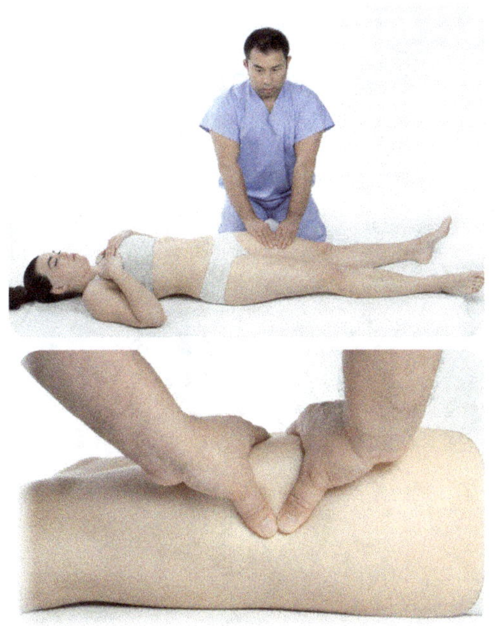

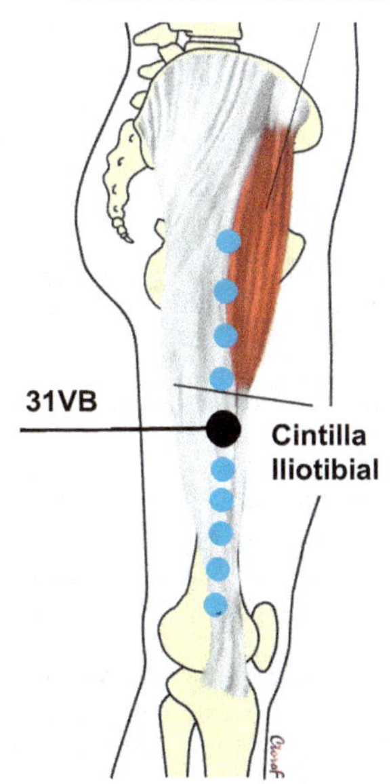

1.12. REGIÓN LATERAL DE LA TIBIA

POSTURA DEL PACIENTE: Decúbito supino. Brazos estirados a lo largo del cuerpo o cruzados sobre el pecho.

POSTURA DEL TERAPEUTA: Seiza, perpendicular a la zona.

TIPO DE PRESIÓN: Pulgar sobre pulgar en forma de V (izquierdo debajo en el lado izquierdo).

N.º DE PUNTOS: Una línea de ocho puntos.

DIRECCIÓN DE LA LÍNEA: A lo largo del músculo tibial anterior; desde el cóndilo lateral de la rodilla y hacia el tobillo.

OBSERVACIONES: El primer punto se corresponde con el punto clave 36E (Sanri) y se localiza a unos tres centímetros diagonalmente por debajo de la tuberosidad tibial y por debajo del cóndilo lateral de la tibia. Es el denominado Sanri, y se utiliza para aliviar el dolor o malestar general del cuerpo. Con este punto estimulamos la secreción endorfinas, produciendo sensación de bienestar.

Primer punto: Tres veces cinco segundos.

Resto de puntos: Tres veces tres segundos.

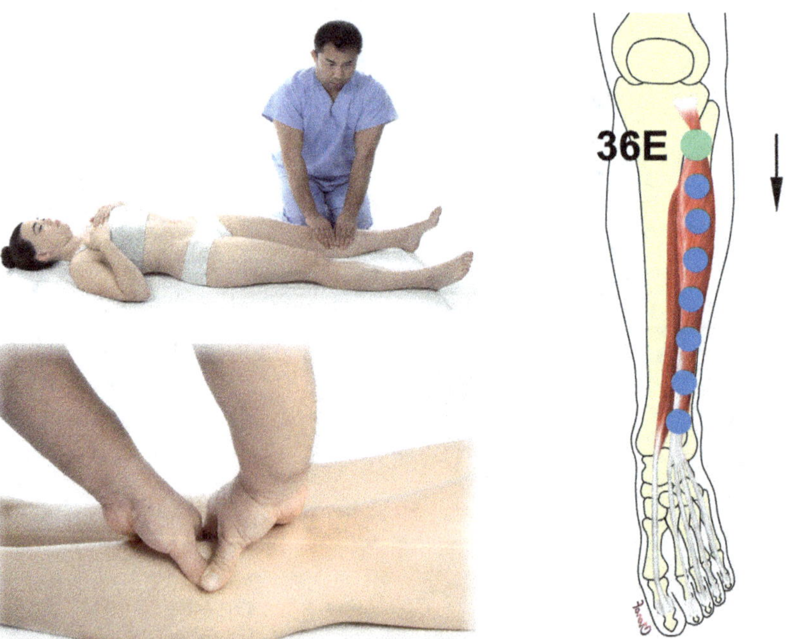

1.13. REGIÓN LATERAL DEL PERONÉ

POSTURA DEL PACIENTE: Decúbito supino. Brazos estirados a lo largo del cuerpo o cruzados sobre el pecho.

POSTURA DEL TERAPEUTA: Seiza, perpendicular a la zona.

TIPO DE PRESIÓN: Pulgar sobre pulgar en forma de V (izquierdo debajo en el lado izquierdo).

N.º DE PUNTOS: Una línea de ocho puntos.

DIRECCIÓN DE LA LÍNEA: Desde la depresión posteroinferior de la cabeza del peroné hasta el maléolo externo, sobre el borde posterior del peroné.

OBSERVACIONES: Al trabajar sobre los músculos peroneos se trabaja el meridiano de Vesícula Biliar que lo recorre. Aunque la medicina tradicional localiza el punto clave 34VB (Youryousen) en la depresión anteroinferior de la cabeza del peroné, Aze Shiatsu lo localiza sobre el primer punto de esta región. Es un punto indicado para problemas tendinosos.

Tres veces tres segundos.

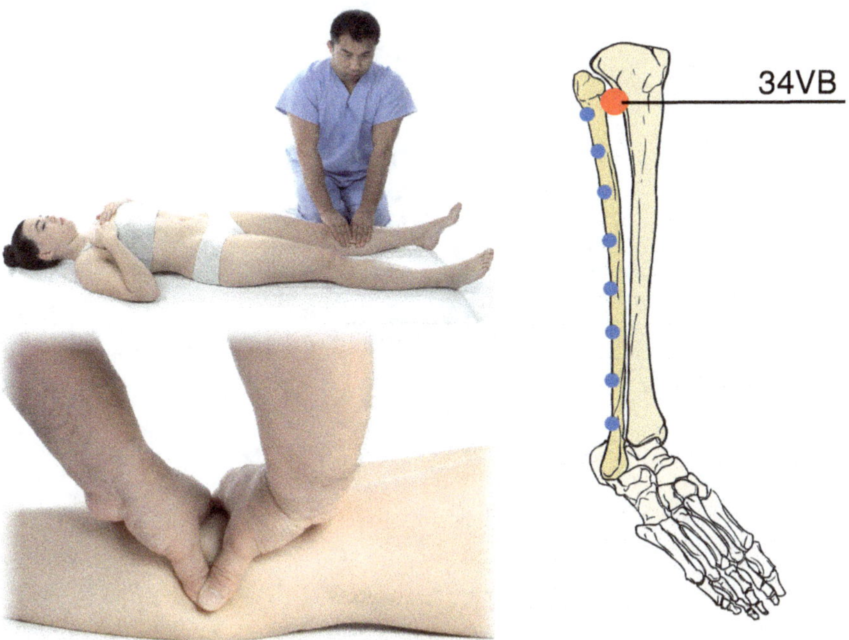

1.14. REGIÓN TARSAL

POSTURA DEL PACIENTE: Decúbito supino. Brazos estirados a lo largo del cuerpo o cruzados sobre el pecho.

POSTURA DEL TERAPEUTA: Seiza, perpendicular a la zona.

TIPO DE PRESIÓN: Un solo pulgar (derecho en el lado izquierdo). La otra mano hace flexión plantar y rotación interna de tobillo para facilitar el trabajo.

N.º DE PUNTOS: Una línea de cinco puntos.

DIRECCIÓN DE LA LÍNEA: Desde el maléolo externo al interno.

OBSERVACIONES: El punto central es un punto muy importante para diversos tratamientos como el esguince de tobillo. Se corresponde con el punto clave 41E (Kaikei).

Tres veces tres segundos.

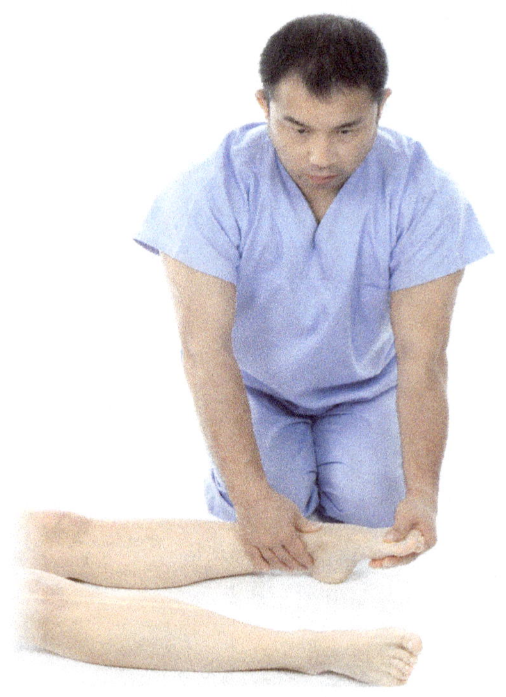

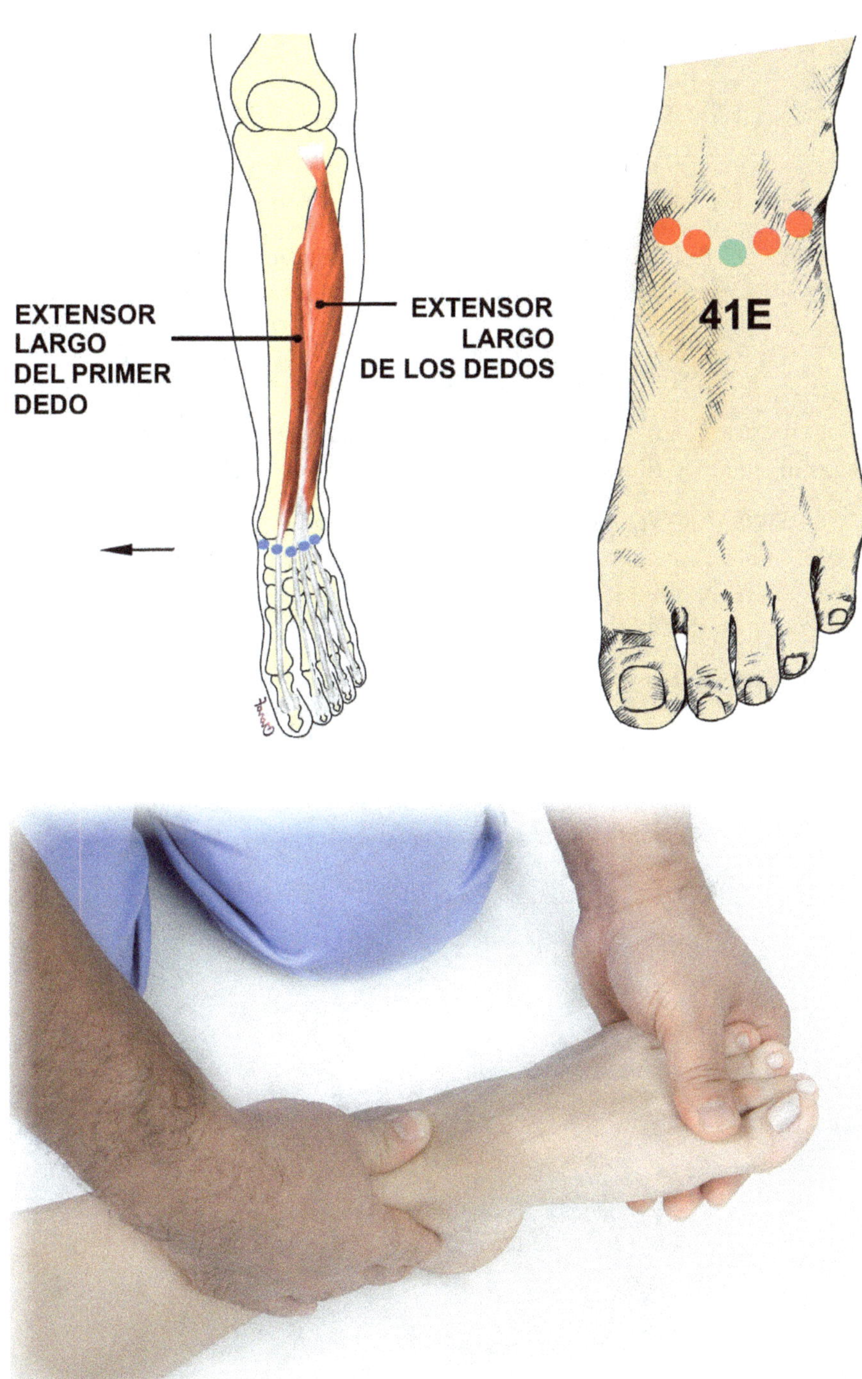

EXTENSOR LARGO DEL PRIMER DEDO
EXTENSOR LARGO DE LOS DEDOS
41E

1.15. REGIÓN DORSAL DEL PIE

POSTURA DEL PACIENTE: Decúbito supino. Brazos estirados a lo largo del cuerpo o cruzados sobre el pecho.

POSTURA DEL TERAPEUTA: Seiza, perpendicular a la zona.

TIPO DE PRESIÓN: Un solo pulgar (derecho en el lado izquierdo). La otra mano hace flexión plantar y rotación interna de tobillo para facilitar el trabajo.

N.º DE PUNTOS: Cuatro líneas de cinco puntos.

DIRECCIÓN DE LA LÍNEA: Entre los canales metatarsianos; del primer dedo al quinto y desde los dedos hacia los huesos del tarso.

OBSERVACIONES: El cuarto punto del primer canal se corresponde con el punto clave 3H (Taishou). Y el cuarto del cuarto canal con el punto clave 41VB (Ashirinkyuu). Ambos son muy importantes en el tratamiento de problemas lumbares.

Tres veces tres segundos.

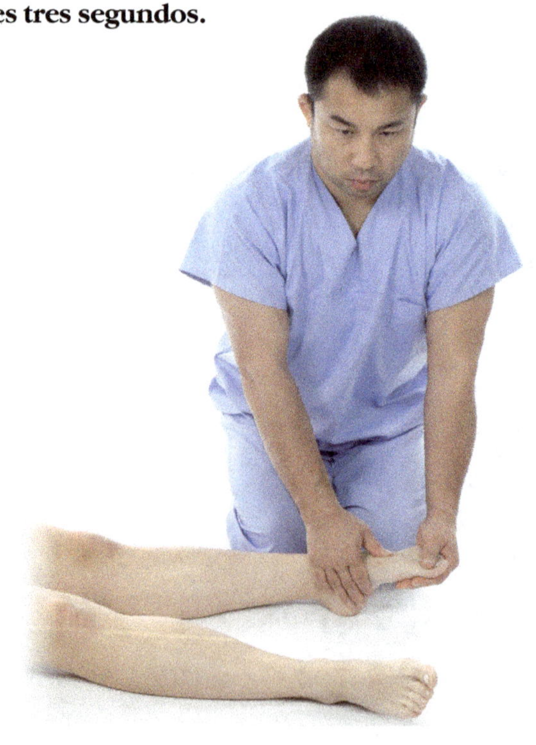

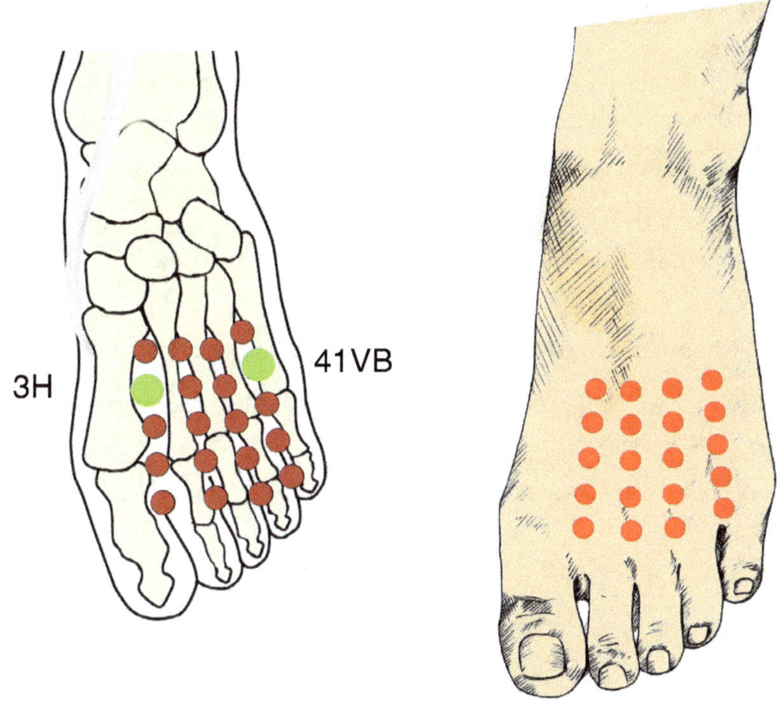

3H
41VB

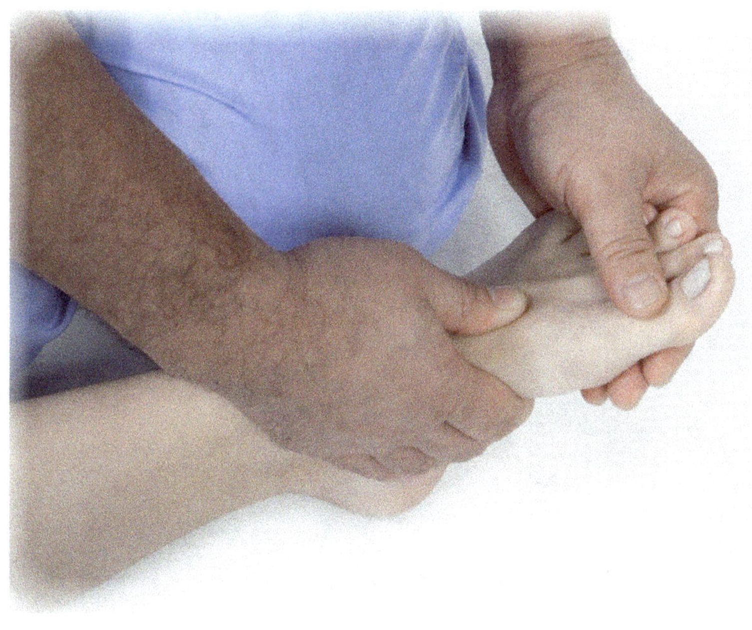

1.16. ROTACIÓN Y ESTIRAMIENTO DE LOS DEDOS

POSTURA DEL PACIENTE: Decúbito supino. Brazos estirados a lo largo del cuerpo o cruzados sobre el pecho.

POSTURA DEL TERAPEUTA: Seiza, perpendicular a la zona.

TIPO DE PRESIÓN: Rotación y ligero estiramiento. La mano izquierda (en el lado izquierdo) realiza el trabajo. La otra mano sujeta el pie para concentrar el movimiento en los dedos.

DIRECCIÓN DE LA LÍNEA: Del primer al quinto dedo.

OBSERVACIONES: Tras las rotaciones de cada dedo se realiza un estiramiento de los mismos.

Cinco rotaciones por sentido y dedo.

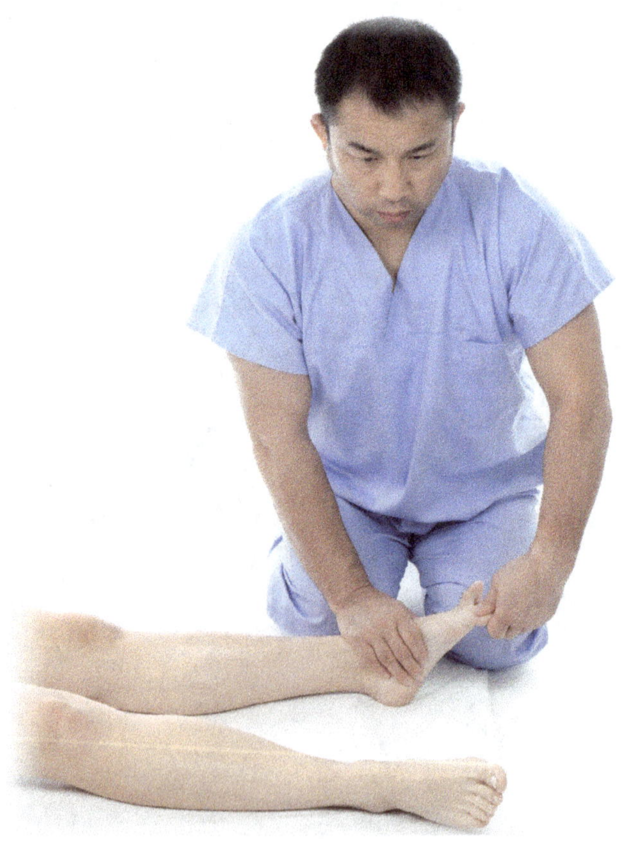

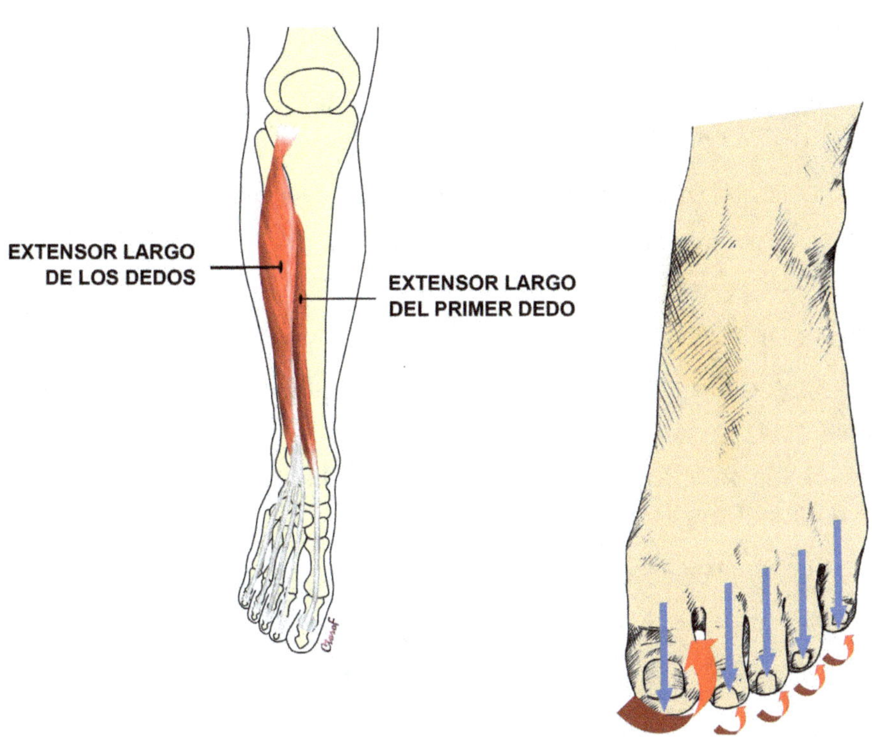

EXTENSOR LARGO
DE LOS DEDOS
EXTENSOR LARGO
DEL PRIMER DEDO

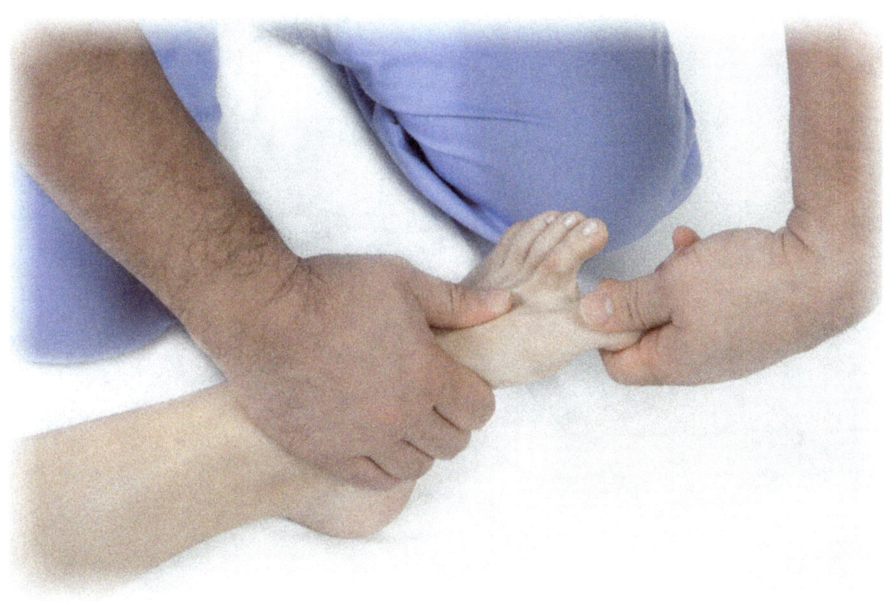

1.17. REGIÓN DIGITAL DEL PIE

POSTURA DEL PACIENTE: Decúbito supino. Brazos estirados a lo largo del cuerpo o cruzados sobre el pecho.

POSTURA DEL TERAPEUTA: Seiza, perpendicular a la zona.

TIPO DE PRESIÓN: La mano más alejada realiza el trabajo mientras la otra sujeta el pie del paciente.

N.º DE PUNTOS: Cinco líneas de cinco puntos.

DIRECCIÓN DE LA LÍNEA: Del primer al quinto dedo. Desde los metatarsos hacia las uñas.

OBSERVACIONES: Presión en los primeros cuatro puntos de cada dedo. Presión y ligera tracción en el último.

Una vez tres segundos.

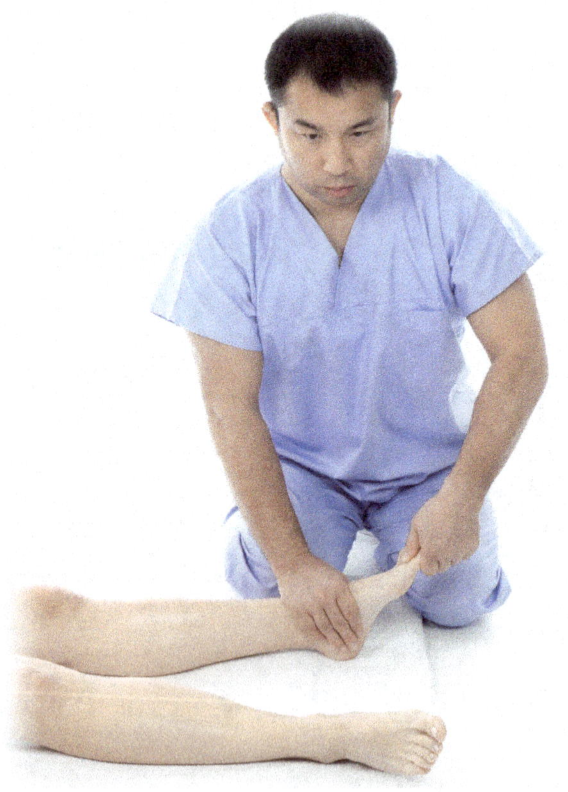

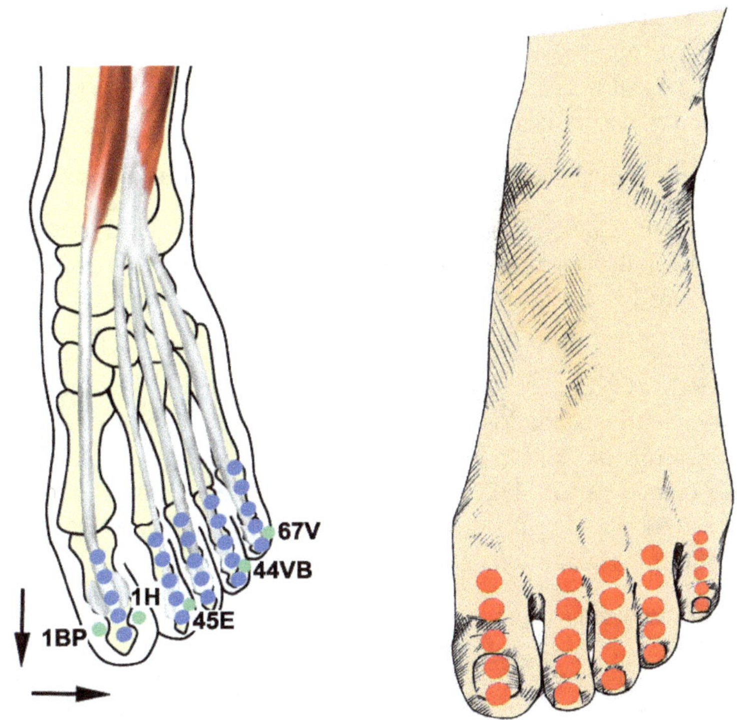

67V
44VB
45E
1H
1BP

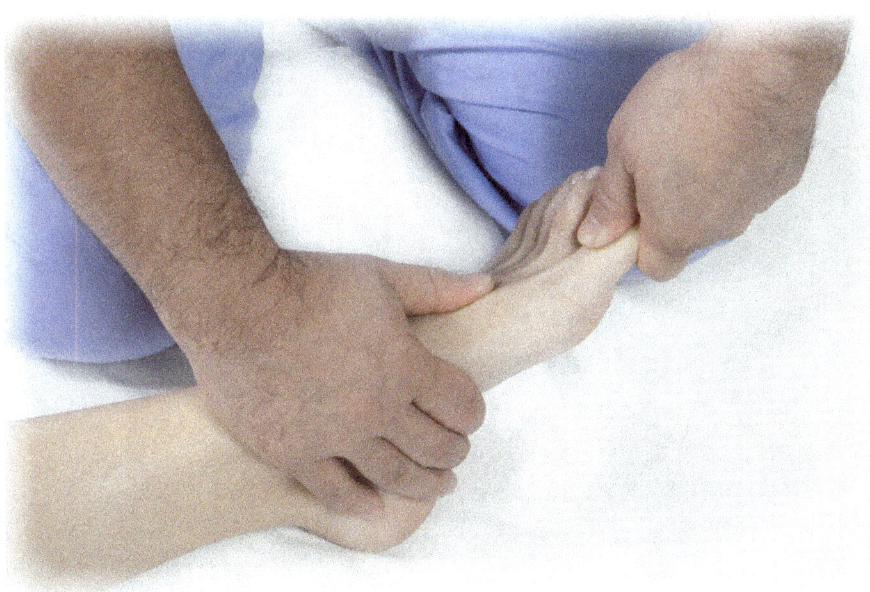

1.18. VAIVÉN

POSTURA DEL PACIENTE: Decúbito supino. Brazos estirados a lo largo del cuerpo o cruzados sobre el pecho.

POSTURA DEL TERAPEUTA: Seiza, perpendicular a la zona.

TIPO DE PRESIÓN: Vaivén. La mano derecha (en el lado izquierdo) bloquea el tobillo, mientras que la otra mano se coloca en forma de capuchón sobre los dedos y realiza un movimiento de dorsiflexión rápido y rítmico.

OBSERVACIONES: Este ejercicio estimula los puntos clave que se localizan en los extremos de los dedos. Son los siguientes: 67V (Shiin, ángulo ungueal externo del quinto dedo), 44VB (Ashikyouin, ángulo ungueal externo del cuarto dedo), 45E (Reida, ángulo ungueal externo del segundo dedo), 1H (Daiton, ángulo ungueal externo del primer dedo) y 1BP (Inpaku, ángulo ungueal interno del primer dedo).

Diez segundos.

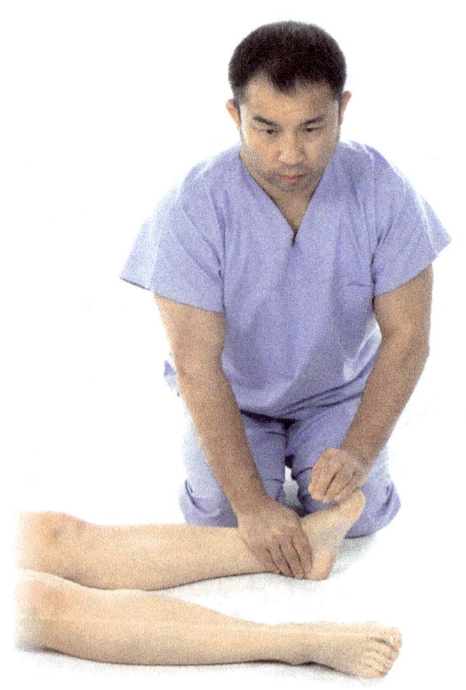

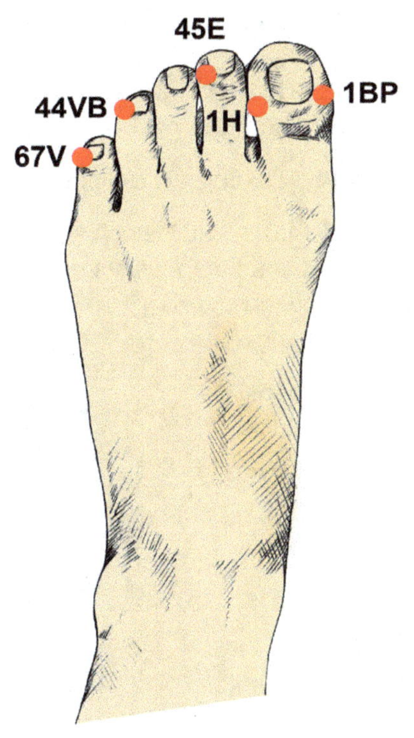
45E
44VB
1H
1BP
67V

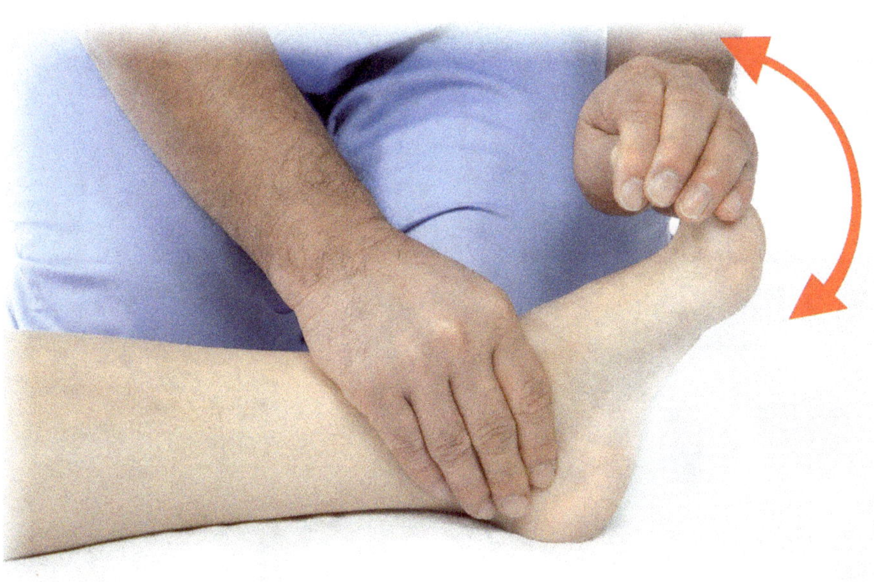

1.19. ESTIRAMIENTO DEL TENDÓN DE AQUILES

POSTURA DEL PACIENTE: Decúbito supino. Brazos estirados a lo largo del cuerpo o cruzados sobre el pecho.

POSTURA DEL TERAPEUTA: Seiza o rodillas, perpendicular a la zona.

TIPO DE PRESIÓN: El brazo izquierdo (en el lado izquierdo) realiza flexión dorsal del pie con el antebrazo y sujetando por el hueso calcáneo. La otra mano sujeta, impidiendo que la pierna se eleve, para focalizar el trabajo sobre el tendón calcáneo.

Tres veces cinco segundos.

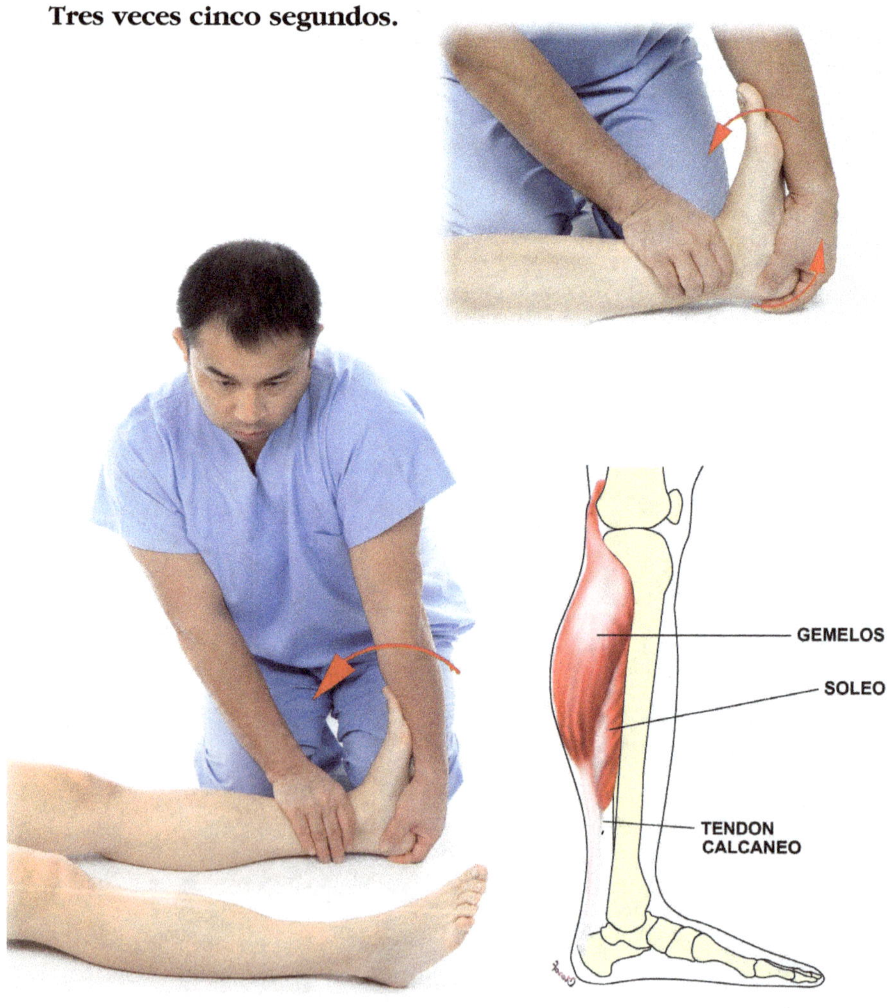

1.20. ESTIRAMIENTO DE PIERNA CON VIBRACIÓN

POSTURA DEL PACIENTE: Decúbito supino. Brazos estirados a lo largo del cuerpo o cruzados sobre el pecho.

POSTURA DEL TERAPEUTA: Seiza, frente a los pies del paciente.

TIPO DE MANIPULACIÓN: Realizar la tracción desde el pie del paciente, concentrando la acción sobre la mano que sujeta el talón. De este modo el ejercicio se transmite mejor al resto de articulaciones de la pierna. Al realizar la tercera repetición, combinar la tracción con una ligera vibración.

OBSERVACIONES: Este ejercicio se puede realizar en dos direcciones distintas variando el ángulo de apertura de la pierna. Primero, dirigiendo el ejercicio hacia el hombro contrario en forma de aspa. Segundo, dirigiendo el ejercicio hacia el cuadrado lumbar del mismo lado.

Tres veces.

Primera y segunda vez, estiramiento.

Tercera vez, vibración.

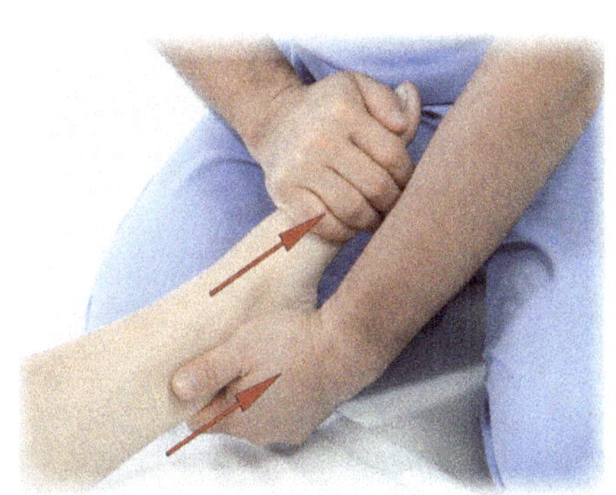

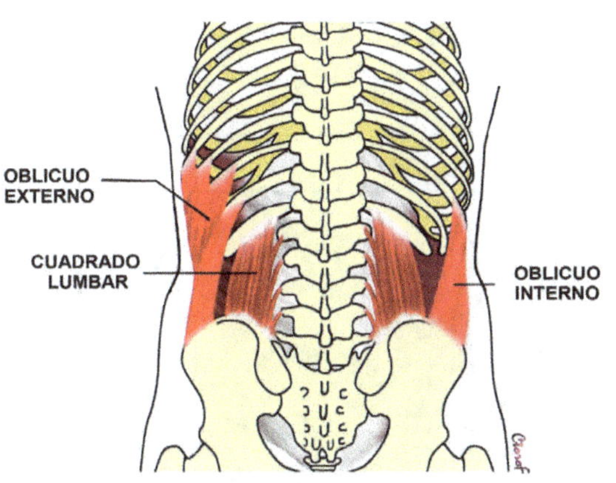

Repetir el recorrido de la Extremidad Inferior
en la PIERNA DERECHA.

2. Cabeza y cara

2.1. Región parietal.
Línea central.

2.2. Región parietal.
Líneas laterales.

2.3. 20VG.

2.4. Región frontal.

2.5. Región orbital superior.

2.6. Región orbital inferior.

2.7. Región nasal.

2.8. Región zigomática.

2.9. Región del maxilar superior.

2.10. Región del maxilar inferior.

2.11. Tres puntos importantes.

2.12. Región de la sien. Un lado.

2.13. Región de la oreja. Un lado.

2.14. Tapar los ojos.

2.15. Tapar la cara.

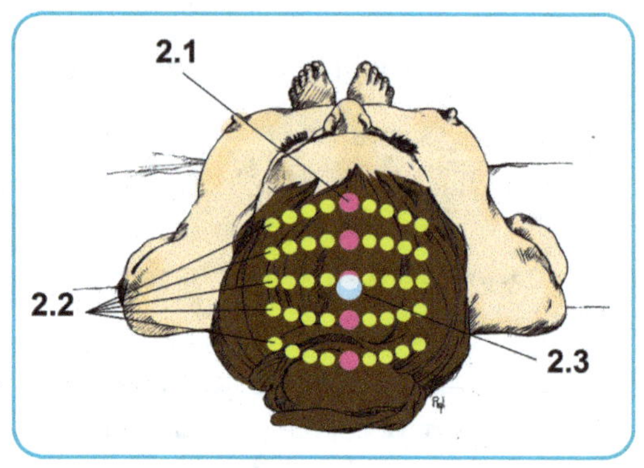

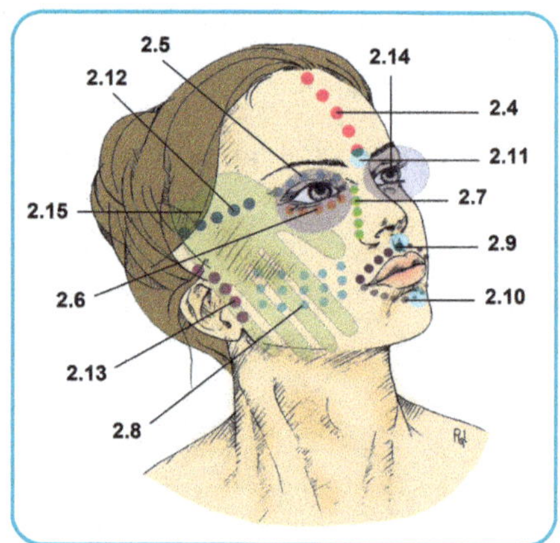

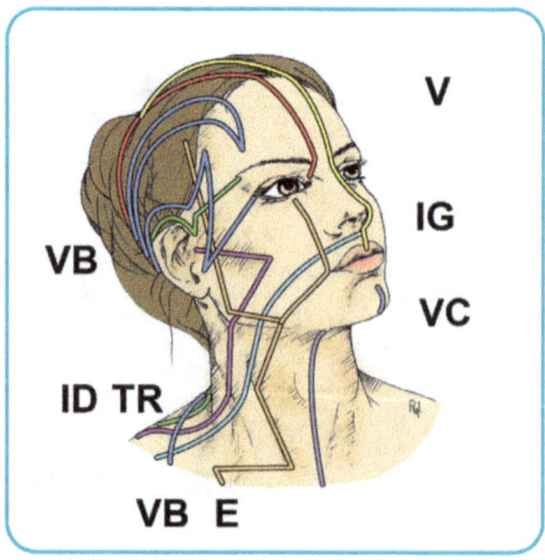

2. A TENER EN CUENTA, CABEZA Y CARA

POSTURA DEL PACIENTE: Decúbito supino. Ideal brazos estirados a lo largo del cuerpo o cruzados sobre el pecho.

POSTURA DEL TERAPEUTA: Seiza. Frente a la zona, por encima de la cabeza.

Esta postura será la misma para todas las regiones.

OBSERVACIONES: La cabeza y la cara son una de las zonas que más tensión reflejan y de forma más clara. El Shiatsu puede ayudar a aliviar dichas tensiones y hacer que el paciente recupere la expresión relajada.

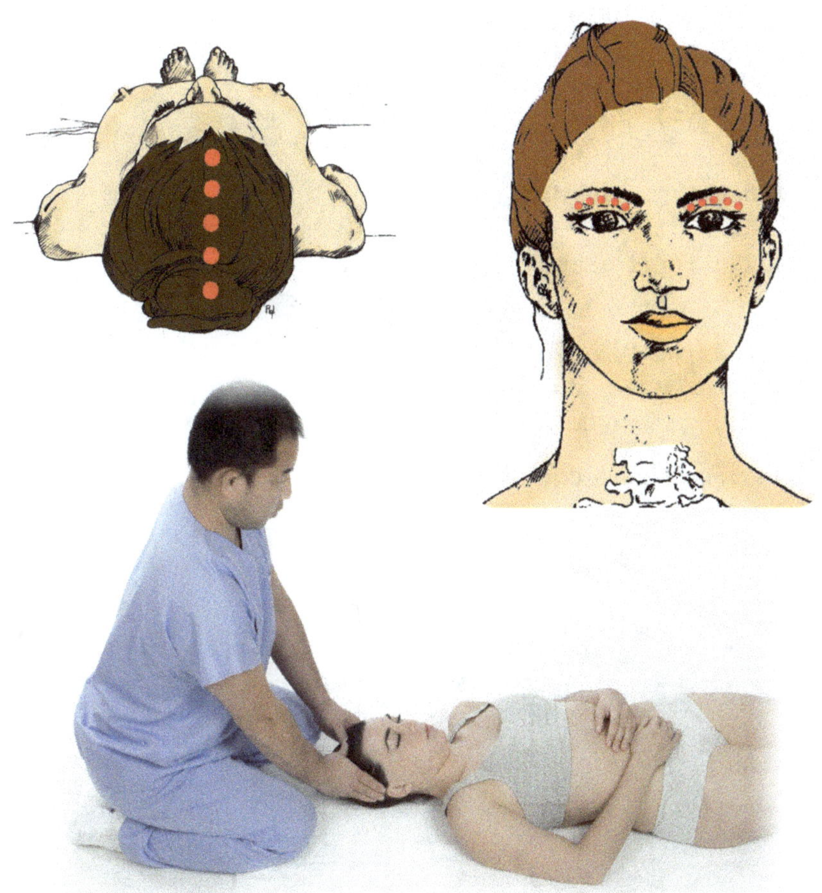

2.1. REGIÓN PARIETAL. LÍNEA CENTRAL

POSTURA DEL PACIENTE: Decúbito supino.

POSTURA DEL TERAPEUTA: Seiza.

TIPO DE PRESIÓN: Pulgar sobre pulgar (derecho debajo). El resto de los dedos sujetan la cabeza por la zona temporal.

N.º DE PUNTOS: Una línea de cinco puntos.

DIRECCIÓN DE LA LÍNEA: Desde la línea del nacimiento del cabello hacia la coronilla.

OBSERVACIONES: La presión de los dedos ha de ir acompañada de una sujeción de la cabeza con las manos; el movimiento es en abanico con los dedos medios ejerciendo de punto pivote. Sobre el tatami no es necesario llegar muy abajo para no romper la postura de equilibrio del terapeuta.

La región parietal central coincide a su vez con el paso del meridiano de VG.

Tres veces tres segundos.

2.2. REGIÓN PARIETAL. LÍNEAS LATERALES

POSTURA DEL PACIENTE: Decúbito supino.

POSTURA DEL TERAPEUTA: Seiza.

TIPO DE PRESIÓN: Con ambos pulgares recorriendo ambos parietales hacia el lateral.

N.º DE PUNTOS: Cinco líneas de cinco puntos.

DIRECCIÓN DE LA LÍNEA: Desde la línea del nacimiento del cabello hacia la coronilla. Partiendo siempre desde la línea central hacia los laterales.

Tres veces dos segundos.

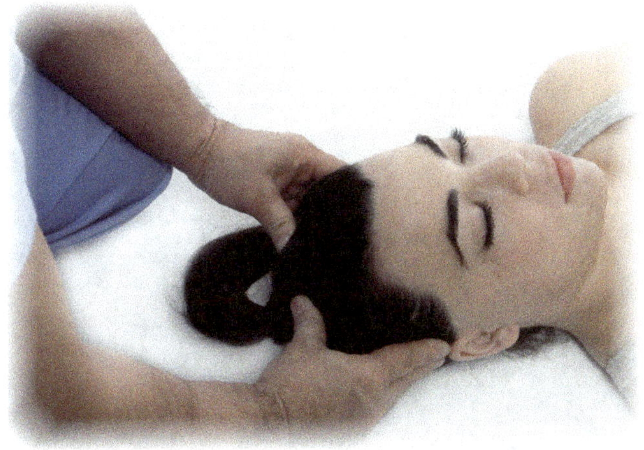

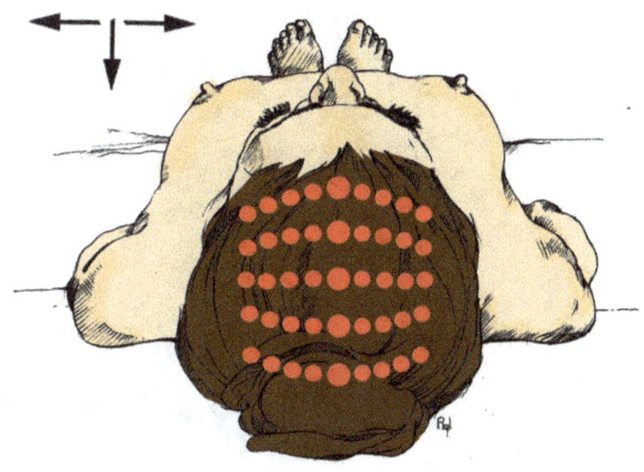

2.3. 20 VG

POSTURA DEL PACIENTE: Decúbito supino.

POSTURA DEL TERAPEUTA: Seiza.

TIPO DE PRESIÓN: Pulgar sobre pulgar (derecho debajo).

N.º DE PUNTOS: Uno.

LOCALIZACIÓN DEL PUNTO: Aproximadamente entre el tercer y cuarto punto de la región parietal, línea central. La presión se ejerce hacia los pies del paciente.

OBSERVACIONES: Si se trabaja adecuadamente, este punto 20VG (Hyakue) es muy eficaz en el tratamiento de las hemorroides y la lumbalgia aguda.

Tres veces cinco segundos.

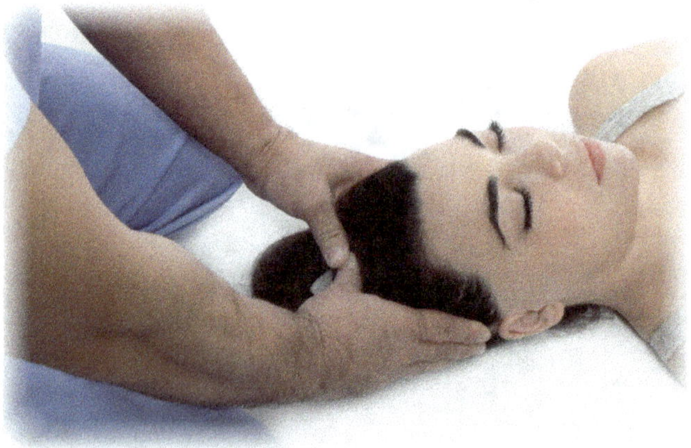

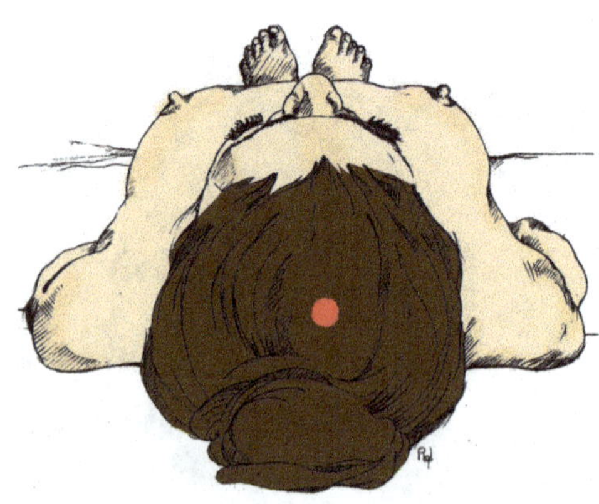

2.4. REGIÓN FRONTAL

POSTURA DEL PACIENTE: Decúbito supino.

POSTURA DEL TERAPEUTA: Seiza.

TIPO DE PRESIÓN: Pulgar sobre pulgar (derecho debajo).

N.º DE PUNTOS: Una línea de cinco puntos.

DIRECCIÓN DE LA LÍNEA: Desde el entrecejo hacia el nacimiento del cabello.

Tres veces tres segundos.

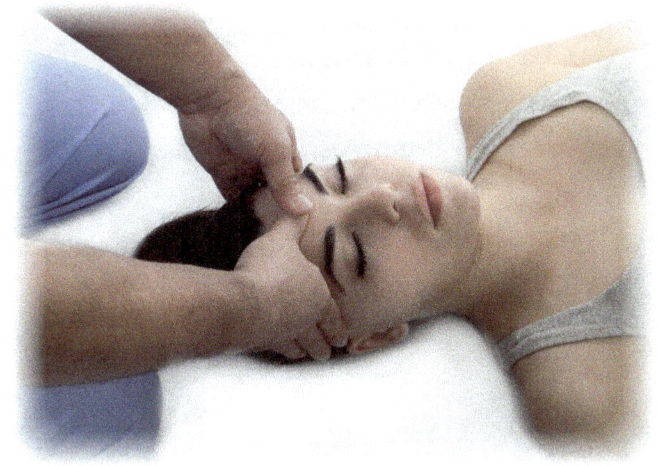

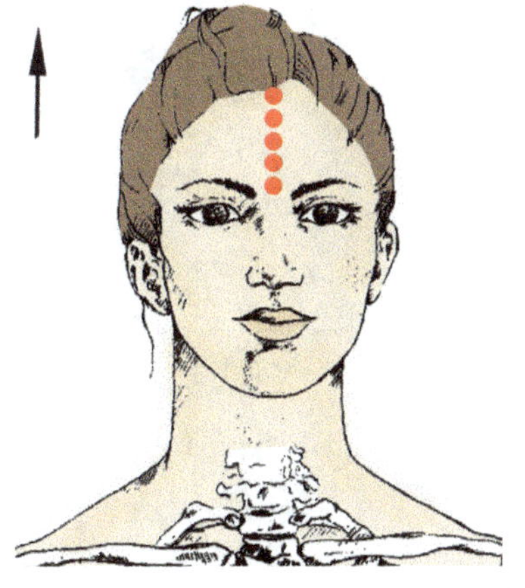

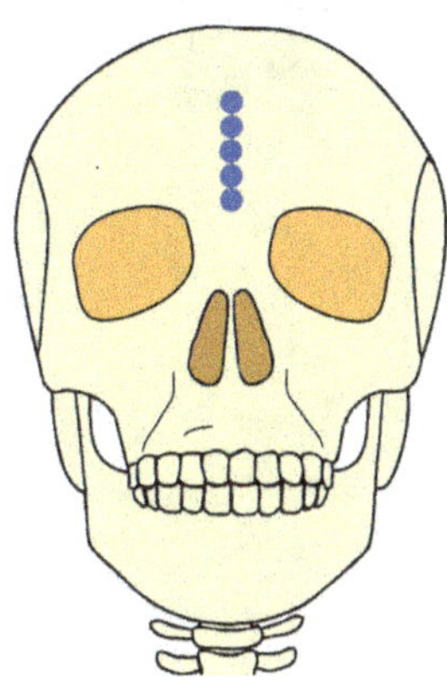

2.5. REGIÓN ORBITAL SUPERIOR

POSTURA DEL PACIENTE: Decúbito supino.

POSTURA DEL TERAPEUTA: Seiza.

TIPO DE PRESIÓN: Presión con los dedos índice, medio y anular de cada mano. El primer punto se presiona con el dedo índice

N.º DE PUNTOS: Dos líneas de cinco puntos.

DIRECCIÓN DE LA LÍNEA: Sobre el borde supraorbital desde la región nasal hacia los oídos. Cuidado de no presionar el globo ocular. La dirección de la presión será hacia el punto 20VB (Fuuchi), situado en el borde occipital.

OBSERVACIONES: El primer punto coincide con el 2V (Sanchiku) y se presiona más tiempo.

Primer punto: Tres veces cinco segundos.

Resto: Tres veces tres segundos.

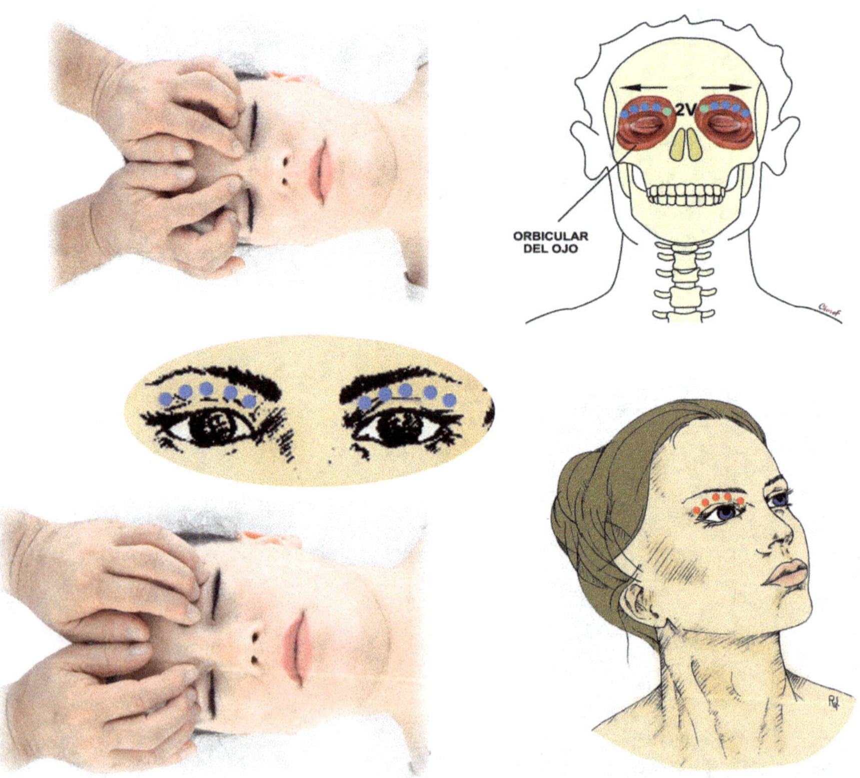

2.6. REGIÓN ORBITAL INFERIOR

POSTURA DEL PACIENTE: Decúbito supino.

POSTURA DEL TERAPEUTA: Seiza.

TIPO DE PRESIÓN: Con ambos pulgares a cada lado.

N.º DE PUNTOS: Dos líneas de cinco puntos.

DIRECCIÓN DE LA LÍNEA: Sobre el borde infraorbitario de dentro hacia fuera (desde la región nasal hacia los oídos).

OBSERVACIONES: La dirección de la presión será hacia el bulbo raquídeo. El trabajo sobre esta región alivia el cansancio de ojos y ayuda a eliminar las ojeras.

En el tercer punto se localiza el punto clave 1E (Syoukyuu).

Tres veces tres segundos.

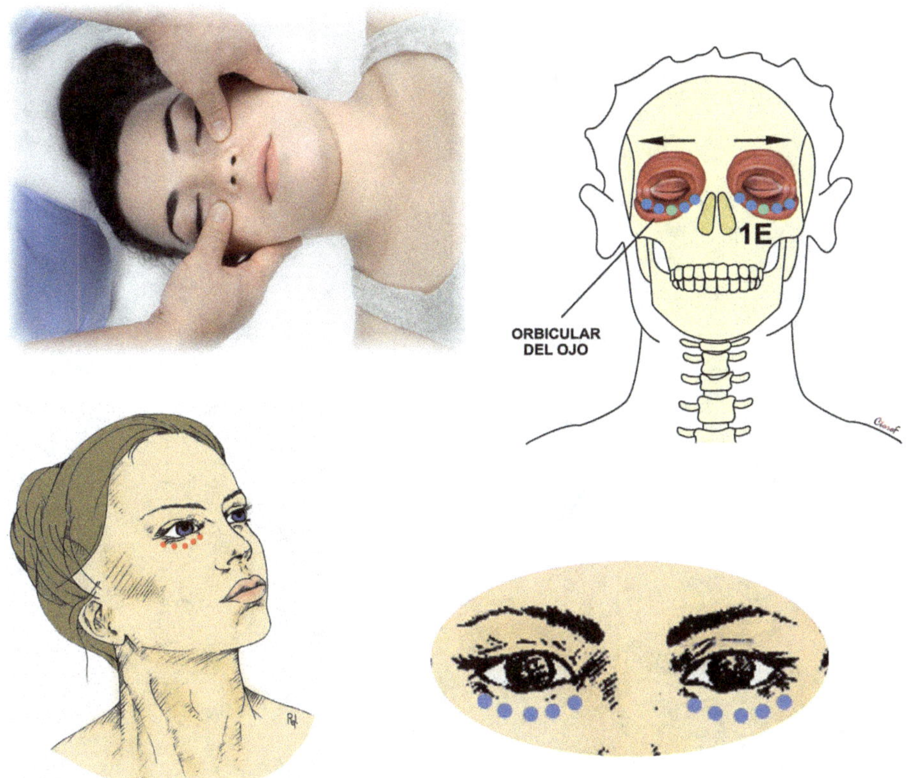

2.7. REGIÓN NASAL

POSTURA DEL PACIENTE: Decúbito supino.

POSTURA DEL TERAPEUTA: Seiza.

TIPO DE PRESIÓN: Dedo medio sobre índice de cada mano.

N.º DE PUNTOS: Dos líneas de cinco puntos.

DIRECCIÓN DE LA LÍNEA: Desde la zona inferior de la comisura de los ojos hacia el maxilar superior.

OBSERVACIONES: Para el tratamiento de sinusitis y congestión nasal se incide en el último punto (20IG, Geikou). Para el dolor de encías y muelas superiores la dirección de la presión será hacia el bulbo raquídeo.

Tres veces tres segundos.

Último punto, cinco segundos.

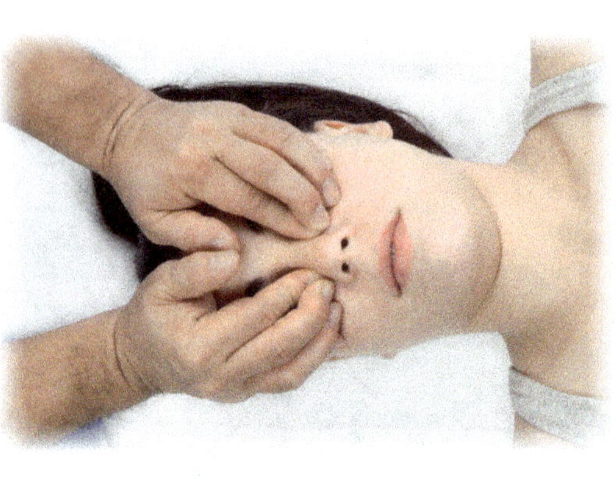
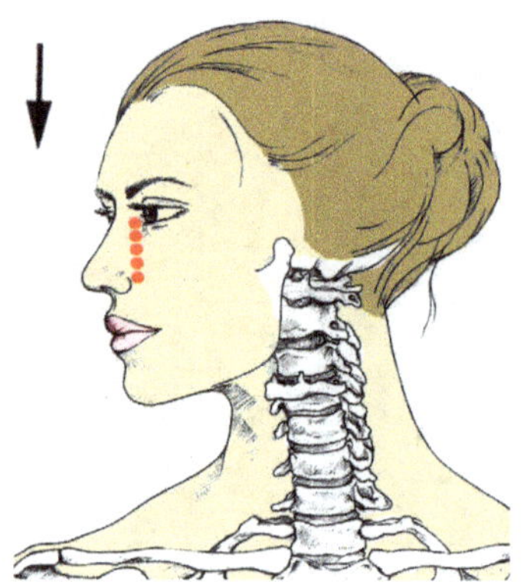

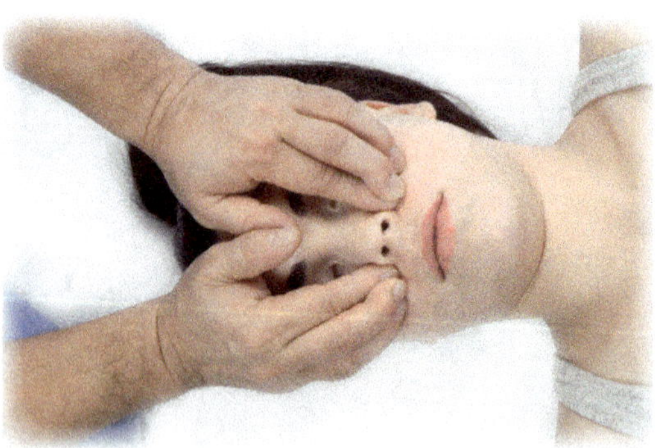
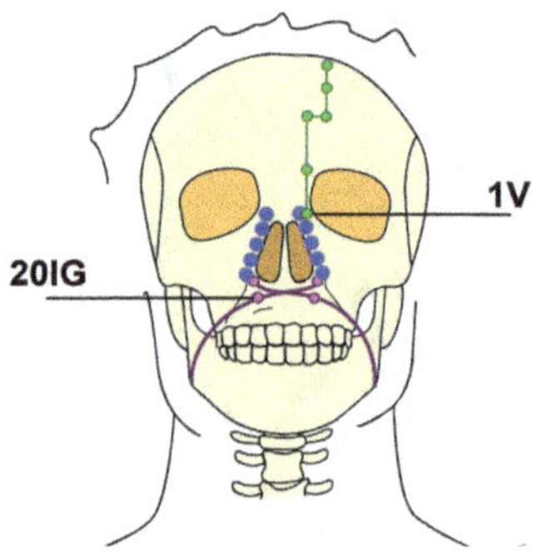

2.8. REGIÓN ZIGOMÁTICA

POSTURA DEL PACIENTE: Decúbito supino.

POSTURA DEL TERAPEUTA: Seiza.

TIPO DE PRESIÓN: Con los pulpejos de los dedos índice, medio y anular.

N.º DE PUNTOS: Tres líneas de cinco puntos a cada lado.

DIRECCIÓN DE LA LÍNEA: Presión hacia el terapeuta, desde la nariz hacia el lateral.

OBSERVACIONES: Realizar tracción en dirección hacia el Atlas (C1). Para el tratamiento de dolor de muelas superiores utilizar los puntos 1 a 3.

Para el tratamiento de la articulación temporo-mandibular y la neuralgia de trigémino, utilizar los puntos 4 y 5. En ambos casos realizar tracción en dirección hacia el Atlas (C1).

**Tres veces
tres segundos.**

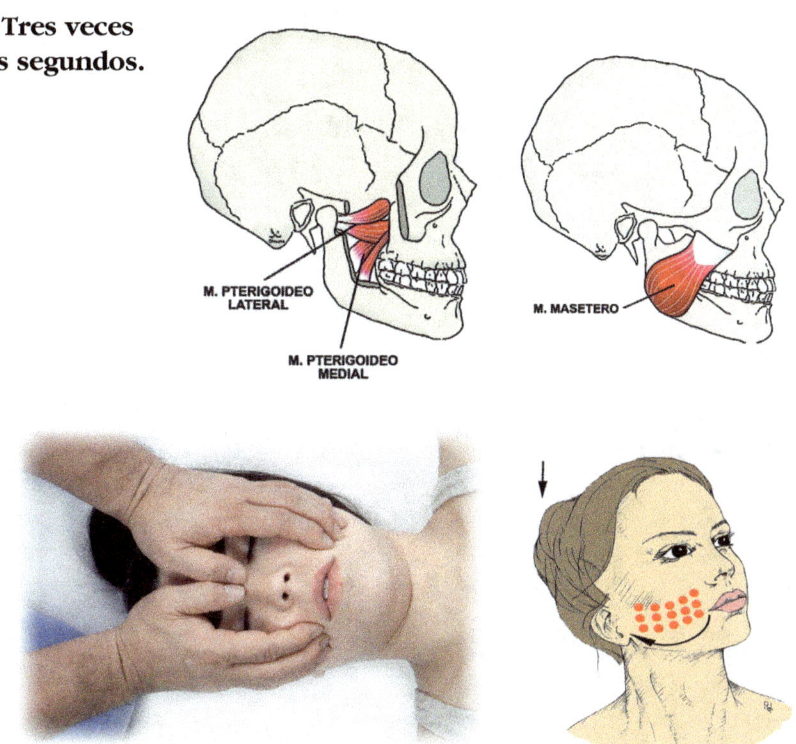

2.9. REGIÓN DEL MAXILAR SUPERIOR

POSTURA DEL PACIENTE: Decúbito supino.

POSTURA DEL TERAPEUTA: Seiza.

TIPO DE PRESIÓN: Con ambos pulgares abriendo hacia los laterales.

N.º DE PUNTOS: Dos líneas de cinco puntos.

DIRECCIÓN DE LA LÍNEA: Desde el centro del maxilar superior hacia los laterales, perpendicular a la encía superior.

OBSERVACIONES: Es una zona muy eficaz para el tratamiento de encías inflamadas.

Tres veces tres segundos.

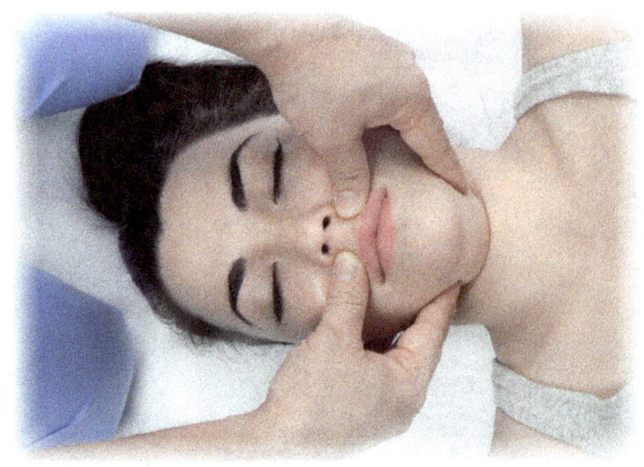

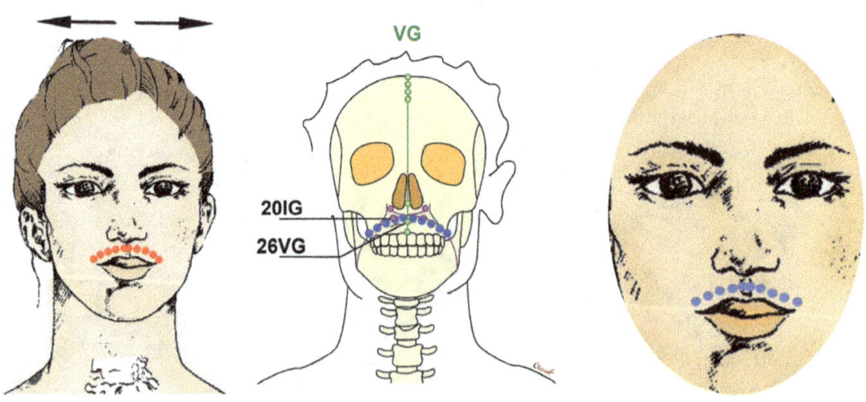

2.10. REGIÓN DEL MAXILAR INFERIOR

POSTURA DEL PACIENTE: Decúbito supino.

POSTURA DEL TERAPEUTA: Seiza.

TIPO DE PRESIÓN: Con ambos pulgares abriendo hacia los laterales.

N.º DE PUNTOS: Dos líneas de cinco puntos.

DIRECCIÓN DE LA LÍNEA: Desde el centro del maxilar inferior hacia los laterales.

OBSERVACIONES: Trabajar bien la perpendicularidad con la encía inferior. La boca no debe abrirse; la presión adecuada tiende a cerrar la boca.

Tres veces tres segundos.

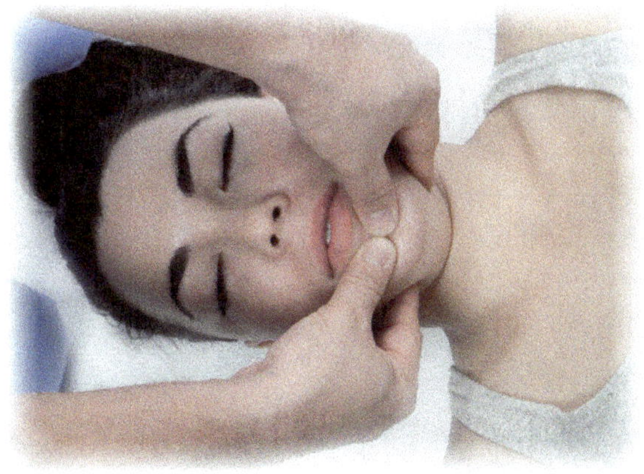

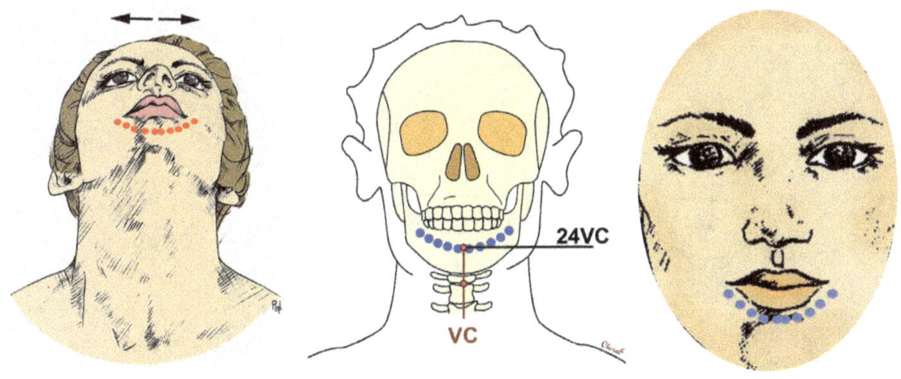

2.11. TRES PUNTOS IMPORTANTES

POSTURA DEL PACIENTE: Decúbito supino.

POSTURA DEL TERAPEUTA: Seiza.

TIPO DE PRESIÓN: Pulgar sobre pulgar (primer punto) y un solo pulgar (resto).

N.º DE PUNTOS: Tres.

     1.º: Entrecejo (Indou).
     2.º: Surco nasolabial (26VG, Suikou).
     3.º: Mentón (24VC, Syousyou).

DIRECCIÓN DE LA PRESIÓN: Primer punto: Hacia un punto entre coronilla y bulbo.

Segundo punto: Hacia el bulbo raquídeo.

Tercer punto: Hacia la unión de vértebras C7-D1.

OBSERVACIONES: El punto 1 se utiliza para el estrés mental. El punto 2, para recuperar un desvanecimiento. El punto 3, para recuperar la tensión baja y los mareos.

Mantener el pulgar en el primer punto durante el recorrido presionando ligeramente.

A destacar el punto 14VB (Youhaku), situado a 2 cun, arriba del centro de la ceja. Utilizado, para equilibrar el Sistema Nervioso Autónomo y eliminar el estrés mental.

Una vez cinco segundos.

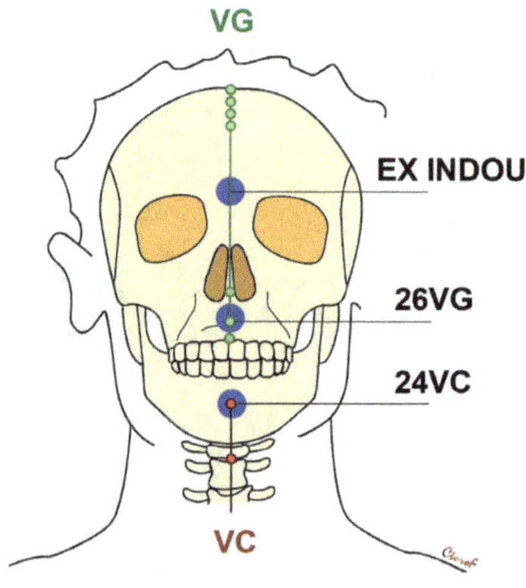

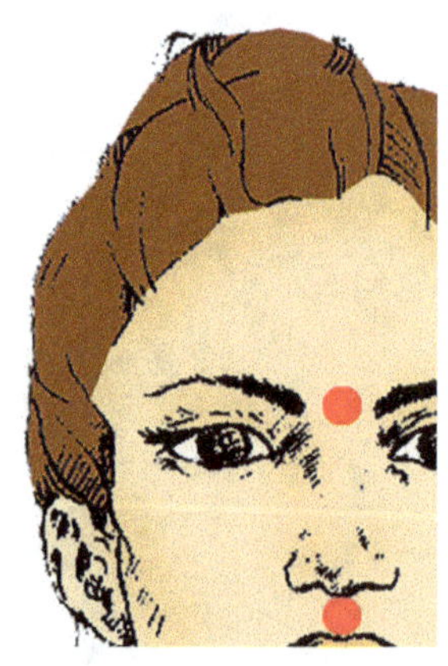

1.º Entrecejo (InDou)

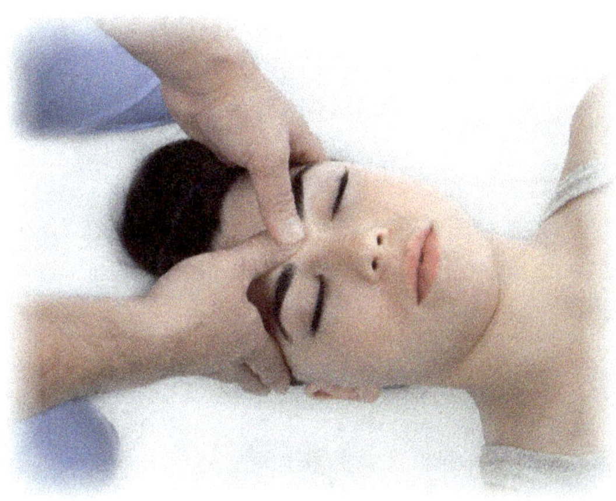

2.º Surco nasolabial (26 VG)

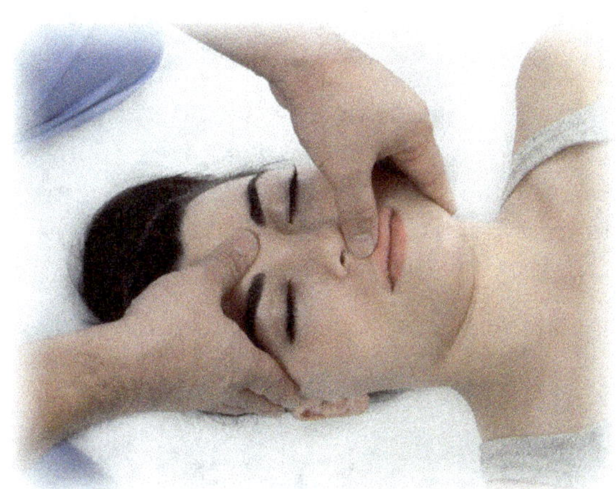

3.º Mentón (24 VC)

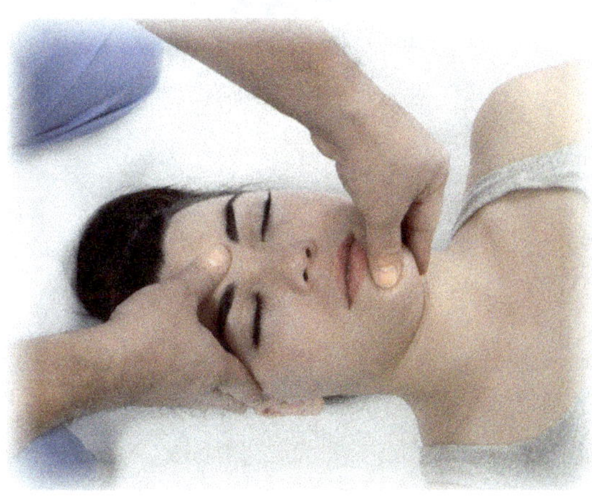

2.12. REGIÓN DE LA SIEN. UN LADO

POSTURA DEL PACIENTE: Supino, cabeza rotada.

POSTURA DEL TERAPEUTA: Seiza.

TIPO DE PRESIÓN: Un solo pulgar (izquierdo en el lado izquierdo). La otra mano sujeta la cabeza del paciente desde las regiones occipital y temporal contrarias.

N.º DE PUNTOS: Una línea de cinco puntos.

DIRECCIÓN DE LA LÍNEA: El primer punto se localiza a 1,5 cm del ángulo lateral del ojo y la línea se dirige hacia la oreja. La presión se realiza hacia el centro de la palma de la otra mano.

OBSERVACIONES: Para el tratamiento del dolor de cabeza y el estrés mental.

En el primer punto se localiza el punto clave 23TR (Shichikukuu); y en el tercero el punto clave Taiyou (Sol). Ambos puntos son adecuados en el tratamiento del dolor de cabeza temporal, para el cansancio de ojos, en dolores faciales y alteraciones nerviosas.

Primer punto, cinco segundos.

Tres veces tres segundos.

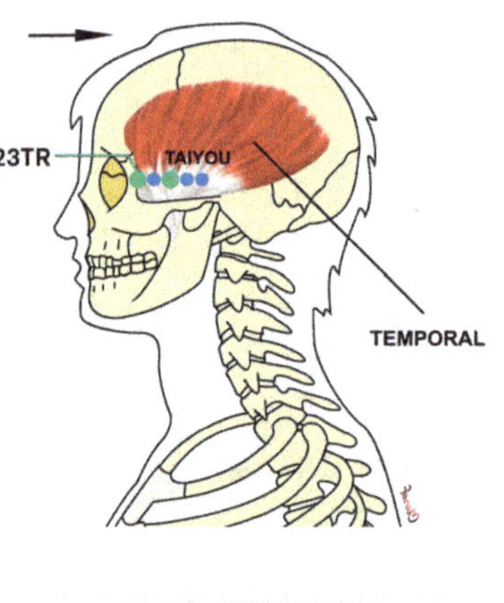

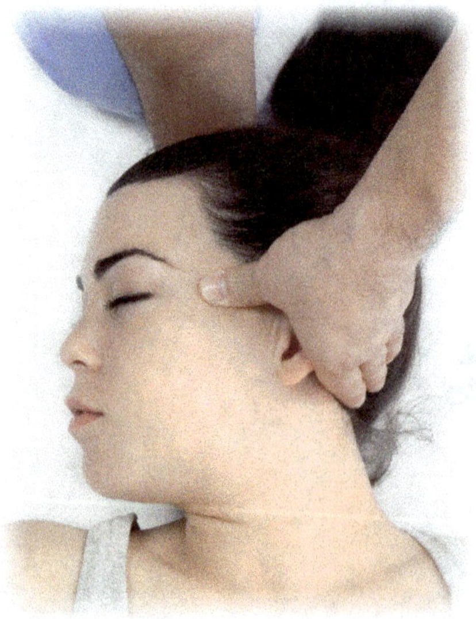

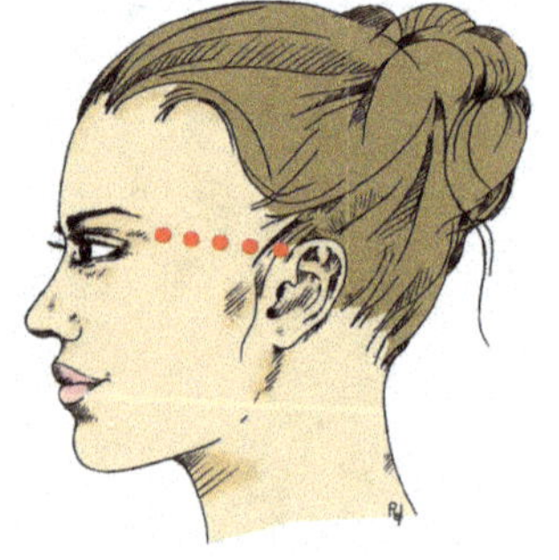

2.13. REGIÓN DE LA OREJA. UN LADO

POSTURA DEL PACIENTE: Supino, cabeza rotada.

POSTURA DEL TERAPEUTA: Seiza.

TIPO DE PRESIÓN: Un solo pulgar (izquierdo en el lado izquierdo). La otra mano sujeta la cabeza del paciente.

N.º DE PUNTOS: Una línea de cinco puntos.

DIRECCIÓN DE LA LÍNEA: Desde el lóbulo de la oreja hacia la parte superior de la misma.

OBSERVACIONES: Localizar las oquedades y zonas de molestia (puntos Aze) y trabajar con profundidad: 2.º punto 2VB (Choue), 3.er punto 19ID (Choukyuu), 4.º punto 21TR (Jimon), 5.º punto 22TR (Waryou).

Tres veces tres segundos.

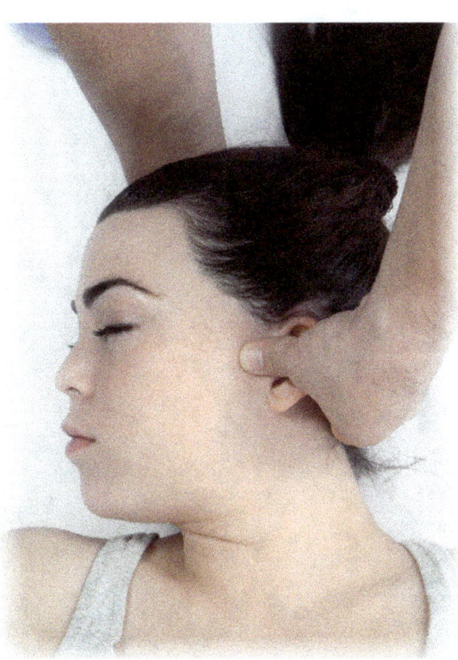

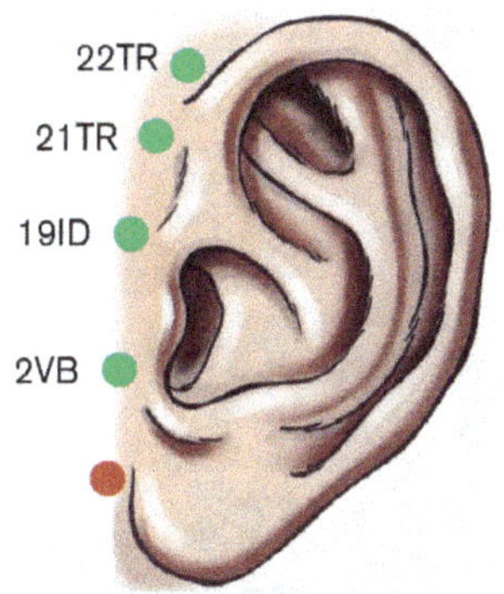

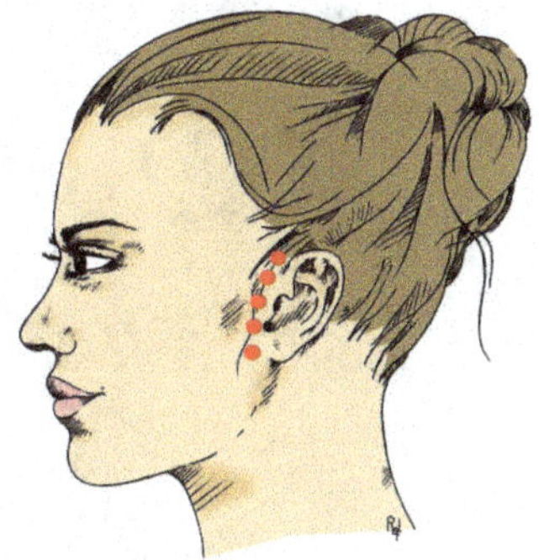

Repetir 2.12 y 2.13 por el LADO DERECHO
antes de continuar.

2.14. TAPAR LOS OJOS

POSTURA DEL PACIENTE: Supino.

POSTURA DEL TERAPEUTA: Seiza.

TIPO DE PRESIÓN: Ambas manos descansan sobre los globos oculares del paciente.

OBSERVACIONES: No sobrepasar el tiempo recomendado para este ejercicio; puede causar desvanecimiento del paciente debido al fenómeno de Aschner. La presión suave y persistente aplicada sobre los globos oculares estimula las terminaciones del nervio trigémino, localizado detrás de ellos. Éste, a su vez, mediante un efecto reflejo sobre el cuerpo central del nervio vago provoca una respuesta vasovagal que conlleva una reducción del pulso y un descenso de la presión sanguínea.

Una vez diez segundos.

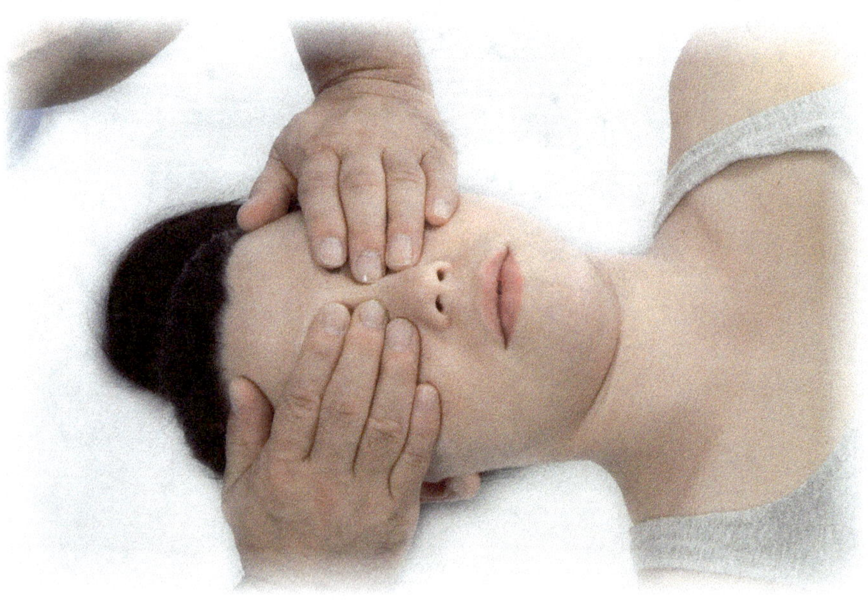

2.15. TAPAR LA CARA

POSTURA DEL PACIENTE: Supino.

POSTURA DEL TERAPEUTA: Seiza.

TIPO DE PRESIÓN: Ambas manos descansan ligeramente sobre la cara del paciente.

Transcurridos diez segundos, se alejan del rostro y se mantiene la postura el mismo tiempo.

Una vez veinte segundos.

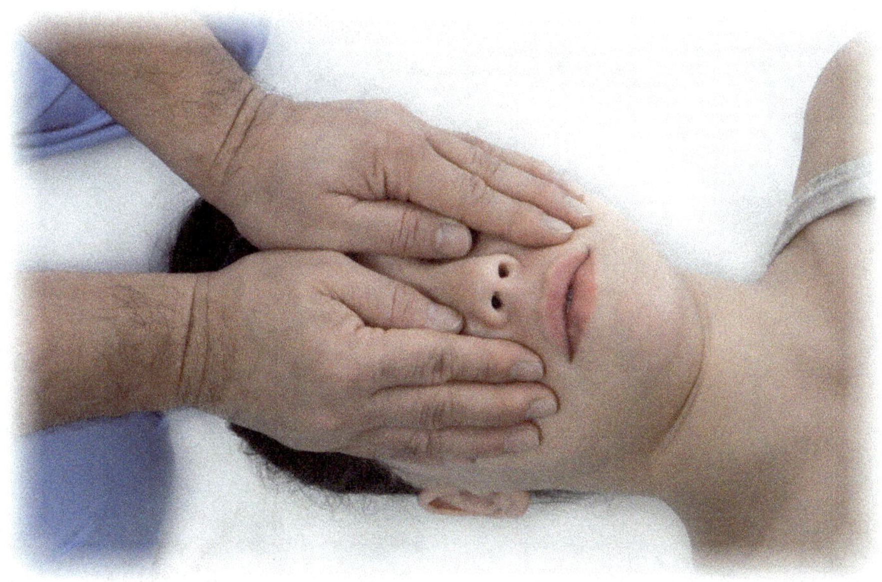

3. Cuello

3.1. Región apófisis espinosas. Tracción.
3.2. Región cervical posterior. Un lado.
3.3. Región cervical lateral. Un lado.
3.4. Región cervical anterior. 1.ª línea.
3.5. Región cervical anterior. 2.ª línea.
3.6. Región occipital. Un lado.
3.7. Región bulbo raquídeo. Tracción.
3.8. Región base del cuello.
3.9. Región supraescapular. Línea.
3.10. Región supraescapular. Punto.

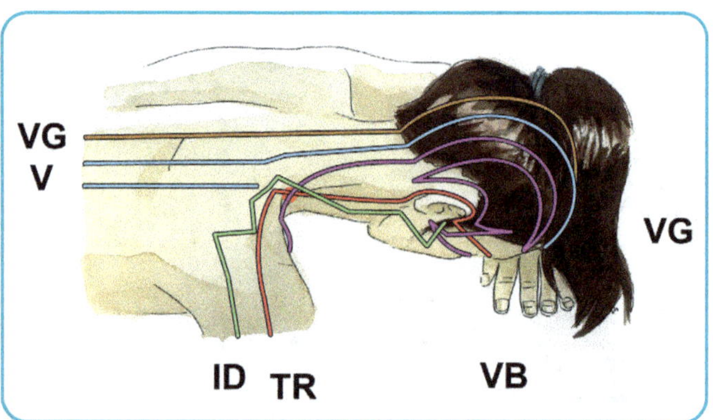

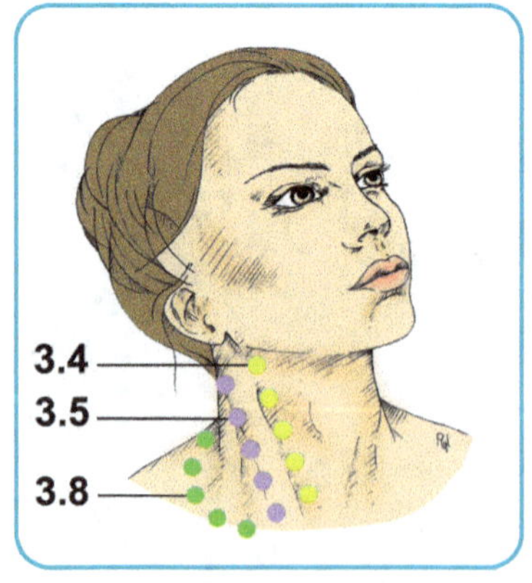

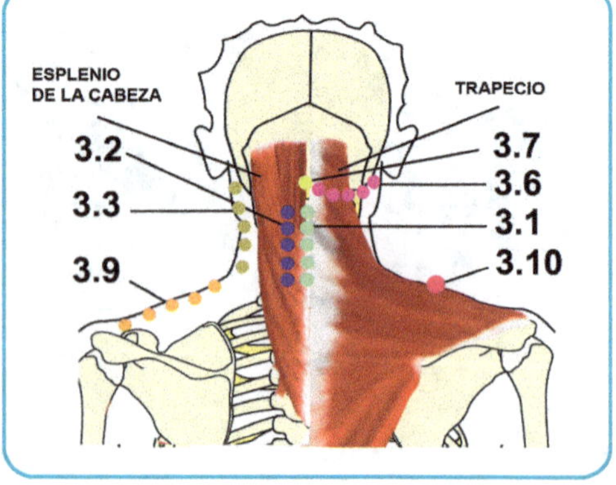

3.1. REGIÓN APÓFISIS ESPINOSAS. TRACCIÓN

POSTURA DEL PACIENTE: Supino.

POSTURA DEL TERAPEUTA: Seiza.

TIPO DE PRESIÓN: Ambas manos realizan la presión sobre las apófisis espinosas al tiempo que ejercen un movimiento de tracción hacia el terapeuta. Se concentra la presión en el tercer dedo.

N.º DE PUNTOS: Una línea de cinco puntos.

DIRECCIÓN DE LA LÍNEA: Entre las apófisis espinosas, desde C7-D1 hasta el bulbo raquídeo.

OBSERVACIONES: El quinto punto (Bulbo raquídeo) se corresponde con el punto clave 16VG (Fuufu).

Tres veces tres segundos.

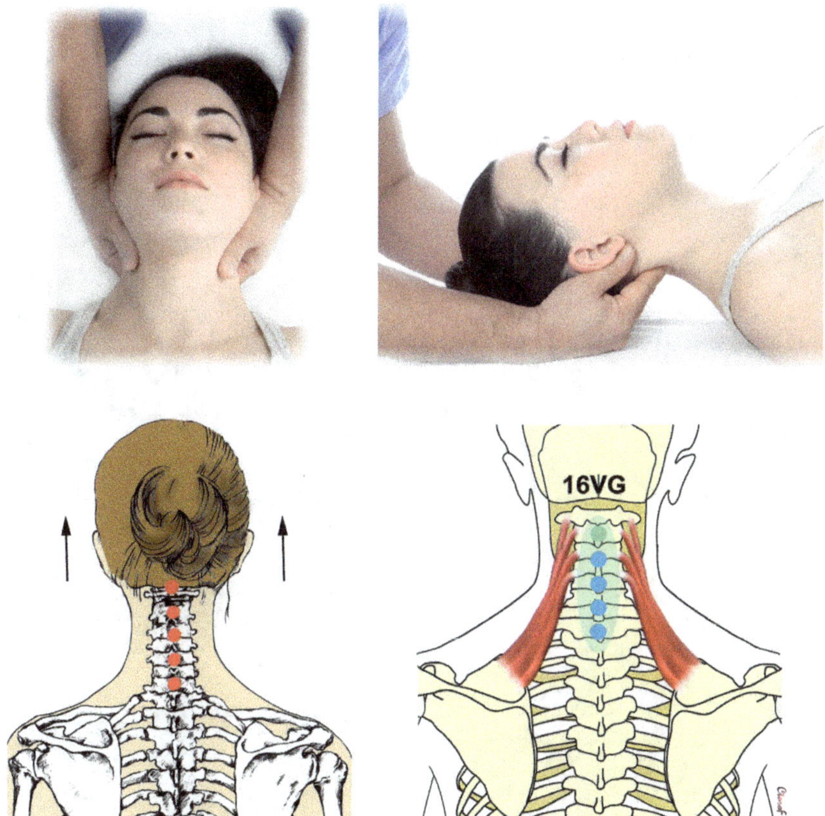

3.2. REGIÓN CERVICAL POSTERIOR. UN LADO

POSTURA DEL PACIENTE: Supino, rotación de cuello.

POSTURA DEL TERAPEUTA: Seiza.

TIPO DE PRESIÓN: Pulpejos del segundo, tercer y cuarto dedos (mano izquierda en el lado izquierdo). La otra mano sujeta la cabeza del paciente.

N.º DE PUNTOS: Una línea de cinco puntos.

DIRECCIÓN DE LA LÍNEA: Sobre la musculatura paravertebral cervical. Desde C7-D1 hasta el borde occipital.

OBSERVACIONES: El quinto punto 10V (Tenchuu) localizado a un dedo fuera del bulbo raquídeo coincide con el primer punto de la línea cervical posterior.

El primer punto de la línea está situado entre C7-D1 y al igual que el resto de la línea sobre las láminas de las vertebras.

Otra variante para la región cervical posterior está situada sobre el elevador de la escápula.

Tres veces tres segundos.

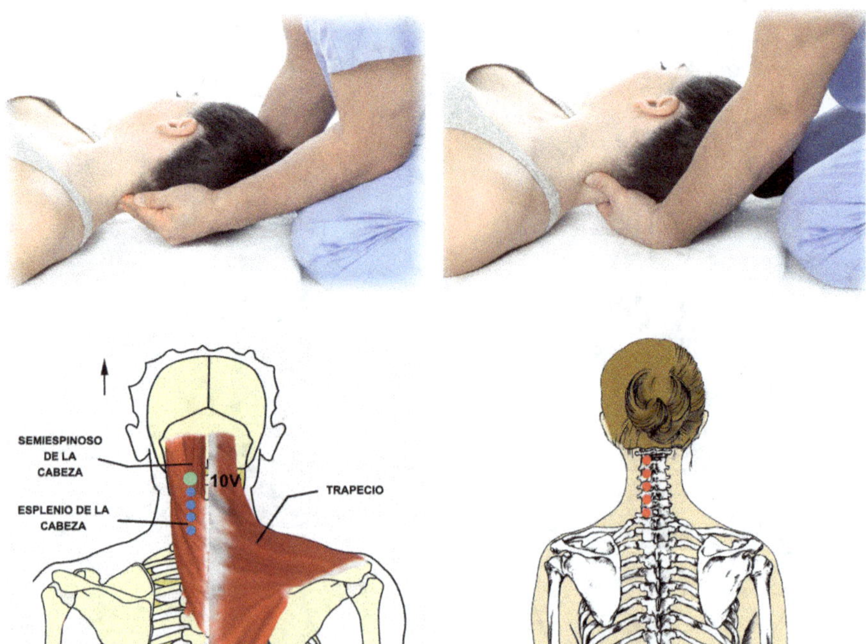

194

3.3. REGIÓN CERVICAL LATERAL. UN LADO

POSTURA DEL PACIENTE: Supino, rotación de cuello.

POSTURA DEL TERAPEUTA: Seiza.

TIPO DE PRESIÓN: Pulpejos del segundo, tercer y cuarto dedos (mano izquierda en el lado izquierdo). La otra mano sujeta la cabeza del paciente.

N.º DE PUNTOS: Una línea de cinco puntos.

DIRECCIÓN DE LA LÍNEA: A lo largo de la musculatura lateral del cuello. Desde la base del cuello hasta el proceso mastoideo. Se dirige la presión hacia el centro del cuello.

OBSERVACIONES: El primer punto coincide con el tercer punto de la base del cuello. El último punto 12VB (Kankotsu) se sitúa en la depresión posteroinferior de la apófisis mastoides (inserción del músculo esternocleidomastoideo). La zona entre el cuarto y el quinto punto ayuda a equilibrar el Sistema Nervioso Autónomo (insomnio y otros trastornos del sueño) y la prevención de la arterioesclerosis. Cuando se considere necesario, se puede presionar con el pulgar como se muestra en la imagen.

Tres veces tres segundos.

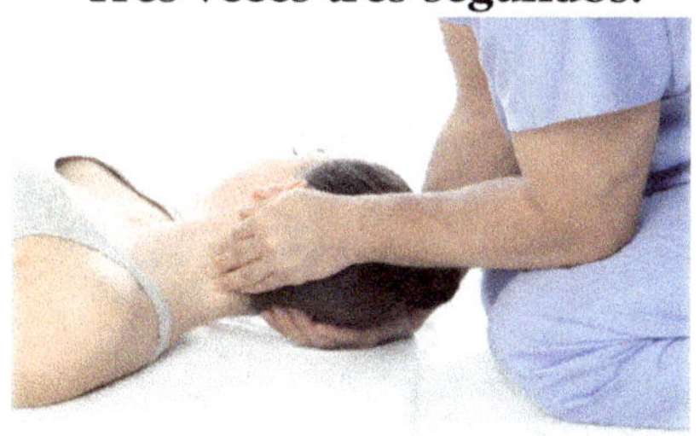

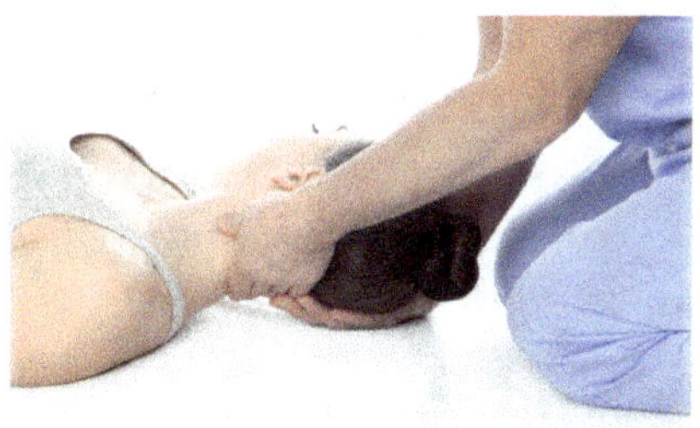

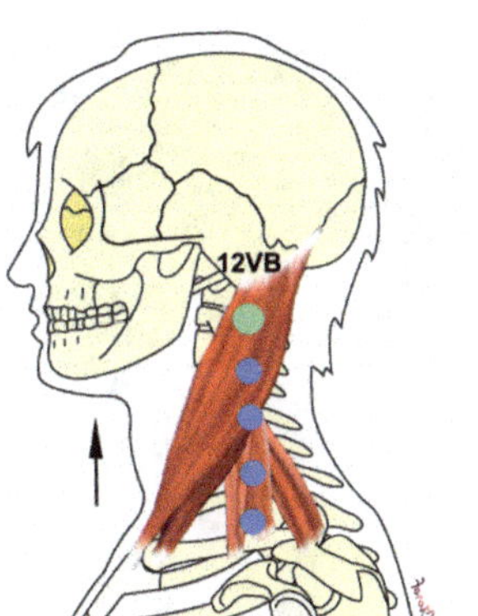

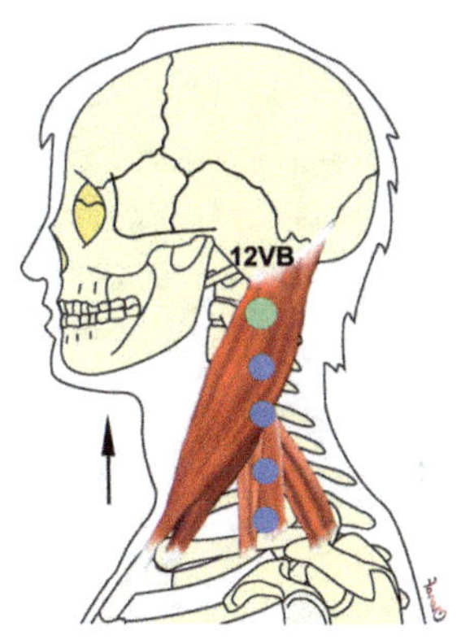

3.4. REGIÓN CERVICAL ANTERIOR. PRIMERA LÍNEA

POSTURA DEL PACIENTE: Supino, rotación de cuello de 45° aproximadamente.

POSTURA DEL TERAPEUTA: Seiza.

TIPO DE PRESIÓN: Un pulgar (izquierdo en el lado izquierdo). La otra mano sujeta la cabeza. La presión se hace con toda la almohadilla del pulgar, el resto de los dedos rodea el cuello.

N.º DE PUNTOS: Una línea de cinco puntos.

DIRECCIÓN DE LA LÍNEA: A lo largo del borde anterior del músculo esternocleidomastoideo. Desde los vientres musculares del músculo, hasta la apófisis mastoidea del hueso temporal. La dirección de la presión se dirige hacia las apófisis espinosas cervicales.

OBSERVACIONES: El tercer punto se corresponde con el punto clave 9E (Jingei) dentro de la zona del triángulo carotídeo, donde perfectamente se puede tocar el pulso (seno carotídeo).

Trabajar con precaución. La presión en la zona puede provocar una bajada de tensión (reflejos del seno carotídeo), al trabajar sobre el nervio vago equilibramos el sistema nervioso autónomo.

Tres veces tres segundos.

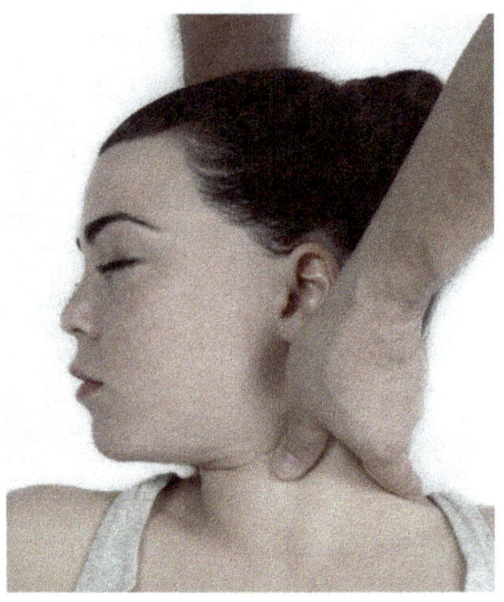

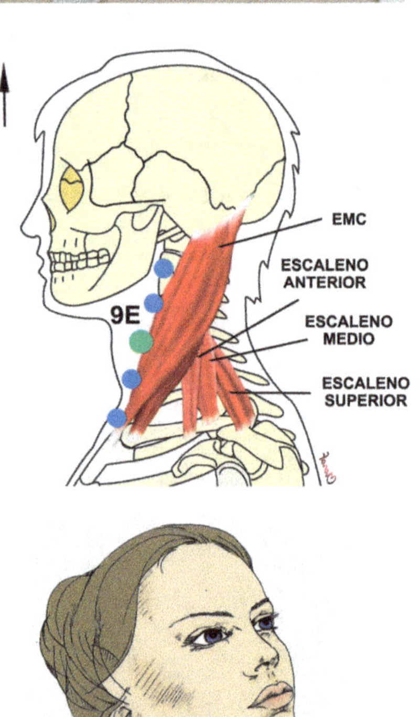

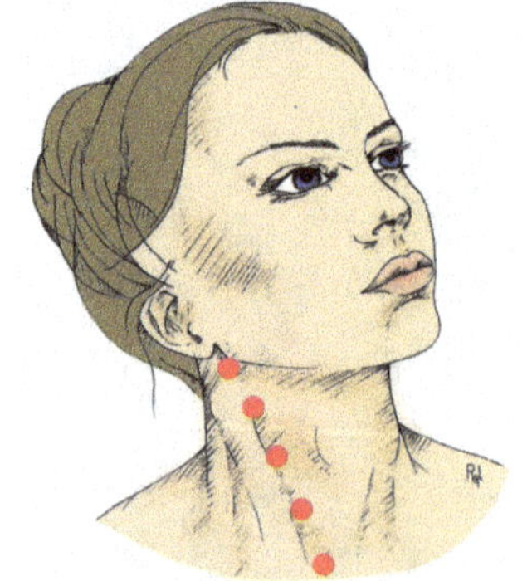

3.5. REGIÓN CERVICAL ANTERIOR. SEGUNDA LÍNEA

POSTURA DEL PACIENTE: Supino, rotación de cuello de 45°, aproximadamente.

POSTURA DEL TERAPEUTA: Seiza.

TIPO DE PRESIÓN: Un pulgar (izquierdo en el lado izquierdo). La otra mano sujeta la cabeza. La presión se hace con toda la almohadilla del pulgar, el resto de los dedos rodea el cuello.

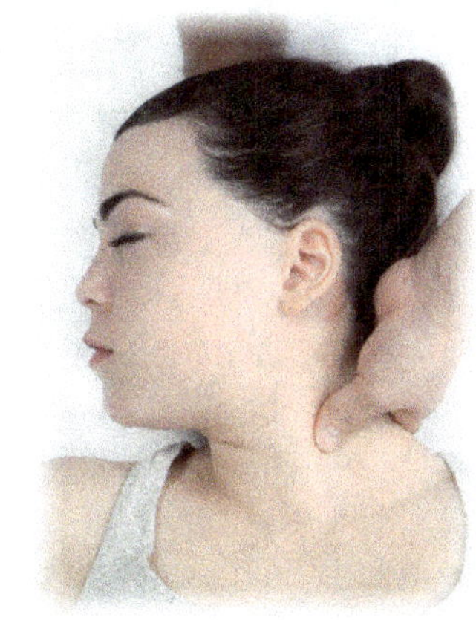

N.º DE PUNTOS: Una línea de cinco puntos.

DIRECCIÓN DE LA LÍNEA: A lo largo del borde posterior del músculo esternocleidomastoideo hasta la apófisis mastoidea del hueso temporal. El último punto coincide a su vez con el último punto de la línea occipital 12VB (kankotsu).

La dirección de la presión se dirigirá hacia las apófisis espinosas cervicales. (3.er y 4.º punto en dirección hacia la tráquea).

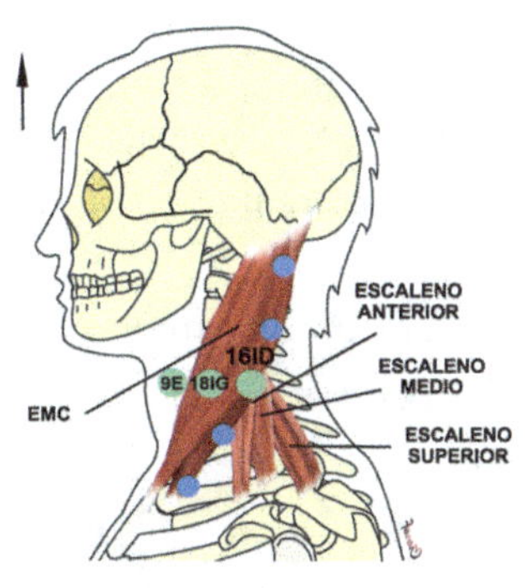

OBSERVACIONES: La primera línea de cervical anterior está indicada para tratar la parte anterior del cuerpo; digestión, corazón (emoción, función) y respiratorio.

La segunda línea se usa para el dolor y las contracturas en hombro y espalda.

El primer y segundo punto son fundamentales para el tratamiento del dolor físico.

El tercer punto coincide con el punto clave 16ID (Tensou). En la misma línea se localizan el 18IG (Futotsu, en el vientre muscular del esternocleidomastoideo) y el 9E (Jingei, en el borde anterior del mismo músculo).

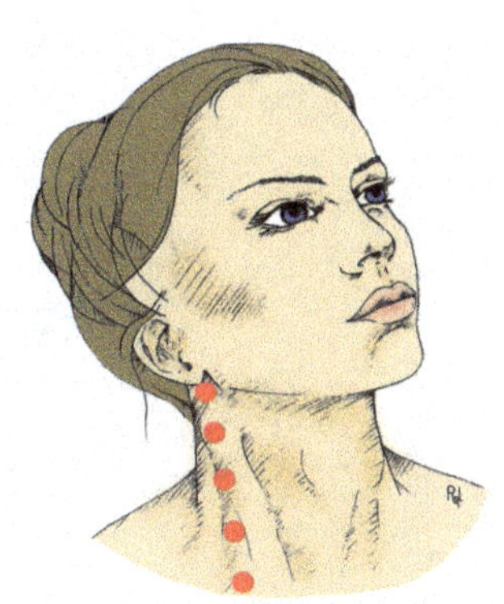

Tres veces tres segundos.

3.6. REGIÓN OCCIPITAL. UN LADO

POSTURA DEL PACIENTE: Supino, rotación de cuello.

POSTURA DEL TERAPEUTA: Seiza.

TIPO DE PRESIÓN: Pulpejos del segundo, tercer y cuarto dedos (mano izquierda en el lado izquierdo). La otra mano sujeta la cabeza del paciente.

N.º DE PUNTOS: Una línea de cinco puntos.

DIRECCIÓN DE LA LÍNEA: Por el borde occipital, desde la tuberosidad mastoidea hacia el bulbo raquídeo. La dirección de la presión será hacia el entrecejo.

OBSERVACIONES: Cuando se considere necesario, se puede presionar con el pulgar como se muestra en la imagen.

En la misma región podemos destacar tres puntos claves fundamentales para evitar menken y controlar el dolor físico de la parte posterior del cuerpo. Para diagnosticar el estado del cuerpo nos basamos en tres puntos de la zona occipital: 10V (Tenchuu), 12VB (Kankotsu), 20VB (Fuuchi), que combinamos con el punto 20VG (Hyakue), para un perfecto tratamiento.

Para un tratamiento de la zona más completo, trabajamos tres líneas.

Tres veces tres segundos.

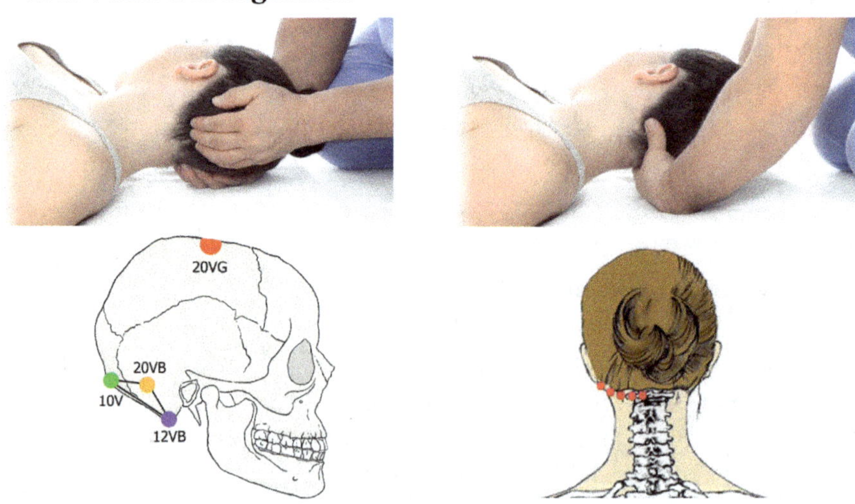

Repetir de 3.2 a 3.6 por el LADO DERECHO
antes de continuar.

3.7. REGIÓN BULBO RAQUÍDEO. TRACCIÓN

POSTURA DEL PACIENTE: Supino.

POSTURA DEL TERAPEUTA: Seiza.

TIPO DE PRESIÓN: El tercer dedo de ambas manos se apoya en el bulbo raquídeo. Elevar el cráneo ligeramente y ejercer la tracción hacia el terapeuta.

N.º DE PUNTOS: Uno.

OBSERVACIONES: Si el trabajo es correcto, la barbilla del paciente se eleva siguiendo el movimiento de extensión cervical. Este punto se corresponde con el punto clave 16VG (Fuufu).

Al realizar la tracción del cuello, todas las articulaciones tienen que estar conectadas y como prueba de ello, podemos ver cómo el empeine del pie realiza la flexión y extensión correspondiente.

Tres veces cinco segundos.

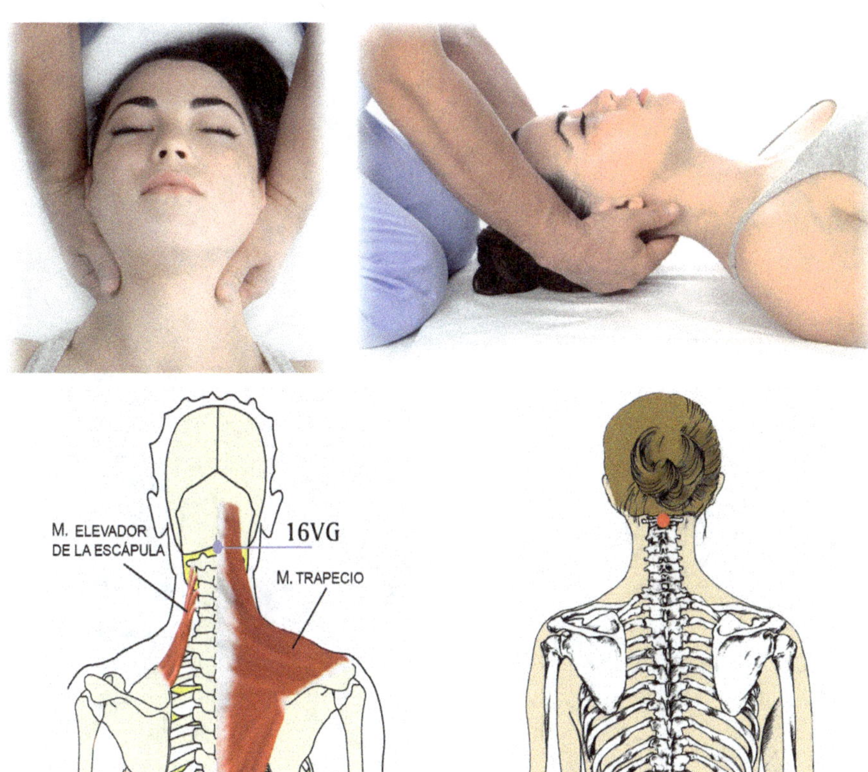

3.8. REGIÓN BASE DEL CUELLO

POSTURA DEL PACIENTE: Supino, rotación de cuello.

POSTURA DEL TERAPEUTA: Seiza.

TIPO DE PRESIÓN: Un pulgar (izquierdo en el lado izquierdo). La otra mano sujeta la cabeza del paciente.

N.º DE PUNTOS: Una línea de cinco puntos.

DIRECCIÓN DE LA LÍNEA: Desde el borde exterior del elevador de la escápula hacia el tercio medio de la clavícula (ECM, cabeza clavicular).

OBSERVACIONES: Al trabajar, estirar bien la zona para un mejor acceso a la misma, realizando rotación y lateralización de cuello.

El tercer punto es común al último punto de la región cervical lateral y al primer punto de la región supraescapular.

Tres veces tres segundos.

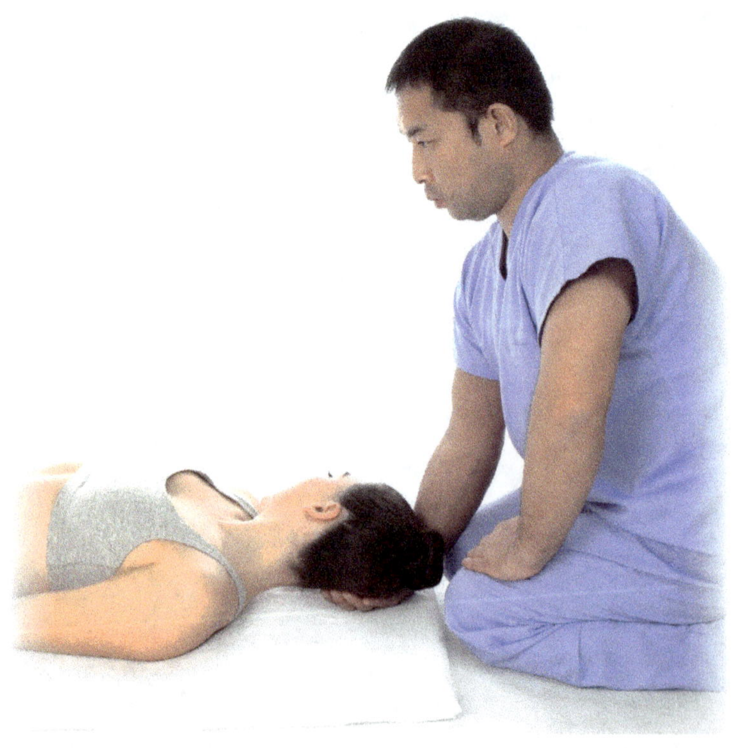

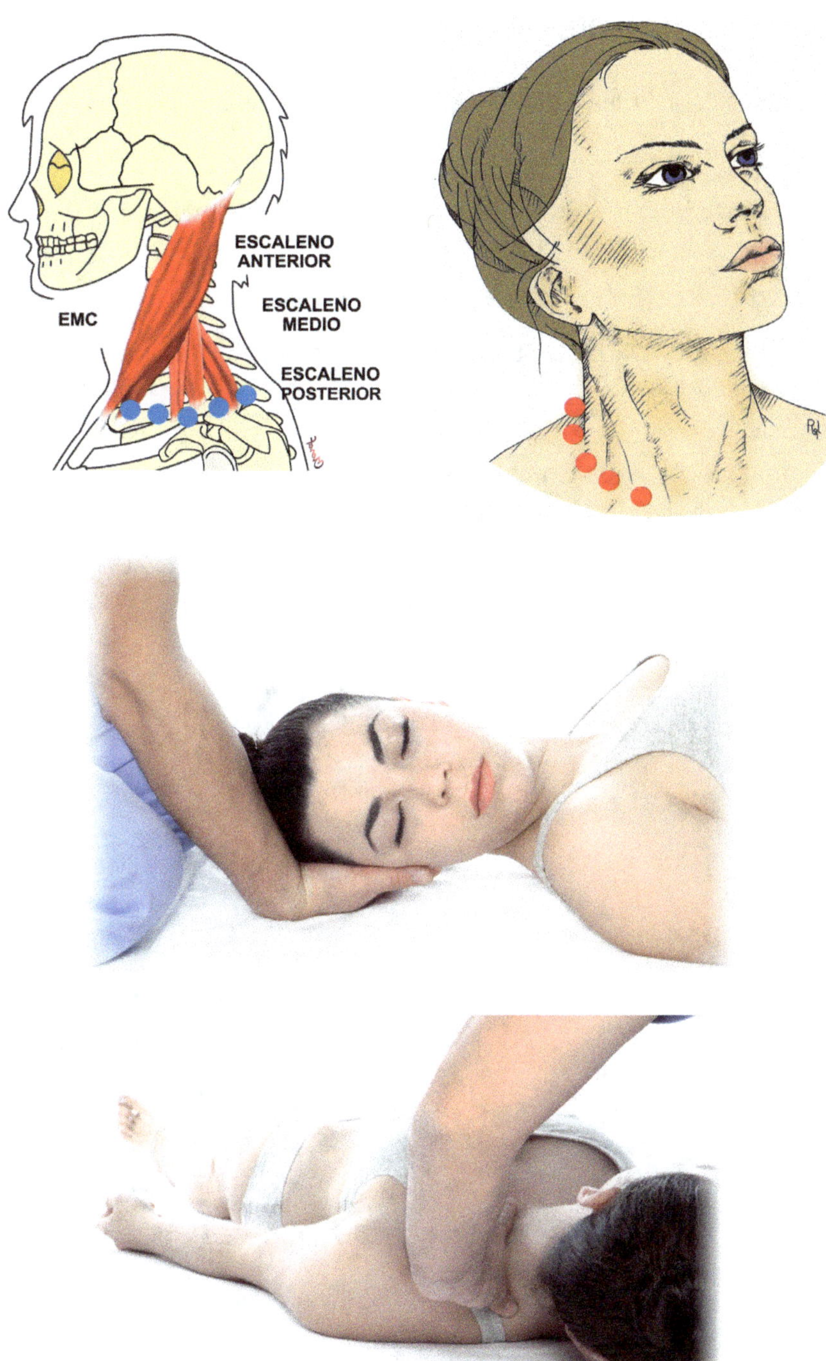

EMC
ESCALENO
ANTERIOR
ESCALENO
MEDIO
ESCALENO
POSTERIOR

3.9. REGIÓN SUPRAESCAPULAR. LÍNEA

POSTURA DEL PACIENTE: Supino, rotación de cuello.

POSTURA DEL TERAPEUTA: Seiza.

TIPO DE PRESIÓN: Un pulgar (izquierdo en el lado izquierdo). La otra mano sujeta la cabeza del paciente.

N.º DE PUNTOS: Una línea de cinco puntos.

DIRECCIÓN DE LA LÍNEA: Desde la base del cuello (quinto punto de la zona cervical lateral) hacia el acromion, sobre el borde superior del trapecio.

OBSERVACIONES: Como en el caso anterior, mantener la rotación y lateralización del cuello para un mejor acceso a la zona.

El segundo punto se corresponde con el punto clave 21VB (Kensei). Otro modo de localizarlo es hallar el punto medio entre el acromion y la apófisis espinosa de la séptima vértebra cervical.

Tres veces tres segundos.

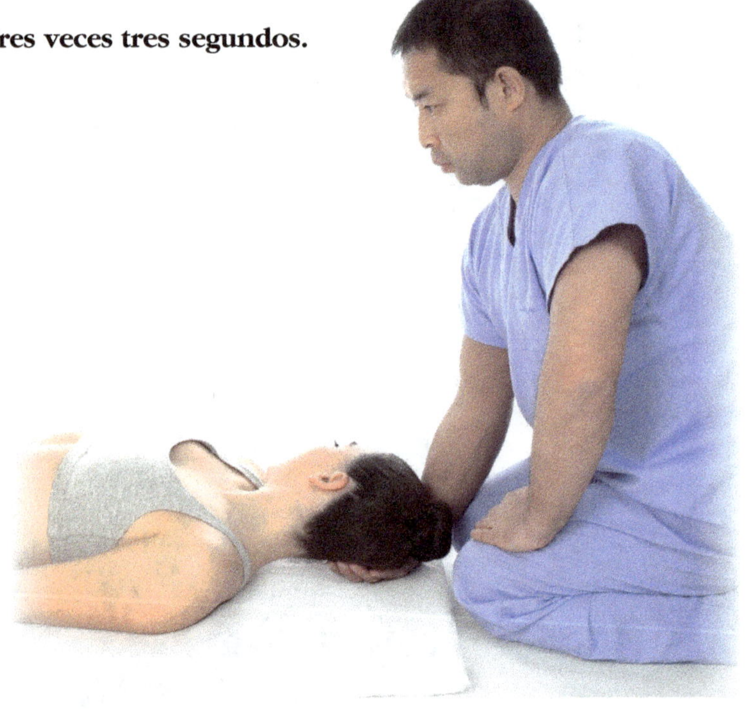

TRAPECIO
21VB
SEMIESPINOSO
DE LA CABEZA
ESPLENIO DE LA
CABEZA

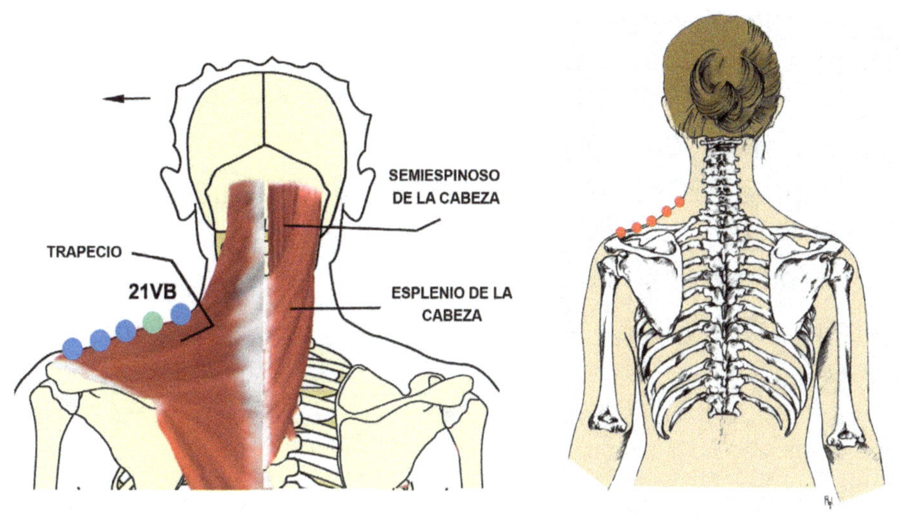

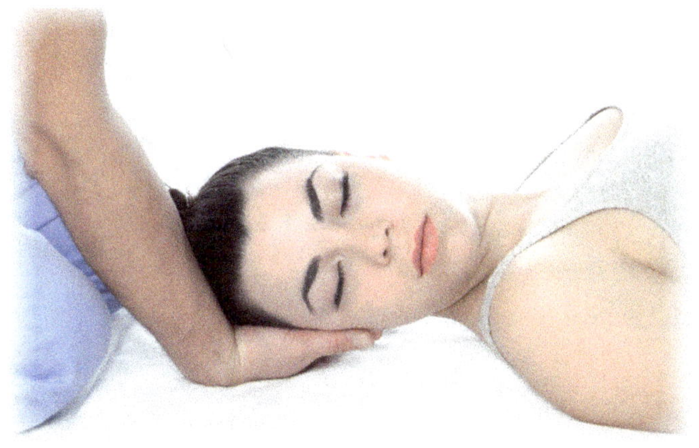

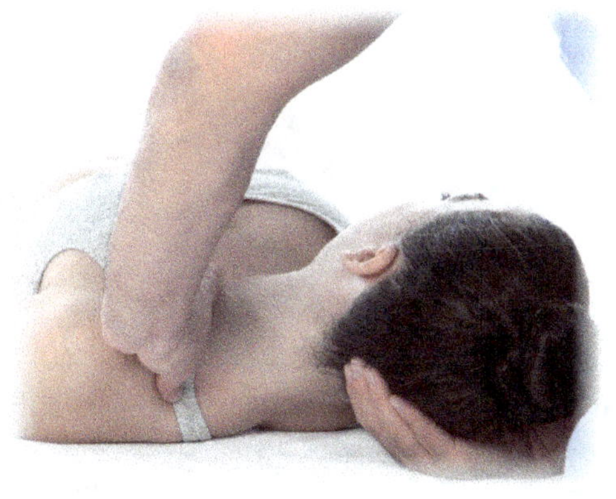

203

3.10. REGIÓN SUPRAESCAPULAR. PUNTO

POSTURA DEL PACIENTE: Supino, rotación de cuello.

POSTURA DEL TERAPEUTA: Seiza.

TIPO DE PRESIÓN: Un pulgar (izquierdo en el lado izquierdo). La otra mano sujeta la cabeza del paciente.

N.º DE PUNTOS: Uno.

DIRECCIÓN DE LA PRESIÓN: Hacia la línea central del cuerpo a la altura de D7.

OBSERVACIONES: Mantener la rotación y lateralización del cuello para un mejor acceso a la zona.

Este punto coincide con el segundo punto de la región supraescapular (línea) y se corresponde con el punto clave 21VB (Kensei).

Según la Medicina Tradicional China el 21VB (Kensei) se desaconseja para el embarazo, por el contrario con Shiatsu podemos trabajar de manera perpendicular, lenta y sin arrastre utilizando el pulpejo del dedo y el balanceamiento del cuerpo.

Tres veces cinco segundos.

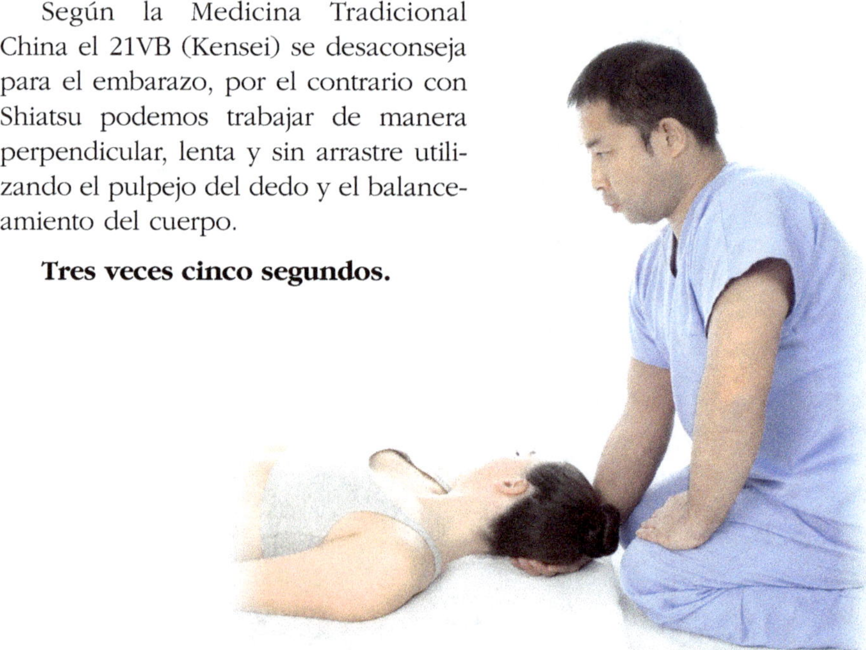

Repetir de 3.8 a 3.10 por el LADO DERECHO
antes de continuar.

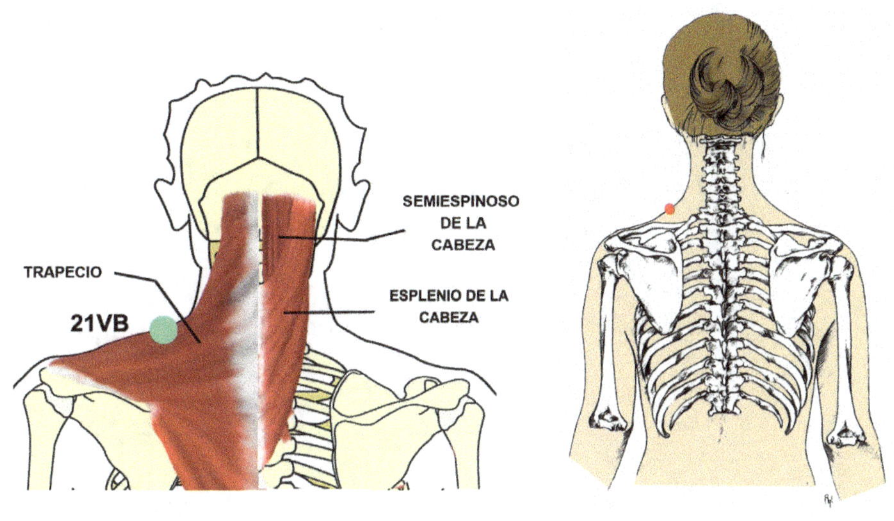

TRAPECIO
21VB
SEMIESPINOSO
DE LA
CABEZA
ESPLENIO DE LA
CABEZA

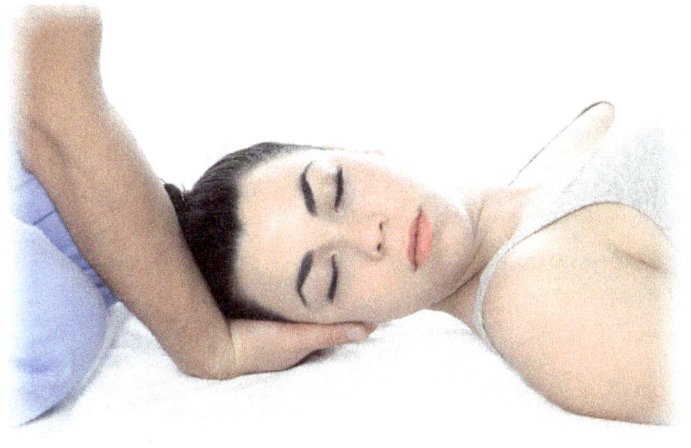

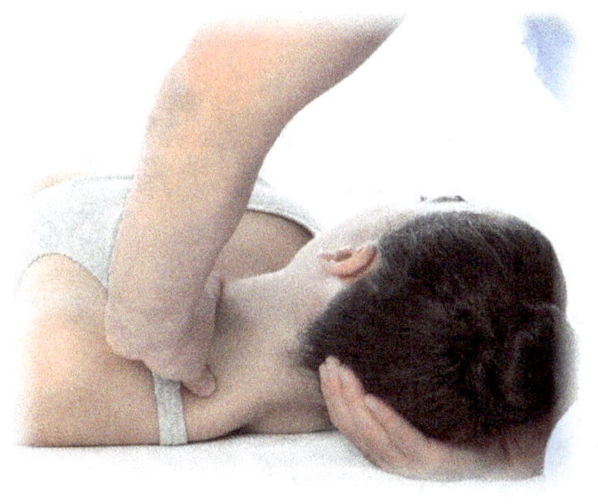

4. El tórax

4.1. Región del esternón. Línea.

4.2. Región pectoral.

4.3. Región subclavicular. Ambos lados.

4.4. Región supraclavicular.

4.5. Región del esternón. Punto central.

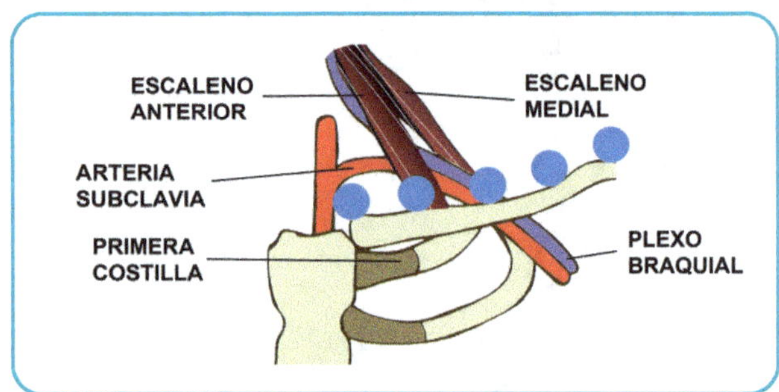

Es una zona sensible a problemas respiratorios y circulatorios, así como a la depresión y angustia.

En el caso de la mujer, se ha de tener cuidado con los senos, por lo que debemos ir cerrando las manos hacia atrás en un movimiento como si se plegara un abanico.

La postura encorvada de la espalda puede ser consecuencia de la tensión acumulada en el tórax y en los hombros.

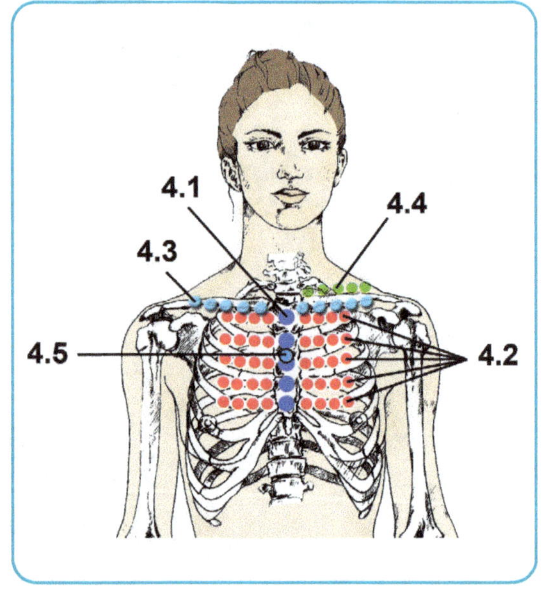

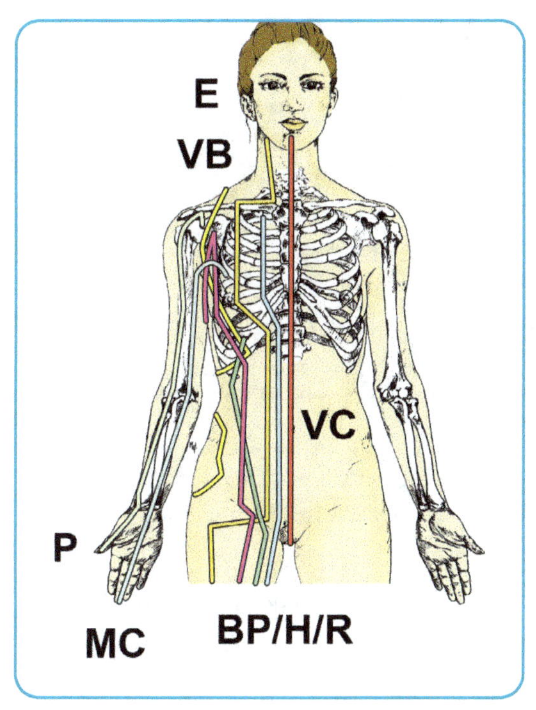

E
VB
VC
P
MC
BP/H/R

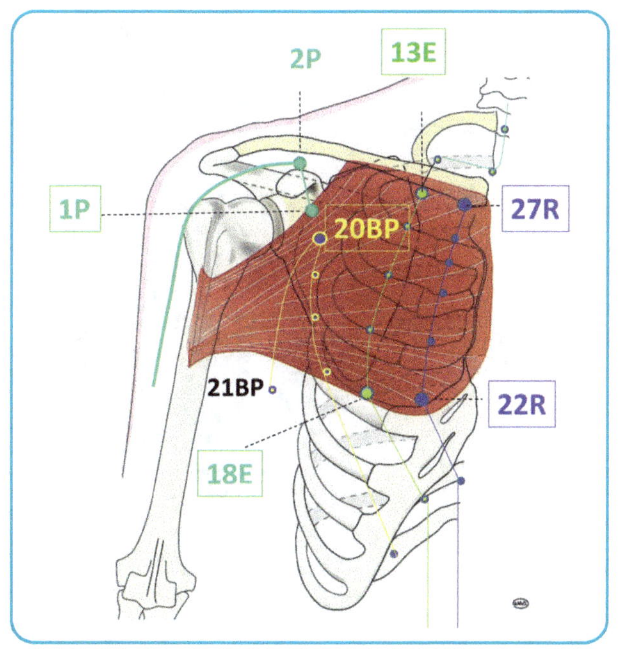

2P
13E
1P
20BP
27R
21BP
22R
18E

4.1. REGIÓN DEL ESTERNÓN

POSTURA DEL PACIENTE: Supino.

POSTURA DEL TERAPEUTA: De rodillas, por encima de la cabeza del paciente.

TIPO DE PRESIÓN: Pulgares en A. El resto de la mano se apoya sobre las regiones deltopectorales.

N.º DE PUNTOS: Una línea de cinco puntos.

DIRECCIÓN DE LA LÍNEA: Desde el manubrio del esternón hacia el apéndice xifoides.

OBSERVACIONES: Presionar con suavidad. El tercer punto coincide con el punto clave 17VC (Danchuu). Punto indicado para tratar problemas respiratorios y emocionales.

También podemos trabajar tres líneas encima del esternón. En este caso es importante trabajar al ritmo de la respiración del paciente.

Tres veces tres segundos.

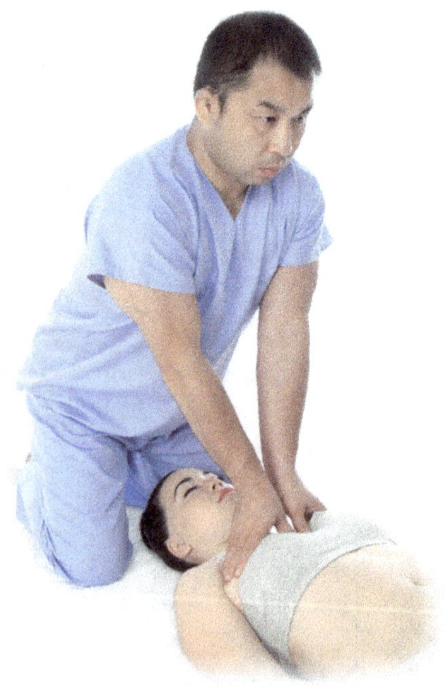

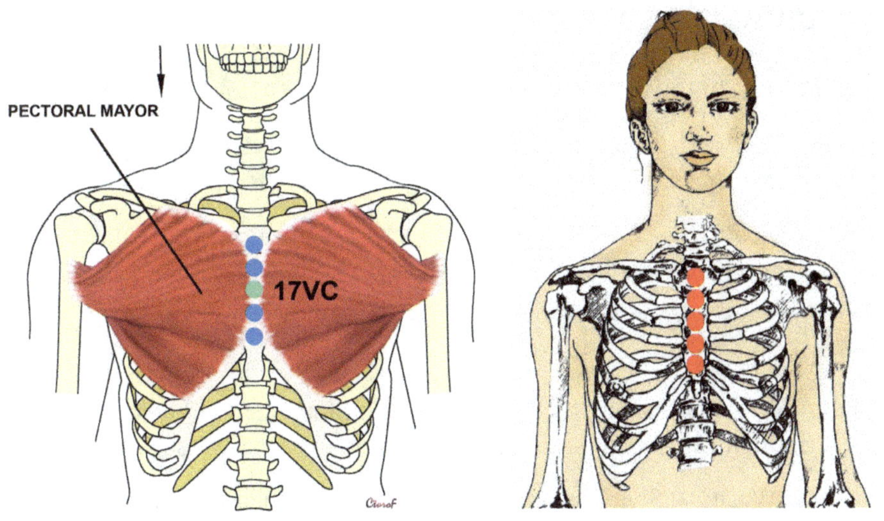
PECTORAL MAYOR
17VC

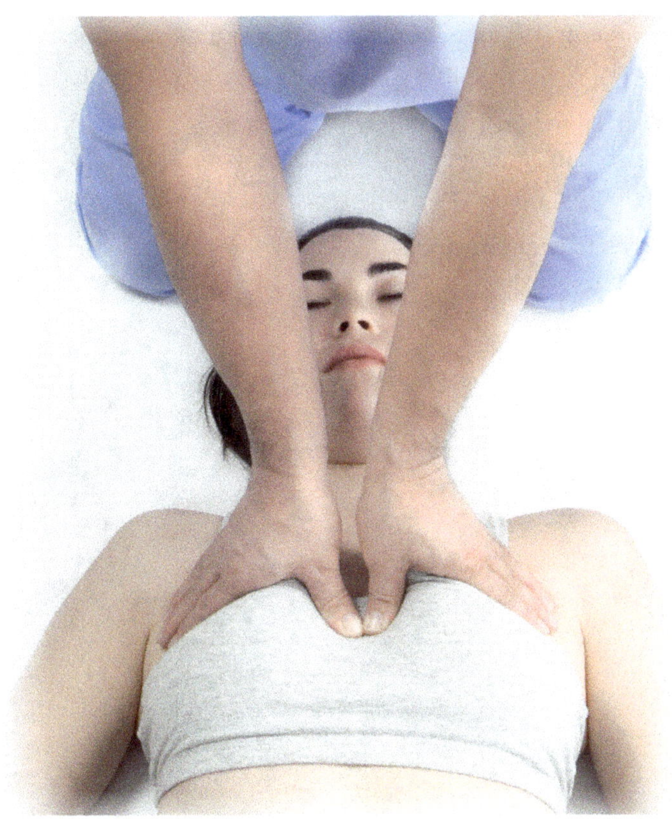

4.2. REGIÓN PECTORAL

POSTURA DEL PACIENTE: Supino.

POSTURA DEL TERAPEUTA: De rodillas, manteniendo la posición anterior.

TIPO DE PRESIÓN: Ambos pulgares a la vez. El resto de la mano se apoya sobre las regiones deltopectorales.

N.º DE PUNTOS: Cinco líneas de cinco puntos a cada lado (partiendo desde la central).

DIRECCIÓN DE LA LÍNEA: Partiendo de la línea central hacia los laterales y del manubrio del esternón hacia el apéndice xifoides.

OBSERVACIONES: En las mujeres se puede saltar alguna línea para no presionar sobre las glándulas mamarias.

Este tratamiento es útil para problemas respiratorios y circulatorios, especialmente dolor de garganta y resfriados.

Al trabajar la región pectoral la respiración del paciente se hace más lenta y profunda, aliviando las contracturas de la espalda.

Tres veces tres segundos.

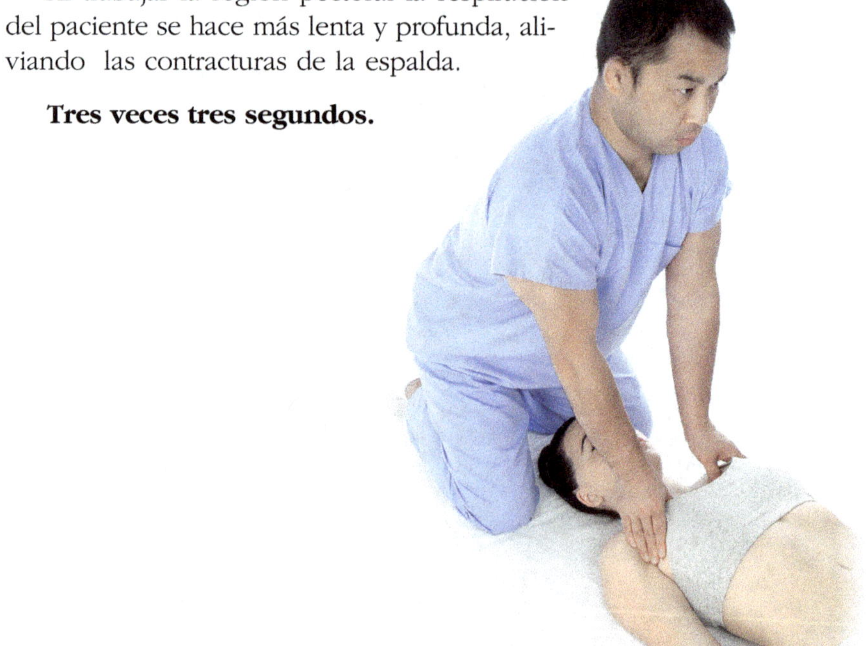

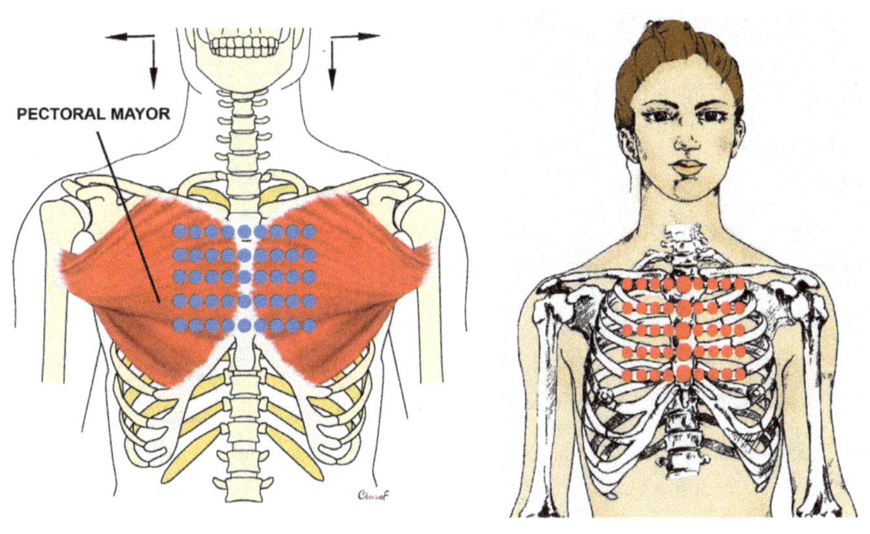

PECTORAL MAYOR

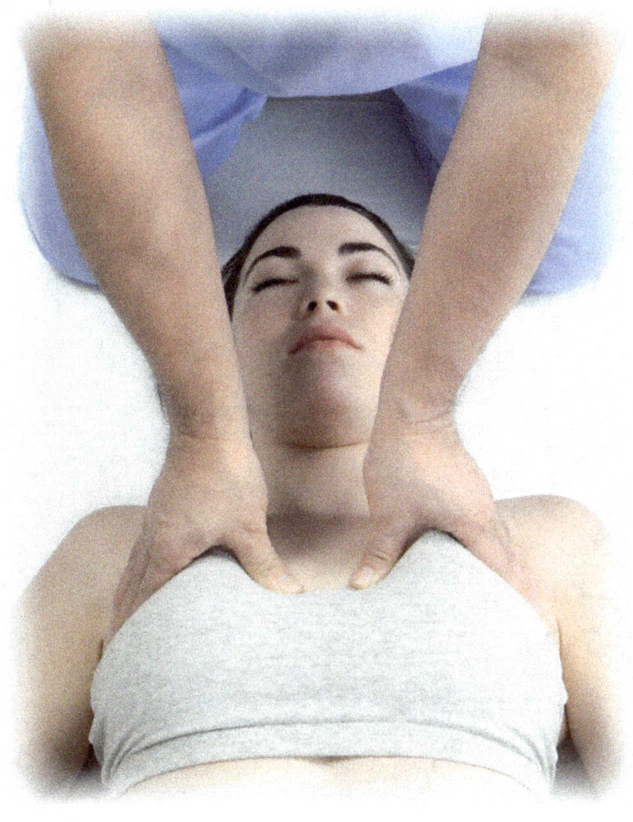

4.3. REGIÓN SUBCLAVICULAR. AMBOS LADOS

POSTURA DEL PACIENTE: Supino.

POSTURA DEL TERAPEUTA: De rodillas, manteniendo la posición anterior.

TIPO DE PRESIÓN: Ambos pulgares a la vez. El resto de la mano se apoya sobre la región deltopectoral.

N.º DE PUNTOS: Dos líneas de cinco puntos.

DIRECCIÓN DE LA LÍNEA: Por el borde inferior de la clavícula, desde la articulación esternoclavicular hacia el acromion.

OBSERVACIONES: El primer punto se corresponde con el punto clave 27R (Yufu); y el tercero con el punto clave 13E (Kiko), situados en el músculo subclavio.

Al trabajar sobre el músculo subclavio, aliviamos patologías como hombro congelado, molestias cervicales y de espalda.

Tres veces tres segundos.

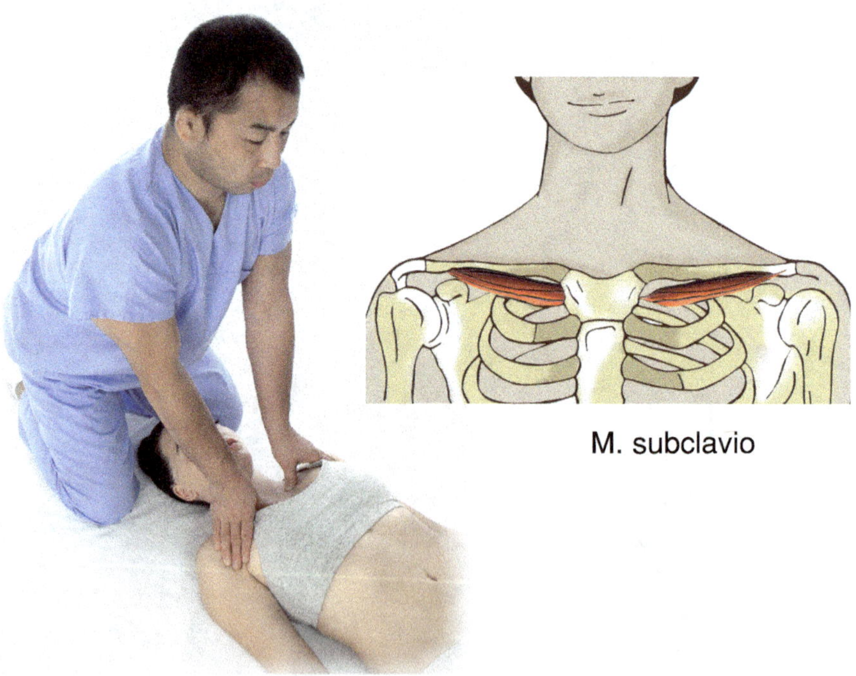

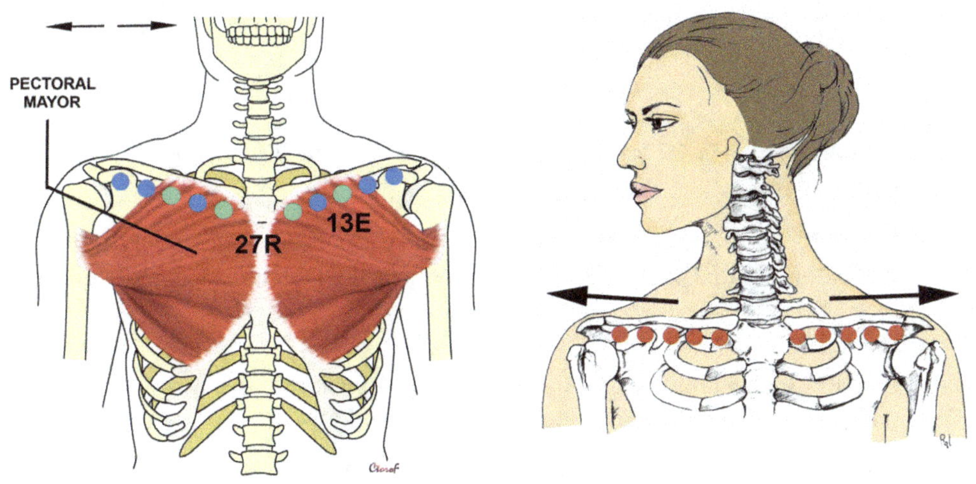

PECTORAL
MAYOR
27R
13E

4.4. REGIÓN SUPRACLAVICULAR. UN LADO

POSTURA DEL PACIENTE: Supino, cuello rotado.

POSTURA DEL TERAPEUTA: Seiza, por encima de la cabeza del paciente.

TIPO DE PRESIÓN: Pulpejos del índice, medio y anular (mano izquierda en el lado izquierdo). La otra mano sujeta la cabeza del paciente.

N.º DE PUNTOS: Una línea de cinco puntos.

DIRECCIÓN DE LA LÍNEA: Por el borde superior de la clavícula, desde la articulación esternoclavicular hacia el acromion.

OBSERVACIONES: El primer punto se corresponde con el punto clave 11E (Kisya) y el tercero con el punto clave 12E (Ketsubon).

Al presionar la zona supraclavicular aliviamos el hormigueo y el dolor del brazo. También mejoramos la respiración y los problemas emocionales del paciente.

Tres veces tres segundos.

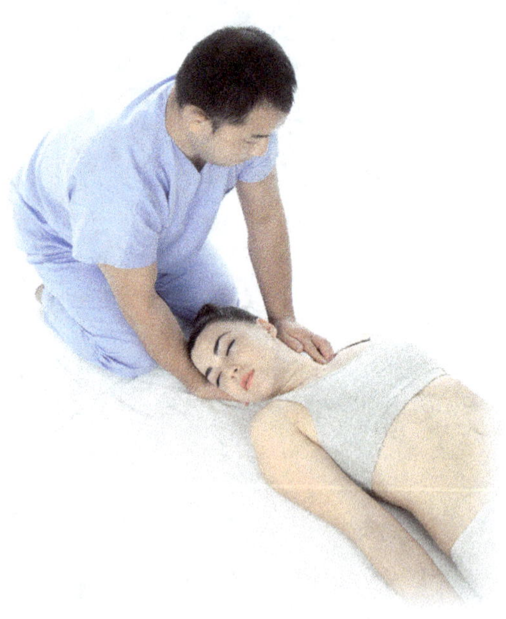

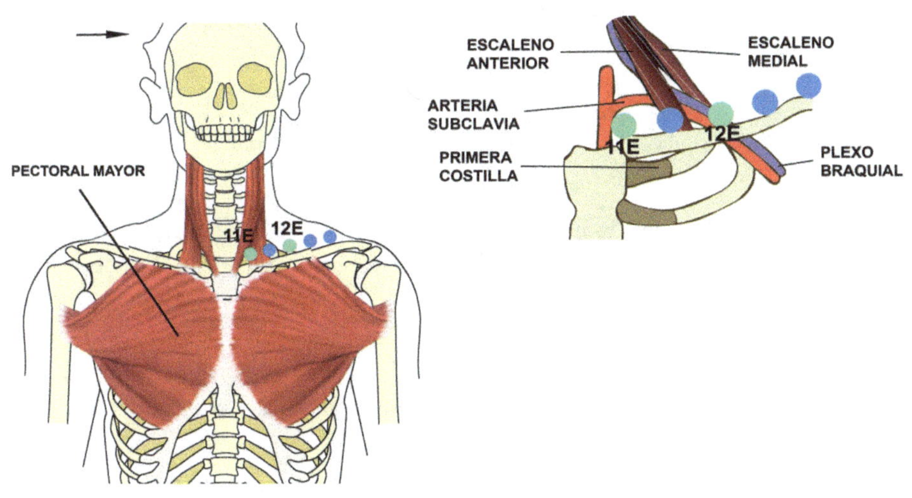

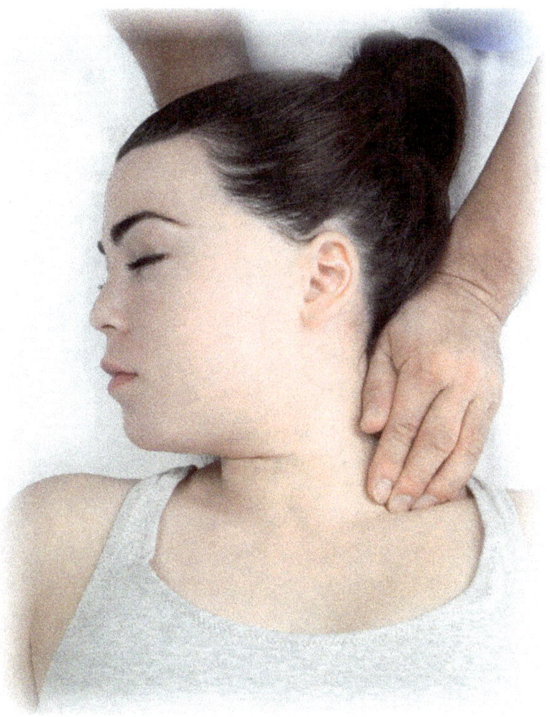

Repetir 4.4 por el LADO DERECHO antes de continuar.

4.5. REGIÓN DEL ESTERNÓN. PUNTO CENTRAL

POSTURA DEL PACIENTE: Supino.

POSTURA DEL TERAPEUTA: De rodillas, por encima de la cabeza del paciente.

TIPO DE PRESIÓN: Palma sobre palma. Presión y vibración con los tres dedos medios. Las falanges deben apoyarse sobre el pecho del paciente.

N.º DE PUNTOS: Uno.

OBSERVACIONES: Presionar con suavidad el punto central de la región del esternón.

Este punto se corresponde con el punto clave 17VC (Danchuu).

Al presionar liberamos las costillas del paciente ayudando a la respiración y a eliminar las contracturas en hombro, cuello y diafragma.

Diez segundos.

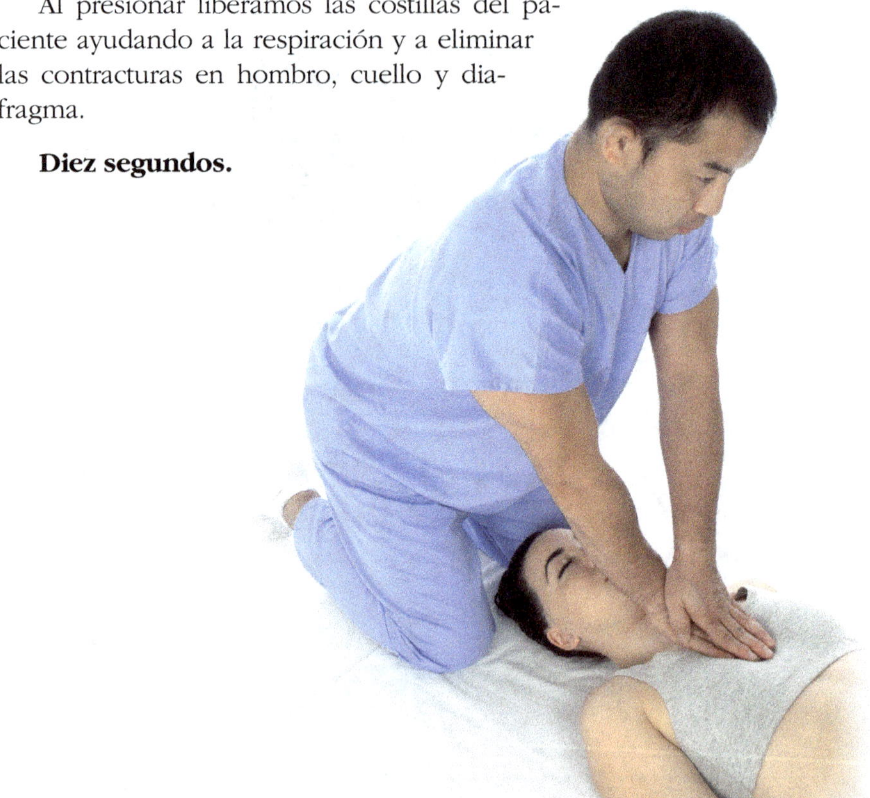

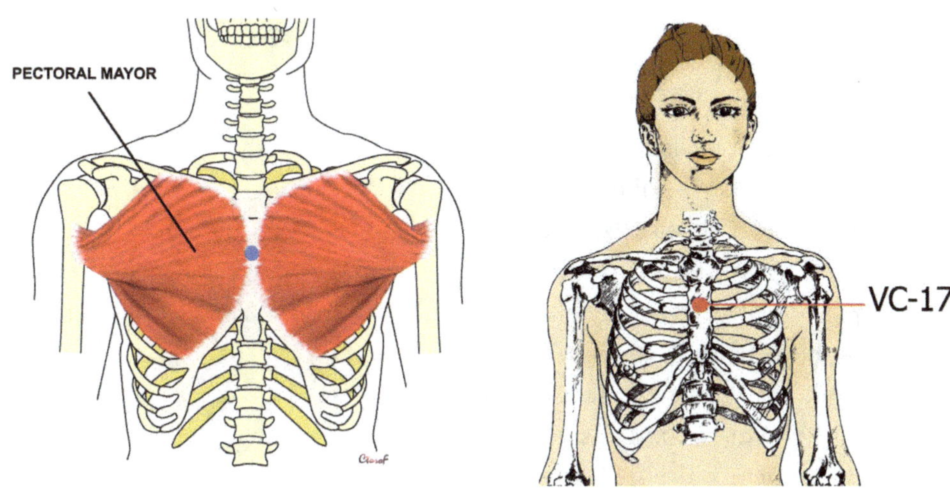

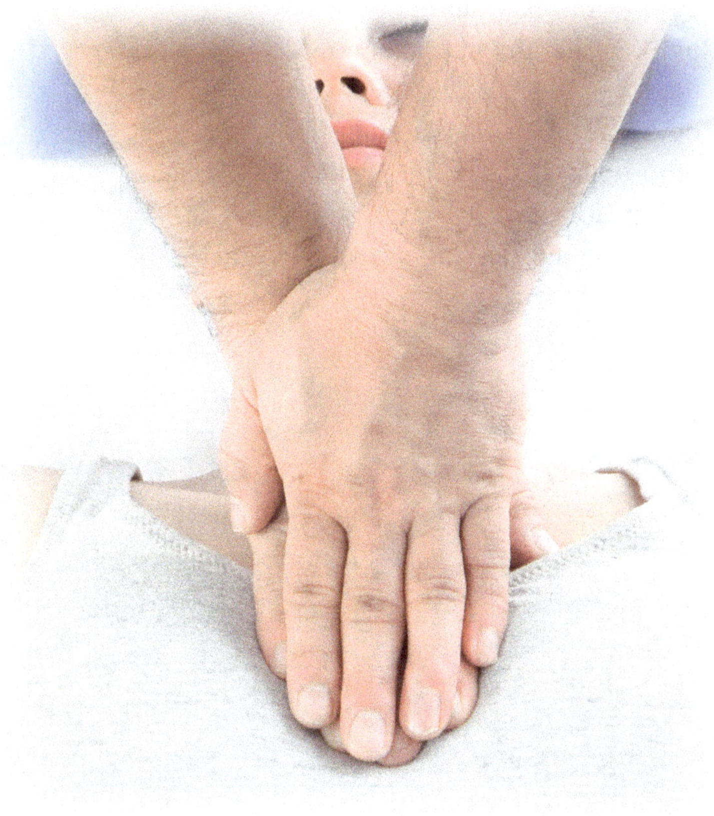

217

5. Extremidad superior

5.1. Región axilar.

5.2. Región braquial medial.

5.3. Región de la fosa cubital.

5.4. Región antebraquial medial.

5.5. Región medial de la muñeca.

5.6. Región palmar. Línea central.

5.7. Región palmar. Líneas laterales.

5.8. Región palmar. Eminencias.

5.9. Región palmar. Punto central.

5.10. Región deltopectoral.

5.11. Región braquial lateral.

5.12. Región del pliegue lateral del codo.

5.13. Región antebraquial lateral.

5.14. Región lateral de la muñeca.

5.15. Región dorsal de la mano.

5.16. Región digital dorsal-palmar y lateral.

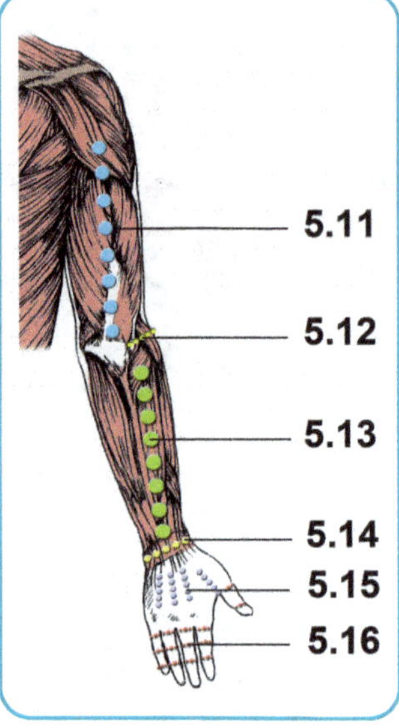

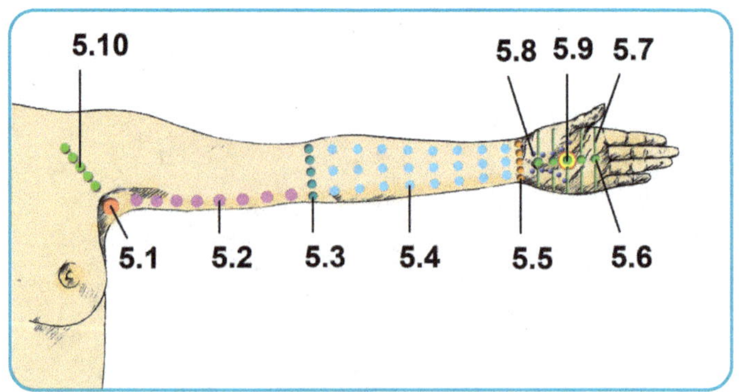

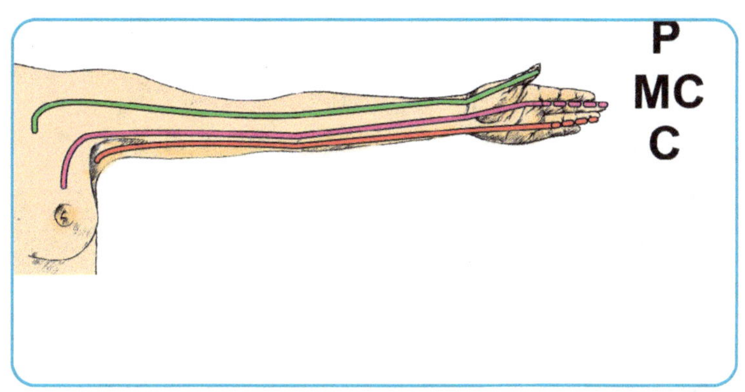

P
MC
C

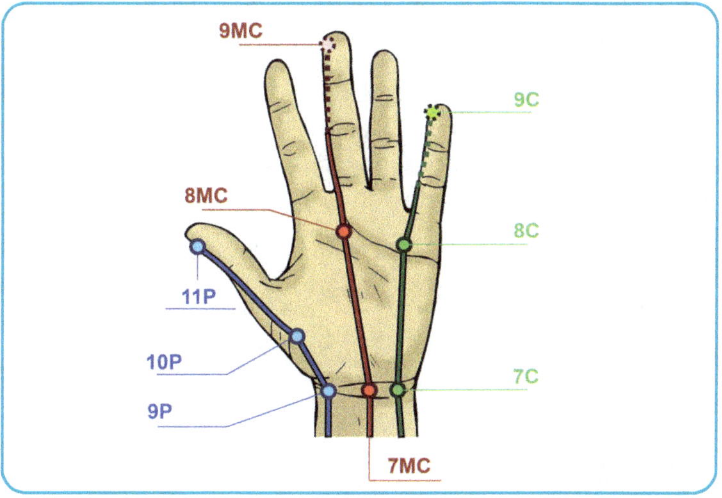

9MC
9C
8MC
8C
11P
7C
10P
9P
7MC

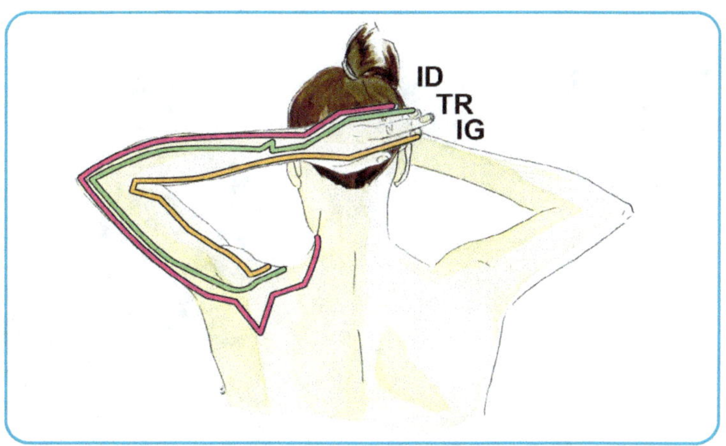

ID
TR
IG

5.1. REGIÓN AXILAR

POSTURA DEL PACIENTE: Supino, brazo en abducción de 90º y antebrazo en supinación.

POSTURA DEL TERAPEUTA: Seiza, frente al brazo.

TIPO DE PRESIÓN: Pulgar sobre pulgar (derecho debajo en el lado izquierdo).

N.º DE PUNTOS: Uno.

DIRECCIÓN DE LA PRESIÓN: Hacia el punto supraescapular del mismo lado. Mantener la presión y realizar un ligero movimiento de tracción en dirección al codo.

OBSERVACIONES: Localizar el pulso de la arteria radial a su paso por la muñeca del paciente con los dedos índice, medio y anular de la mano derecha. El punto, en el centro de la axila, será aquel que haga disminuir el pulso arterial al ser presionado con el pulgar de la mano izquierda.

Este punto se corresponde con el punto clave 1C (Kyokusen).

Tres veces cinco segundos.

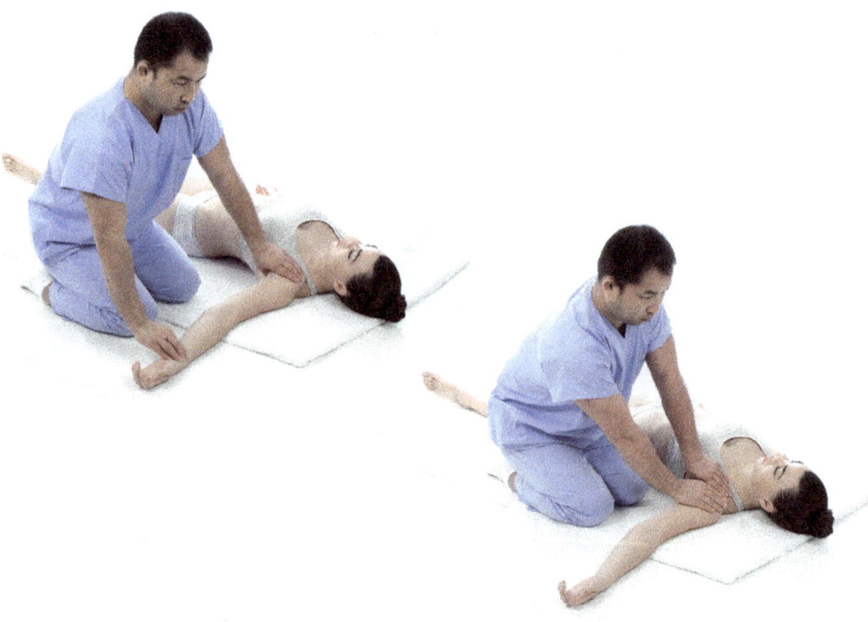

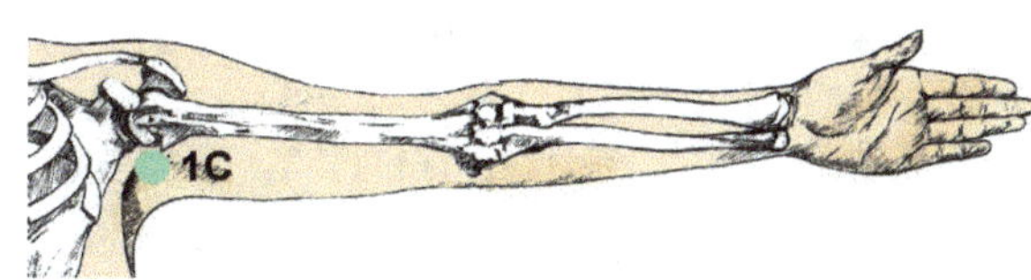

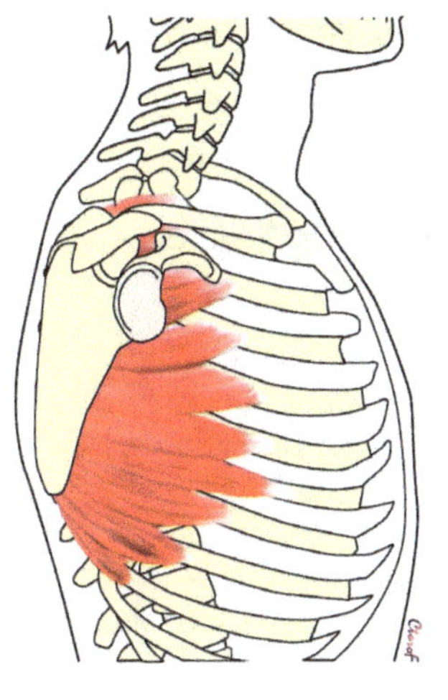

MÚSCULO SERRATO ANTERIOR

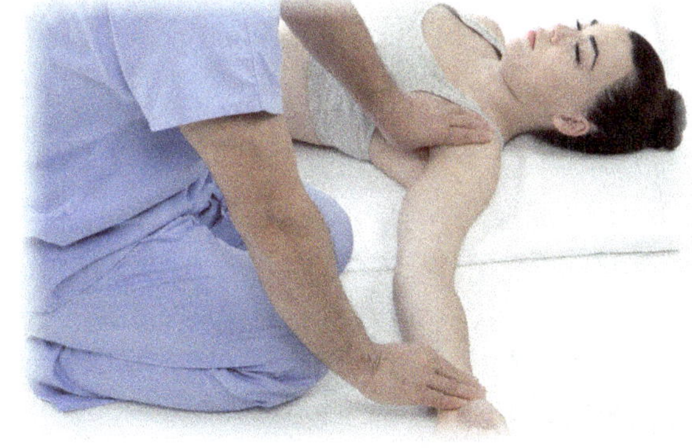

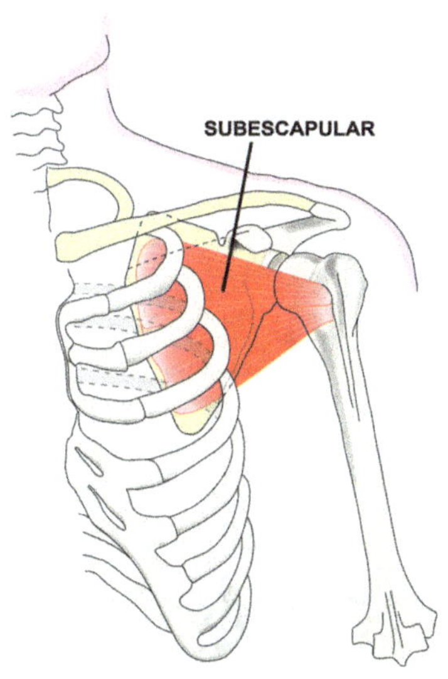

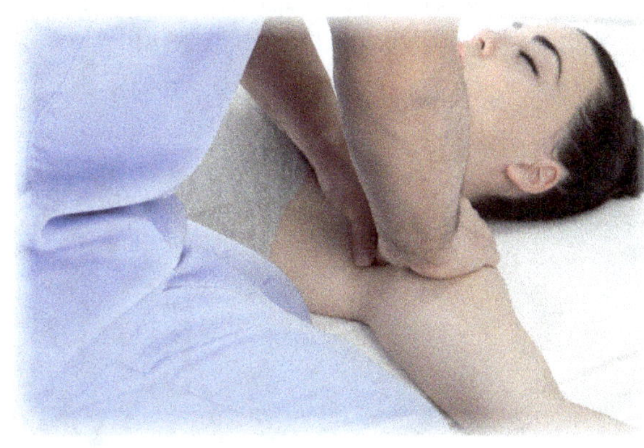

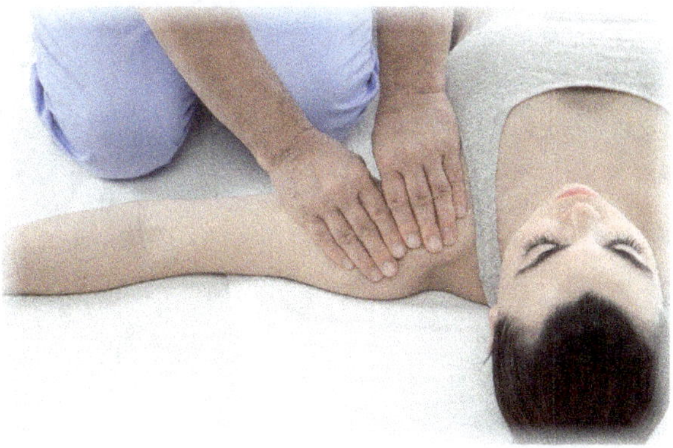

5.2. REGIÓN BRAQUIAL MEDIAL

POSTURA DEL PACIENTE: Supino, brazo en abducción de 90º y antebrazo en supinación.

POSTURA DEL TERAPEUTA: Seiza frente al brazo del paciente.

TIPO DE PRESIÓN: Pulgar sobre pulgar en forma de V (derecho debajo en el lado izquierdo).

N.º DE PUNTOS: Una línea de ocho puntos.

DIRECCIÓN DE LA LÍNEA: De la axila hacia el epicóndilo lateral del brazo. El primer punto es el de la región axilar.

OBSERVACIONES: Es una zona muy útil en el tratamiento de hombro congelado, hormigueo en los dedos y problemas de corazón, en particular el brazo izquierdo.

El primer punto coincide con el punto clave 1C (Kyokusen); y el último con el punto clave 3C (Syoukai).

Tres veces tres segundos.

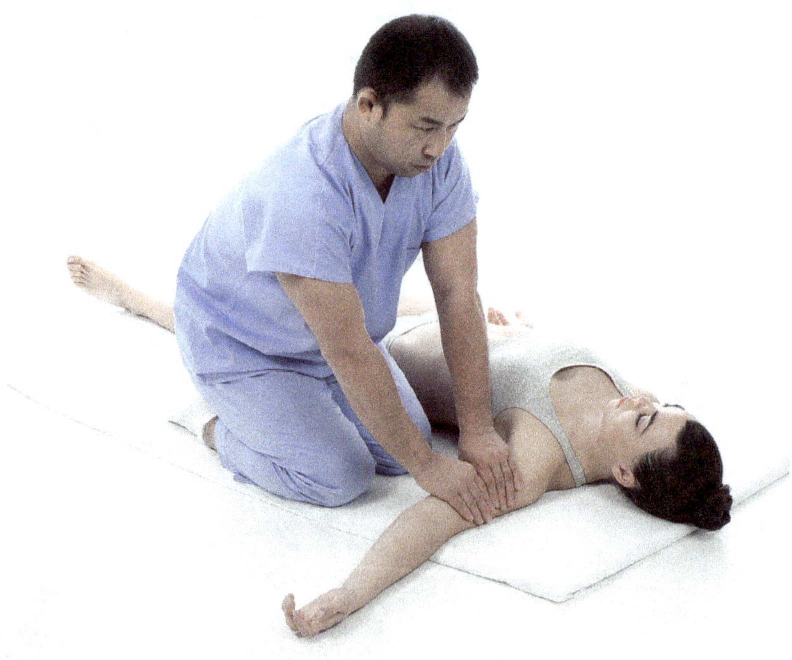

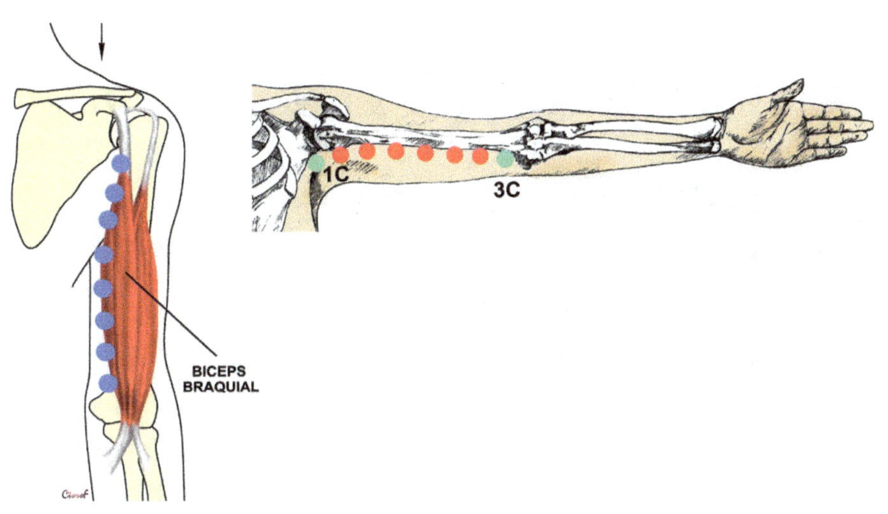

BICEPS
BRAQUIAL
1C
3C

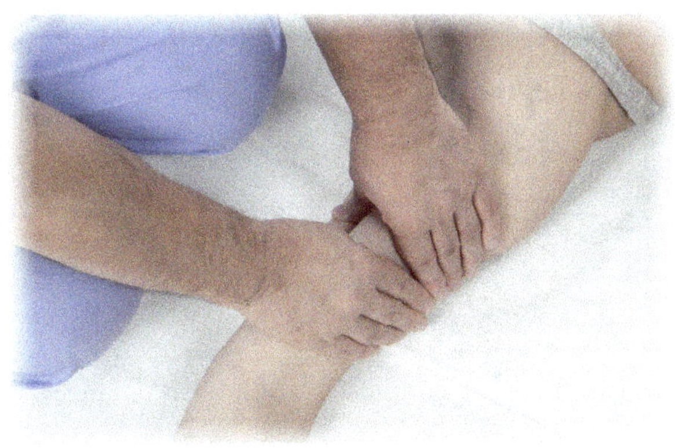

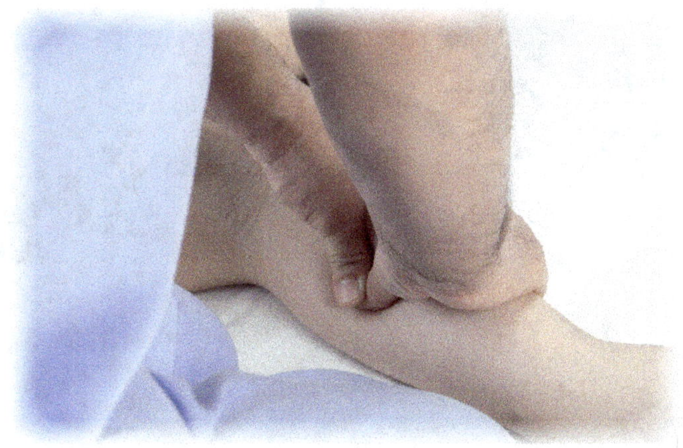

5.3. REGIÓN DE LA FOSA CUBITAL

POSTURA DEL PACIENTE: Supino, brazo en abducción de 45º y antebrazo en supinación.

POSTURA DEL TERAPEUTA: Seiza o rodillas.

TIPO DE PRESIÓN: Pulgares en A.

N.º DE PUNTOS: Una línea de cinco puntos.

DIRECCIÓN DE LA LÍNEA: En el pliegue de la articulación del codo, desde el lado cubital al radial.

OBSERVACIONES: Muy útil en el tratamiento de codo de tenista.

El primer punto coincide con el punto clave 3C (Syoukai); el tercero con el 3MC (Kyokutaku); el cuarto con el 5P (Syakutaku); y el quinto con el 11IG (Kyokuchi).

Tres veces tres segundos.

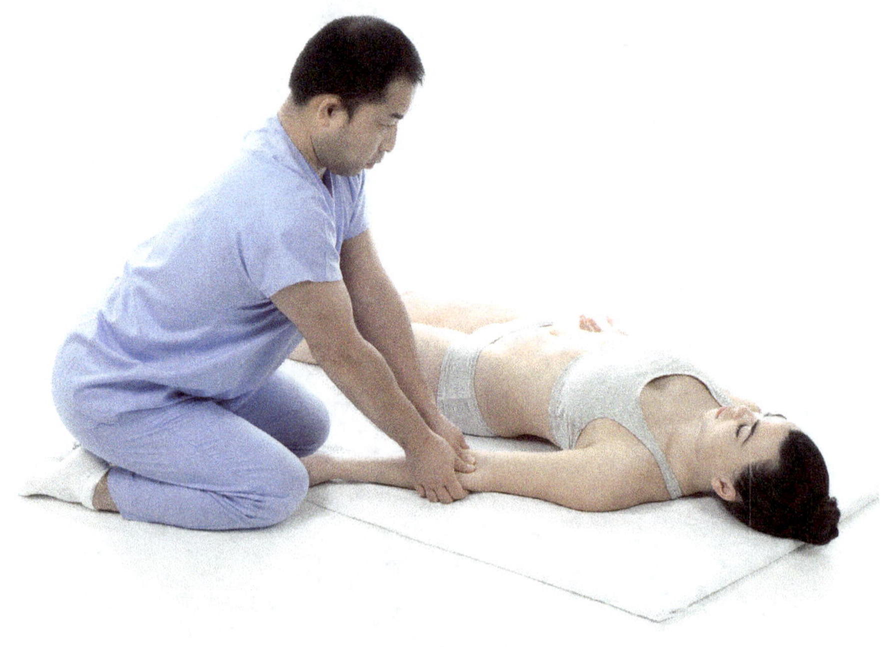

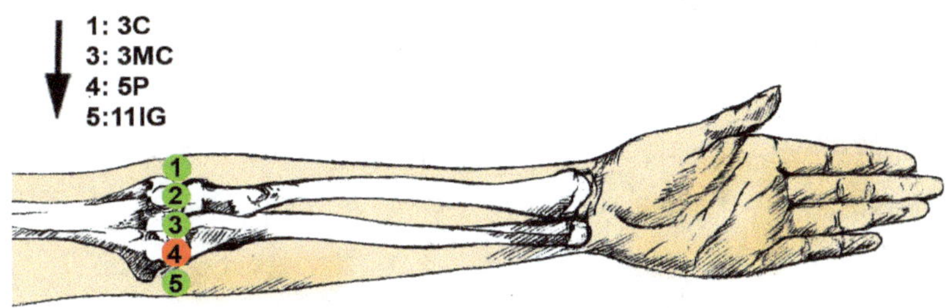

1: 3C
3: 3MC
4: 5P
5:11IG
1
2
3
4
5

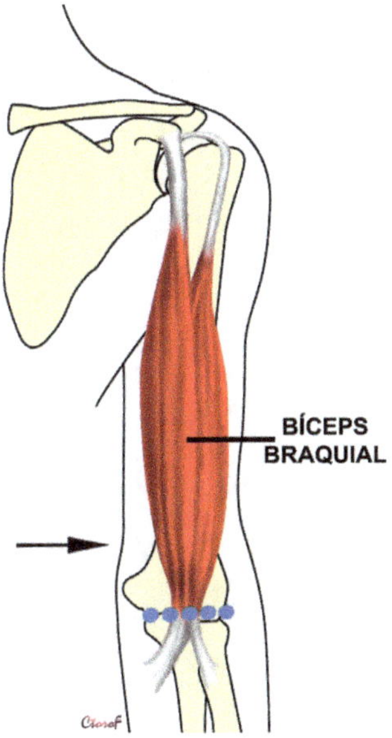

BÍCEPS
BRAQUIAL

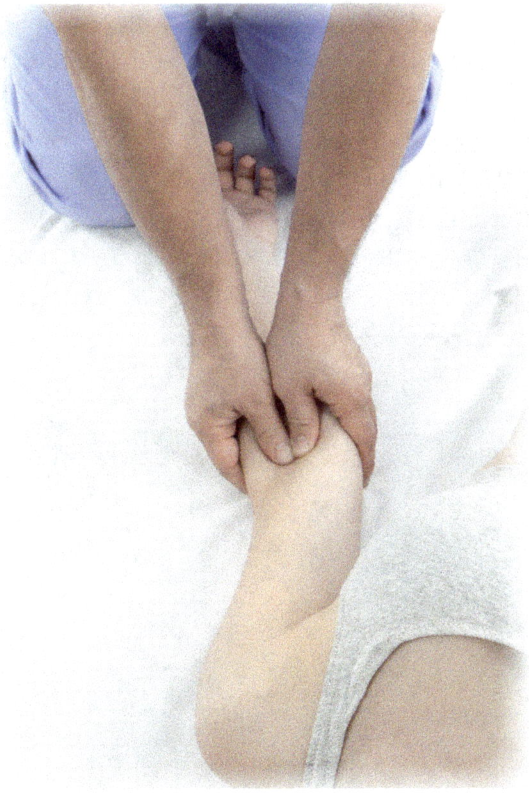

5.4. REGIÓN ANTEBRAQUIAL MEDIAL

POSTURA DEL PACIENTE: Supino, brazo en abducción de 45º y antebrazo en supinación.

POSTURA DEL TERAPEUTA: Seiza o rodillas.

TIPO DE PRESIÓN: 1.ª y 2.ª repeticiones: Logo.
3.ª repetición: Pulgar sobre pulgar (derecho debajo en el lado izquierdo).

N.º DE PUNTOS: Tres líneas de ocho puntos.

Línea central: Por debajo del punto central de la fosa cubital y hacia el centro del pliegue medial de la muñeca.
Línea medial: Por debajo de la articulación húmero-cubital y hacia el extremo medial del pliegue de la muñeca.
Línea lateral: Por debajo de la articulación húmero-radial y hacia el extremo lateral del pliegue de la muñeca.

DIRECCIÓN DE LA LÍNEA: El primer punto de cada línea se localiza justo debajo del pliegue del codo. El último punto, justo por encima del pliegue de la muñeca.

Repetir alternativamente en este orden: Línea central, línea medial (meñique) y línea lateral (pulgar).

OBSERVACIONES: El quinto punto de la línea central se corresponde con el punto clave 4MC (Gekimon); y el séptimo punto de la misma línea con el 6MC (Naikan).

Tres veces tres segundos.

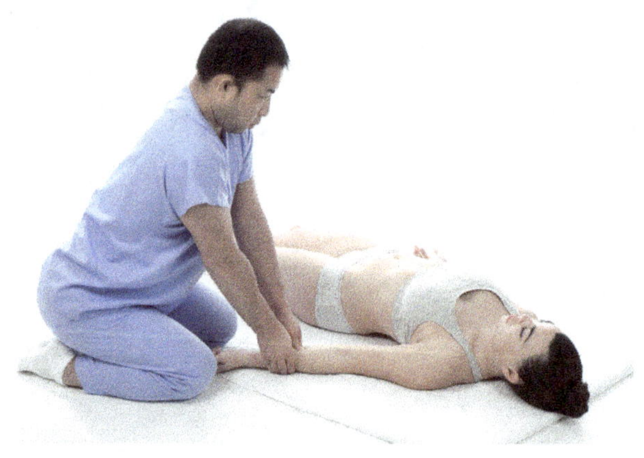

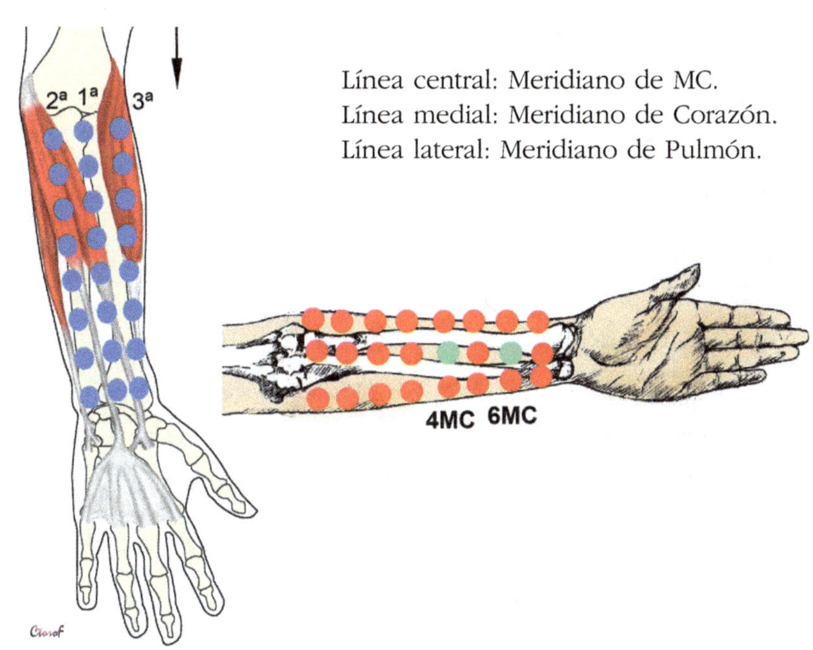

Línea central: Meridiano de MC.
Línea medial: Meridiano de Corazón.
Línea lateral: Meridiano de Pulmón.

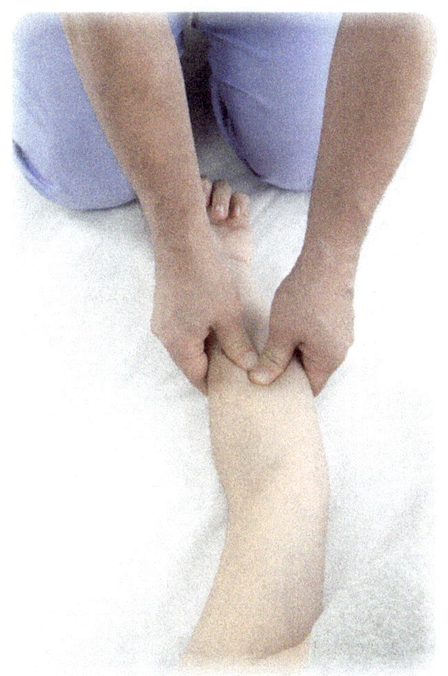

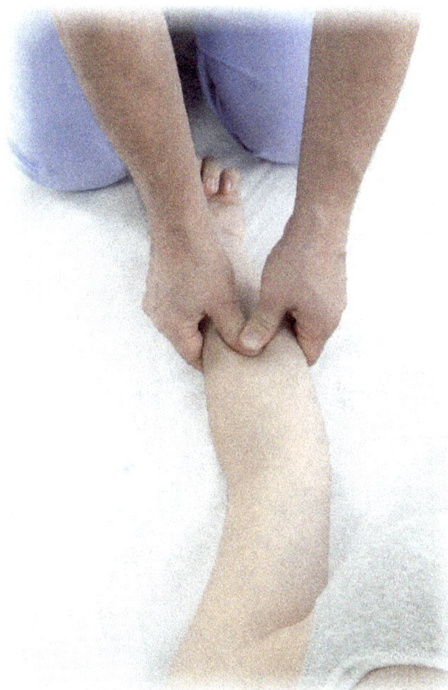

227

5.5. REGIÓN MEDIAL DE LA MUÑECA

POSTURA DEL PACIENTE: Supino, brazo en abducción de 45° y antebrazo en supinación.

POSTURA DEL TERAPEUTA: Seiza o rodillas.

TIPO DE PRESIÓN: Pulgar sobre pulgar (derecho debajo en el lado izquierdo).

N.º DE PUNTOS: Una línea de cinco puntos.

DIRECCIÓN DE LA LÍNEA: Sobre el pliegue medial de la muñeca, del lado cubital al radial.

OBSERVACIONES: El primer punto se corresponde con el punto clave 7C (Shinmon); el tercero con el 7MC (Dairyou); y el quinto con el 9P (Taien).

Tres veces tres segundos.

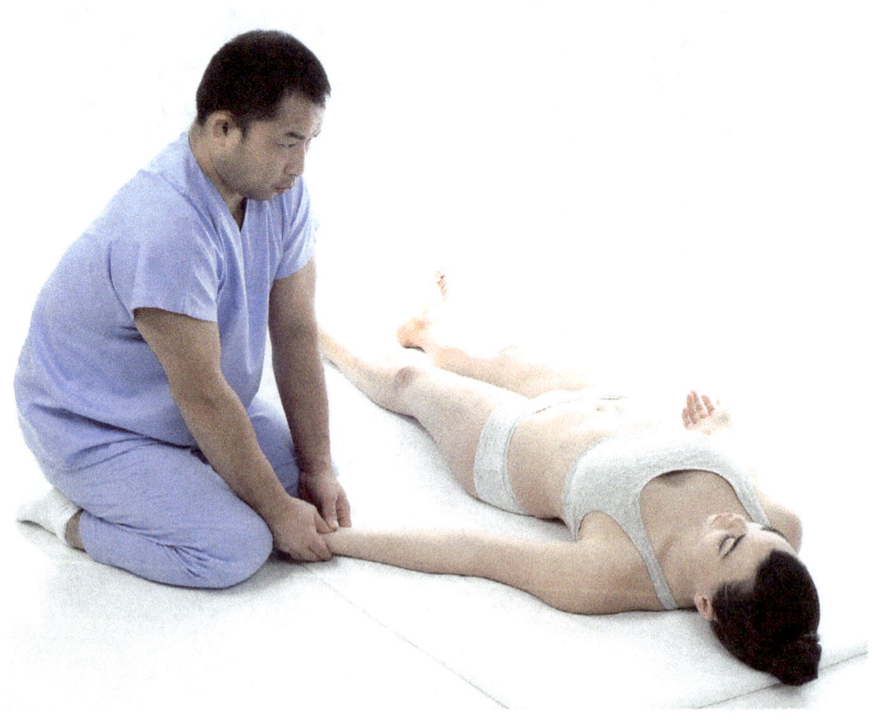

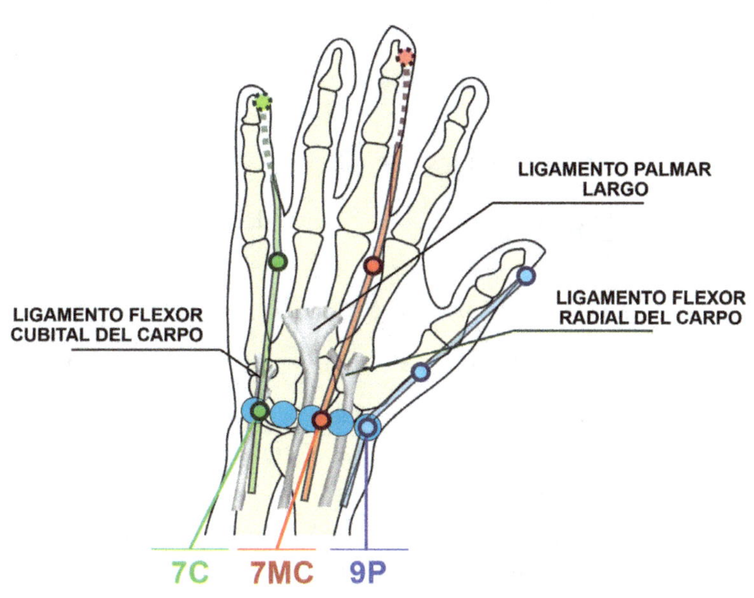

LIGAMENTO PALMAR
LARGO
LIGAMENTO FLEXOR
RADIAL DEL CARPO
LIGAMENTO FLEXOR
CUBITAL DEL CARPO
7C   7MC   9P

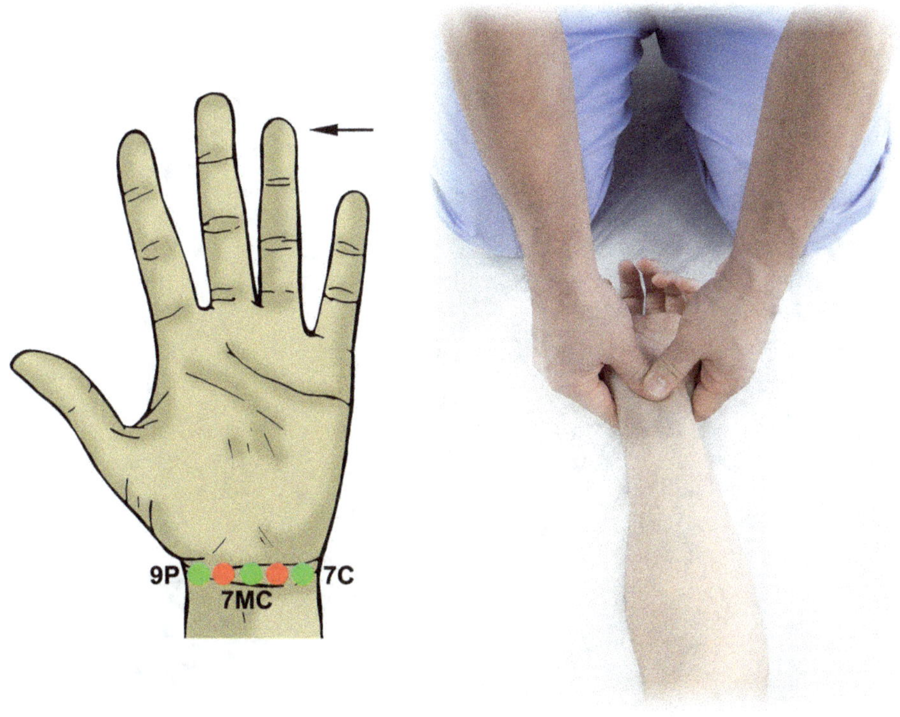

9P   7C
7MC

5.6. REGIÓN PALMAR. LÍNEA CENTRAL

POSTURA DEL PACIENTE: Supino, brazo en abducción de 45° y antebrazo en supinación.

POSTURA DEL TERAPEUTA: Seiza o rodillas.

TIPO DE PRESIÓN: Pulgar sobre pulgar (derecho debajo en el lado izquierdo).

N.º DE PUNTOS: Una línea de cinco puntos.

DIRECCIÓN DE LA LÍNEA: De la muñeca hacia el dedo medio.

OBSERVACIONES: En la palma de la mano se localizan puntos reflejos de diferentes órganos, por lo que el trabajo en esta región ayuda a regular el organismo de forma global.

El tercer punto se aproxima a la localización del punto clave 8MC (Roukyuu) (ver 5.9. REGIÓN PALMAR. PUNTO CENTRAL).

Tres veces tres segundos.

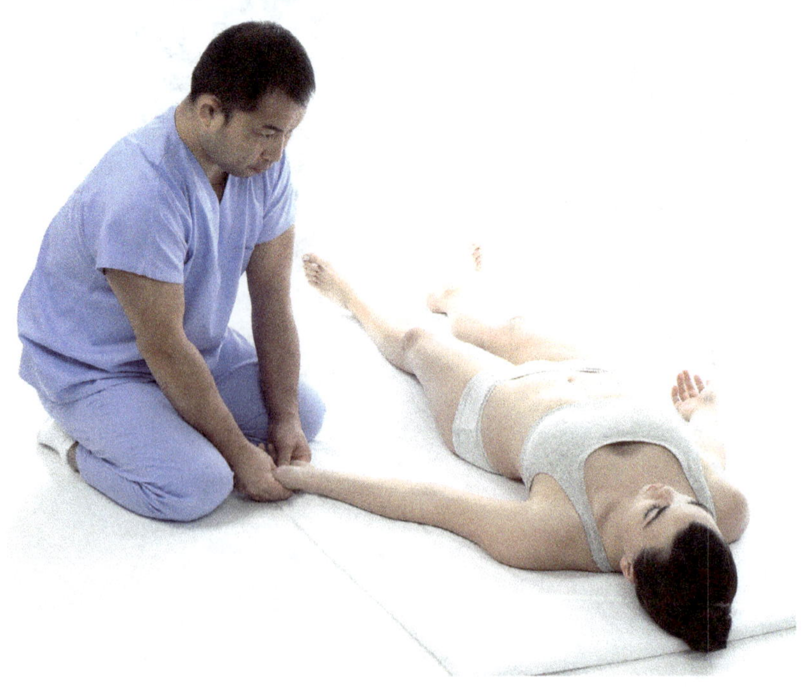

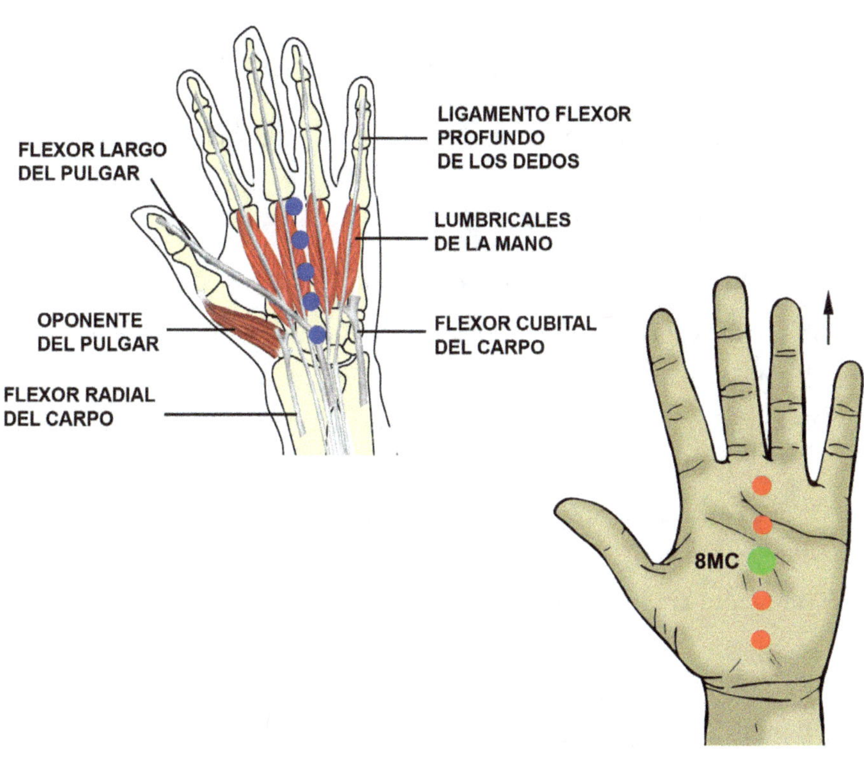
FLEXOR LARGO
DEL PULGAR
LIGAMENTO FLEXOR
PROFUNDO
DE LOS DEDOS
LUMBRICALES
DE LA MANO
OPONENTE
DEL PULGAR
FLEXOR CUBITAL
DEL CARPO
FLEXOR RADIAL
DEL CARPO
8MC

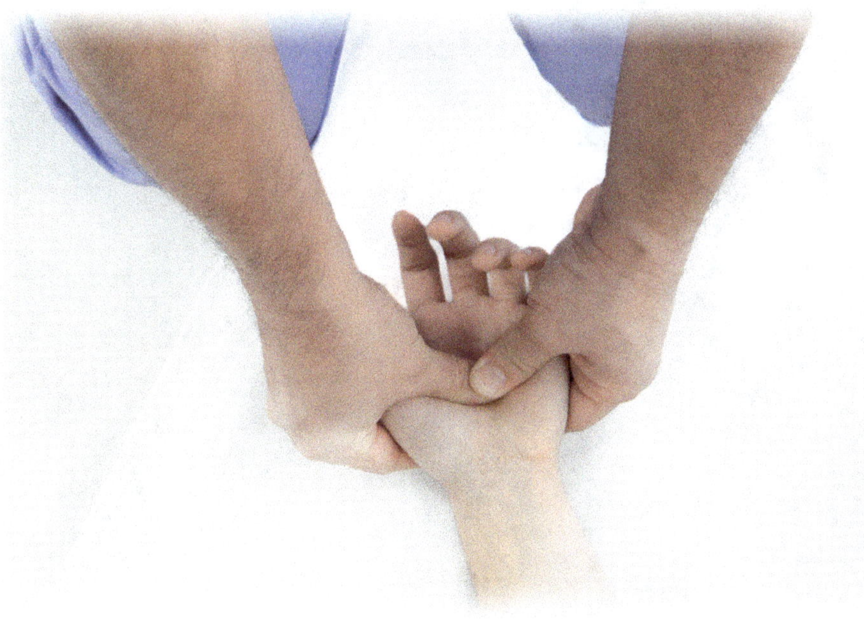

5.7. REGIÓN PALMAR. LÍNEAS LATERALES

POSTURA DEL PACIENTE: Supino, brazo en abducción de 45° y antebrazo en supinación.

POSTURA DEL TERAPEUTA: Seiza o rodillas.

TIPO DE PRESIÓN: Con ambos pulgares.

N.º DE PUNTOS: Cinco líneas de cinco puntos a cada lado; comparten el punto central.

DIRECCIÓN DE LA LÍNEA: Partiendo de la línea central hacia los laterales y del carpo hacia los dedos.

OBSERVACIONES: El trabajo sobre la palma de la mano estimula la actividad cerebral.

Tres veces tres segundos.

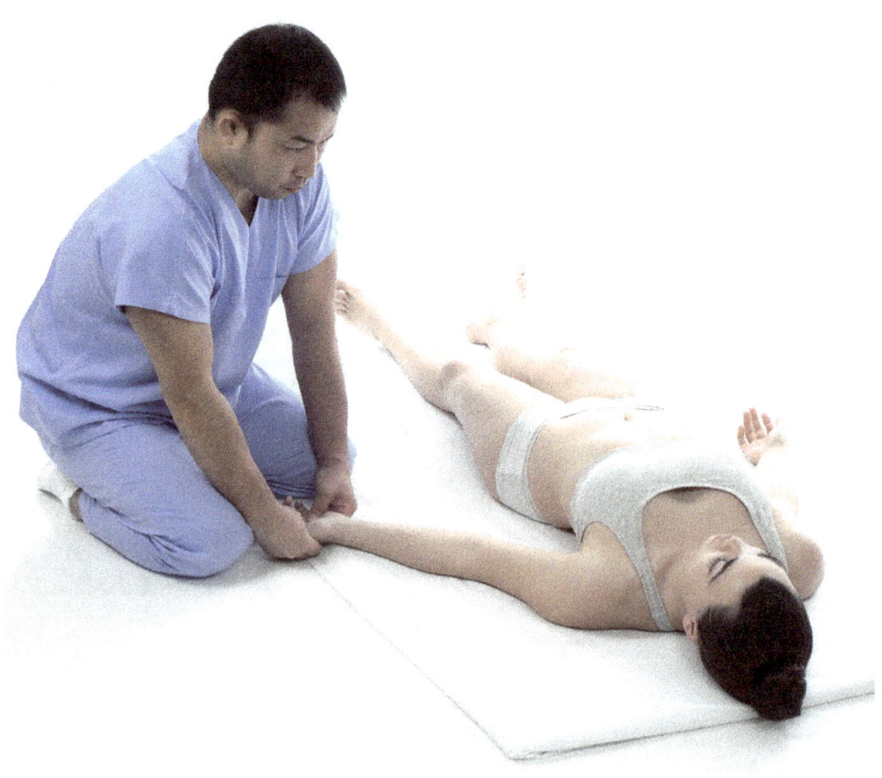

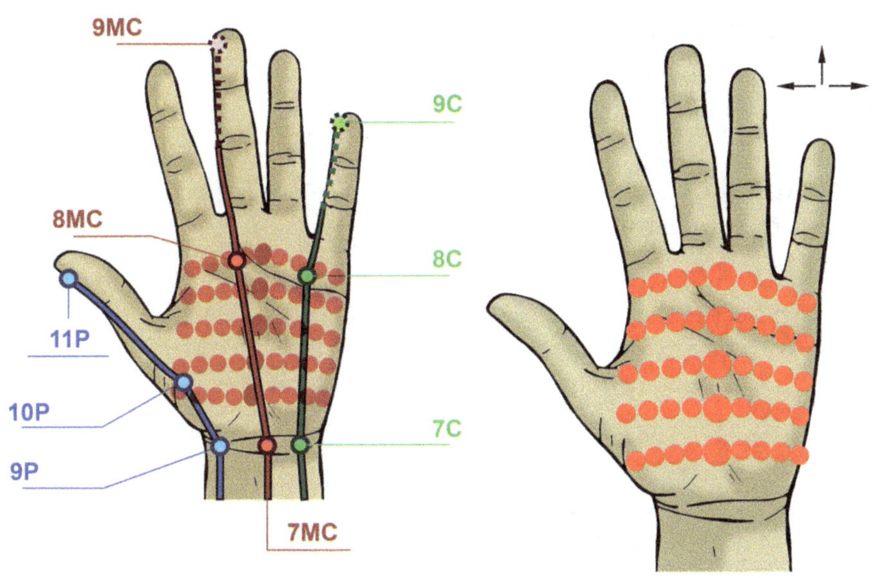

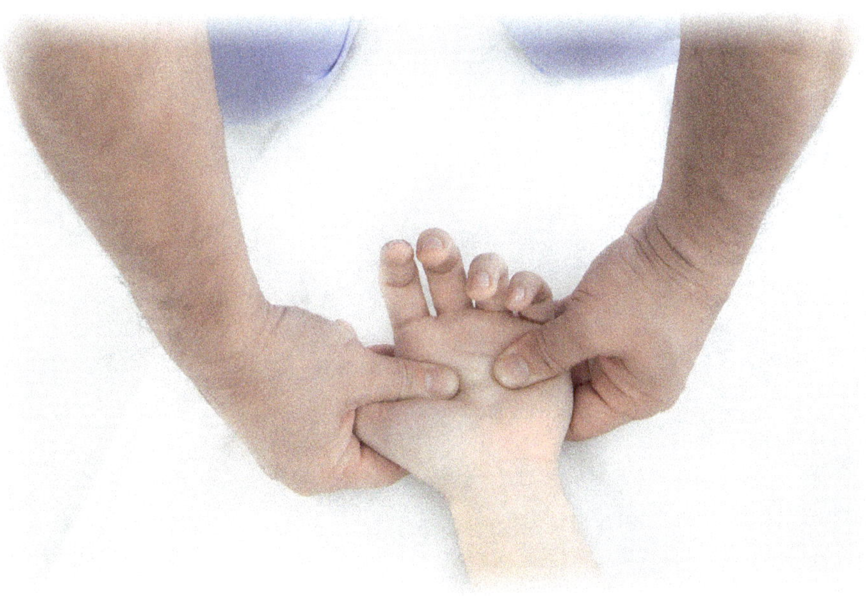

9MC
9C
8MC
8C
11P
10P
9P
7C
7MC

5.8. REGIÓN PALMAR. EMINENCIAS

POSTURA DEL PACIENTE: Supino, brazo en abducción de 45° y antebrazo en supinación.

POSTURA DEL TERAPEUTA: Seiza o rodillas.

TIPO DE PRESIÓN: Con ambos pulgares.

N.º DE PUNTOS: Dos líneas de cinco puntos.

DIRECCIÓN DE LA LÍNEA: Desde el centro del carpo hacia los laterales, sobre las eminencias tenar e hipotenar.

OBSERVACIONES: En el centro de la eminencia tenar se localiza el punto clave 10P (Gyosai). Esta zona es reflejo de la función digestiva. Para pacientes con malas digestiones crónicas, a la vez que presionamos el punto 10P a modo de pinza, trabajamos también el punto 4IG (Goukoku).

Tres veces tres segundos.

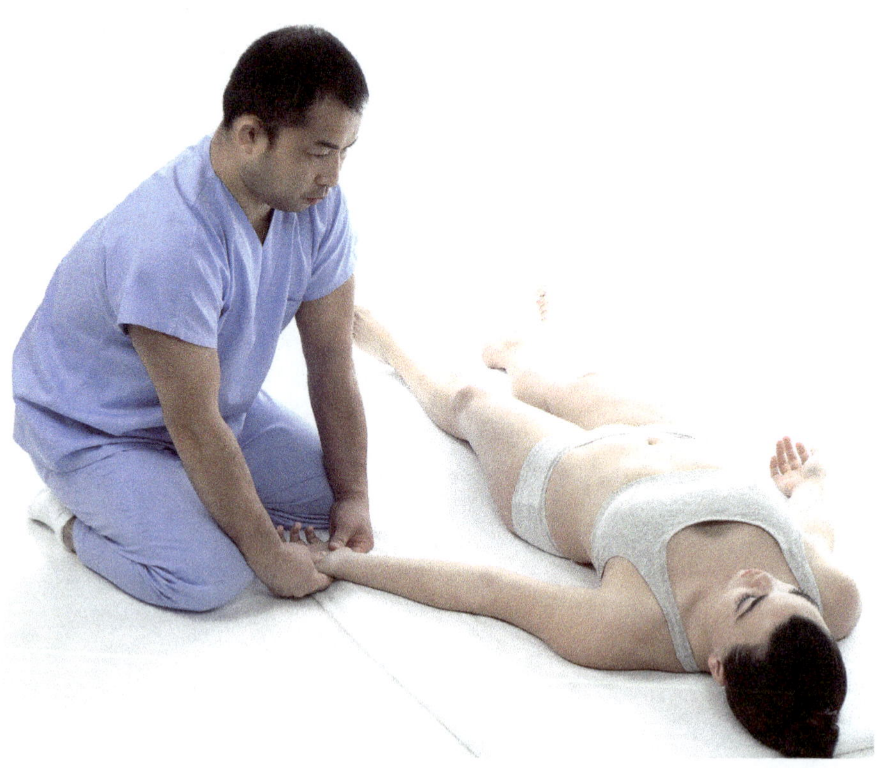

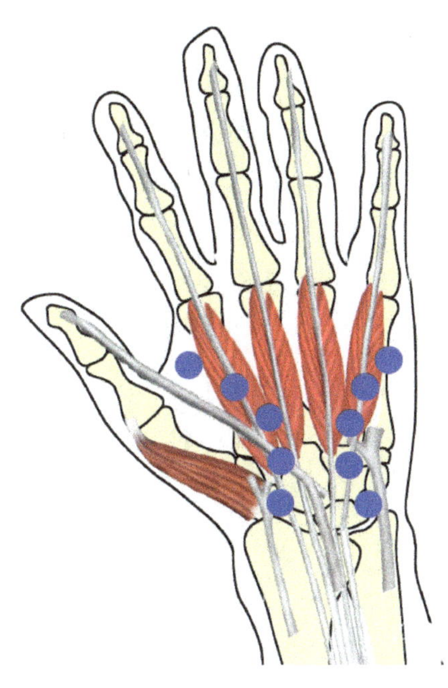
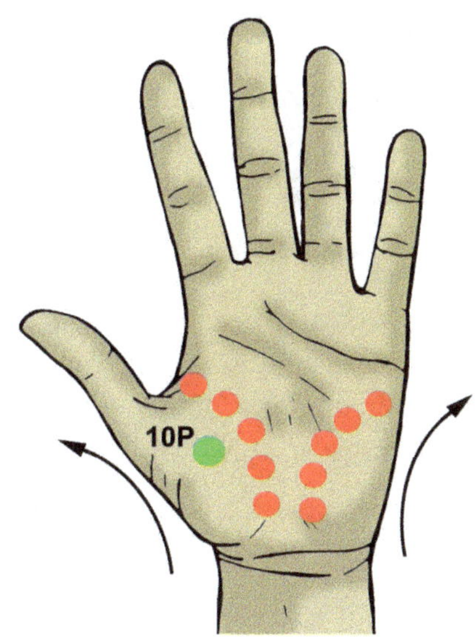

10P

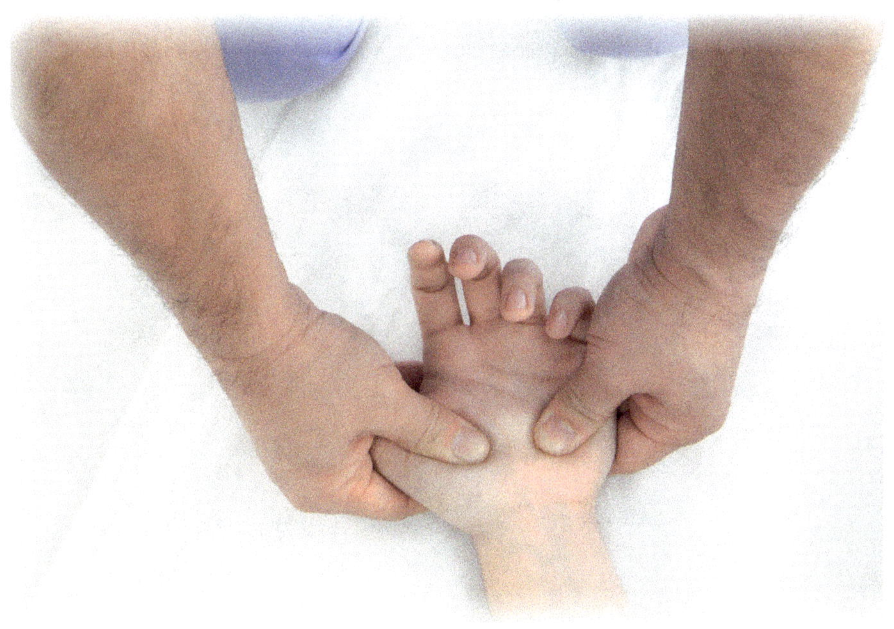

5.9. REGIÓN PALMAR. PUNTO CENTRAL

POSTURA DEL PACIENTE: Supino, brazo en abducción de 45° y antebrazo en supinación.

POSTURA DEL TERAPEUTA: Seiza o rodillas.

TIPO DE PRESIÓN: Pulgar sobre pulgar (derecho debajo en el lado izquierdo).

N.º DE PUNTOS: Uno.

OBSERVACIONES: Realizando una flexión del cuarto dedo en dirección al pliegue horizontal medio llamado «línea de la cabeza» de la palma de la mano, encontramos el 8MC (Roukyuu) según nuestra teoría de Aze Shiatsu, que en MTC corresponde a la flexión del tercer dedo.

Muy cerca, nos encontramos con el punto 8C (Shoufu), sobre la parte alta de la eminencia hipotenar, entre el cuarto y el quinto metacarpiano, que roza la punta del dedo meñique cuando se cierra el puño.

Tres veces cinco segundos.

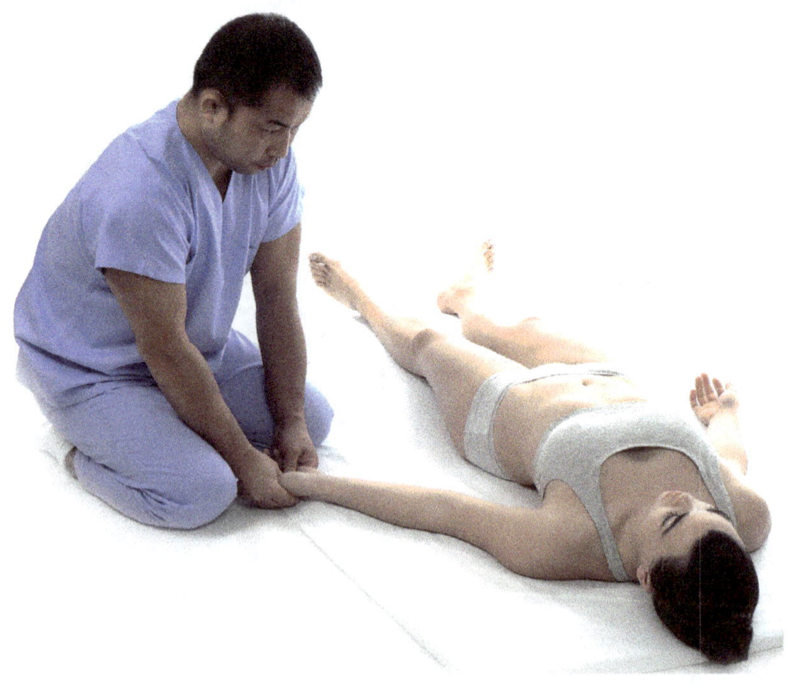

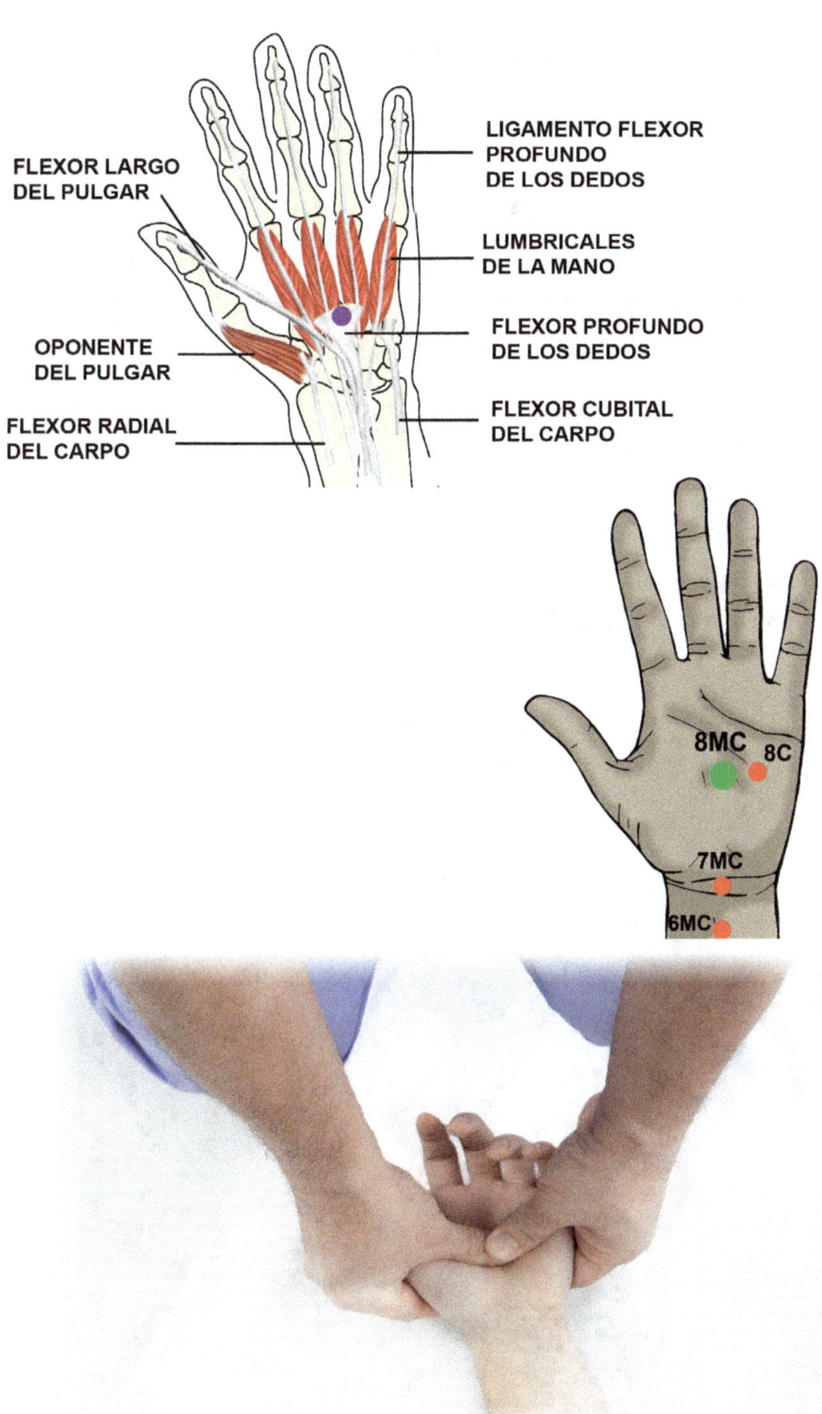

FLEXOR LARGO
DEL PULGAR
LIGAMENTO FLEXOR
PROFUNDO
DE LOS DEDOS
LUMBRICALES
DE LA MANO
FLEXOR PROFUNDO
DE LOS DEDOS
OPONENTE
DEL PULGAR
FLEXOR CUBITAL
DEL CARPO
FLEXOR RADIAL
DEL CARPO
8MC
8C
7MC
6MC

5.10. REGIÓN DELTOPECTORAL

POSTURA DEL PACIENTE: Supino, brazo en abducción de 45° y antebrazo en supinación.

POSTURA DEL TERAPEUTA: Rodillas.

TIPO DE PRESIÓN: Pulgar sobre pulgar (izquierdo debajo en el lado izquierdo). Trabajar con pulgares en A si la zona es muy sensible.

N.º DE PUNTOS: Una línea de cinco puntos.

DIRECCIÓN DE LA LÍNEA: Siguiendo el surco que se forma entre el músculo deltoides y el pectoral mayor, de la clavícula hacia la axila.

OBSERVACIONES: El primer punto se corresponde con el punto clave 2P (Unmon) y el segundo con el 1P (Chuufu). En general, esta región se relaciona con el estado de la función respiratoria.

Tres veces tres segundos.

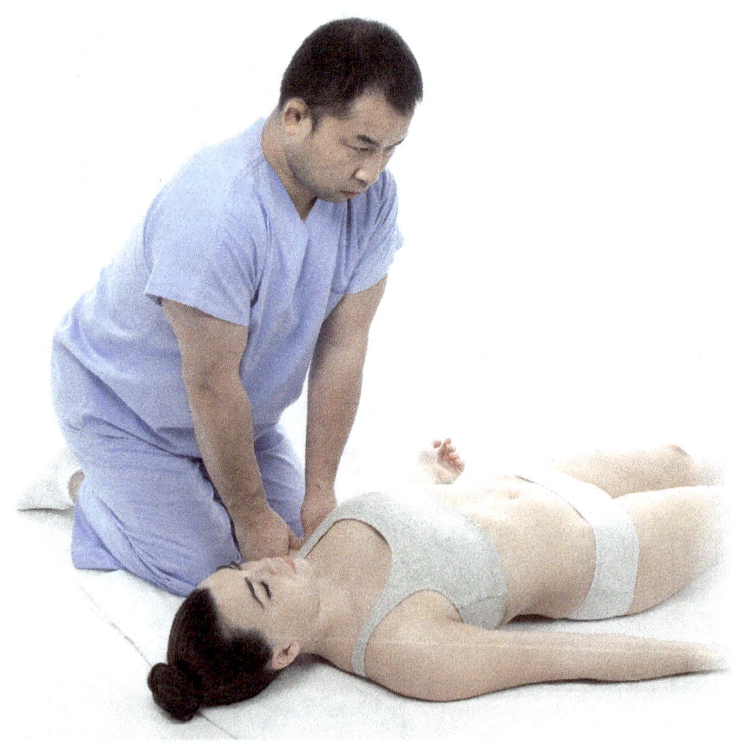

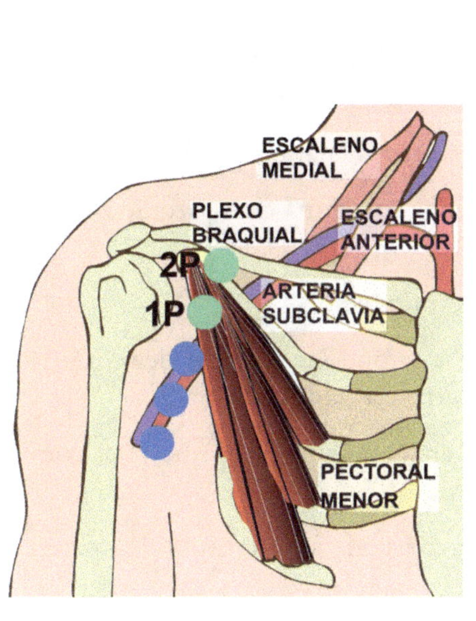

ESCALENO MEDIAL
PLEXO BRAQUIAL
ESCALENO ANTERIOR
2P
1P
ARTERIA SUBCLAVIA
PECTORAL MENOR

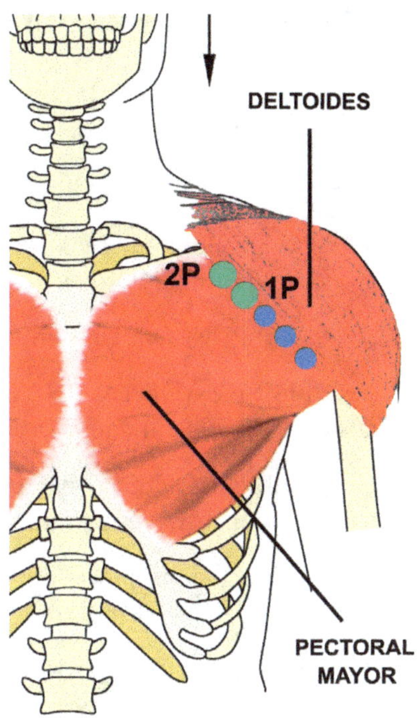

DELTOIDES
2P
1P
PECTORAL MAYOR

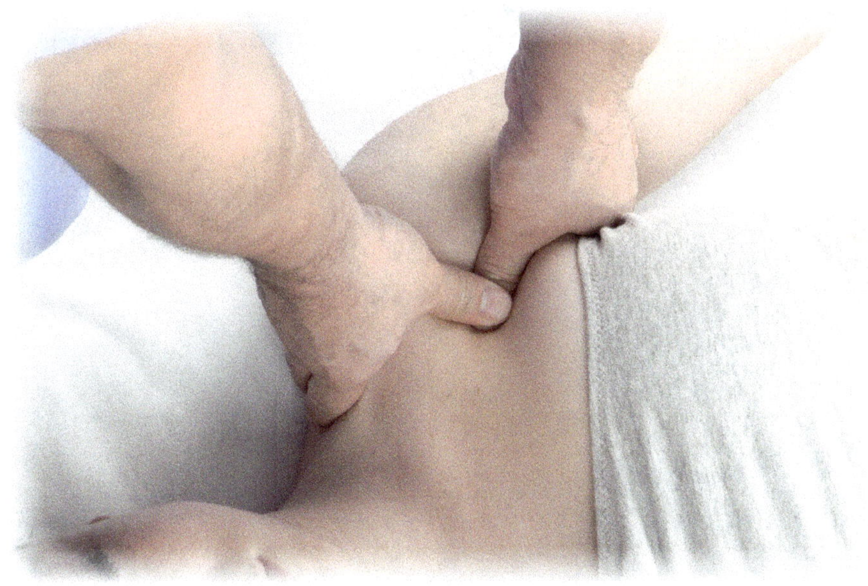

5.11. REGIÓN BRAQUIAL LATERAL

POSTURA DEL PACIENTE: Supino, brazo en abducción, codo flexionado y antebrazo en pronación.

POSTURA DEL TERAPEUTA: Seiza, frente a la zona a trabajar.

TIPO DE PRESIÓN: Pulgar sobre pulgar en forma de V (izquierdo debajo en el lado izquierdo).

N.º DE PUNTOS: Una línea de ocho puntos.

DIRECCIÓN DE LA LÍNEA: Desde el acromion, sobre el deltoides, y hasta la fosa olecraneana. La línea discurre por el tríceps braquial.

OBSERVACIONES: Zona adecuada para el tratamiento de hombro congelado, y en caso de resfriado o catarro.

El primer punto, por debajo del acromion, se corresponde con el punto clave 15IG (Kenguu).

Tres veces tres segundos.

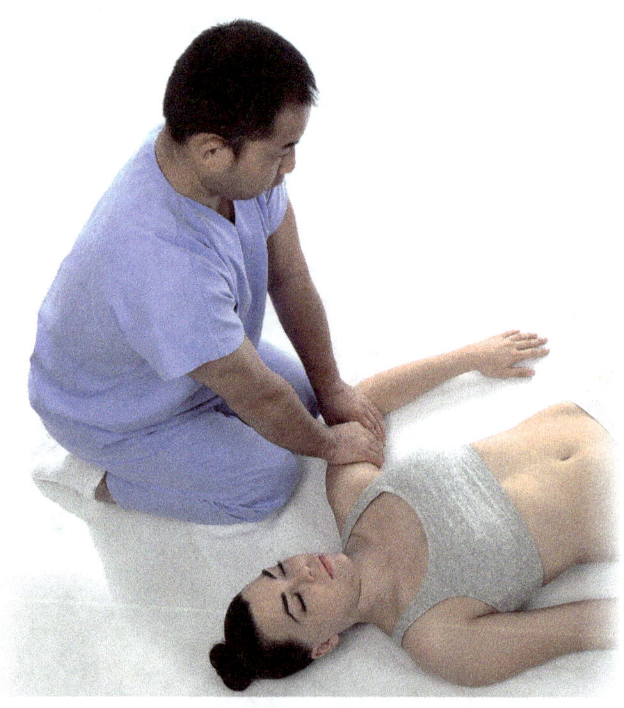

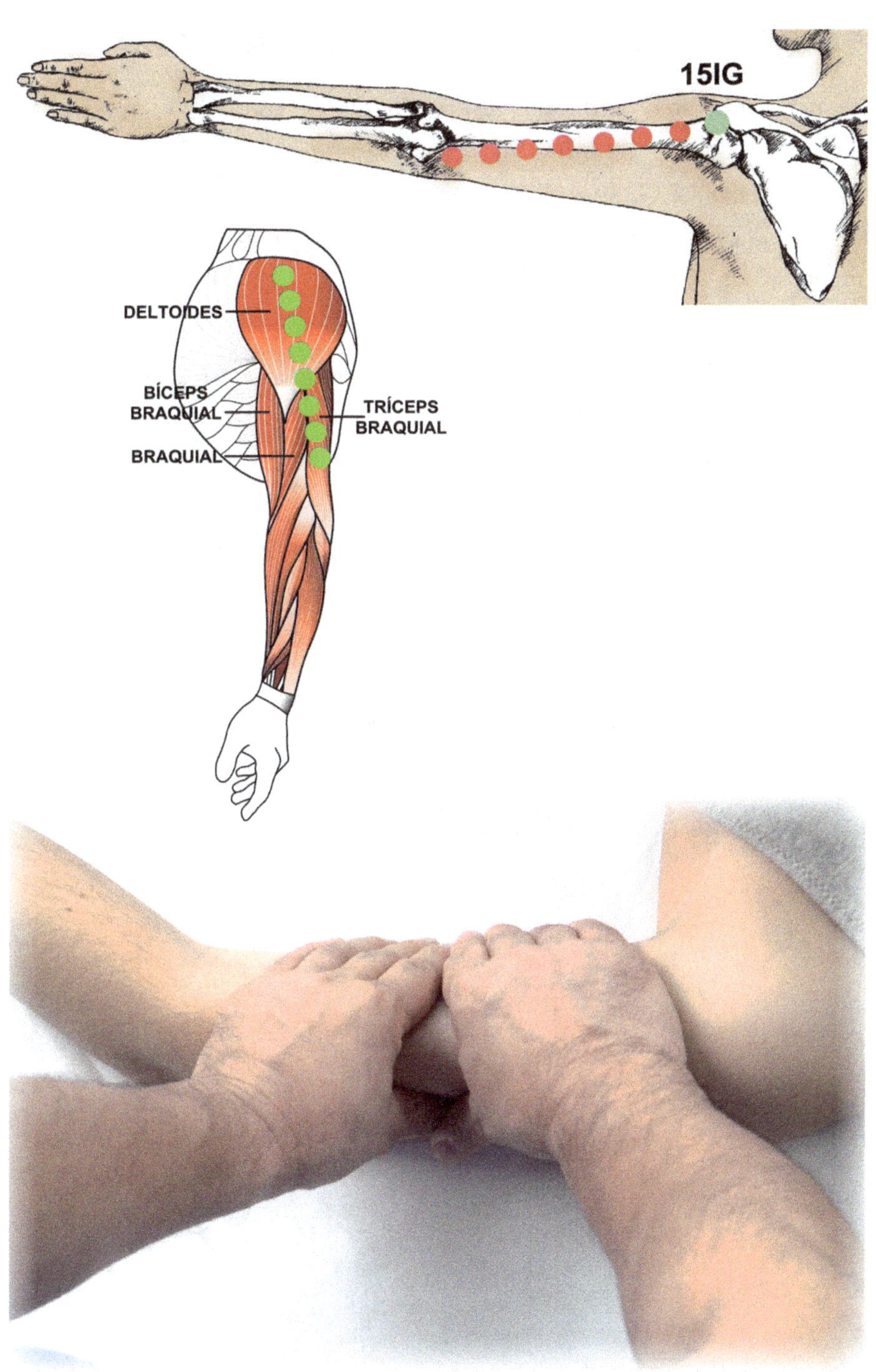

15IG
DELTOIDES
BÍCEPS
BRAQUIAL
TRÍCEPS
BRAQUIAL
BRAQUIAL

5.12. REGIÓN DEL PLIEGUE LATERAL DEL CODO

POSTURA DEL PACIENTE: Supino, brazo en abducción, codo flexionado y antebrazo en pronación.

POSTURA DEL TERAPEUTA: Seiza, frente al antebrazo.

TIPO DE PRESIÓN: Un pulgar (derecho en el lado izquierdo). La otra mano sujeta la muñeca del paciente.

N.º DE PUNTOS: Una línea de cinco puntos.

DIRECCIÓN DE LA LÍNEA: Del tendón del bíceps hacia el epicóndilo lateral del codo.

OBSERVACIONES: Pare el tratamiento de codo de tenista y dolor de garganta.

El primer punto coincide con el punto clave 5P (Syakutaku); y el cuarto con el 11IG (Kyokuchi).

Tres veces tres segundos.

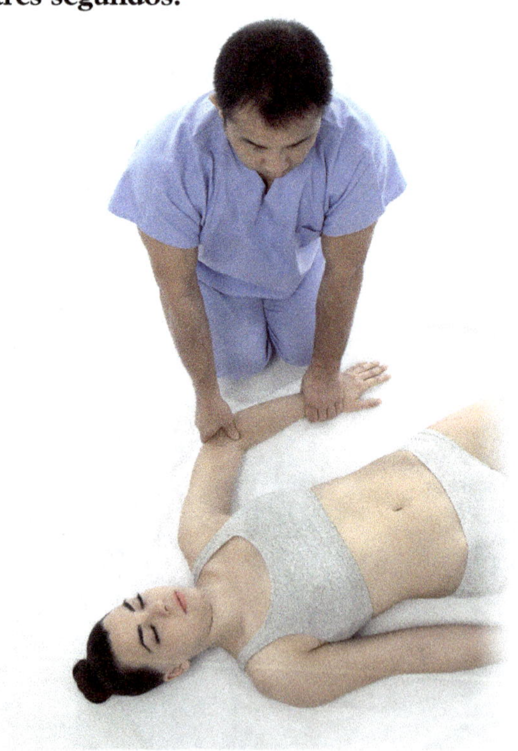

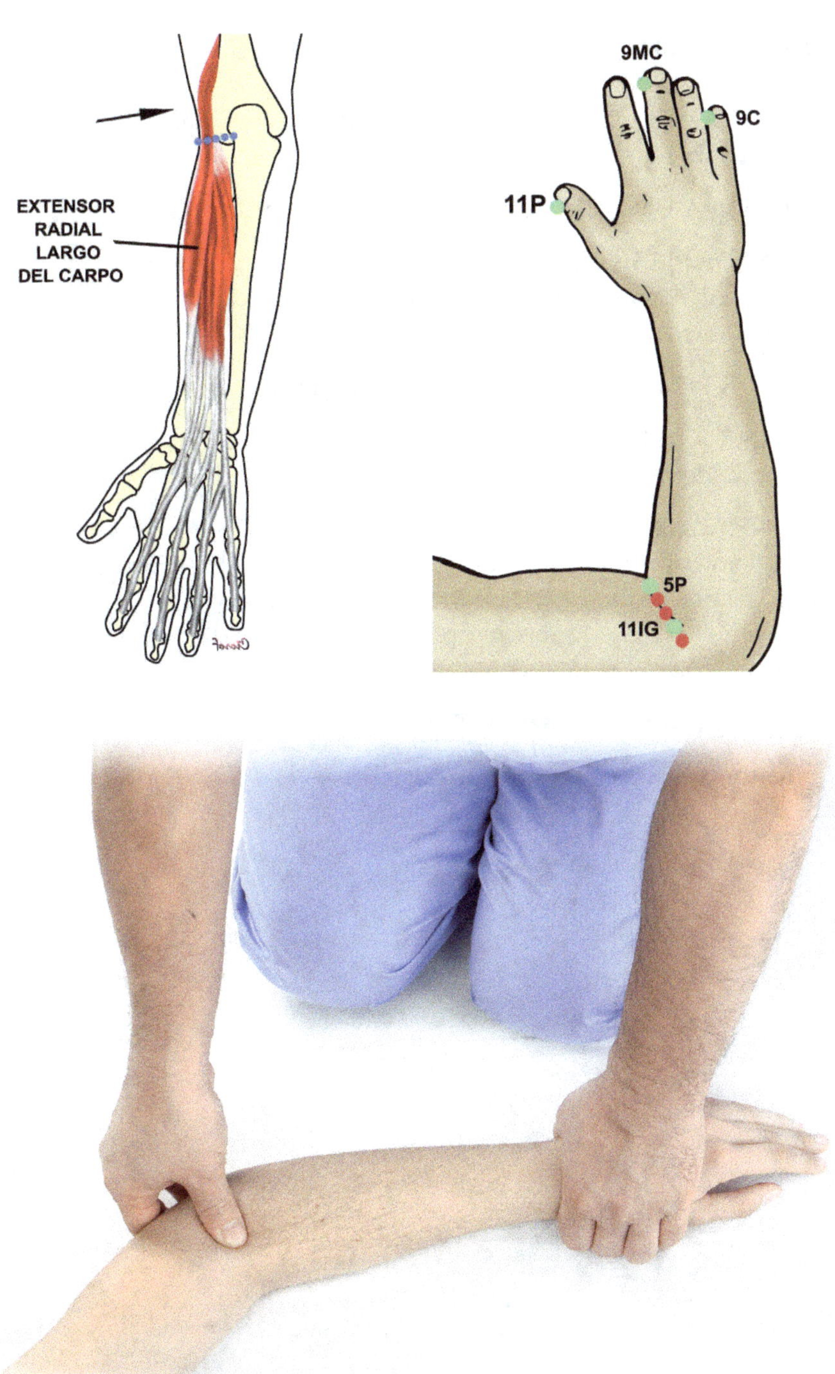
EXTENSOR
RADIAL
LARGO
DEL CARPO
9MC
9C
11P
5P
11IG

5.13. REGIÓN ANTEBRAQUIAL LATERAL

POSTURA DEL PACIENTE: Supino, antebrazo en pronación. La mano descansa sobre la pierna del terapeuta.

POSTURA DEL TERAPEUTA: Seiza, a 45° con respecto al paciente.

TIPO DE PRESIÓN: Pulgar sobre pulgar (derecho debajo en el lado izquierdo). Al tiempo que presiona, el terapeuta realiza una tracción del brazo del paciente.

N.º DE PUNTOS: Una línea de ocho puntos.

DIRECCIÓN DE LA LÍNEA: Del pliegue lateral del codo hacia el pliegue lateral de la muñeca.

OBSERVACIONES: El primer punto coincide con el punto clave 10IG (Te no Sanri) y se localiza tres dedos por debajo del pliegue lateral del codo. Tratamiento para el cansancio de los brazos y la mejora de la circulación de la mano. El séptimo punto se corresponde con el punto clave 5TR (Gaikan); y el octavo con el 4TR (Youchi).

Primer punto: tres veces cinco segundos.

Resto: tres veces tres segundos.

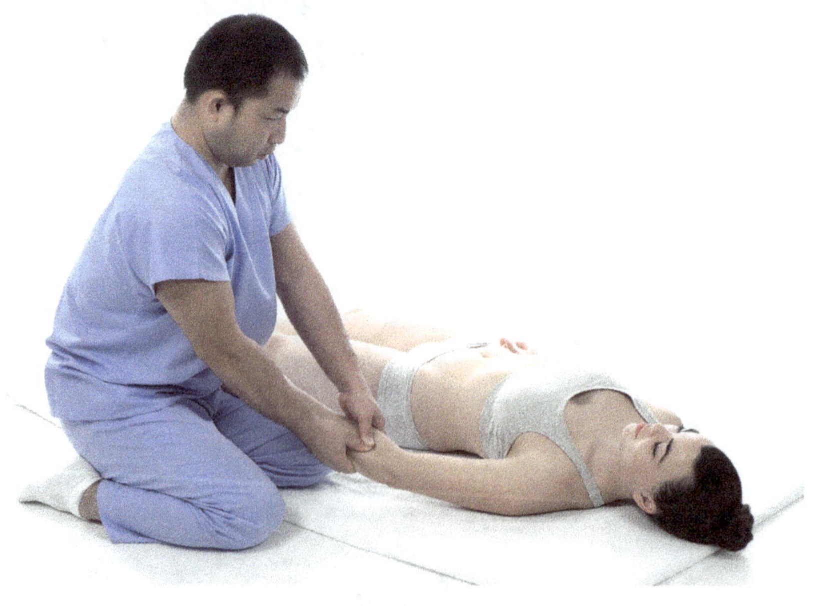

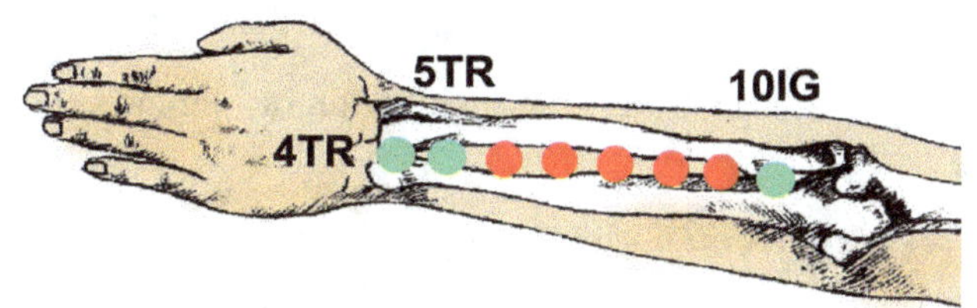
5TR
10IG
4TR

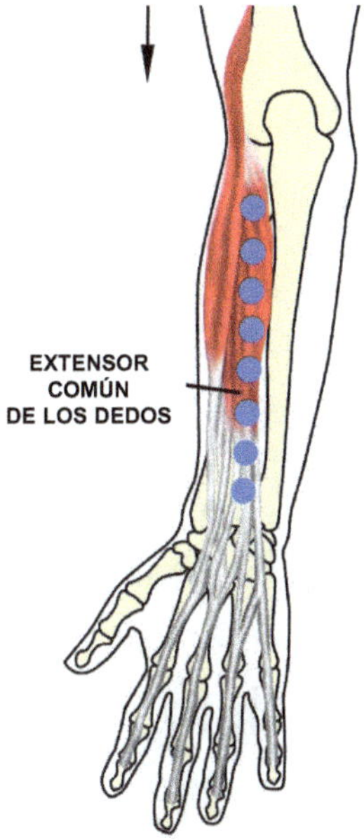

EXTENSOR
COMÚN
DE LOS DEDOS

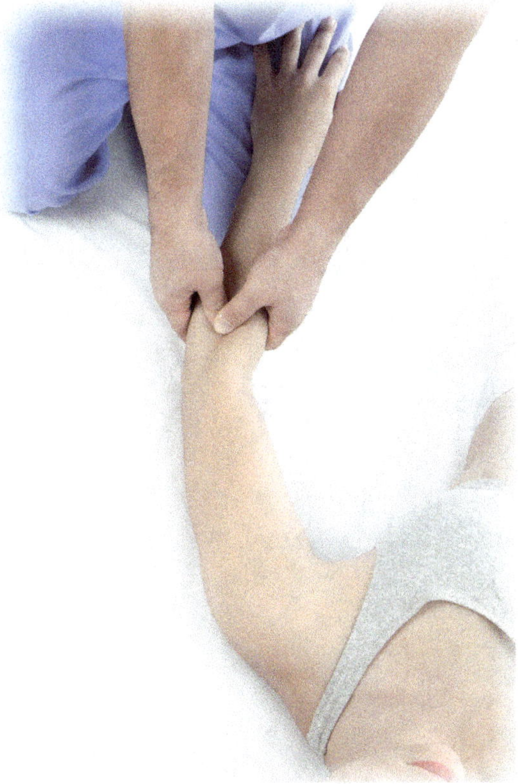

5.14. REGIÓN LATERAL DE LA MUÑECA

POSTURA DEL PACIENTE: Supino, antebrazo en pronación. La mano descansa sobre la pierna del terapeuta.

POSTURA DEL TERAPEUTA: Seiza, manteniendo la posición anterior.

TIPO DE PRESIÓN: Pulgar sobre pulgar (derecho debajo en el lado izquierdo).

N.º DE PUNTOS: Una línea de cinco puntos.

DIRECCIÓN DE LA LÍNEA: Sobre el pliegue lateral de la muñeca, desde el extremo radial al cubital.

OBSERVACIONES: El primer punto se corresponde con el punto clave 5IG (Youkei); el tercero con el 4TR (Youchi); y el quinto con el 5ID (Youkoku).

Tres veces tres segundos.

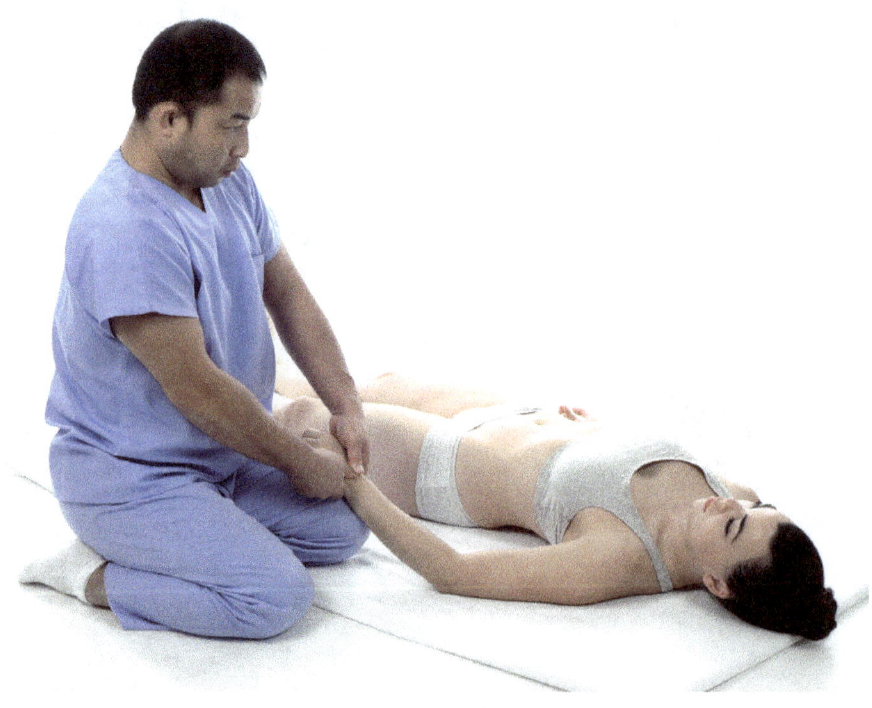

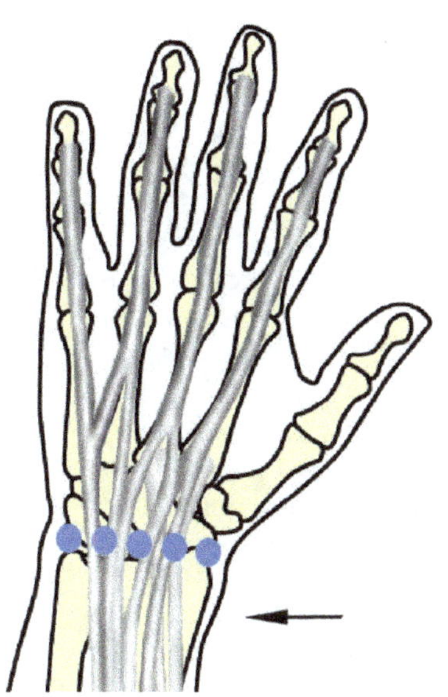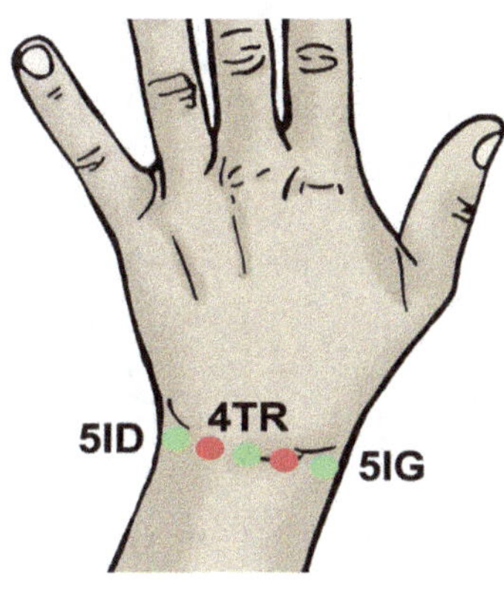

5ID
4TR
5IG

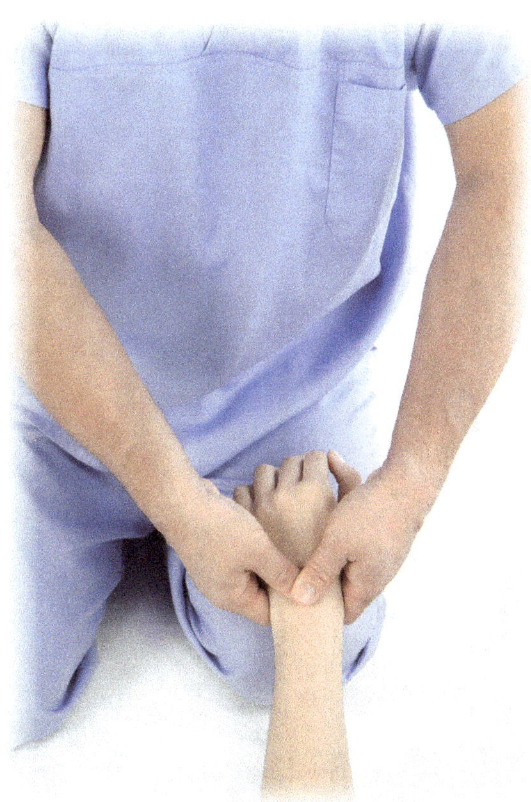

5.15. REGIÓN DORSAL DE LA MANO

POSTURA DEL PACIENTE: Supino, antebrazo en pronación. La mano descansa sobre la pierna del terapeuta.

POSTURA DEL TERAPEUTA: Seiza, manteniendo la posición anterior.

TIPO DE PRESIÓN: Un pulgar. La otra mano sujeta la mano del paciente.

N.º DE PUNTOS: Cuatro líneas de cinco puntos.

1.ª y 2.ª líneas, con pulgar izquierdo; 3.ª y 4.ª líneas, con pulgar derecho (en el lado izquierdo).

DIRECCIÓN DE LA LÍNEA: En los surcos intermetacarpianos. Del carpo hacia los dedos y desde el primer surco hacia el cuarto.

OBSERVACIONES: El tercer punto de la primera línea se corresponde con el punto clave 4IG (Goukoku). A este punto le denominamos «punto aspirina» por su efecto analgésico general y concretamente para el dolor de muelas y dolores de cabeza frontales.

En esta región se localizan dos puntos importantes para el tratamiento de problemas lumbares: el primer punto de la segunda línea, y el primer punto de la cuarta línea.

Tres veces tres segundos.

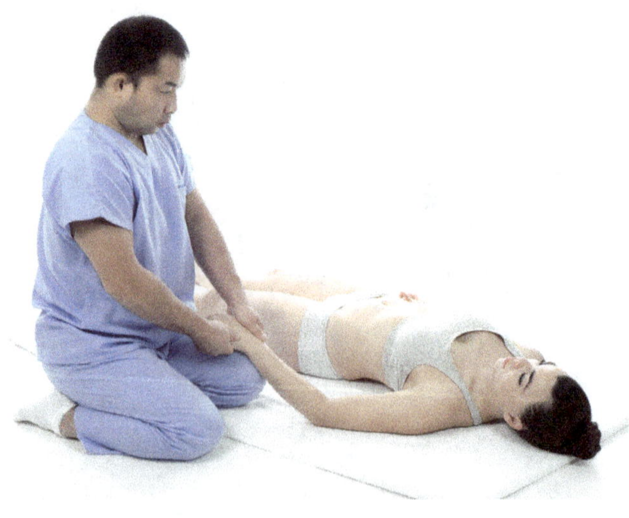

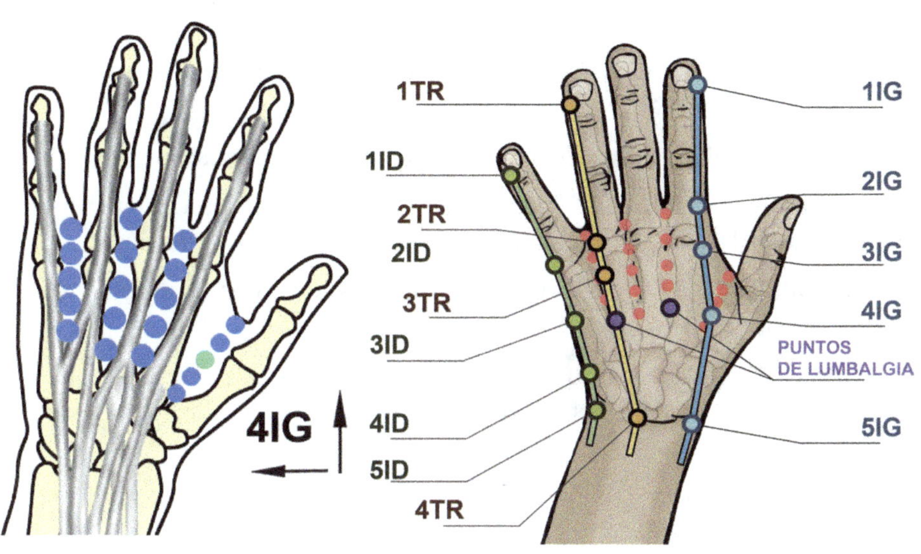

4IG
1TR
1ID
2TR
2ID
3TR
3ID
4ID
5ID
4TR
1IG
2IG
3IG
4IG
PUNTOS
DE LUMBALGIA
5IG

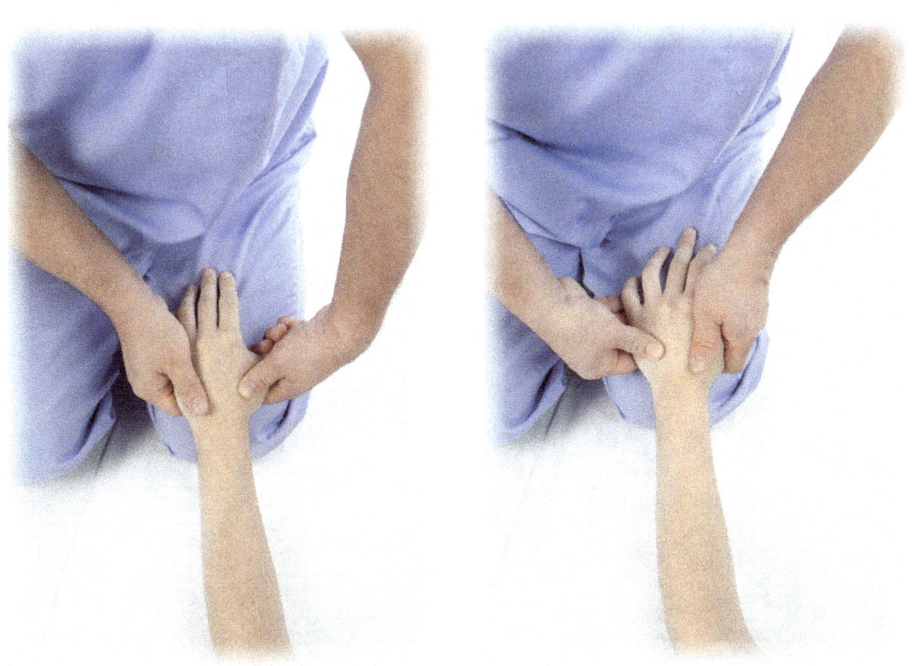

5.16. REGIÓN DIGITAL, DORSAL-PALMAR Y LATERAL

POSTURA DEL PACIENTE: Supino, antebrazo en pronación. La mano descansa sobre la pierna del terapeuta.

POSTURA DEL TERAPEUTA: Seiza, manteniendo la posición anterior.

TIPO DE PRESIÓN: Pulgar e índice. Los tres primeros dedos con la mano izquierda y los otros dos con la derecha (en el lado izquierdo).

N.º DE PUNTOS: Una línea de tres puntos (dedo gordo); cuatro líneas de cuatro puntos (resto).

DIRECCIÓN DE LA LÍNEA: De los nudillos a las uñas, y del primer dedo al quinto. Primero sobre las falanges y después en las regiones laterales.

OBSERVACIONES: Los puntos de presión se localizan en las articulaciones y sobre la uña.

Este ejercicio estimula los puntos clave que se localizan en los extremos de los dedos. Son los siguientes: 11P (Syousyou, ángulo ungueal radial del primer dedo); 1IG (Syouyou, ángulo ungueal radial del segundo dedo); 9MC (Chuusyou, ángulo ungueal radial del tercer dedo); 1TR (Kansyou, ángulo ungueal cubital del cuarto dedo); 9C (Syousyou, ángulo ungueal radial del quinto dedo); y 1ID (Syoutaku, ángulo ungueal cubital del quinto dedo).

Tres veces dos segundos.

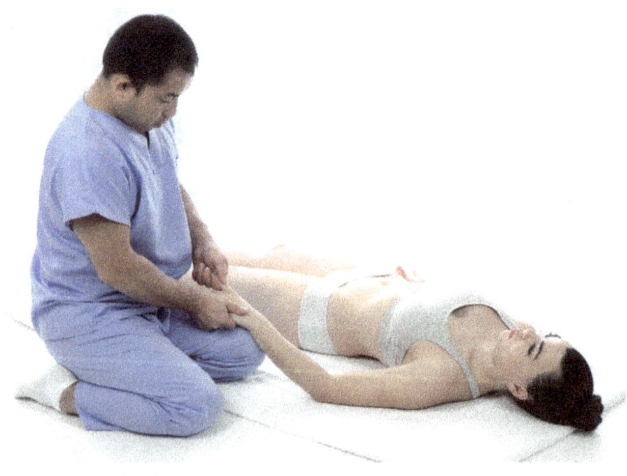

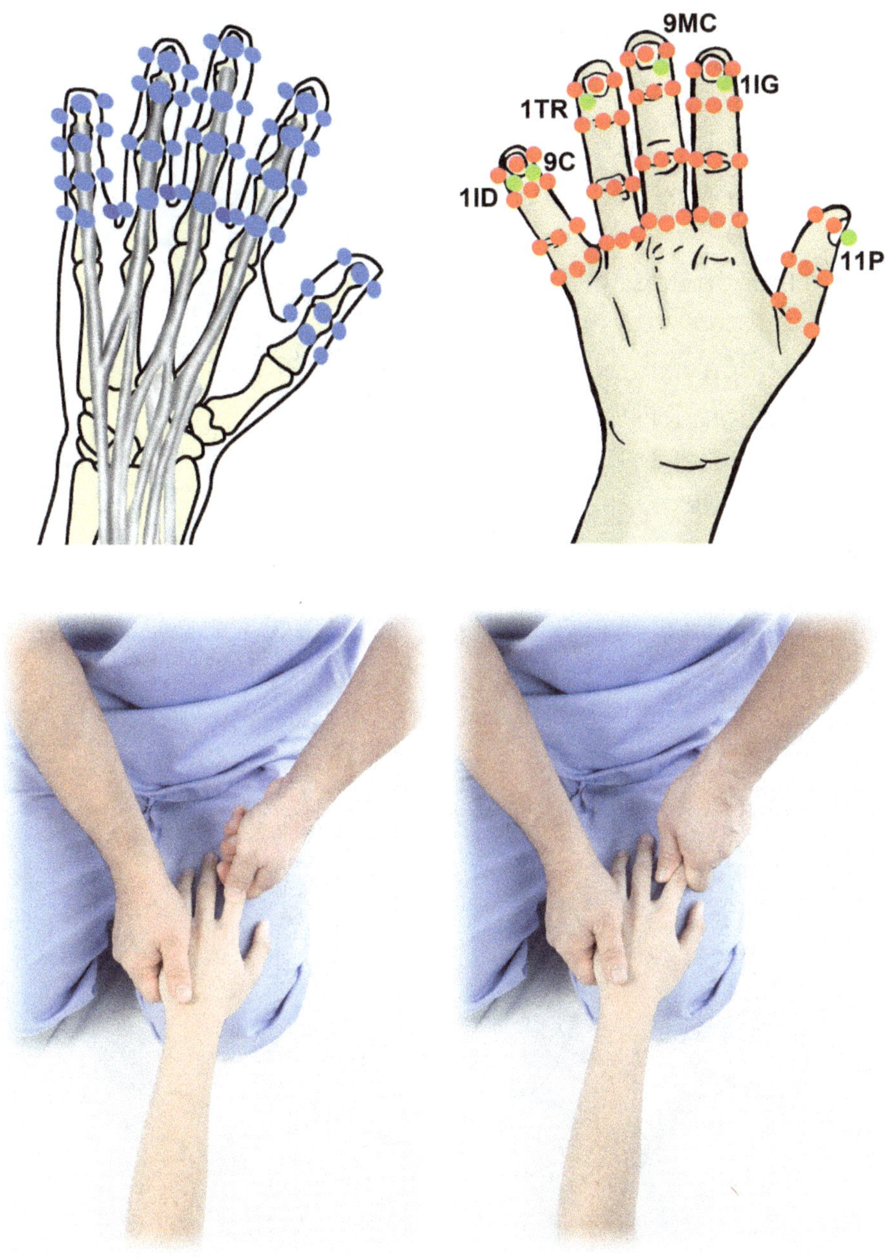

Repetir el trabajo de la Extremidad Superior
en el brazo derecho.

6. Abdomen

6.1. Presión palmar.

6.2. Presión mano sobre mano.

6.3. Presión con ambos pulgares.

6.4. Región del riñón.

6.5. Región del diafragma.

6.6. Región del colon sigmoideo.

6.7. Presión ondulante.

6.8. Presión circular.

6.9. Presión vibracional.

6.10. Relajación.

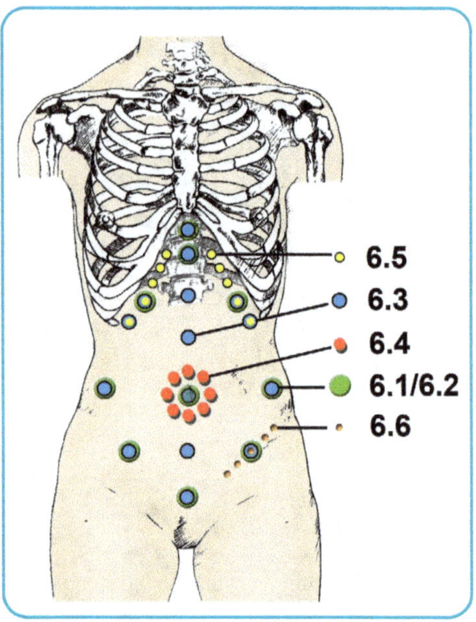

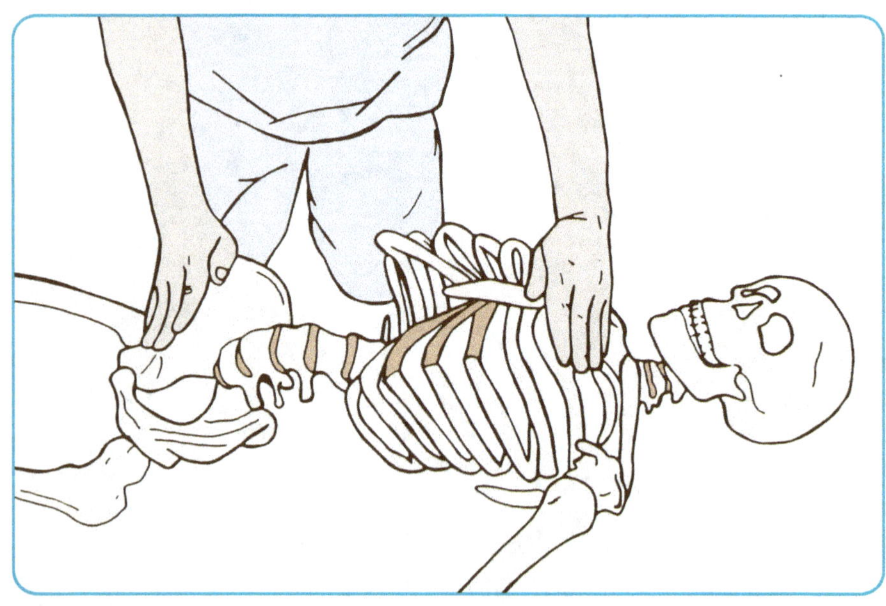

6. A TENER EN CUENTA, ABDOMEN

El abdomen se trabaja desde el lado DERECHO del paciente.

• Zona muy importante y fundamental.

• Trabajar unos minutos el abdomen reequilibra el organismo.

• Casi todo el recorrido del abdomen se hace en postura seiza.

• Las primeras presiones más lentas, ver la receptividad del paciente.

• Tres presiones:

    – 1.ª vez: Presiónsuave.
    – 2.ª vez: La presión
       es más profunda.
– 3.ª vez: Hay que encontrar la contractura.

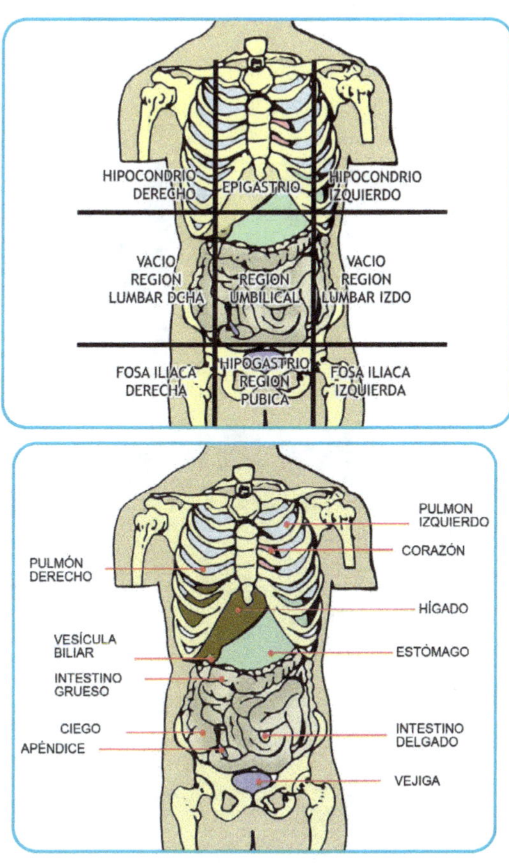

POSICIÓN PACIENTE-TERAPEUTA

POSTURA DEL PACIENTE: Supino, brazo derecho en abducción de 90°.

POSTURA DEL TERAPEUTA: Seiza, perpendicular al lado derecho del paciente.

TIPO DE PRESIÓN: Palmar (con la mano derecha se presiona, mano izquierda se apoya sobre el hombro del paciente).

OBSERVACIONES: Esta postura se mantiene para todas las regiones excepto en la región 6.3 Presión de dedos (postura básica).

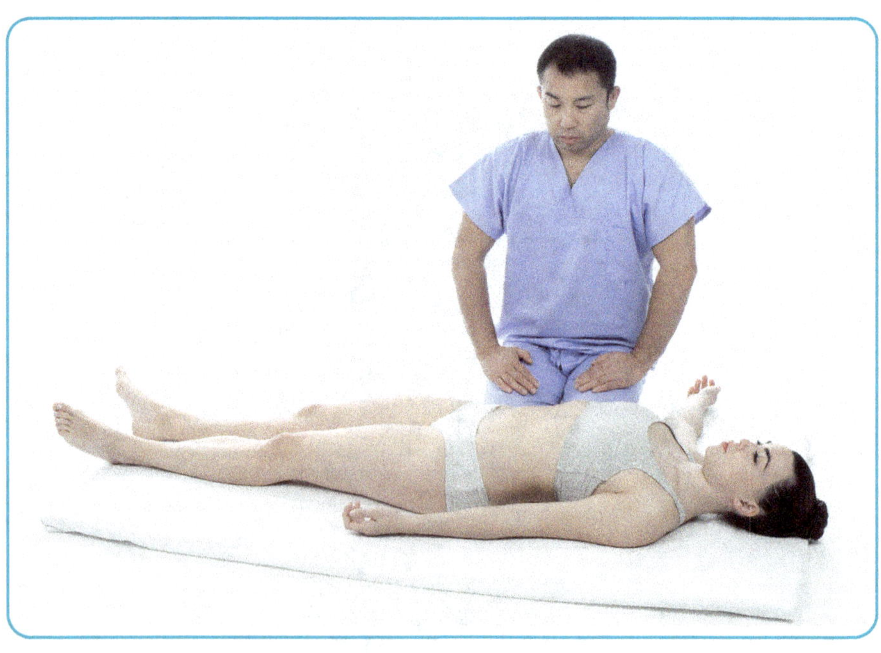

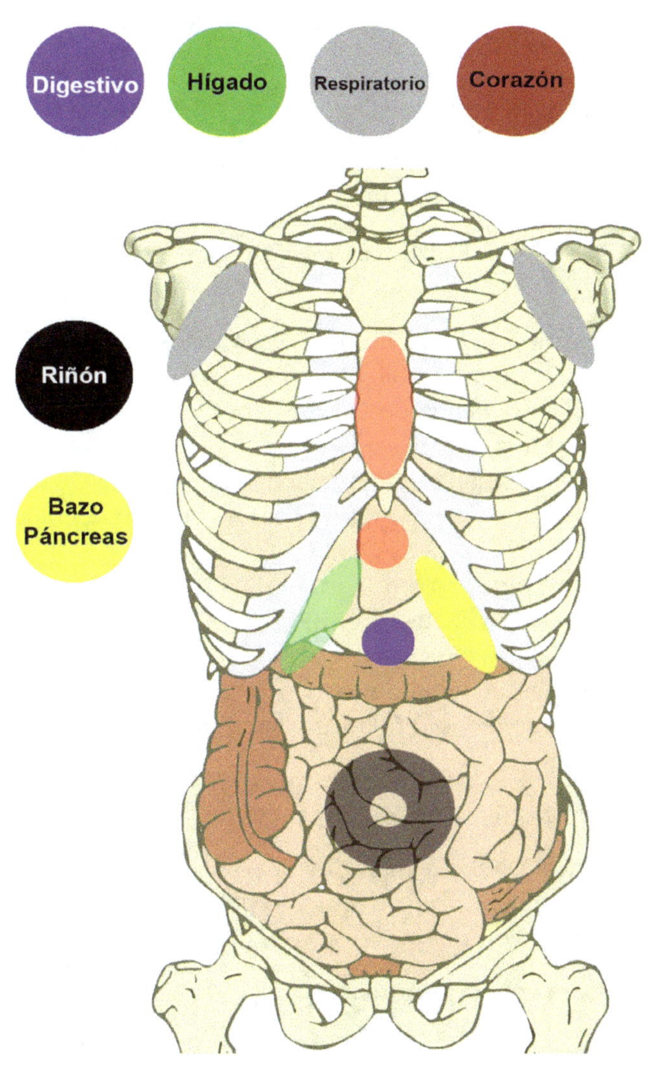

Estilo Aze. Las zonas reflejas de los órganos
y su relación con los 5 elementos según
la Medicina Tradicional China (zona anterior del cuerpo).

6.1. PRESIÓN PALMAR

POSTURA DEL PACIENTE: Supino, brazo derecho en abducción de 90°.

POSTURA DEL TERAPEUTA: Seiza, perpendicular al paciente.

TIPO DE PRESIÓN: Palmar. La mano derecha presiona mientras la mano izquierda descansa sobre el hombro del paciente.

N.º DE PUNTOS: Diez presiones (nueve más la repetición del epigastrio).

1. Epigastrio (Corazón/Emoción): En la fosa epigástrica.
2. Riñón: Sobre el ombligo.
3. Vejiga: Por encima de la sínfisis púbica.
4. Ciego: En la fosa ilíaca derecha.
5. Colon ascendente: En el flanco derecho.
6. Hipocondrio derecho (H y VB): En el centro del hipocondrio derecho.
7. Repetir epigastrio: En la fosa epigástrica.
8. Hipocondrio izquierdo (BP): En el centro del hipocondrio izquierdo.
9. Colon descendente: En el flanco izquierdo.
10. Colon sigmoideo: En la fosa ilíaca izquierda.

DIRECCIÓN DE LA LÍNEA: Se trabaja de forma circular en el sentido horario, entre los hipocondrios y las crestas ilíacas.

OBSERVACIONES: La mano trabaja de forma natural con los dedos siempre apuntando al flanco izquierdo del paciente. Se presiona acompañando la respiración del paciente.

Tres veces tres segundos.

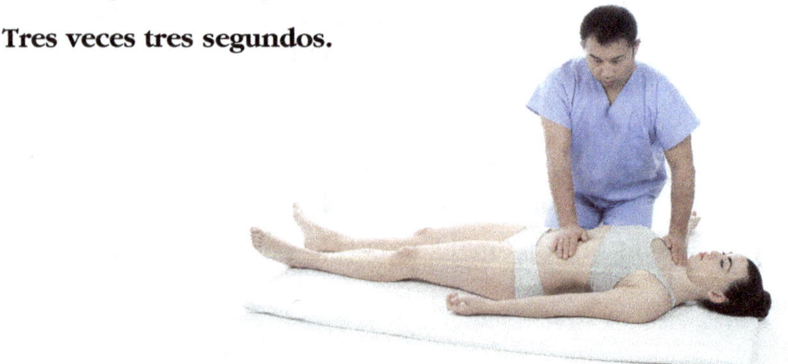

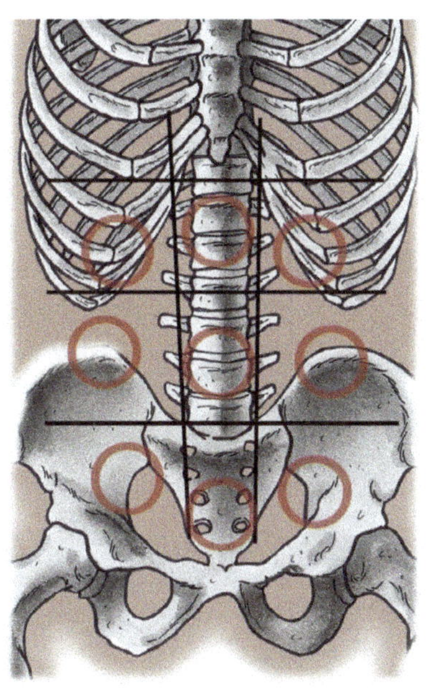

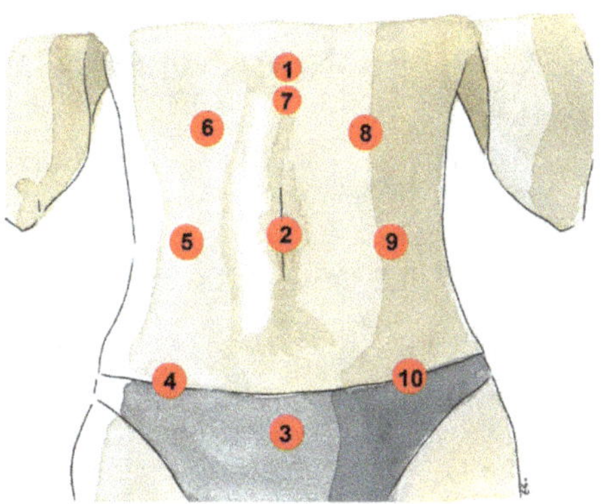

1
7
6
8
5
2
9
4
10
3

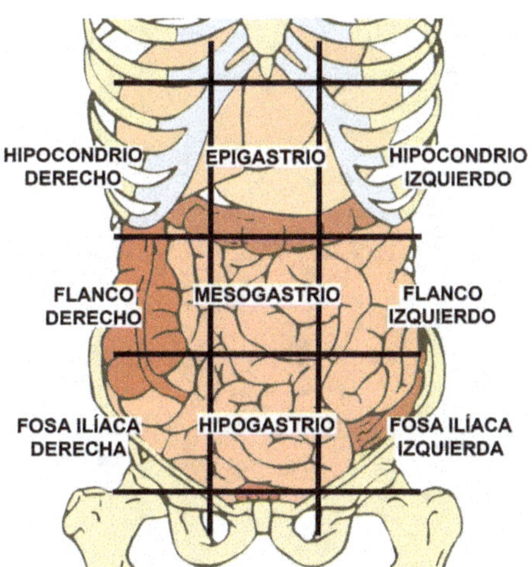

HIPOCONDRIO DERECHO
EPIGASTRIO
HIPOCONDRIO IZQUIERDO
FLANCO DERECHO
MESOGASTRIO
FLANCO IZQUIERDO
FOSA ILÍACA DERECHA
HIPOGASTRIO
FOSA ILÍACA IZQUIERDA

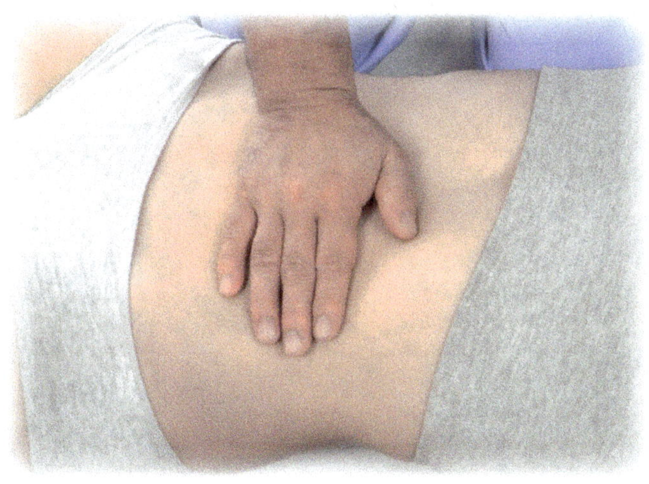

6.2. PRESIÓN MANO SOBRE MANO

POSTURA DEL PACIENTE: Supino, brazo derecho en abducción de 90º.

POSTURA DEL TERAPEUTA: Seiza, perpendicular al paciente.

TIPO DE PRESIÓN: Palma sobre palma. Toda la palma en contacto, pero concentrando en el extremo de los dedos.

N.º DE PUNTOS: Diez (nueve más la repetición del epigastrio).

1. Epigastrio (Corazón/Emoción); 2. Riñón; 3. Vejiga; 4. Ciego; 5. Colon ascendente; 6. Hipocondrio derecho (H y VB); 7. Repetir epigastrio; 8. Hipocondrio izquierdo (BP); 9. Colon descendente, y 10. Colon sigmoideo.

DIRECCIÓN DE LA LÍNEA: Igual que en la región anterior.

OBSERVACIONES: Los dedos siempre apuntan al flanco izquierdo del paciente.

Tres veces tres segundos.

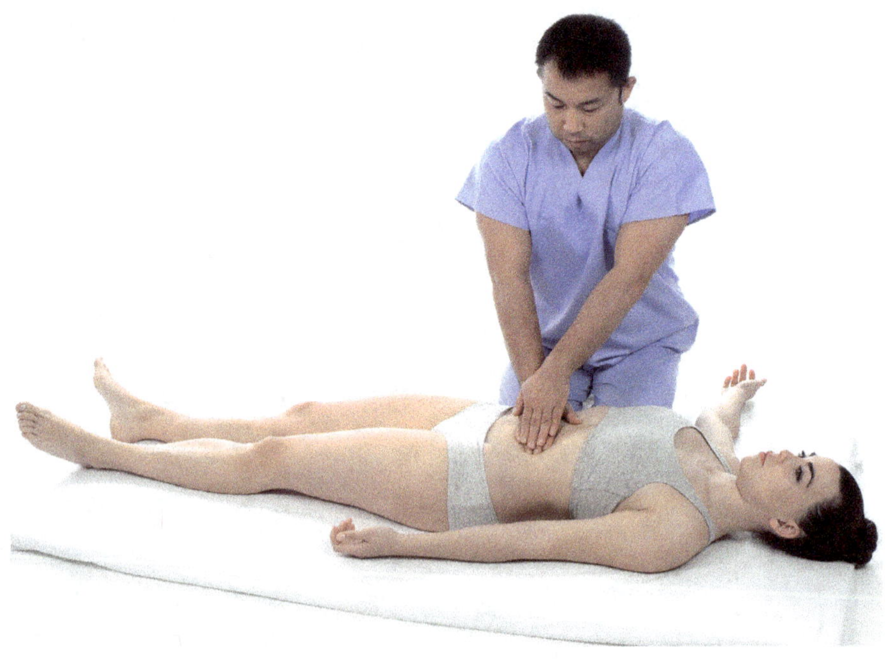

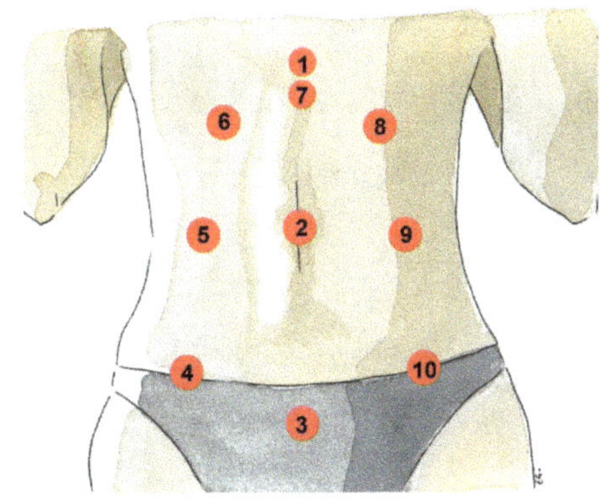

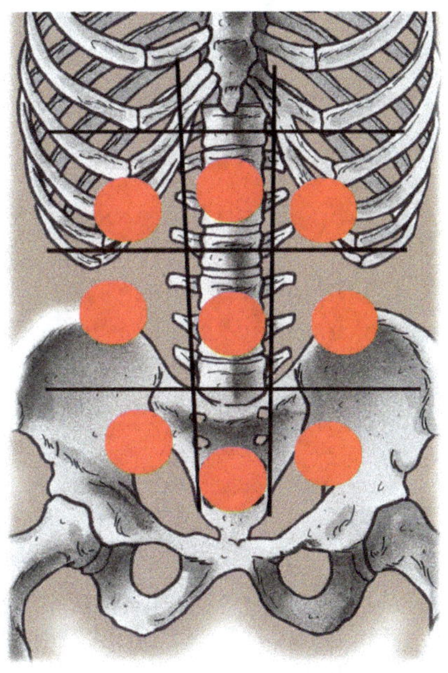

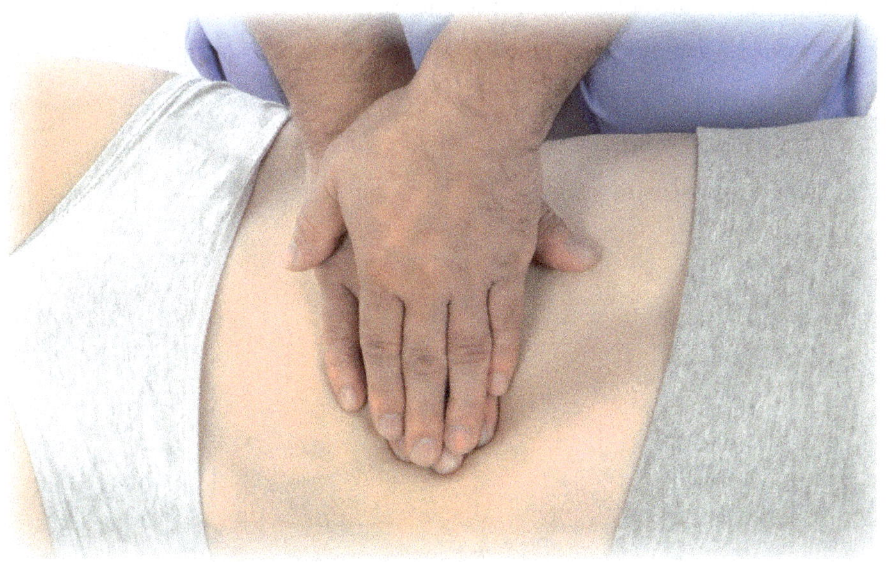

6.3. PRESIÓN CON AMBOS PULGARES

POSTURA DEL PACIENTE: Supino, brazo derecho en abducción de 90º.

POSTURA DEL TERAPEUTA: Básica.

TIPO DE PRESIÓN: Pulgares en A.

N.º DE PUNTOS: Quince (catorce más la repetición del epigastrio).

1. Epigastrio (Corazón/Emoción): En la fosa epigástrica.
2. Estómago: Entre la fosa epigástrica y el ombligo.
3. Riñón: Por encima del ombligo:
4. Intestino delgado: Por debajo del ombligo.
5. Tanden: Entre el ombligo y la sínfisis púbica.
6. Vejiga (recto, útero, próstata): Por encima de la sínfisis púbica.
7. Ciego: En la fosa ilíaca derecha.
8. Colon ascendente: En el flanco derecho.
9. Hígado 1: En el hipocondrio derecho.
10. Hígado 2: En el hipocondrio derecho.
11. Epigastrio/Diafragma (repetir): En la fosa epigástrica.
12. Bazo 1: En el hipocondrio izquierdo.
13. Bazo 2: En el hipocondrio izquierdo.
14. Colon descendente: En el flanco izquierdo.
15. Colon sigmoideo: En la fosa ilíaca izquierda.

DIRECCIÓN DE LA LÍNEA: Igual que en la región anterior.

OBSERVACIONES: La presión es perpendicular, pero en los puntos 9, 10, 12 y 13 se puede entrar ligeramente por debajo de la parrilla costal.

Tres veces tres segundos.

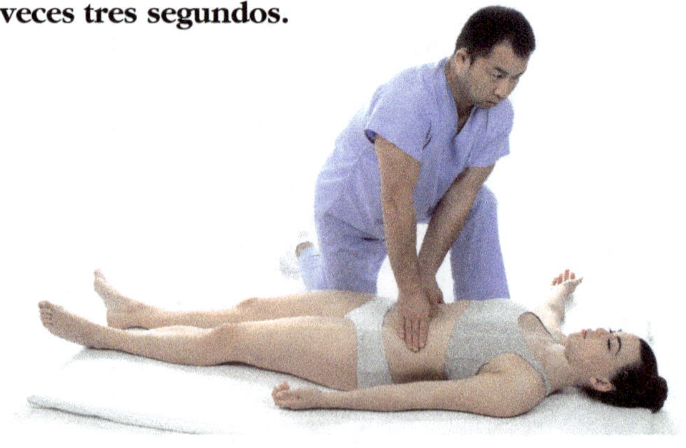

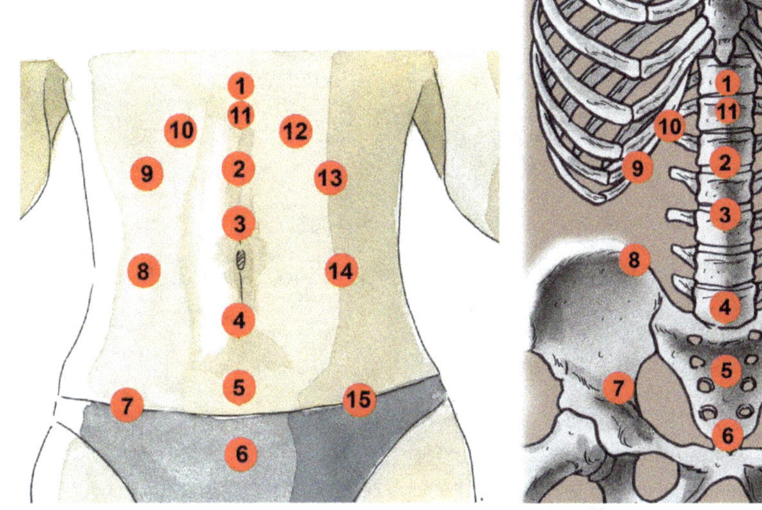

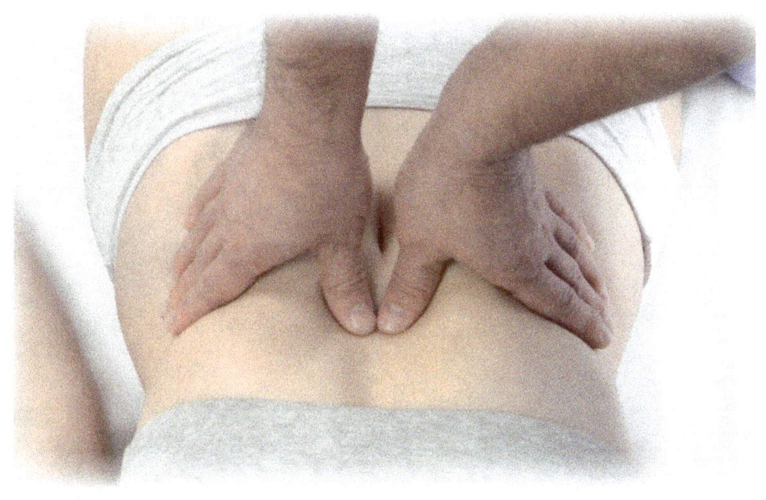

6.4. REGIÓN DEL RIÑÓN

POSTURA DEL PACIENTE: Supino, brazo derecho en abducción de 90°.

POSTURA DEL TERAPEUTA: Seiza, perpendicular al paciente.

TIPO DE PRESIÓN: Palma sobre palma. Toda la palma en contacto, pero concentrando en el extremo de los dedos.

N.º DE PUNTOS: Ocho.

DIRECCIÓN DE LA LÍNEA: Alrededor del ombligo, desde la línea media parte superior y en sentido horario.

OBSERVACIONES: Estimula la región de los riñones.

En la zona podemos destacar dos puntos clave: 9VC (Suibun), calma el dolor abdominal, diarrea en la gastroenteritis y 16R (Kouyu) indicado para aliviar la sensación de tensión e hinchazón abdominal.

Tres veces tres segundos.

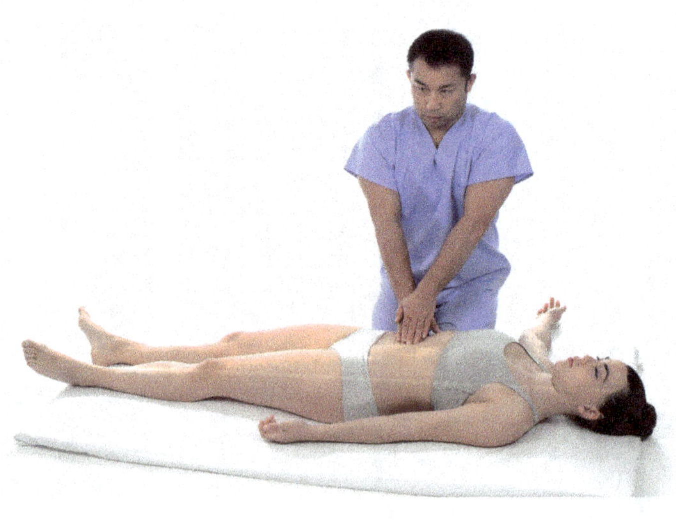

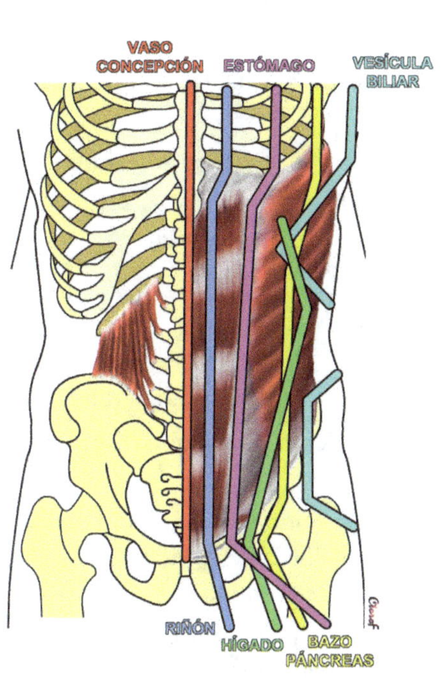

VASO
CONCEPCIÓN
ESTÓMAGO
VESÍCULA
BILIAR
RIÑÓN
HÍGADO
BAZO
PÁNCREAS

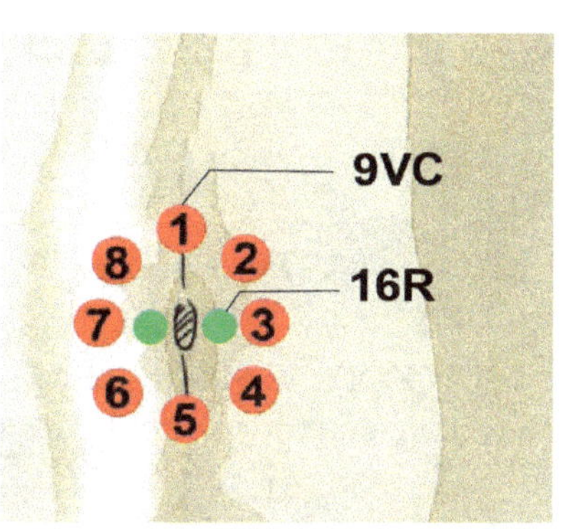

9VC
16R
8
1
2
7
3
6
5
4

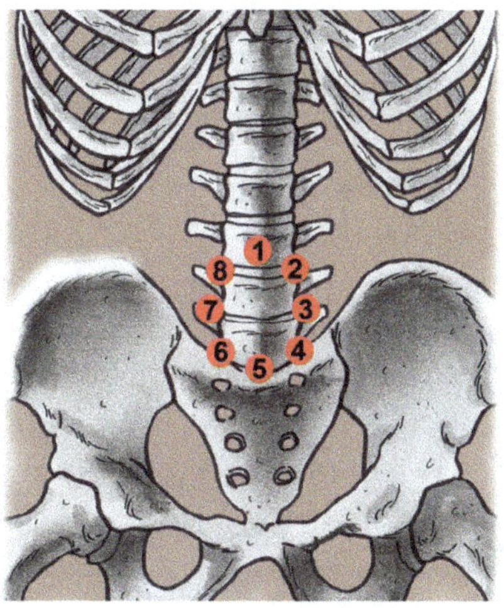

8
1
2
7
3
6
5
4

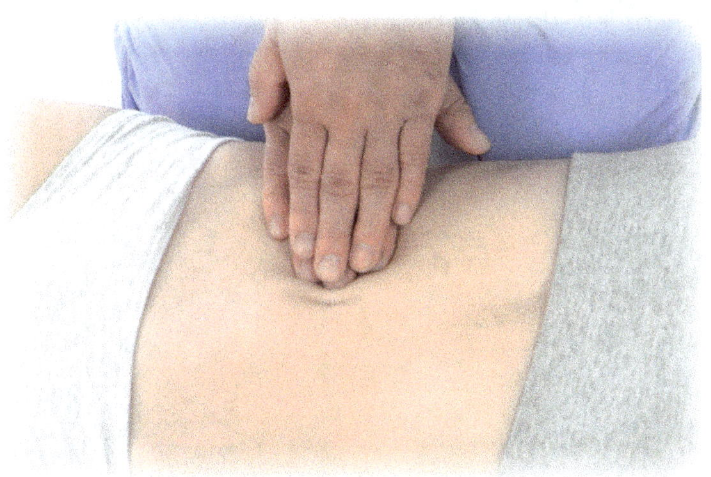

6.5. REGIÓN DEL DIAFRAGMA

POSTURA DEL PACIENTE: Supino, brazo derecho en abducción de 90°.

POSTURA DEL TERAPEUTA: Seiza, ángulo de 45° hacia el hombro izquierdo del paciente.

TIPO DE PRESIÓN: Palma sobre palma. Toda la palma en contacto, pero concentrando en el extremo de los dedos.

N.º DE PUNTOS: Dos líneas de cinco puntos + plexo solar.

1.º Plexo solar. 14VC (Koketsu)
2.º Hipocondrio derecho (Región del Hígado).
3.º Hipocondrio izquierdo (Región del Bazo-Páncreas).

DIRECCIÓN DE LA LÍNEA: Desde el plexo solar hacia el lateral.

OBSERVACIONES: Se realizará una presión lenta acompañando la respiración del paciente.

Además de trabajar Hígado y Bazo-Páncreas, se trabaja directamente sobre el diafragma, presionando el punto clave 14VC (Koketsu) indicado para patologías del corazón y trastornos psíquicos.

Cuando el cuerpo está sano (no tiene estrés) y la zona del diafragma está vacía (Kyo) la presión entra de forma adecuada.

El punto 6VC. (Kikai, Mar de la Energía) es el punto donde se genera y almacena la energía, Ki.

Si bien, la posición exacta puede variar dependiendo de cada persona, se localiza en la línea media del abdomen, a unos dos o tres centímetros debajo del ombligo (1,5 cun).

Tres veces tres segundos.

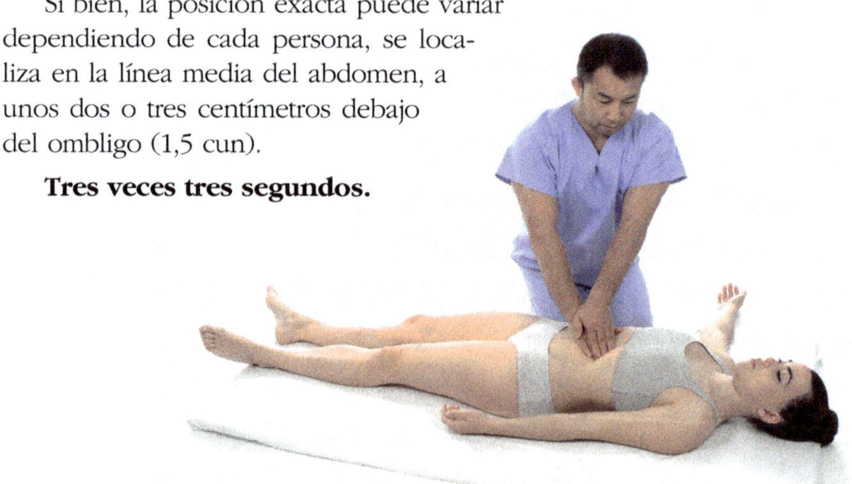

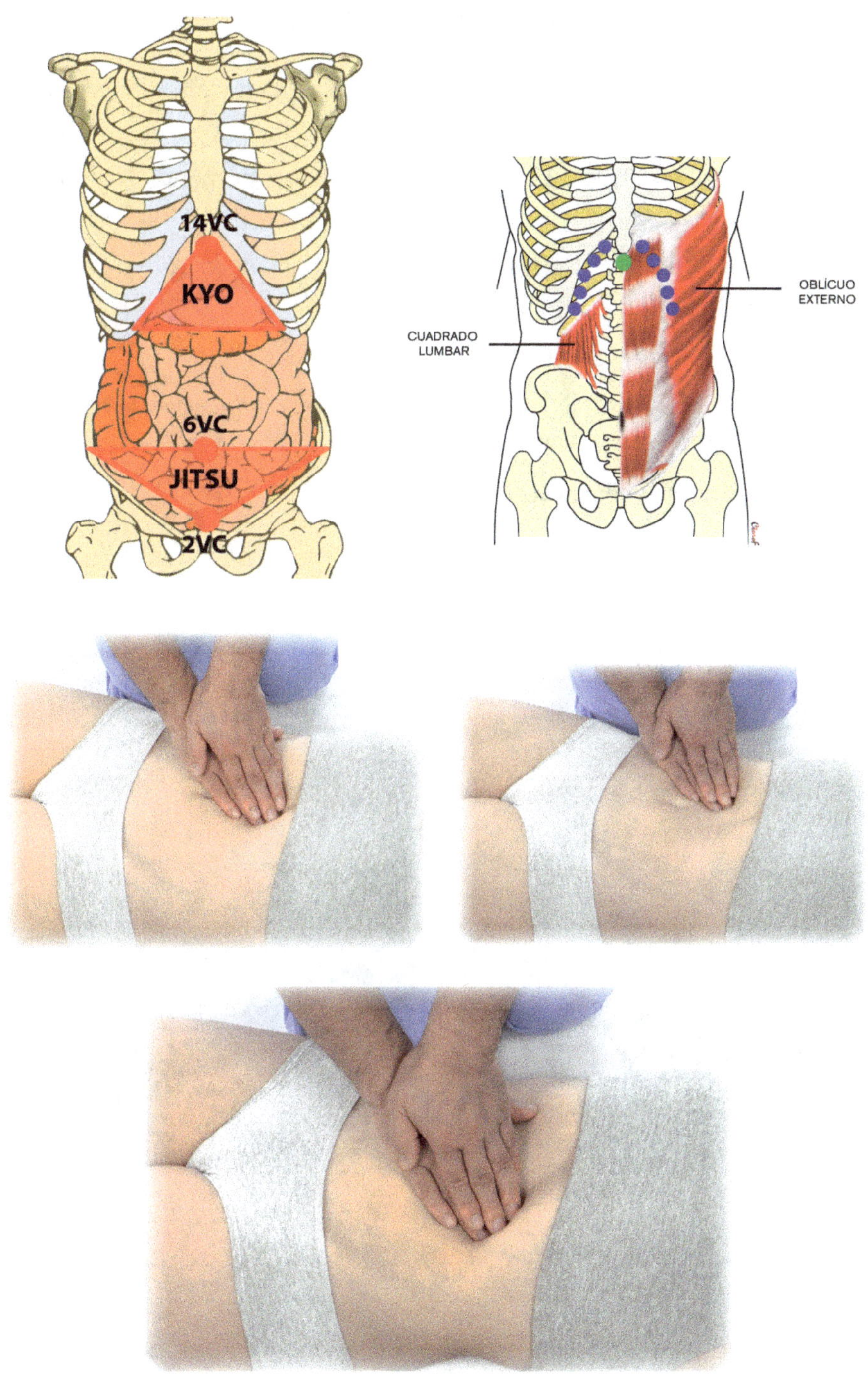

14VC
KYO
6VC
JITSU
2VC
CUADRADO
LUMBAR
OBLÍCUO
EXTERNO

6.6. REGIÓN DEL COLON SIGMOIDEO

POSTURA DEL PACIENTE: Supino, brazo derecho en abducción de 90°.

POSTURA DEL TERAPEUTA: Seiza o rodillas, perpendicular al paciente.

TIPO DE PRESIÓN: Ambas eminencias de la mano derecha. La mano izquierda descansa sobre el hombro del paciente.

N.º DE PUNTOS: Una línea de cinco puntos.

DIRECCIÓN DE LA LÍNEA: Sobre la fosa ilíaca izquierda, desde la espina ilíaca antero superior y hacia el pubis.

Tres veces tres segundos.

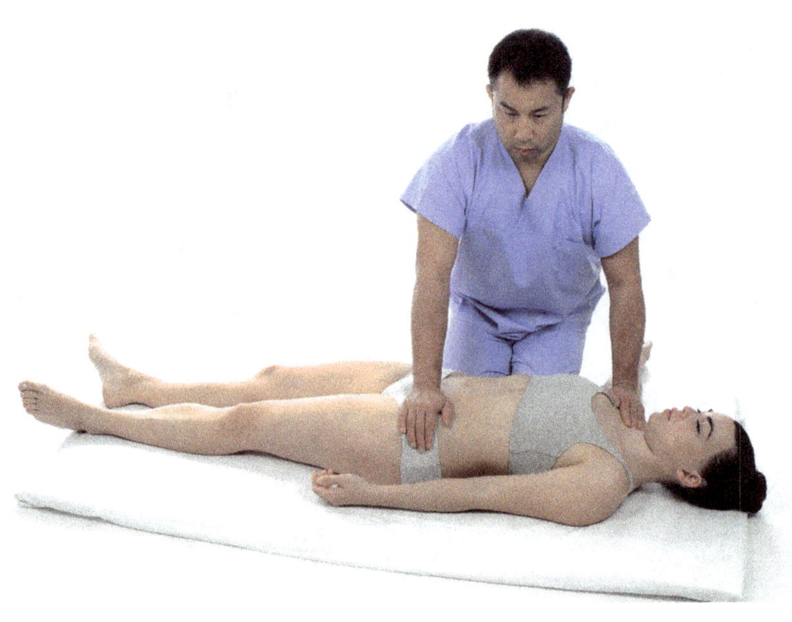

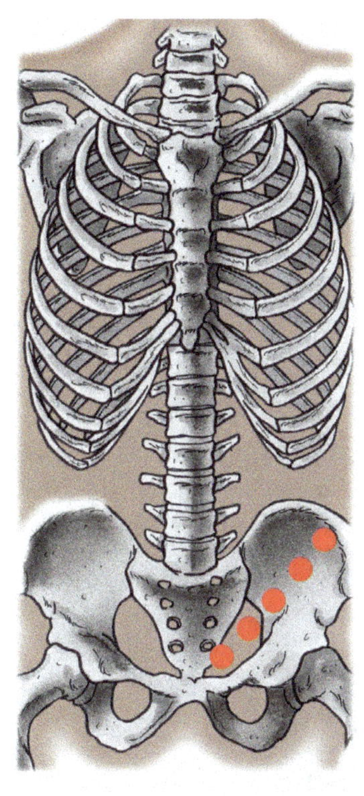

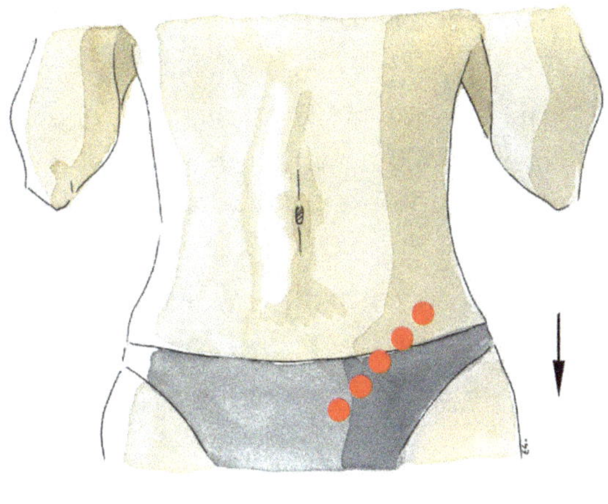

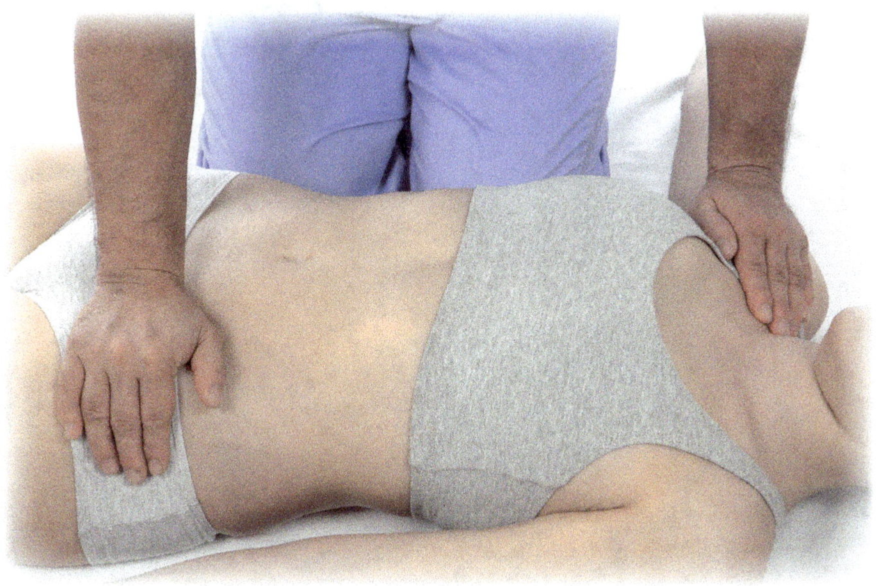

6.7. PRESIÓN ONDULANTE

POSTURA DEL PACIENTE: Supino, brazo derecho en abducción de 90º.

POSTURA DEL TERAPEUTA: Seiza o rodillas, perpendicular al paciente.

TIPO DE PRESIÓN: Movimiento de oleaje con ambas manos, con las eminencias empuja el colon ascendente y el paquete abdominal, mientras que con los dedos tira hacia sí del colon descendente y el paquete abdominal.

OBSERVACIONES: Las palmas no se separan del abdomen. Normalmente la presión se realiza con ambas palmas a la vez, sólo en caso de que el paciente tenga un abdomen pequeño se realiza palma sobre palma.

Diez movimientos de ida y vuelta.

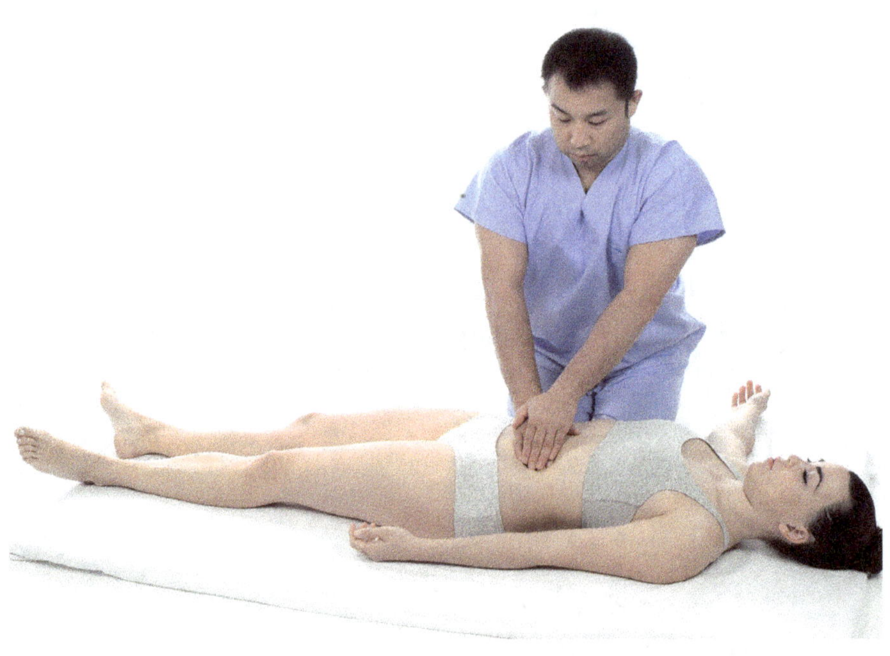

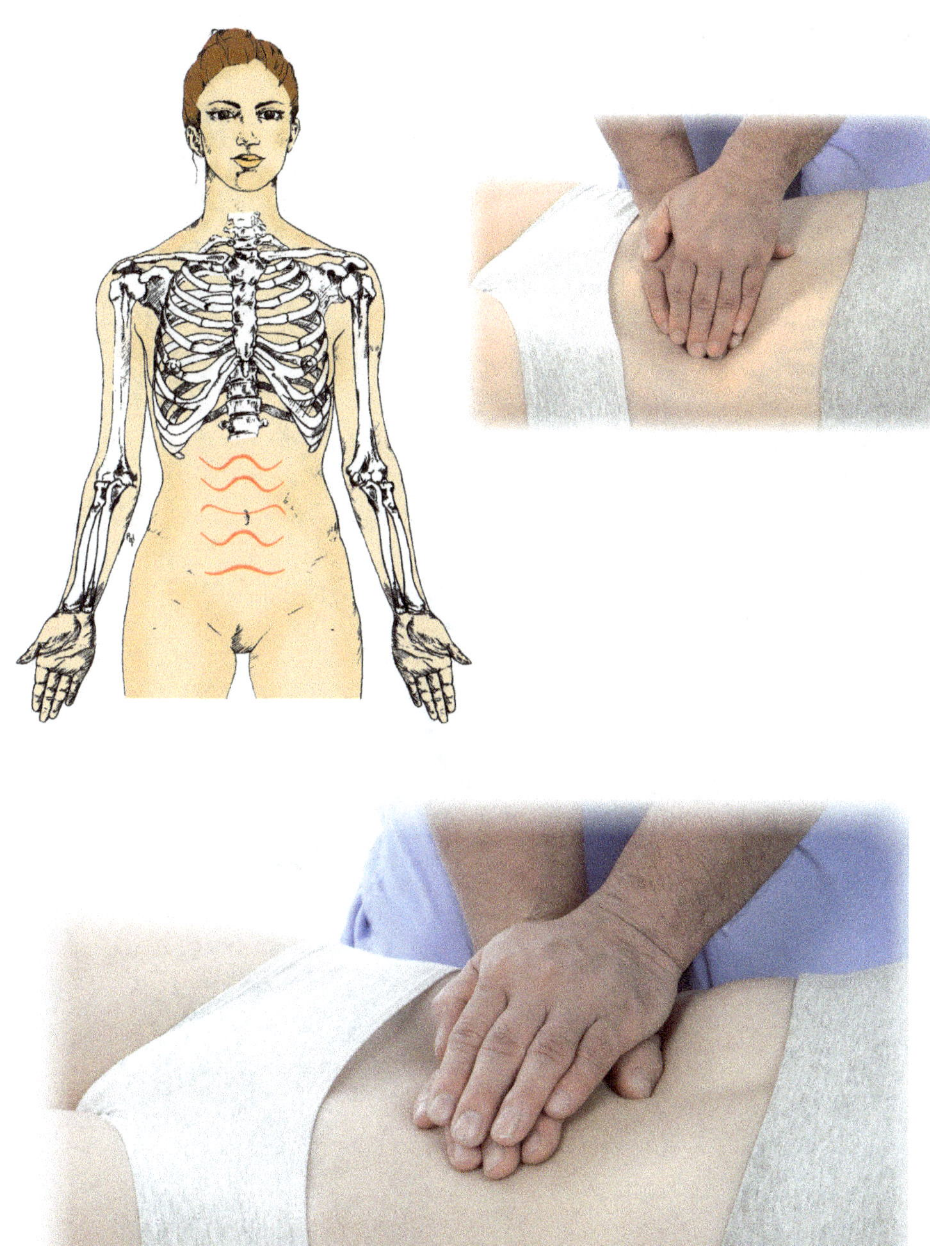

6.8. PRESIÓN CIRCULAR

POSTURA DEL PACIENTE: Supino, brazo derecho en abducción de 90º.

POSTURA DEL TERAPEUTA: Rodillas, perpendicular al paciente.

TIPO DE PRESIÓN: Presión circular con ambas manos.

OBSERVACIONES: Realizamos diez movimientos en forma circular y en el sentido horario, colocando ambas palmas sobre el ombligo del paciente.

Las palmas no se separan del abdomen.

Diez giros.

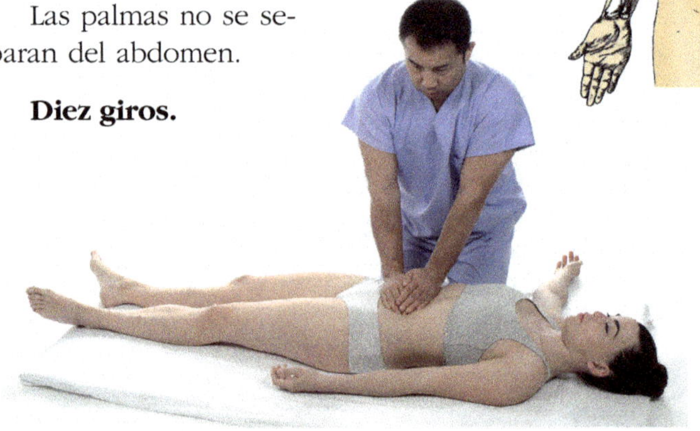

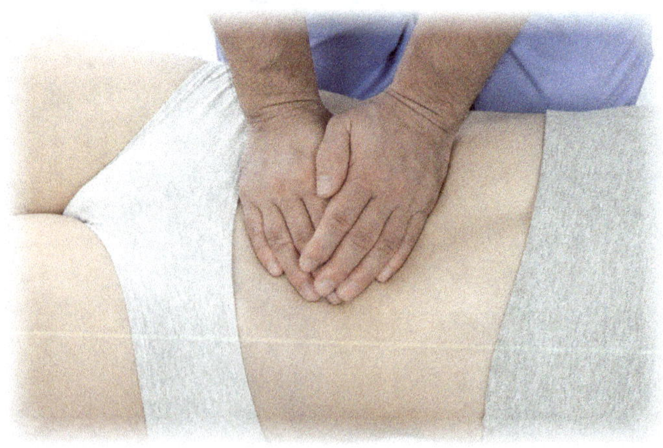

6.9. PRESIÓN VIBRACIONAL

POSTURA DEL PACIENTE: Supino, brazo derecho en abducción de 90º.

POSTURA DEL TERAPEUTA: De rodillas, perpendicular al paciente.

TIPO DE PRESIÓN: Aplicar una presión sostenida con ambas manos sobre el ombligo del paciente para luego hacer vibrar ambas manos.

OBSERVACIONES: Para realizar la vibración, el terapeuta debe tensar la musculatura de sus brazos y mantener la posición mientras expulsa aire.

Diez segundos.

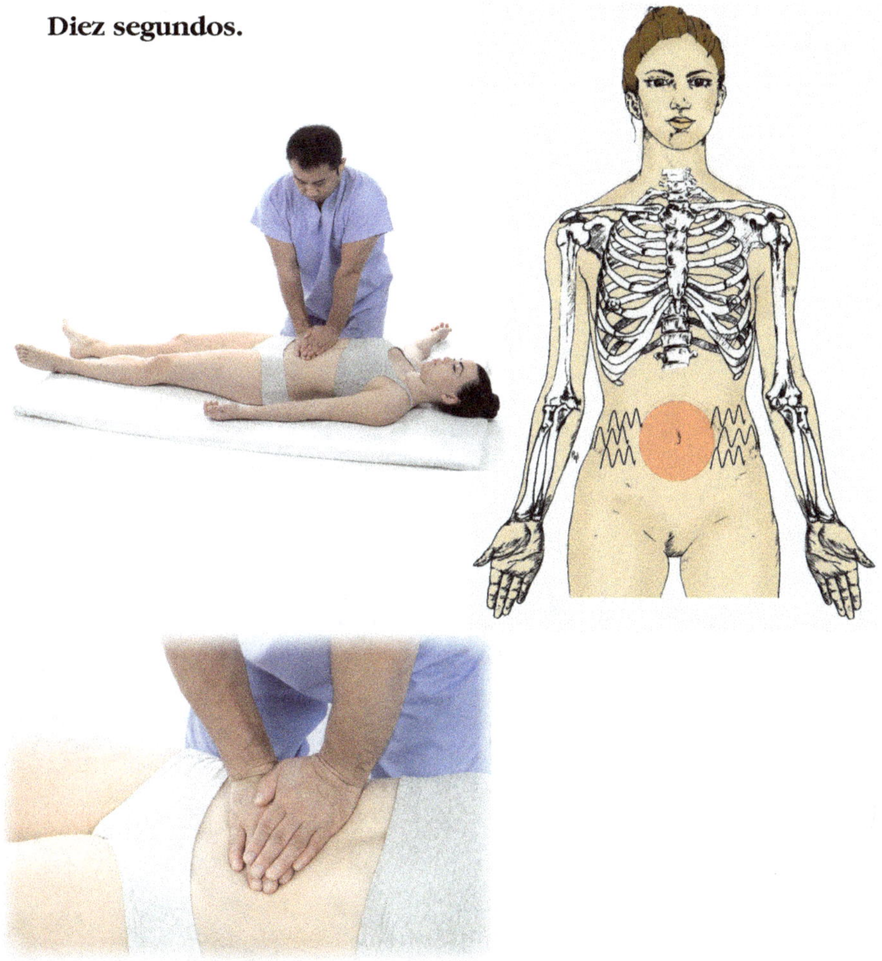

6.10. RELAJACIÓN

POSTURA DEL PACIENTE: Supino, brazo derecho en abducción de 90º.

POSTURA DEL TERAPEUTA: Seiza, perpendicular al paciente.

TIPO DE PRESIÓN: La mano derecha descansa sobre el abdomen a la altura del tanden (4VC, Kangen; 5VC, Sekimon; 6VC, Kikai). La mano izquierda descansa en el centro del esternón (17VC, Danchuu).

OBSERVACIONES: Permanecer durante unos minutos respirando profundamente y tratando de conectar con la respiración del paciente. No se presiona. Este ejercicio sirve para comunicar al paciente que la sesión ha llegado a su fin.

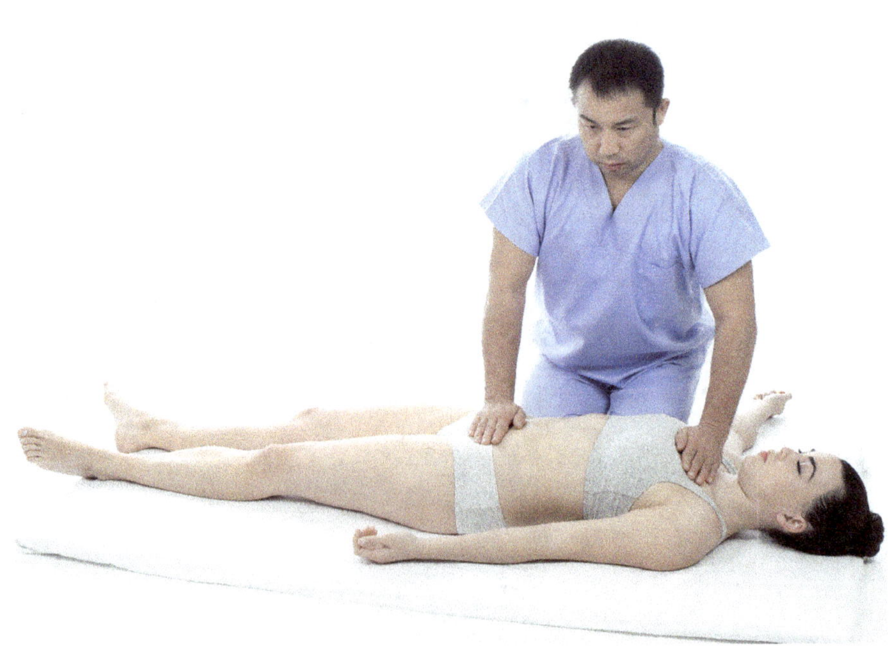

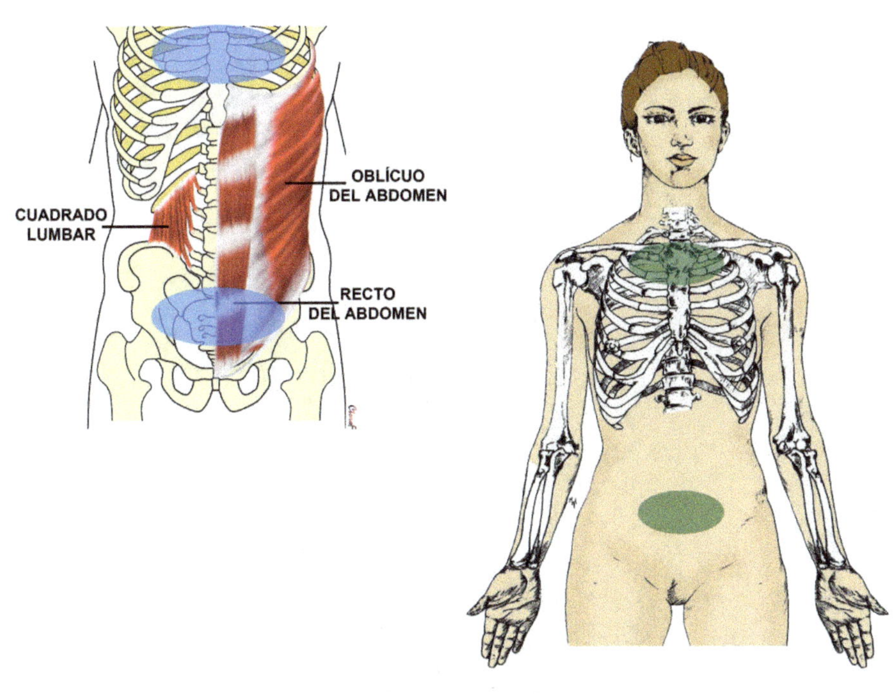
CUADRADO
LUMBAR
OBLÍCUO
DEL ABDOMEN
RECTO
DEL ABDOMEN

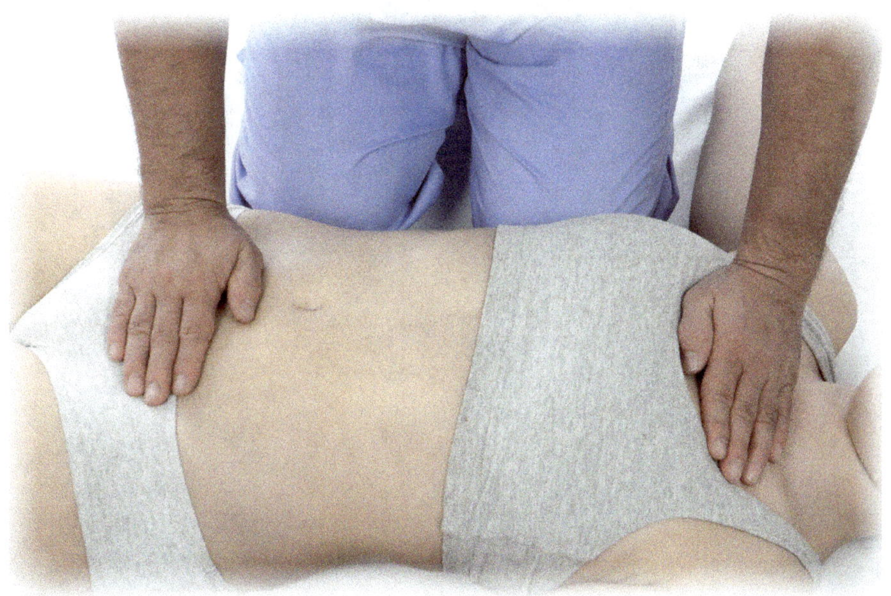

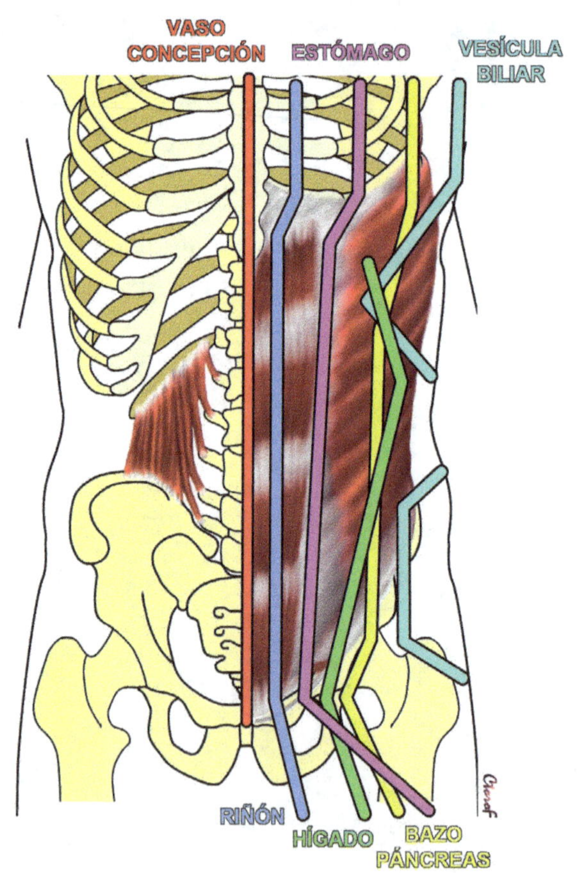

VASO
CONCEPCIÓN
ESTÓMAGO
VESÍCULA
BILIAR
RIÑÓN
HÍGADO
BAZO
PÁNCREAS

瞑眩

En Shiatsu, a la reacción del organismo después de recibir una sesión se le denomina Menken. Esta reacción se puede manifestar como dolor, agujetas, sensación de cansancio e, incluso, ligero malestar. A pesar de lo que pueda parecer a ojos de un occidental, esta reacción no sólo no es contraproducente, sino que se considera parte del proceso de recuperación. No siempre tiene lugar y, si sucede, no siempre lo hace con la misma intensidad. Suele producirse, sobre todo, en el caso de un paciente que recibe una sesión de Shiatsu por primera vez o si se encuentra en un proceso de desequilibrio importante.

Con el paso del tiempo, el cuerpo acumula cansancio y tensión. El organismo aprende a vivir con ellas de modo que permanecen escondidas, ocultas y en letargo. El terapeuta tiene que aplicar el tratamiento con la intención de estimular el cuerpo y corregir los desajustes. El Shiatsu, en comparación con otros masajes, estimula no sólo superficialmente, sino también a niveles más profundos. Esa es la razón por la que los tsubos o las contracturas superficiales desaparecen y, poco a poco, las tensiones más profundas comienzan a moverse y a salir a la superficie.

Realmente el efecto de Menken se refiere a la desintoxicación del organismo, que se manifiesta de diversas formas según el problema de la persona. Es importante saber y hacer comprender al paciente que el tratamiento es progresivo; para que el efecto sea pleno hay que reequilibrar.

EFECTOS MENKEN

Los efectos o sensaciones que el efecto Menken produce en los pacientes son muy diferentes. Algunos pacientes, al día siguiente de recibir una sesión, se sienten un poco cansados o incluso tienen la sensación de haber empeorado. Otras veces comprueban que van más veces al baño, aparecen eccemas o comienza la menstruación en las mujeres.

En el caso de personas de cierta edad, con problemas hormonales, tras una sesión de Shiatsu su cuerpo empieza a reaccionar. Si el paciente es mujer, su flujo menstrual puede ser más oscuro y denso. Si están en período de menopausia, puede incluso aparecer flujo menstrual. Hay personas que, aunque sudan, no desprenden ningún olor, pero después de tratarse con Shiatsu puede aparecer cierto olor producido por esta reacción. Lo mismo puede suceder con la orina. Incluso hay reacciones como la aparición de acné en la cara. Todos estos son síntomas de desintoxicación. El organismo necesita expulsar restos acumulados y de esta manera eliminar toxinas. Por supuesto que también se puede manifestar una sensación de alivio, cambio de la zona de dolor, concentración de éste más localizado, etc. Aunque el paciente no se encuentre perfectamente y todavía tenga molestias, se siente con más energía y más flexible y liberado.

La duración de estos efectos no debe ser mayor de dos días. Tras este período, las molestias deben desaparecer. Si no sucede de este modo, no se trata del efecto Menken. Cuando a la consulta de Shiatsu acude una persona con mucha energía estancada (estado Jitsu) y el tratamiento se aplica demasiado rápido, la reacción puede ser muy fuerte por sobreestimulación. Los efectos podrán ser bastante desagradables (incremento del dolor, inflamación, etc.) y probablemente durará varios días. Hay que saber diferenciar entre una reacción anormal y el efecto Menken. No todas las sensaciones postratamiento se deben achacar al Menken. Un terapeuta sin experiencia o una sobreestimulación tras una sesión de Shiatsu puede provocar molestias no necesarias ni beneficiosas para el tratamiento. Estos efectos no significan un empeoramiento de la patología del paciente, pero sí retrasan su recuperación.

ZONA PARA ATENUAR LOS EFECTOS MENKEN

A pesar de que el estado Menken se considera parte del proceso de mejora, el terapeuta de Shiatsu trata siempre de atenuar sus efectos. Existen varias regiones del recorrido básico de Shiatsu que se utilizan con este objetivo.

— Región Occipital: La tensión acumulada en el cuerpo ante estímulos negativos se mitiga flexibilizando la zona de inserción de los músculos del cuello.

— Región del Abdomen: El trabajo sobre el hara elimina la tensión de los órganos internos, impide la acumulación de toxinas y energía negativa.

— Región Sural Lateral y, sobre todo, el trabajo sobre el punto 36E, por ser un punto muy energético y liberador de endorfinas.

PRESIÓN DE ARRASTRE: NAGARE

流れ圧し

DEFINICIÓN

Lo que en nuestra Escuela conocemos por **Presión de Arrastre**, se denomina en Japón **Nagare Oshi**.

Nagare: Significa dejarse llevar, dejarse arrastrar por los hechos, igual que fluye el agua de un río.

Oshi: Quiere decir fuerza con presión o empujar.

Por lo tanto, el concepto metafórico que encierran las palabras japonesas nos lleva a la definición de la presión de arrastre. Las contracturas son un cúmulo de toxinas en las fibras del músculo, como los cantos rodados se acumulan en el lecho del río. La presión tipo Nagare Oshi sería como el río, que arrastra las piedras en su corriente de forma fluida. Los dedos del terapeuta nunca se despegan del cuerpo del paciente; al salir de una presión, los pulgares se arrastran hasta el siguiente punto. Durante este trayecto se percibe/diagnostica el estado de la zona a nivel general (trabajo macro). Esto permite localizar las contracturas para trabajarlas en profundidad posteriormente (trabajo micro).

FORMA DE TRABAJO

Cuando aplicamos la presión en forma de arrastre, trabajamos sobre toda la línea, no sólo sobre los puntos del recorrido básico. Se aplicará la misma presión de arrastre en todos los puntos de la línea para así poder definir un diagnóstico y tratamiento a la vez. De esta manera podremos encontrar con mayor facilidad la contractura entre punto y punto de la zona tratada. Tras presionar un punto y cuando notemos que el cuerpo nos da la señal de que hemos llegado al «tope» de penetración, ascenderemos lentamente y, sin retirar totalmente la presión de los pulgares, los arrastraremos de forma pausada hasta el siguiente punto de la línea. Así continuaremos arrastrando superficialmente, sin perder contacto con el cuerpo del paciente, hasta el siguiente punto y volvemos a presionar. Es importante tener en cuenta que, si aparecen contracturas a lo largo del recorrido, las trabajaremos con un poquito de inclinación al presionar.

Un error habitual es entender el arrastre como el deslizamiento de los pulgares por el cuerpo del paciente mientras se mantiene la presión.

Para esta presión utilizamos pulgares en forma de Logo o pulgares en A. En ocasiones, también podemos utilizar pulgar sobre pulgar, aunque este tipo de presión se considera demasiado fuerte para emplearla en todo el tratamiento. Por este motivo la utilizaremos sólo puntualmente después de localizar alguna contractura presionando con arrastre; entonces mantendremos la presión pulgar sobre pulgar hasta que la contractura cambie, disminuya o desaparezca.

Teniendo en cuenta la teoría del Kyo Jitsu, no se puede trabajar con presión de arrastre la zona contracturada cuando superficialmente es de tipo Jitsu o en el caso de dolor reciente.

Si superficialmente es de tipo Kyo, y es una lesión antigua (internamente es Jitsu), podemos trabajar con arrastre la contractura que se encuentra en la profundidad; la presión aquí debe ser más fuerte.

PULGAR SOBRE PULGAR.

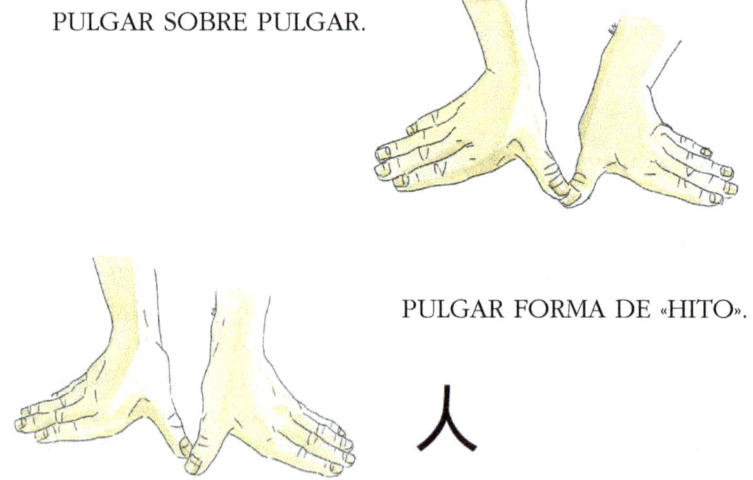

PULGAR FORMA DE «HITO».

CARACTERÍSTICAS

La presión de arrastre tiene las siguientes características:

• Es una presión realmente profesional

Este tipo de presión se considera adecuada sólo para profesionales. Requiere mayor concentración y práctica para hacerla fluida y eficaz. Para el terapeuta es más difícil presionar acertadamente sobre el tsubo, por lo que una persona sin las suficientes horas de práctica no será capaz de usar la técnica adecuadamente, convirtiéndola en una suerte de amasamiento superficial sin efecto alguno.

No hay que olvidar tampoco que la posición de las manos recomendada para realizar esta técnica es la de «logo». Esta postura requiere una destreza mayor por parte del terapeuta.

• Es una presión realizada sin fuerza añadida

La presión dominante se hace al entrar sobre el tsubo, y corresponde a la primera parte de la presión ondulatoria de arrastre. Al salir de dicha presión es cuando comienza el arrastre propiamente dicho. Los pulgares se arrastran sobre la musculatura, sin despegarlos de la piel.

En mis clases, siempre indico a mis alumnos que no confundan la técnica de arrastre con agarrar la piel e intentar el arrastre tirando de ella. Este es un error común entre los alumnos principiantes de Shiatsu.

• Es una presión que no cansa

Una de las ventajas para el terapeuta es que esta técnica no produce cansancio excesivo. El terapeuta sigue el recorrido básico de nuestro Shiatsu de manera fluida, rápida y sin esfuerzo. Esta forma de trabajo es muy diferente a la presión lenta y profunda que se ha de usar más tarde con objetivo terapéutico.

De todas formas, esta presión debe hacerse sin olvidar el trabajo desde el hara del terapeuta, y la adecuación de su centro de gravedad en cada una de las presiones. La presión debe entrar en cada tsubo de manera adecuada. Siempre repito que la velocidad de esta técnica no debe ir en detrimento de la calidad de la presión, que nunca debe ser ligera y sin efecto alguno.

• Permite una búsqueda rápida

La presión de arrastre pretende la búsqueda rápida de las contracturas más profundas del paciente. Al tener una visión global del estado de las contracturas en una zona determinada se puede establecer un tratamiento más adecuado.

A menudo insisto en que usando presiones lentas el terapeuta recibe demasiada información, por lo que se puede escapar la localización de contracturas profundas. La búsqueda rápida localiza todas las contracturas «a vista de pájaro». El uso de la palma de la mano también se recomienda para la búsqueda general de contracturas.

• Saca la contractura a la superficie

En japonés se denomina Ukabu («hacer brotar») a la acción de «sacar la contractura» a la superficie del cuerpo. Lo interesante de esta técnica rápida de presión fluida es que se crea el suficiente estímulo como para hacer brotar las contracturas profundas hacia la superficie del cuerpo. De este modo se pueden trabajar posteriormente con presión lenta y pulgar sobre pulgar.

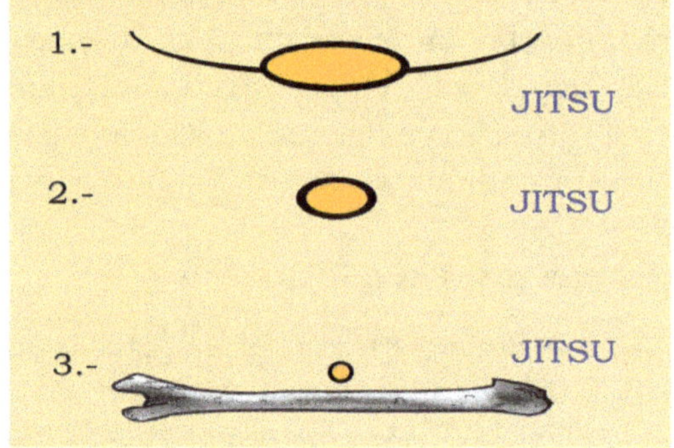

• Disminuye el tiempo de tratamiento

Otra de las características estrella de este tipo de presión es que al crear un estímulo mayor en el paciente, éste tiene la sensación de haber recibido una sesión más larga. Por esta razón, una sesión de veinticinco o treinta minutos con presión de arrastre es equiparable a una sesión de cincuenta minutos o una hora con presión de Shiatsu normal.

MENKEN. POR ROTURA DE VASOS CAPILARES

Hay que tener en cuenta que, al realizarse muchas presiones en poco tiempo, se produce un subreestímulo de la zona tratada, sobre todo, si dicha zona acumula mucha tensión. Se produce entonces un tipo de Menken por la rotura de vasos capilares, que provoca pequeñas congestiones sanguíneas y enrojecimiento de la piel. El terapeuta debe advertir al paciente de esta situación antes de realizar la presión.

PERSONAS MAYORES O DE TIPOLOGÍA KYO

Siempre recomiendo a mis alumnos tener mucho cuidado con este tipo de presión en el tratamiento de personas mayores. Debido a que sus biorritmos son más lentos, la sobreestimulación de la presión de arrastre no es adecuada. Física y mentalmente, las personas mayores están acostumbradas a un ritmo de vida pausado. Por eso prefieren una presión más lenta; la presión habitual de Shiatsu. Sin embargo, las personas jóvenes están acostumbradas a un ritmo de vida frenético, por lo que una presión lenta puede causarles la misma angustia que la rápida a los mayores.

Las personas tipo Kyo (tipología vacío) también son hipersensibles a la presión de arrastre. El terapeuta lo tendrá en cuenta durante el tratamiento.

VENTAJAS E INCONVENIENTES DE LA PRESIÓN DE ARRASTRE

Ventajas:

— Ayuda al diagnóstico.
— Ayuda a encontrar contracturas.
— Posibilita el tratamiento y el diagnóstico a la vez.
— Cuida los pulgares del terapeuta.
— Siguiendo los flujos energéticos podemos trabajar a través del recorrido del meridiano, al igual que la acupuntura.

Inconvenientes:

— Supone un mayor estímulo para el cuerpo, por lo que la reacción al día siguiente puede ser fuerte.

— No se debe trabajar en inflamaciones recientes o procesos agudos por el motivo anterior.
— No se debe trabajar en zonas que superficialmente son Jitsu (teoría Kyo-Jitsu).
— No se debe trabajar en personas mayores y tipología general Kyo.

La presión de arrastre no debe utilizarse en todo el cuerpo. Las zonas habituales de tratamiento utilizando la presión de arrastre son:

— Infraescapular y lumbar, con intención de despegar.
— Región del 52V.
— Fosa poplítea.
— Tarso.
— Braquial.
— Femoral medial.
— Sural lateral, tres líneas, despegando.
— Borde de la escápula.

PRESIÓN TERAPÉUTICA

Tras localizar los puntos de mayor contractura con la presión de arrastre, se trabajan durante más tiempo y en profundidad. En este caso se utiliza la presión habitual de pulgar sobre pulgar. Ahora la presión será lenta y mantenida hasta que la zona cambie o incluso desaparezca.

ZU KAN SOKU NETSU

Cabeza   fría   los pies calientes

頭寒足熱

Zu   Kan   Soku   Netsu

El cuerpo humano evoluciona constantemente con intención de adaptarse al medio en el que vive y se desarrolla. Este es un principio natural e inexorable. Hasta principios del siglo pasado, en el mundo occidental, las personas tenían formas de vida en las que estaba implícito el movimiento, tanto por el tipo de actividad que ejercían como por la escasez de medios en los que desplazarse de un lugar a otro. Buena parte de la población vivía en el campo, lo que suponía labores en las que el ejercicio físico siempre estaba presente. Y muchos de los que trabajaban en las ciudades, en plena expansión del sector industrial, ejercían labores manuales. Era un tipo de vida en la que el movimiento del cuerpo y el ejercicio físico eran actos cotidianos en la mayoría de las personas.

Actualmente nos encontramos en la era de la información. Un periodo caracterizado por una revolución tecnológica centrada en las tecnologías digitales de información y comunicación, que afecta a todos los ámbitos de la actividad humana. La necesidad de información inmediata y la informatización de los procesos en el ámbito social y laboral han cambiado nuestra forma de vida. Con la informática accedemos a un mercado global desde el sillón de nuestra casa o trabajo. La aceleración de los procesos de desarrollo aumenta exponencialmente, con lo que, en la actualidad, el factor tiempo es un elemento de gran valor. Esto hace que nuestra vida haya adquirido un ritmo a veces frenético.

Este cambio en la forma de vida ha sido más rápido que la capacidad del ser humano para adaptarse a él, lo que ha provocado y sigue provocando enfermedades que en épocas anteriores no existían. Buena parte de esas enfermedades están relacionadas con los cambios de hábitos de la sociedad moderna: edificios sin apenas ventanas al exterior, el uso abusivo de la telefonía móvil, inmovilidad frente a las pantallas de los ordenadores, negociaciones estresantes, el uso del aire acondicionado, la conducción y el transporte público, los continuos desplazamientos aéreos, los conflictos laborales, el apretón de los zapatos y los conflictos familiares.

Respecto a la inmovilidad física, es importante recordar que el cuerpo humano está diseñado para el movimiento y, a su vez, se alimenta de éste para mantenerse en equilibrio. Esa falta de actividad física y la exigencia de una actividad mental casi permanente inducen a una descompensación en el reparto de calor en el cuerpo, ya que la sangre permanece más tiempo allí donde más se la necesita. Esto, a efectos fisiológicos, provoca un enfriamiento de las piernas y un exceso de calor en la parte superior del cuerpo. Cuando ese desequilibrio se mantiene en el tiempo, empieza a afectar a las funciones orgánicas en general, pudiendo provocar enfermedades como fibromialgia, síndrome de fatiga crónica, alergia, hipertensión, trastornos genitourinarios, migrañas, edema, hinchazón de piernas y estrés; afectando además a nuestro carácter, haciéndonos más irascibles y sensibles a todo cuanto nos rodea y facilitando los estados depresivos, los miedos y las crisis de ansiedad.

Esa concentración de sangre en la parte superior del cuerpo supone un exceso de trabajo para el corazón. Las piernas en Oriente son denominadas el segundo corazón, ya que con su movimiento favorece la circulación de la sangre, y si no hay una buena irrigación en los miembros inferiores, es como si la parte superior estuviese flotando en el aire por la falta de conexión con el suelo. El enfriamiento de los pies también dificulta el sueño y la cabeza sobreestimulada merma la concentración para realizar cualquier tipo de actividad.

El estado idóneo del cuerpo sería que la parte baja (por debajo del ombligo) esté con sensación de fuerza tensa, con mucha energía, como si estuviese pegada al suelo, proporcionando equilibrio y estabilidad, y que la parte superior (por encima del ombligo) estuviese suelta y ligera.

Zu kan soku netsu es una antigua expresión japonesa que significa «la cabeza fría y los pies calientes». Con esta frase tan simple nuestros ancestros nos enseñaban a cuidar de nuestra salud, ya que ese es el estado más saludable. Mantenerse fiel a esa expresión ayuda a permanecer relajado, centrado y sin síntomas de estrés, además de mantener los músculos y las articulaciones flexibles. En Medicina Oriental se considera que el cuerpo en situación de Zu kan soku netsu tiene despierta su propia curación natural y las autodefensas altas.

Según la Medicina Tradicional China, por las piernas pasan seis meridianos; de ellos, tres recorren la cara interna, que en la mujer está relacionada con el aparato genital. La falta de movilidad produce una insuficiencia circulatoria y esto facilita desequilibrios hormonales y en el sistema genitourinario de la mujer.

Actualmente, las personas no tienen en cuenta el estado de su salud y siempre piensan en la moda del momento sin preocuparse por las consecuencias que esta falta de cuidado traerá en un futuro. Las chicas jóvenes se visten con ropa muy corta que deja al descubierto la zona del estómago (ombligo) y, en la parte posterior, la zona del sacro y lumbares. Esta parte del cuerpo, además de la cara interna de las piernas, también se relaciona con los órganos genitales, por lo que debería mantenerse a una cierta temperatura (siempre caliente).

En Japón, antiguamente, los niños al dormir se introducían la parte alta del pijama en la del pantalón para proteger las zonas sensibles al frío. Cualquier persona, por la noche, debe protegerse la zona lumbar, el abdomen y el área de los genitales para no sentir frío. Cuando la parte abdominal se enfría provoca trastornos en el movimiento de las vísceras (diarrea), por eso siempre debemos proteger esta zona del viento. Las mujeres, en Japón, decían que es muy saludable la costumbre de llevar calcetines, ya que evita que el frío suba desde la planta de los pies hacia arriba y protege el enfriamiento de la zona sacrolumbar y abdominal.

El tratamiento que debemos aplicar a este tipo de descompensación del calor en el cuerpo debe estar orientado a proporcionar mayor movimiento sanguíneo de ombligo para abajo. Para ello debemos masajear bien las plantas de los pies, los dedos y, especialmente, la cara interna de las piernas.

Las malas posturas, un calzado inapropiado y la falta de ejercicio provocan una rigidez excesiva en los tobillos, por ello debemos tener en cuenta la importancia de trabajarlos.

Sería evidente decir que caminar cada día es el ejercicio ideal para paliar este tipo de problemas, pero muchas veces caminamos de forma incorrecta lo que nos aleja de la mejoría. Muchas personas no apoyan el dedo gordo del pie al caminar, y eso imposibilita la concentración y el trabajo en la cara interna de las piernas, de la que ya hemos comentado su importancia. Al caminar, el apoyo inicial debe hacerse con el talón, pero al despegar el pie, éste debe hacerlo apoyándose en el dedo gordo y concentrando el movimiento y la tensión en la cara interna de ambas piernas. Esto hará que el calor en esta zona aumente, mejorando la movilidad global de la sangre.

Generalmente, de la misma forma en que se manifiesta este tipo de desequilibrio en todo el cuerpo (macro), también lo hace de forma refleja en el abdomen (micro). Por ello debemos prestar especial atención a esta zona. En el tratamiento general del cuerpo, cuando la espalda está tensa, trabajamos el abdomen. En él encontraremos que, en muchos de los casos, el epigastrio o boca de estómago se encuentra tenso (jitsu) en una zona similar a una esfera de unos cuatro centímetros de diámetro. Esto se origina por las tensiones a las que se ve sometido el cuerpo, ya que, cuando no está equilibrado, también se produce un desequilibrio del sistema nervioso autónomo, afectando a órganos y vísceras, y especialmente al estómago. Del mismo modo encontraremos que la zona situada debajo del ombligo, conocida como tanden o hara, aparece vacía y blanda (kyo), dificultando la movilidad de la sangre hacia las piernas. El estado ideal del abdomen, por lo tanto, es que la boca del estómago se encuentre vacía y relajada, y que el hara esté al contrario, con cierto tono muscular y almacenando la energía del cuerpo.

Para corregir de forma local ese desequilibrio en el abdomen, debemos hacer dos cosas: una, hacer respiraciones diafragmáticas lentas y profundas, invirtiendo más tiempo en la expulsión del aire que en la inspiración, y otra, especialmente antes de dormir, masajear profundamente la boca del estómago, presionando sobre él a la vez que expulsamos el aire y relajando la presión para tomar aire de nuevo.

La expresión japonesa naga iki describe la relación entre la respiración correcta y la salud: naga significa «profunda», iki significa «respiración», pero también naga significa «largo» e iki «vivir»; de esto se traduce que si la respiración es lenta y profunda, nuestra vida será larga. Al contrario, si la respiración es rápida y ligera, las vísceras se contraen y se acumula estrés.

La parte inferior está concentrada en el dedo gordo del pie y almacenando la energía del cuerpo. La respiración, concentrada a tres dedos debajo del ombligo (Tanden).

CONCEPTO BÁSICO DE KYO-JITSU APLICADO AL SHIATSU SEGÚN EL ESTILO AZE

La teoría Kyo-Jitsu hace referencia a la dualidad energética del organismo, que reconoce la medicina tradicional en Oriente. La energía (Qi, Ki, Prana, etc.) se manifiesta de diferentes maneras en el organismo; cualitativamente puede encontrarse en estado Kyo (vacío) o estado Jitsu (exceso). Ambos estados no son, en sí mismos, ni malos ni buenos; ambos son característicos de la energía y su desequilibrio, da paso al origen de toda patología. Aze Shiatsu retoma este concepto y lo traslada a su manifestación a nivel muscular y estructural.

Kyo significa vacío, falto de energía. Aplicado al Shiatsu se refiere a blando, flojo, fláccido, hundido, frío, crónico... Esto no se refiere a que la calidad de la energía sea mala, sino a que la cantidad de la misma es deficiente. Por ello hay que pensar que Kyo necesita Jitsu, su estado contrario; Kyo necesita recibir energía. Kyo se refiere también a un problema crónico. Cuando una lesión no se trata adecuadamente permanece con el paso del tiempo y lentamente se hace más interna. El organismo aprende a vivir con ella y la olvida. Aze Shiatsu dice que la contractura se esconde, se pega al hueso, el problema se hace crónico y pasa al estado Kyo.

Tratamiento con Shiatsu: Un estado Kyo a nivel estructural se manifestará probablemente como una zona blanda y débil. La presión tendrá que ser lenta y profunda. Así se consigue tonificarla y hacer que recupere energía. En Japón se utiliza la moxibustión para conseguir este efecto.

Se define Jitsu como el exceso o el estancamiento de la energía. Eso no significa que el paciente tenga mucha energía. La energía estancada o excesiva se convierte en maligna; son las toxinas acumuladas difíciles de expulsar por el organismo. A nivel muscular se percibe una zona llena, dura, densa, reciente y acalorada (incluso inflamada). Toda patología, en su origen, comienza siendo Jitsu y se localiza a nivel superficial.

Tratamiento con Shiatsu: Una zona Jitsu, dura y rígida, se presiona rápida y superficialmente. Se trata de eliminar o sedar la energía acumulada. En Japón se utilizan las agujas de acupuntura en el caso de patologías Jitsu.

LA EVOLUCIÓN DEL DESEQUILIBRIO

El estado de equilibrio del organismo significa tener Kyo y Jitsu combinado al 50%. Un organismo en equilibrio es capaz de autocorregir estas desigualdades. El Shiatsu trata, pues, de ayudar al organismo a realizar esta tarea. Por lo tanto, el terapeuta debe buscar las zonas en deficiencia para tonificarlas, y al mismo tiempo eliminar la energía excesiva de otras. La finalidad del tratamiento es devolver el equilibrio perdido al organismo. El objetivo primordial de Aze Shiatsu: Es muy importante buscar el origen del dolor. Se trata de recuperar el equilibrio corporal, y estimular el sistema de autocuración.

La evolución de la tensión estructural en el cuerpo humano sucede de la siguiente forma. En origen, la zona afectada tendrá un carácter Jitsu. La contractura es reciente, superficial y normalmente ocupa un gran espacio. Como hemos dicho, el Shiatsu buscará eliminar el exceso de energía aplicando la presión adecuada. Si el problema no se soluciona, poco a poco su estado cambia. La tensión se concentra en un área más reducida y va haciéndose cada vez más profunda. Finalmente, se hace crónica y pasa a un estado Kyo.

Desde este punto de vista se puede catalogar a las personas como Kyo o Jitsu, o como mezcla de ambos, sin embargo, esta dualidad Kyo-Jitsu se manifiesta también al presionar cada punto, cada región del cuerpo del paciente. Los pulgares del terapeuta deben sentir el estado cualitativo de cada parte del paciente cuando realiza el tratamiento. Con esta percepción, y haciendo uso de una de las características del Shiatsu que consiste en realizar diagnóstico y tratamiento a la vez, aplicará el tipo de presión adecuado en cada momento. Según la edad de la persona, el objetivo del tratamiento con Shiatsu será diferente. Cada etapa de la vida acerca a las personas hacia el lado Kyo o Jitsu. Los ancianos tienen desequilibrios acumulados que hacen caer la balanza del lado Kyo. Hay que tener cuidado al trabajar con ellos. No es necesario estimular las zonas Kyo, ya que las alteraciones escondidas que afloran a la superficie pueden disminuir de manera drástica la calidad de vida. En los niños, al contrario, todos los desequilibrios son Jitsu. No existen contracturas antiguas. El tratamiento es mucho más sencillo y la respuesta de su organismo, más rápida y efectiva.

CINCO TIPOS DE DIAGNÓSTICO/TIPO KYO-JITSU

Ya conocemos la importancia de la observación del movimiento y la actitud del paciente, así como la palpación para el diagnóstico con Shiatsu. El estilo Aze, además, combina la teoría Kyo-Jitsu con estos métodos para realizar un diagnóstico más preciso y establecer un tratamiento más eficaz. Se trata de realizar un diagnóstico comparando el equilibrio corporal desde diferentes ángulos, en función del estado Kyo-Jitsu de las partes.

Al tiempo que se realiza el diagnóstico se determina y completa el tratamiento. Ya sabemos que una de las características del Shiatsu es que el diagnóstico y tratamiento suceden en el mismo acto.

Estos son los métodos de diagnóstico/tratamiento fundamentales que utiliza Aze Shiatsu basados en la teoría Kyo-Jitsu:

1. ARRIBA-ABAJO

Kyo-Jitsu de arriba y abajo

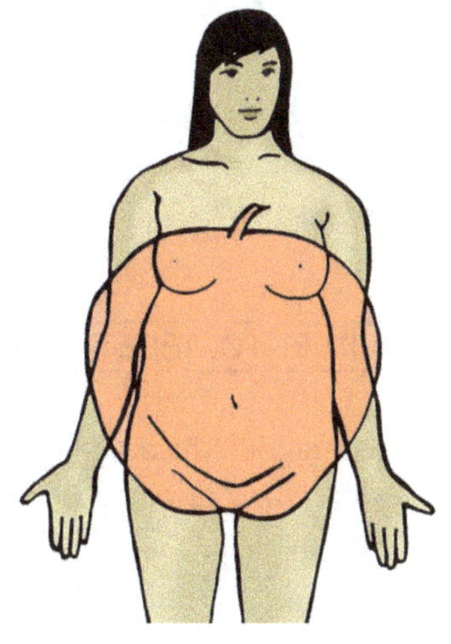

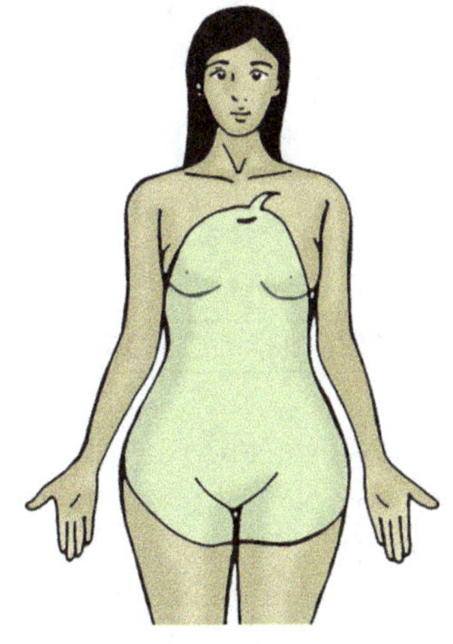

El primer método de diagnóstico divide el cuerpo en dos desde el ombligo. Comparando ambas mitades se pueden establecer dos tipologías patológicas:

A. Tipo manzana: Las piernas muy delgadas y el tronco grueso.
Arriba, Jitsu; abajo, Kyo.
Problemas circulatorios.

B. Tipo pera: Arriba, normal o con tendencia a Kyo; abajo, Jitsu.
Desequilibrios hormonales (típico de las mujeres), mala circulación, retención de líquidos, problemas del aparato genital.

2. DERECHA-IZQUIERDA

a) **Kyo-Jitsu de derecha-izquierda**

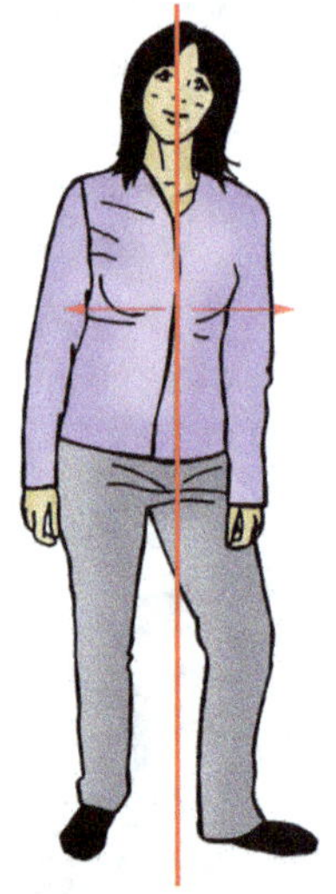

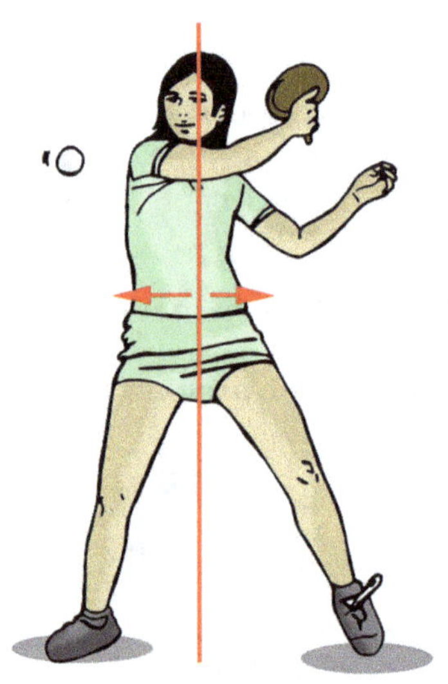

POSTURA COTIDIANA   MOVIMIENTO REPETITIVO

Con este método se divide el cuerpo en dos mitades desde su eje central. Se compara el estado general de la parte derecha y la parte izquierda para buscar dónde está el desequilibrio estructural.

Todas las personas tienen una tendencia a cargar o distribuir el peso de su cuerpo en uno u otro lado. Existen dos causas que generan estos desequilibrios. Primero, el hábito postural cotidiano de cada uno. Cada persona tiene tendencia a utilizar siempre el mismo lado; unos somos diestros y otros zurdos, y esto condiciona nuestras acciones diarias.

Segundo, los movimientos repetitivos acumulados también generan este tipo de desequilibrio derecha-izquierda. Deportistas (tenis, golf, etc.), músicos (violín, guitarra, etc.) y otras profesiones potencian el uso de un lado sobre el otro con los consiguientes problemas que esto genera.

b) Kyo-Jitsu en cinco puntos de aviso

Otra variante de la comparativa derecha-izquierda es la que tiene en cuenta los puntos aviso de uno y otro lado. Al presionar sobre estos puntos el terapeuta determina en el mismo acto el estado Kyo-Jitsu de éstos y el tipo de presión adecuado para su tratamiento.

c) Kyo-Jitsu de cada punto de meridiano/puntos clave

Igual que en el caso anterior, pero ahora presionando sobre los meridianos y sus puntos clave, el terapeuta percibe el estado cualitativo de los mismos y determina qué tipo de presión es necesaria en cada caso.

3. ANTERIOR-POSTERIOR

Kyo-Jitsu de la espalda y hara

Ahora se trata de comparar la parte anterior, representada por el abdomen/hara, con la parte posterior, sobre todo a lo largo de la columna ver-

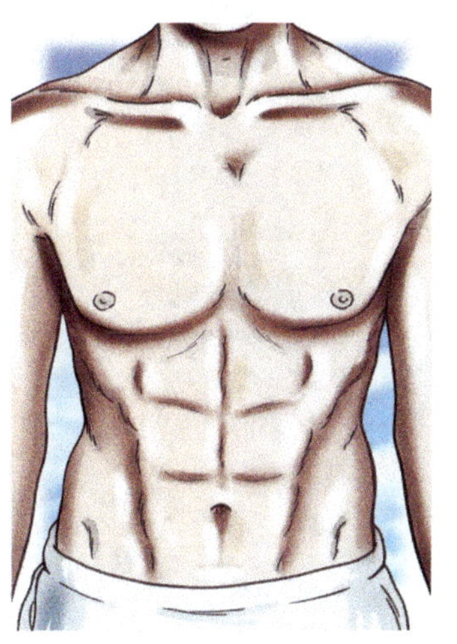
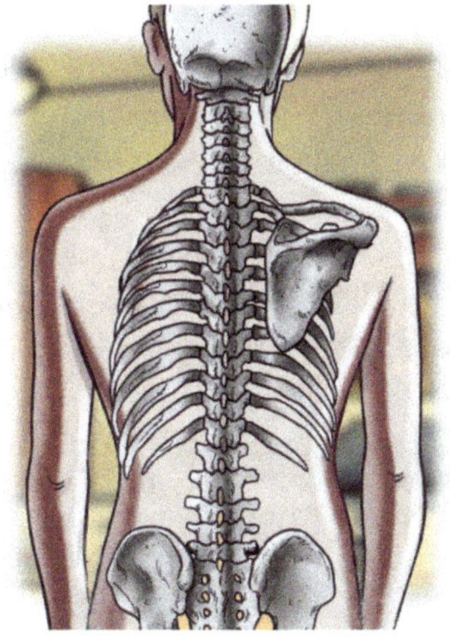

tebral. Un organismo equilibrado debe ser Jitsu por detrás y Kyo por delante. Cuando una de las partes tiende hacia la tipología opuesta, la parte contraria lo hace en sentido inverso, ya que ambas conviven de forma opuesta y complementaria.

4. BOCA DE ESTÓMAGO Y TANDEN

Un organismo equilibrado presenta un estado Kyo en la boca del estómago y un estado Jitsu en el tanden (tres dedos debajo del ombligo).

El ritmo de vida frenético invierte esta polaridad. El estrés físico y mental acumula tensión en la boca del estómago volviéndola Jitsu. Al contrario, el tanden pasa a un estado Kyo de debilidad energética. Es fundamental en el tratamiento de Aze Shiatsu devolver el equilibrio natural a estas regiones.

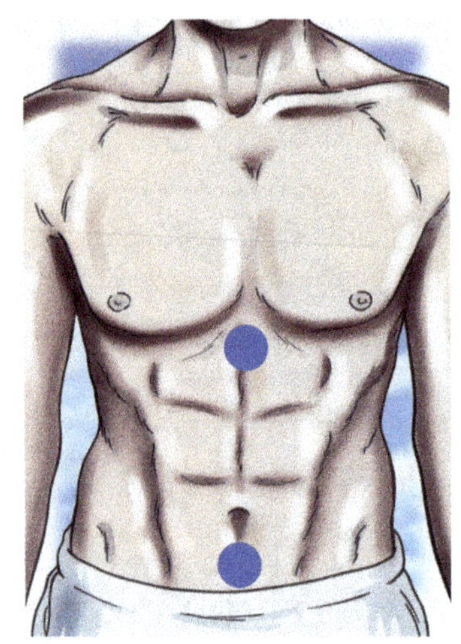

5. KYO-JITSU EN EL CONCEPTO DE ASPA

Combinando la teoría Kyo-Jitsu y la teoría del Aspa de Aze Shiatsu se puede establecer otro método de diagnóstico y tratamiento.

Aze Shiatsu utiliza todos estos métodos de diagnóstico de forma conjunta y los combina para determinar el tratamiento a seguir. No se trata de elegir uno o varios de ellos. Para realizar un verdadero tratamiento holístico hay que tener en cuenta todas las partes y las relaciones que tienen entre ellas.

LOS CINCO PUNTOS DE AVISO MÁS DOS COMPLEMENTARIOS

Quitar el dolor o hacer desaparecer el síntoma es el objetivo principal de muchas terapias. Es, además, la razón principal por la que una persona acude a la consulta de cualquier terapeuta.

Para Aze Shiatsu la función del dolor es clara. Es una señal que el organismo manifiesta cuando existe algún tipo de desequilibrio. En definitiva, es un aviso del estado alterado del equilibrio homeostático. Por lo tanto, la terapia tiene como objetivo el reequilibrio del cuerpo para aumentar su capacidad de autocuración. Quitar el síntoma es importante, pero lo esencial es buscar el origen del desequilibrio y eliminarlo.

La medicina oriental estableció hace muchos años los puntos reflejos de los órganos internos localizados en la espalda. A través de ellos es posible realizar un diagnóstico de su estado y ayudar a restablecer su buen funcionamiento. Aze Shiatsu toma este principio y, junto con la experiencia acumulada durante más de veinticinco años, crea un sistema de diagnóstico y tratamiento propio. Después de muchos años de trabajo con pacientes que acuden a nuestros centros con las más diversas dolencias, hemos constatado que los dolores de espalda se concentran en zonas recurrentes. Aze Shiatsu establece cinco puntos fundamentales en los que se manifiesta el dolor como forma de aviso de que el organismo del paciente está llegando al límite de su equilibrio; más allá puede sobrevenir la enfermedad.

La diferencia entre el Shiatsu (zona) y la Acupuntura (punto)

Aunque casi todos los puntos aviso de Aze Shiatsu coinciden con puntos de acupuntura, y se localizan utilizando las mismas referencias, el trabajo desde ambas terapias es muy diferente. La acupuntura debe ser más precisa al insertar la aguja; la localización del punto debe ser la más exacta posible según las referencias anatómicas. Además, el efecto de ésta es mayor, al permanecer insertada bajo la piel más de veinte minutos.

Al trabajar con Shiatsu no es necesario ser tan exacto en la localización teórica del punto. Según Aze Shiatsu, hay que buscar el punto más sensible (punto Aze) en torno a la zona de localización estándar. Aze significa «buscar donde hay tensión, molestia o sensibilidad alterada, sin tener en cuenta los puntos estándar de los meridianos». Los pulgares ni penetran bajo la piel, ni permanecen con presión continua durante mucho tiempo. En Shiatsu no pensamos en un punto concreto, sino en una región determinada. Por eso hay que trabajar el área y no el punto, utilizando diferentes direcciones, variando la dirección de la presión así como la colocación del paciente. En muchas ocasiones, la zona contracturada abarca más de un punto.

CINCO PUNTOS AVISO

1. Primer punto aviso

Localización

Se localiza en la porción central del borde interno de la escápula, coincidiendo aproximadamente con el tercer punto de la región de la escá-

43V KOU KOU

pula: borde medial. Relacionando este punto con la Medicina Tradicional China, se localiza en la zona de los puntos V43 y V44.

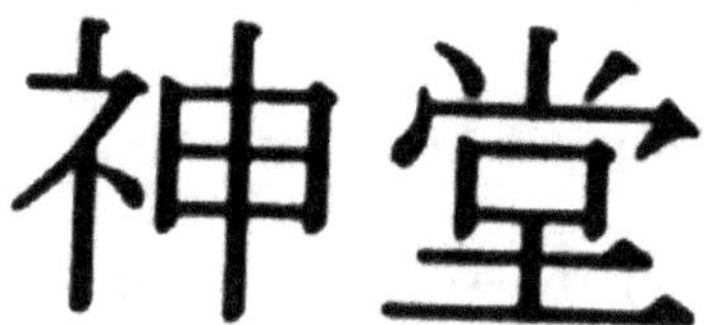

44V SHIN DOU

«Kou Kou» hace referencia a una enfermedad difícil de curar, sobre la que se ha intervenido tarde.

«Shin Dou» quiere expresar el lugar donde reside la espiritualidad del ser. Cuando este punto es doloroso, muchos pacientes apuntan que sufren un estado de mucho estrés físico y mental. Es un dolor no directamente relacionado con problemas estructurales o articulares de las vértebras vecinas.

Podemos establecer una relación entre la parte derecha, con problemas digestivos, y la parte izquierda, con problemas del aparato circulatorio.

Indicaciones

Este punto es muy útil para problemas y enfermedades relacionadas con el corazón, tanto a nivel funcional (circulación sanguínea, taquicardias, etc.) como emocional.

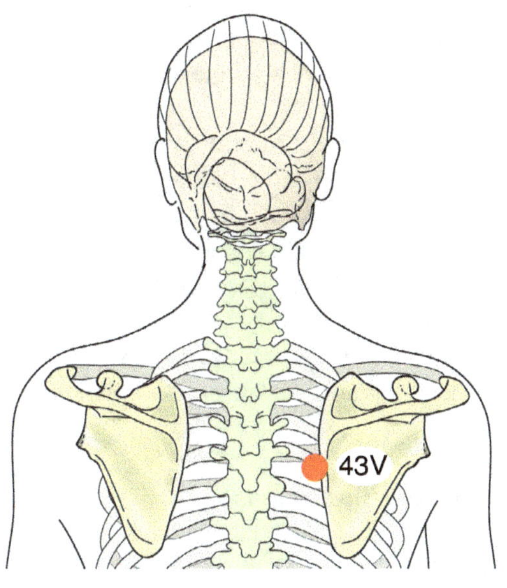

Si además existe dolor en el pecho, estará relacionado con problemas respiratorios: bronquitis aguda y crónica, asma bronquial.

Se utiliza también para problemas digestivos y problemas a nivel local de hombro y espalda.

Está relacionado con el estado del punto supraescapular del mismo lado y cervical lateral del lado opuesto. Para un tratamiento completo trabajaremos todas estas zonas.

2. Segundo punto aviso

Localización

Se localiza en torno al quinto punto de primera línea de la región infraescapular y lumbar, junto a la depresión inferior de la apófisis espinosa de la duodécima vértebra dorsal; a 1,5 cun lateralmente. Este punto se corresponde aproximadamente con el punto de acupuntura 21 de Vejiga.

«I Yu» se refiere al lugar por donde la enfermedad entra en el estómago.

21V I YU

Indicaciones

Normalmente lo utilizamos cuando existen problemas digestivos, gases, hernia de hiato.

La vértebra D12 tiende a desplazarse al localizarse en una zona tensionada por todos los movimientos de la columna. Es muy difícil que por sí misma se vuelva a colocar. Por eso el trabajo de movilización es fundamental para su recuperación: presionar alternativamente desde cada lado de la apófisis espinosa.

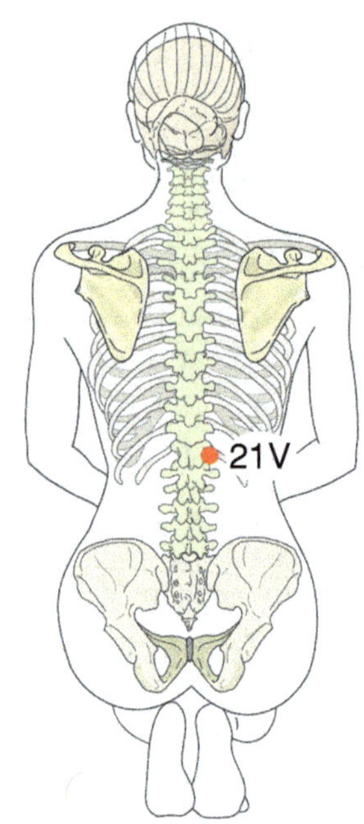

3. Tercer punto aviso

Localización

Es el tercer punto de la región lumbar. Se localiza entre el final de la décimosegunda costilla y la cresta ilíaca, a dos dedos lateralmente de la segunda línea de la región infraescapular y lumbar. Se corresponde, aproximadamente, con el punto de acupuntura 52 de Vejiga.

«SHISHITSU» significa lugar donde reside la voluntad y vitalidad para el riñón. La fuerza física se acumula en este punto.

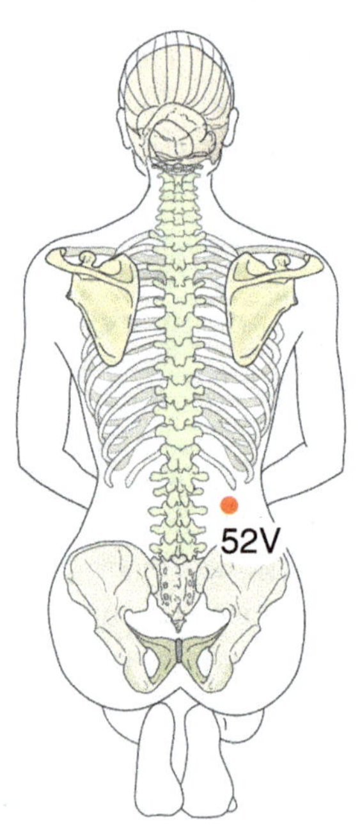

Indicaciones

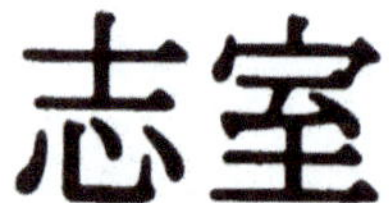

V52 SHI SHITSU

Dolor de la zona lumbar, ciática, cansancio generalizado del cuerpo, dificultad para orinar, problemas de riñón, impotencia.

Trabajar los riñones significa ayudar al organismo a eliminar las toxinas del cuerpo.

4. Cuarto punto aviso

Localización

Es el décimo punto de la primera línea de la región infraescapular y lumbar. Se localiza a 1,5 cun de la línea media y a la altura de la depresión inferior de la apófisis espinosa de la quinta vértebra lumbar, y se corresponde, aproximadamente, con el punto de acupuntura 26 de Vejiga.

«Kan Gen Yu» significa lugar dónde se produce ánimo.
Indicaciones

Al estar localizado junto al centro del cuerpo, es adecuado para el tratamiento de la mayoría de síntomas o enfermedades. Aunque es más eficaz para problemas de la zona lumbar, así como para dolores de tipo ginecológico, menstruales y afecciones del frío (cistitis).

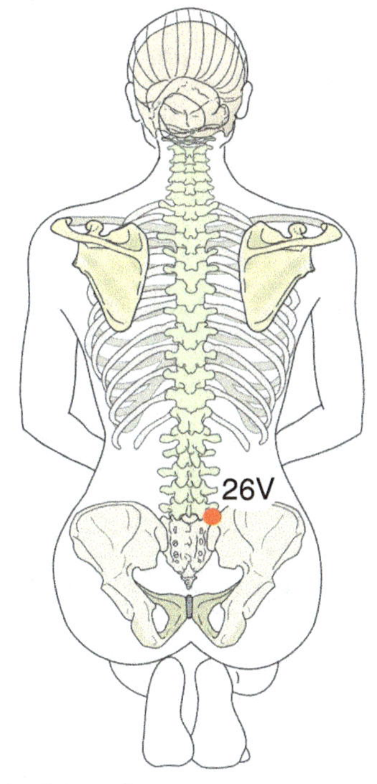

V26 KAN GEN YU

297

5. Quinto punto aviso

Le denominamos el punto de las crestas ilíacas, de ovarios o de la lumbalgia.

Localización

Es el punto más alto de la cresta ilíaca. Coincide aproximadamente con el tercer punto de la segunda línea en la región de la cresta ilíaca.

Indicaciones

A nivel general se utiliza para problemas del aparato genital y de la zona lumbar.

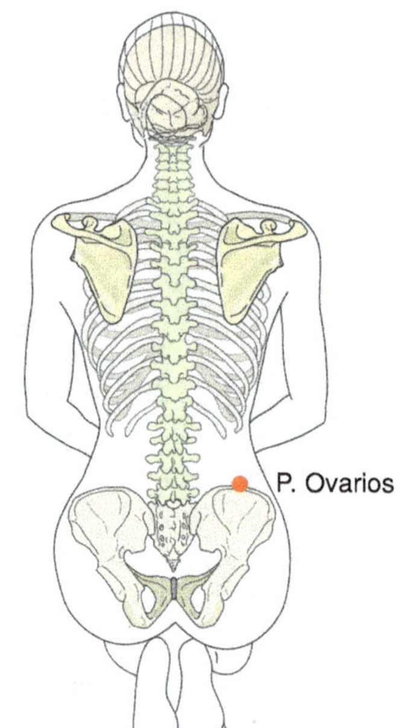

Ayuda a eliminar la sangre acumulada y las toxinas en la región pélvica (oketsu).

PUNTOS AVISO COMPLEMENTARIOS

Estos puntos se añadieron con posterioridad a los anteriores. Son tan importantes como aquéllos y se utilizan en el diagnóstico y el tratamiento con Aze Shiatsu.

Generalmente se utilizan para pacientes diestros. En pacientes zurdos y un porcentaje de diestros posiblemente salgan otras contracturas completamente distintas.

Estos puntos se afectan por la manera errónea de utilizar el cuerpo. Por ejemplo, al escribir, las personas diestras colocan el cuerpo de forma que la tensión se acumula en la zona cervical derecha. Por otro lado, al no utilizar bien los movimientos en forma de aspa para realizar las actividades cotidianas, surge la contractura en la fosa poplítea: no se utiliza correctamente el primer dedo del pie; el peso del cuerpo se desplaza hacia el quinto dedo provocando tensión en la fosa poplítea.

6. Primer punto aviso complementario

Localización

Se localiza entre la segunda y la tercera vértebras cervicales, en torno al segundo punto de la región cervical posterior (diestros en el lado derecho y zurdos en el izquierdo).

Indicaciones

Los malos hábitos posturales y la tendencia de cada persona a usar más un lado del cuerpo que el otro provocan la aparición de tensiones en el cuello, especialmente en esta zona. Además, el estrés mental puede agravar la sintomatología.

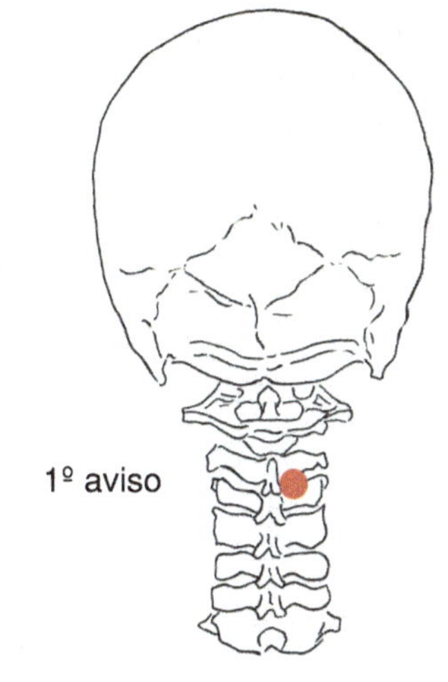

7. Segundo punto aviso complementario

Localización

Se localiza en la parte posterior de la rodilla de la pierna izquierda, por debajo de la fosa poplítea. Coincide con el quinto punto de la línea inferior de la región de la fosa poplítea.

Dependiendo de las costumbres posturales del paciente, puede que este punto se manifieste en la otra pierna.

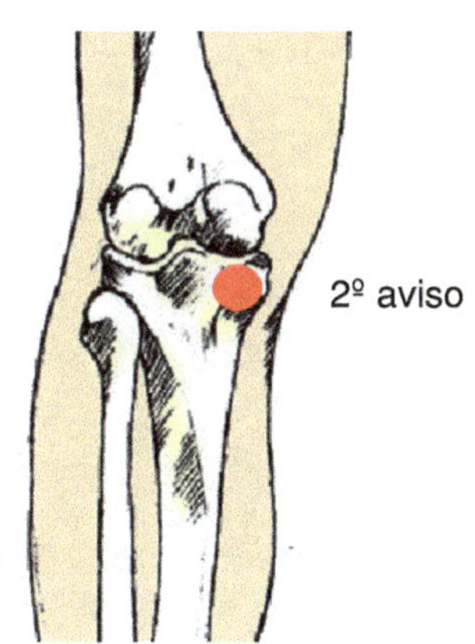

Indicaciones

Es una manifestación de problemas estructurales a nivel de la zona lumbar, especialmente sobre la articulación L5-S1. Es muy importante para el trabajo de problemas lumbares.

Existen muchas formas de tratamiento dentro de Aze Shiatsu. Una de ellas es la que utiliza los cinco puntos aviso como tratamiento estándar. Dicho tratamiento consistiría en lo siguiente:

— Rotación de tobillos.

— Cinco puntos aviso más dos complementarios.

— Hara: Sobre todo tanden y boca de estómago.

— Sanri del pie y occipital: Para mitigar los efectos del Menken.

ELIMINAR LA HOLGURA

Bajo este concepto se esconde una de las claves de la eficacia del tratamiento con Aze Shiatsu. Tanto la presión como los estiramientos deben tener en cuenta este concepto para ser eficaces.

Nuestro cuerpo está compuesto en más de un 70% de líquidos, con diferentes densidades dependiendo de los órganos y tejidos: piel, tejido subcutáneo, tejido adiposo, tejido muscular, etc. Esta característica de los tejidos dota de la elasticidad necesaria a nuestras articulaciones para su funcionamiento adecuado. La técnica básica de Aze Shiatsu se basa en reducir la holgura antes de efectuar la presión o realizar un estiramiento.

Para que la presión de Shiatsu sea efectiva, debe llegar a las capas más profundas de la estructura corporal. Para conseguirlo es necesario eliminar la holgura que hay entre la superficie y la contractura o las capas profundas. Presionando a ese nivel, se activa la circulación sanguínea y linfática de la zona y se elimina el ácido láctico acumulado; esta acción flexibiliza la musculatura y mantiene la zona limpia de los productos de desecho.

Con los objetos inanimados es fácil aplicar una fuerza y transmitirla sin que se pierda o disperse. El resultado es el movimiento o la destrucción. El cuerpo humano es un organismo vivo que reacciona a la fuerza que aplicamos en la superficie. La reacción puede ser un dolor, una sensación de placer, una resistencia, una subida de temperatura, etc. Y el terapeuta puede percibirlo de infinitas formas. Para que aparezca esa reacción del cuerpo de forma más precisa y rápida, el terapeuta tiene que saber aplicar la fuerza de manera correcta (sin que se pierda o disperse), eliminando la holgura de la superficie.

En Aze Shiatsu se emplean varias técnicas para reducir la holgura:

1. Estirar la zona

Realizar un estiramiento de la región para localizar el punto de máxima tensión. Al tensarse las capas superficiales, éstas se acercan a las capas profundas eliminándose la holgura.

Al trabajar la Región Supraescapular se puede realizar un estiramiento de la zona con la otra mano. De este modo se tensa el músculo trapecio y el punto de máxima tensión se muestra para ser presionado mejor.

2. Mantener la presión perpendicular

La perpendicularidad y el mantenimiento son dos de las características fundamentales de la presión de Shiatsu. Utilizando el peso de su cuerpo, el terapeuta debe aumentar la presión perpendicular gradualmente y mantenerla hasta llegar al límite que el paciente es capaz de soportar y donde comienza a sentir dolor. Este trabajo elimina aproximadamente el 80% de la holgura. Para eliminar la holgura restante, hay que sobrepasar el límite del paciente.

3. Tensar la piel con una mano y presionar con la otra

En ocasiones es suficiente con tensar la piel del punto que se va a presionar, utilizando la otra mano. Esta técnica se emplea en zonas donde hay acumulación de tejidos entre la piel y el hueso o articulación. Es el caso del dorso de la mano, la articulación del codo, el dorso del pie y la zona sacra.

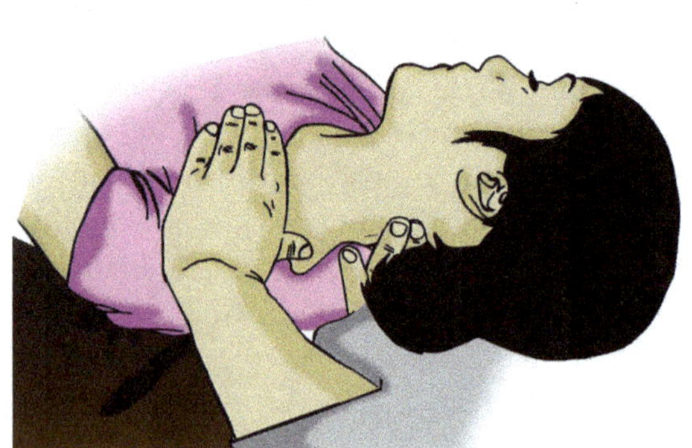
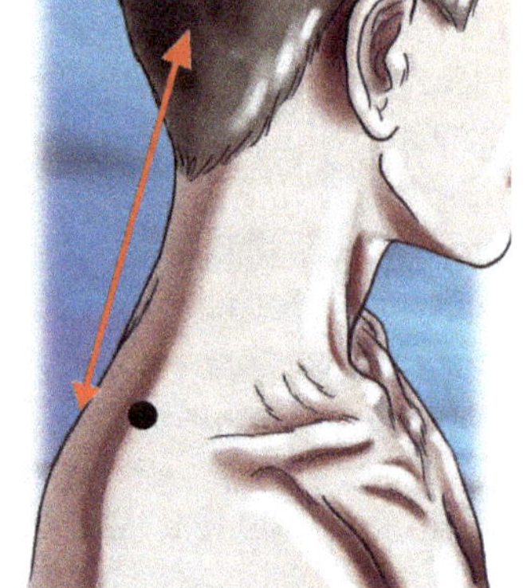

En la región lateral de la muñeca se elimina la holgura realizando la extensión dorsal de la articulación. Así los puntos clave de la zona son más accesibles para ser presionados.

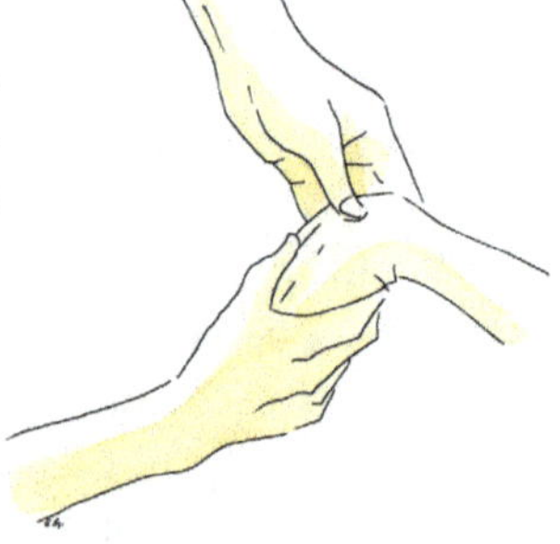

4. Presión deslizante

Otro modo de eliminar la holgura es utilizando una presión deslizante con pulgar sobre pulgar o pulgares juntos. Esta presión consiste en aplicar una presión no perpendicular, sino un poco hacia arriba, y al llegar al límite de la resistencia del paciente cambiar la dirección hacia abajo, sin ceder la presión. De esta forma se desliza la presión como si se raspase la zona. Esta técnica se puede emplear en zonas como la occipital o en la articulación lumbo-sacra.

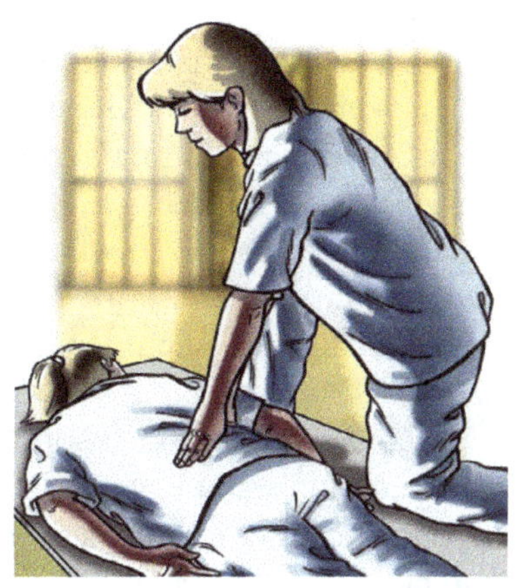

Se pueden utilizar estas técnicas individualmente o combinadas para un mejor rendimiento. Hay que aplicar Shiatsu poco a poco, eliminando la holgura superficial, probando una, dos y tres veces con precaución y prudencia y observando la reacción del cuerpo.

Aze Shiatsu utiliza en su terapia estiramientos que tratan de liberar sobre todo las articulaciones del paciente. Para realizar estas manipulaciones es fundamental, también, eliminar la holgura. Hablamos entonces de una

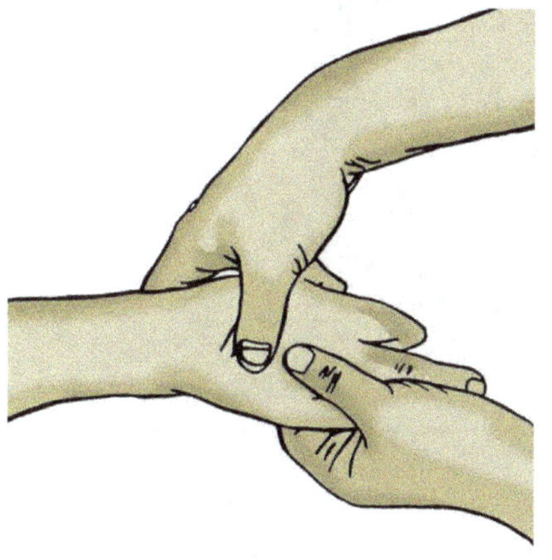
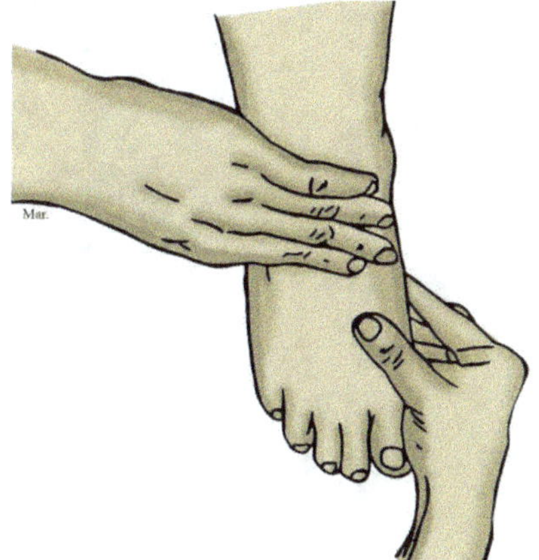

primera fase de preparación que trata de eliminar la holgura y una segunda de ejecución del movimiento.

En la fase de preparación, el terapeuta coloca las articulaciones implicadas lo más elongadas posible, realizando una tracción desde un punto distal.

En la fase de ejecución, desde la posición anterior se comienza a hacer el estiramiento o manipulación.

Pensemos en el movimiento de tracción lumbar, uno de los ocho movimientos de la columna vertebral. En la fase de preparación, el terapeuta realiza una ligera tracción de toda la columna desde las rodillas del paciente. Se percibe un movimiento del tronco del paciente hasta el punto a partir del cual se arrastraría el cuerpo del paciente. Desde ese punto, el terapeuta realiza el estiramiento propiamente dicho dejando caer su peso sobre sus talones.

Estas manipulaciones son únicamente de unas micras y sólo son posibles cuando se ha llevado al límite la movilidad propia de la articulación, de otro modo la holgura entre los componentes de la misma no permite que alcance su objetivo.

Eliminar la holgura no es una técnica fácil. Requiere de mucho entrenamiento combinar la presión con la eliminación de la holgura. Pero estamos seguros de que su utilización aumenta la efectividad del tratamiento con Aze Shiatsu.

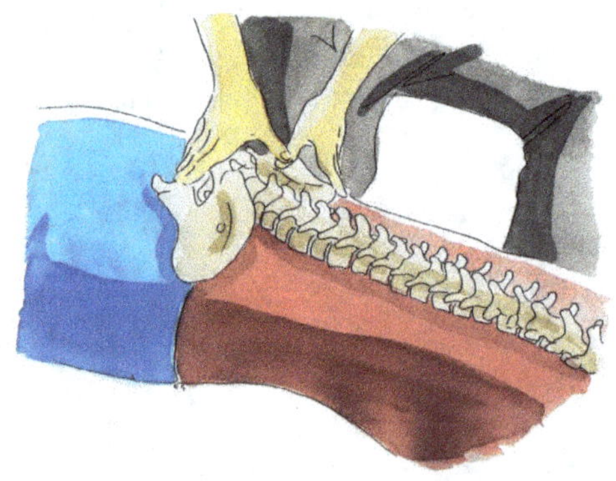

LOS OCHO MOVIMIENTOS DE LA COLUMNA VERTEBRAL

Tanto la medicina oriental como las diferentes artes tradicionales japonesas consideran el hara como el centro del equilibrio del cuerpo. Se localiza en la zona del bajo vientre y en la cintura pélvica. De este punto surgen todos los movimientos posibles de nuestro cuerpo, encadenando articulaciones y músculos que nos permiten realizar las actividades cotidianas como andar, correr, saltar, girar, estar de pie, etc. La danza, el teatro, la pintura, el arte floral, las artes marciales y la meditación japonesa hacen hincapié en el uso del hara como punto de equilibrio de movimiento físico y energético.

Esta zona tiene tanta importancia que se considera que, cuando se produce algún desequilibrio, éste termina afectando al resto de nuestro cuerpo. Cuando el cuerpo está desequilibrado, el hara no está en su sitio. Este desequilibrio afecta tanto al sistema óseo y muscular como al organismo en su conjunto. Cuando existen tensiones en alguna parte del cuerpo, éstas pueden transmitirse a los órganos internos a través del sistema nervioso autónomo y los reflejos viscerocutáneos.

Cuando existe un desequilibrio, los movimientos no se realizan de forma adecuada. La labor del terapeuta de Shiatsu es la de equilibrar el cuerpo para devolver el hara a su centro.

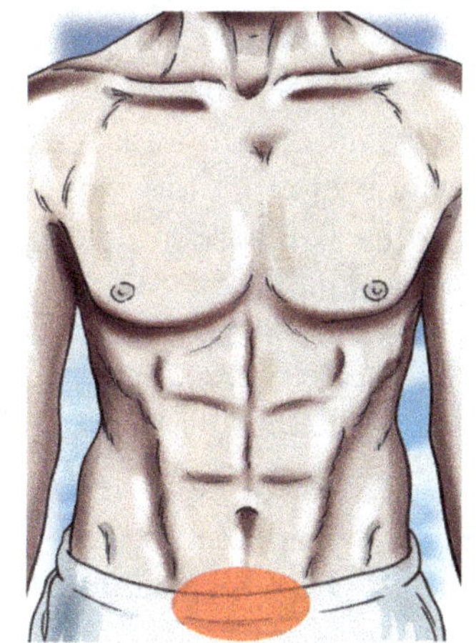

PARTE ANTERIOR DEL CUERPO

Hara (Tanden) (literalmente «mar de la energía») es un centro energético que tiene un papel importante en diversas disciplinas de la tradición oriental.

El hara se complementa con el movimiento de koshi (cadera/zona lumbar). Koshi significa, literalmente, la zona más importante del cuerpo.

PARTE POSTERIOR DEL CUERPO

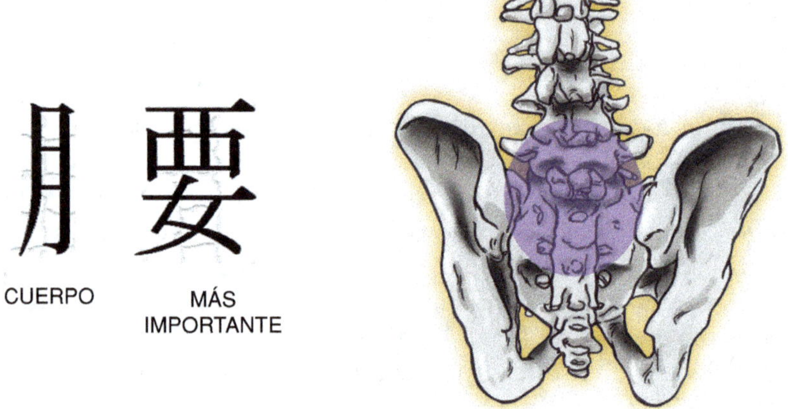

Koshi significa «la zona lumbar». Este carácter se divide en dos: «cuerpo» y «más importante», por lo que podemos decir que nos indica la zona más importante del cuerpo.

Los ocho movimientos de la columna representan todos los movimientos que se realizan partiendo del hara. El terapeuta de Shiatsu debe conocerlos en profundidad. Le sirven de diagnóstico y de tratamiento. Observando el rango de movilidad de cada uno de ellos puede establecer qué partes del cuerpo del paciente tienen tensión, o dónde se manifiesta el desequilibrio.

Para el tratamiento el terapeuta puede utilizarlos de dos maneras:

1. **Auto:** Recomendar al paciente hacer estos ejercicios por sí mismo diariamente.
2. **Con terapeuta:** Utilizar estos ejercicios en la sesión de Shiatsu.

Aze Shiatsu utiliza estos movimientos siguiendo las pautas de la técnica Sotai Ho. De entre dos movimientos opuestos (extensión flexión, rotación izquierda rotación derecha, etc.) se elige el más fácil de realizar por el paciente y se trabaja repetidas veces. Por lo que, tanto la elección del ejercicio más adecuado como la forma de ejecución se realiza según los principios de esta terapia: elegir el ejercicio que tiene efecto sobre la zona afectada, comparar su movilidad en las dos direcciones del movimiento y elegir la que resulte más fácil de realizar. La medicina oriental entiende que, al ser el cuerpo humano una totalidad, el estiramiento de una articulación en un sentido determinado incide directamente en su opuesto. Así también piensa y funciona el Shiatsu: no presionamos las zonas en las que hay dolor y están plenos, sino en los que al presionar tenemos una sensación de vacío.

FLEXIÓN

Músculos implicados: Se estiran los músculos de la zona dorsal y lumbar (músculos paravertebrales: espinoso, longísimo, iliocostal, multífidos, etc.) y se contraen los músculos flexores del abdomen y vientre. Si las rodillas pueden extenderse totalmente, también se estiran los músculos de la parte posterior de la pierna (isquiotibiales).

Auto: El movimiento se inicia en el hara, (1) la persona lleva la cadera hacia atrás desplazando el peso del cuerpo sobre la parte posterior de los pies, (2) este movimiento provoca la flexión del tronco desde la cadera que (3) impulsa los brazos hacia abajo (no es necesario que toquen el suelo).

Con terapeuta: El paciente se tumba en decúbito supino con las piernas flexionadas. El terapeuta, de rodillas, coge las piernas del paciente por debajo de sus

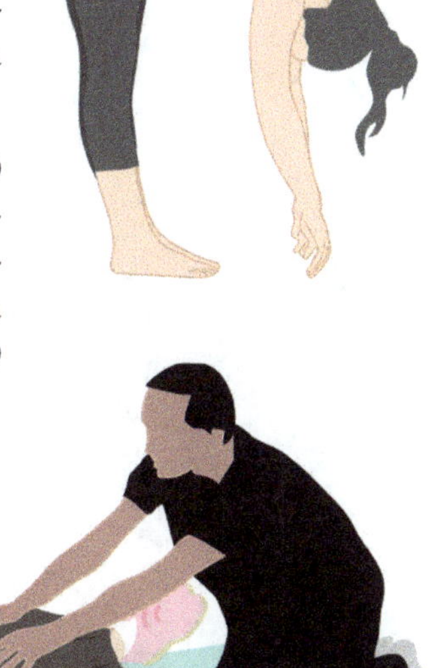

rótulas y las flexiona hacia su pecho. Este movimiento provoca la retropulsión de cadera, aliviando la tensión en la zona lumbar. Es particularmente beneficioso en aquellas personas que tengan hiperlordosis lumbar.

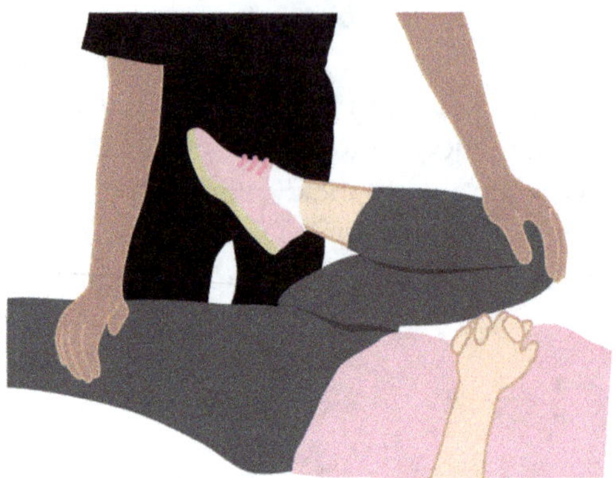

El terapeuta puede realizar este ejercicio en cada pierna independientemente.

EXTENSIÓN

Músculos implicados: Se estiran los músculos flexores del abdomen (recto del abdomen, oblicuo externo e interno y psoas, que es flexor de la cadera) mientras que se contraen los músculos de la zona dorsal y lumbar.

Auto: Con las rodillas semiflexionadas y partiendo el movimiento desde el hara, (1) se desplaza la cadera hacia delante llevando el peso a la parte anterior del pie. Este movimiento (2) provoca la extensión de la columna vertebral hasta el cuello y la cabeza. No es necesario forzar la postura.

Con terapeuta: El paciente se tumba en decúbito prono con las piernas estiradas. El terapeuta flexiona las rodillas del paciente desde sus pies, en dirección a sus glúteos. Este movimiento provoca la anteversión de la cadera, por lo que hay que tener especial cuidado cuando la persona padece problemas lumbares. Se puede realizar este ejercicio en cada pierna independientemente.

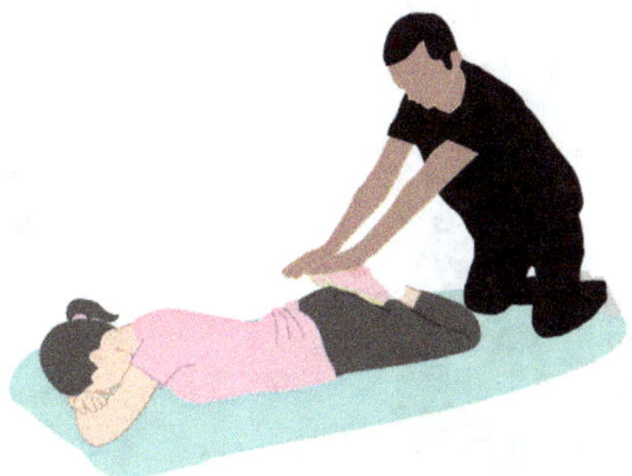

INCLINACIONES LATERALES DERECHA E IZQUIERDA

Músculos implicados: Se estiran unilateralmente del lado al que se desplaza el peso del cuerpo cuadrado lumbar, espinoso, longísimo, iliocostal, oblicuo externo, oblicuo interno, intertransversos y dorsal ancho. En la misma pierna se estiran el glúteo medio, mayor, menor, tensor de la fascia lata y sartorio. En la pierna contraria se estiran aductores, recto interno, psoas mayor, ilíaco y fibras inferiores del glúteo mayor.

Auto: El movimiento parte del hara (1) se desplaza la cadera sobre una pierna llevando el peso del cuerpo sobre ese pie. (2) Este movimiento lleva el tronco hacia el otro lado provocando el estiramiento; (3) estirando el brazo se agudiza el movimiento.

Con terapeuta: La persona se tumba en posición decúbito supino. El terapeuta se sitúa frente al paciente en postura básica de Shiatsu y coloca las piernas del paciente sobre su pierna elevada. La

cadera y las rodillas del paciente deben quedar flexionadas a noventa grados. Desde esta posición el terapeuta realiza un giro con su cuerpo provocando el movimiento de las piernas del paciente, de manera que la cadera de la persona tratada se desplace provocando la inclinación lateral de la columna vertebral. Normalmente se trabaja en la dirección de mayor rango de movimiento.

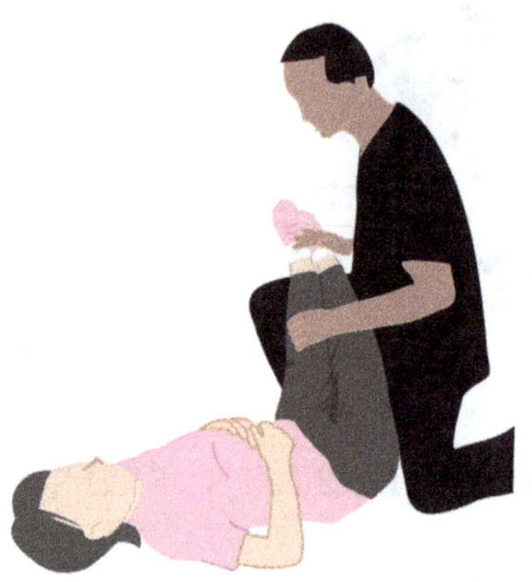
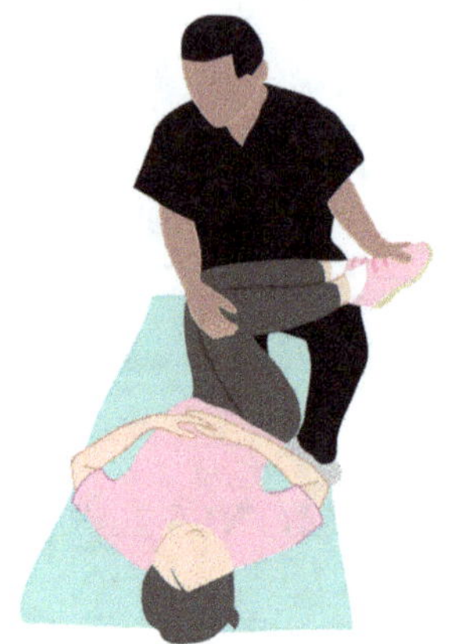

ROTACIÓN DERECHA E IZQUIERDA

Músculos implicados: Del lado opuesto: multífidos, rotadores y oblicuo externo. Del mismo lado: oblicuo interno. En la pierna se estiran piriforme del lado contrario, los músculos sacropélvicos, sartorio, psoas mayor e ilíaco, bíceps femoral, glúteo mayor y fibras posteriores del glúteo medio.

Auto: Partiendo del movimiento del hara, (1) se desplaza el peso sobre la pierna del lado de giro. (2) Se comienza a girar la cadera hacia ese lado encadenando el movimiento hacia arriba hasta la cabeza. Los hombros y brazos acompañan este movimiento de forma natural.

Con terapeuta: El paciente se tumba en decúbito supino con las piernas flexionadas. El terapeuta rota la cadera del paciente hacia el lado de mayor movilidad, llevando las rodillas hacia el suelo.

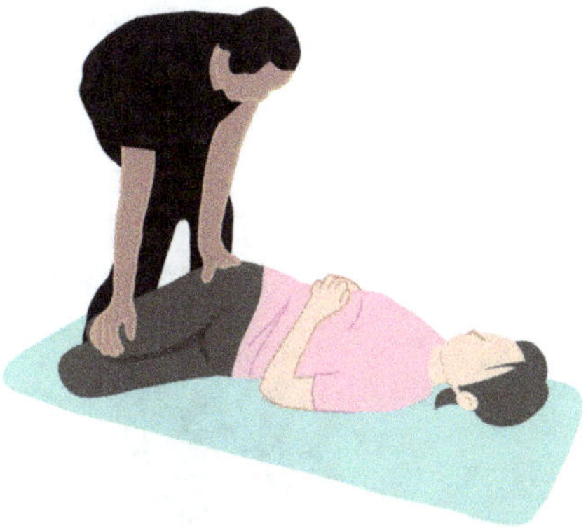

Se puede realizar este movimiento de forma más aguda cruzando una pierna flexionada sobre la otra estirada y realizando antepulsión del brazo contrario.

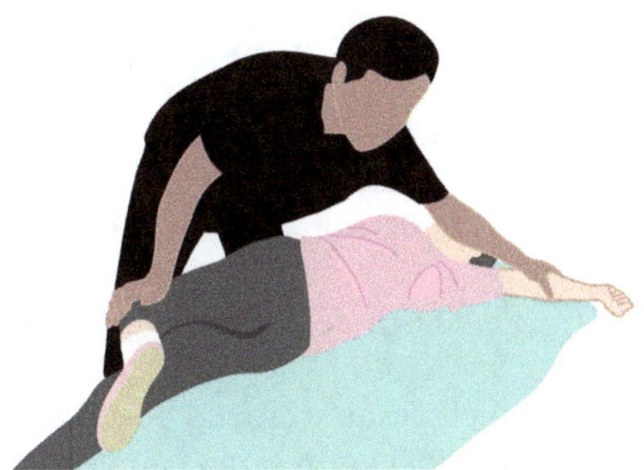

TRACCIÓN

Músculos implicados: Este ejercicio libera las articulaciones intervertebrales, sobre todo de la columna lumbar.

Auto: Este ejercicio es difícil de realizarlo uno mismo.

Con terapeuta: El paciente se tumba en decúbito supino con las piernas flexionadas. El terapeuta coloca sus manos entrelazadas bajo ambas fosas poplíteas del paciente. Realiza la tracción dejando caer el peso de su cuerpo hacia atrás.

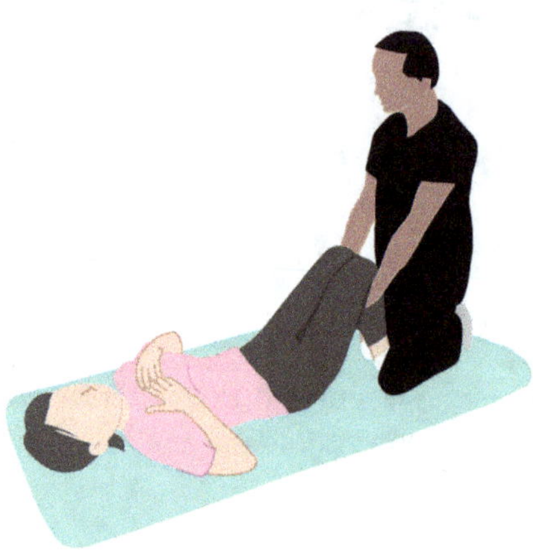

COMPRESIÓN

Músculos implicados: Este ejercicio comprime las articulaciones intervertebrales, sobre todo de la columna lumbar.

Auto: Este ejercicio es difícil de realizarlo uno mismo.

Con terapeuta: Aquí el paciente está en posición decúbito supino con las piernas estiradas. El terapeuta presiona con la palma de sus manos la

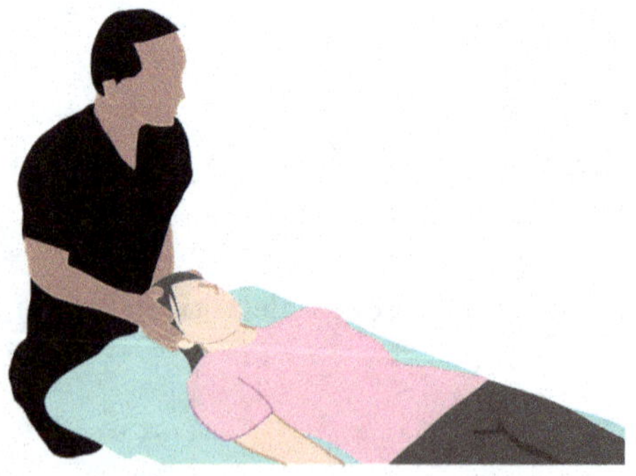

cabeza de éste, empujando en dirección hacia los pies con un movimiento suave. Si el cuerpo del paciente ofrece algún tipo de resistencia o siente dolor, trabajaremos sólo el movimiento de tracción.

Es importante que el terapeuta sepa transmitir al paciente cuál es la manera de moverse para no dañar al cuerpo. La mayor responsabilidad de la recuperación es del paciente. Si éste entiende cómo debe mover su cuerpo y lo lleva a cabo, la recuperación será más rápida y profunda.

Hemos explicado los movimientos de la columna centrándonos en el trabajo de la zona lumbar. No debemos olvidar que la columna forma una sola entidad y que lo que sucede en una parte se transmite al resto. Cuando la región lumbar está afectada, tarde o temprano se manifestará a nivel de la columna dorsal o cervical.

Aze Shiatsu Stretching

Decúbito Prono

Movilización de la cadera en rotación

La movilización de la cadera permite observar al terapeuta la conexión articular de abajo hacia arriba. Comparar el movimiento en ambos sentidos, derecho e izquierdo.

De modo general se trabaja con una flexión de rodillas de 90°. Con una flexión más pronunciada, el efecto del movimiento se concentra más en la columna lumbar. Con una flexión menor el movimiento se transmite hasta la columna dorsal (región interescapular).

Se trabaja sobre la región de la articulación sacroilíaca del lado contrario al de la inclinación de los pies.

Se estiran los músculos que intervienen en la rotación externa e interna (grupo erector de la columna y oblicuo interno y externo) dependiendo de la pierna de que se trate. Además, se estira ligeramente el recto femoral.

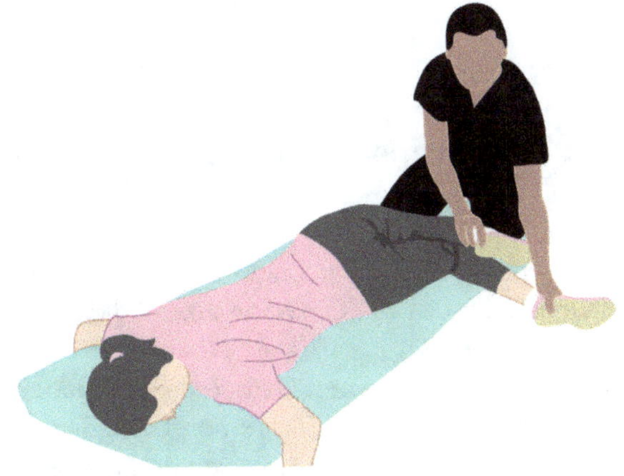

Estiramiento de la articulación sacroilíaca

La movilización de una sola cadera en rotación mientras se mantiene fija la otra pierna, permite el estiramiento de la región femoral medial que llega hasta la articulación sacroilíaca. Se estiran los músculos aductores y sirve para chequear el estado de la articulación sacroilíaca; la del lado del estiramiento se abre, mientras que la del lado contrario se pega o cierra.

Al no bloquear la cadera el trabajo no es sobre la rodilla.

Además, permite observar la relación entre la cadera y la zona lumbar. Si no existe desequilibrio, el estiramiento llega a la región lumbar que rota siguiendo el movimiento articular natural.

Como en el caso anterior, el ángulo de flexión de la rodilla determinará la zona a donde llega el estiramiento.

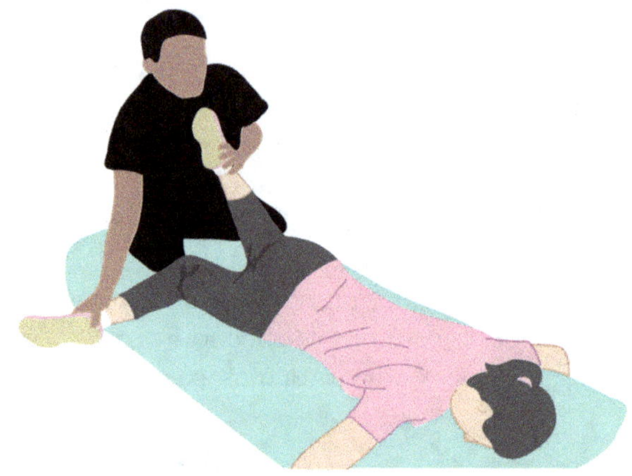

Estiramiento del cuádriceps/extensión de la columna lumbar

Las manos del terapeuta acercan los talones del paciente a sus glúteos presionando desde los dedos de sus pies. Observar la flexibilidad en ambas piernas.

En este movimiento hay que tener en cuenta dos aspectos, por un lado, produce el estiramiento de la región femoral anterior.

Por otro lado, al bloquearse la parte anterior de las piernas (regiones sural y femoral), la cadera realiza un movimiento que aumenta la lordosis fisiológica lumbar. Habrá que tener cuidado si el paciente tiene hernias lumbares o hiperlordosis.

Estiramiento de los músculos: cuádriceps, psoas Ilíaco, sartorio (por su acción flexora de la cadera), tensor de la fascia lata (por su acción flexora de la cadera), tibial anterior, extensor largo de los dedos.

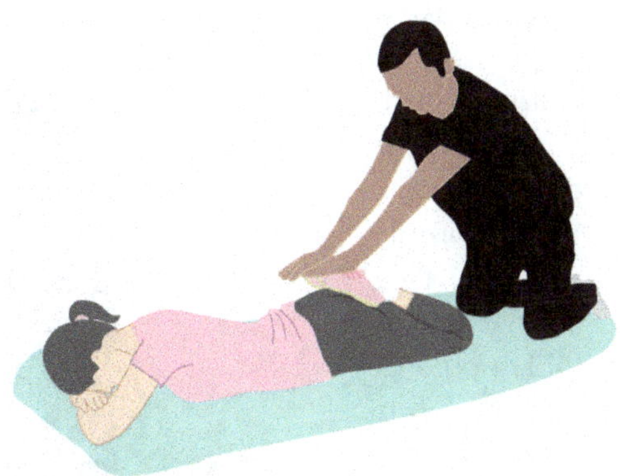

Estiramiento del tendón calcáneo

En este caso, el terapeuta provoca la flexión dorsal del pie para estirar el tendón calcáneo. Primero realizar el movimiento sobre las dos piernas simultáneamente. Luego repetir cada pierna independientemente. Comparar ambas piernas.

Hay que tener en cuenta la relación entre el tendón calcáneo y el estado del psoas; cuando el tendón calcáneo está acortado, el psoas se ve afectado.

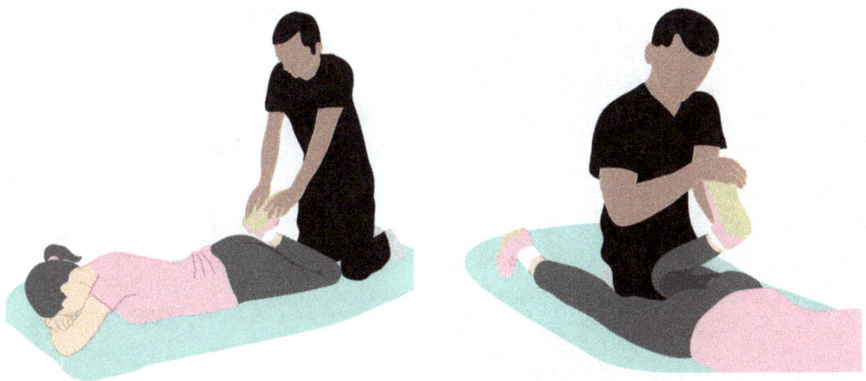

Estiramiento de los músculos sóleo (no de los gemelos que realizan flexión de rodilla), fascia plantar, flexor largo de los dedos y flexor propio del primer dedo, además del tendón calcáneo. Indirectamente se trabaja sobre el recto femoral al pegar los talones a los glúteos.

Estiramiento de las regiones tarsal y calcánea

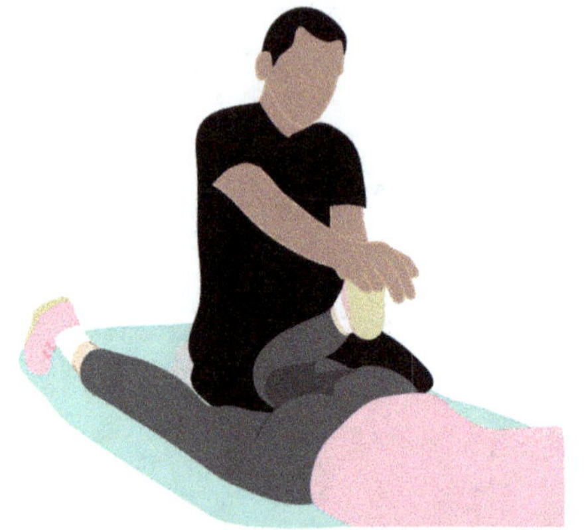

Realizar flexión plantar desde los dedos de los pies. La línea de estiramiento pasa por el punto 41E en el centro de la región tarsal. Este movimiento trabaja también sobre el dorso del pie y las líneas que lo recorren. El ángulo de flexión de la rodilla variará en función del grado de estiramiento a realizar.

Estiramiento de los músculos: tibial anterior, extensor largo de los dedos y extensor propio del primer dedo.

Estiramiento de los músculos tibiales y flexores del pie. Eversión

Realizar un movimiento de eversión del pie (flexión dorsal, abducción y rotación externa).

Estiramiento de las regiones sural medial (hasta el punto 6BP), tubérculo calcáneo y maléolo interno.

Estiramiento de los músculos: tibial anterior, tibial posterior, flexor largo de los dedos, flexor largo del dedo gordo, extensor largo del dedo gordo.

Estiramiento de los músculos peroneos laterales. Inversión

Realizar un movimiento de inversión del pie (flexión plantar, aducción y rotación interna).

Estiramiento de las regiones lateral de la tibia, sural lateral y maléolo externo (40VB).

Estiramiento de los músculos: peroneo largo, peroneo corto, tibial anterior, extensor largo de los dedos.

Estiramiento del músculo sóleo y la región del tendón calcáneo.

Realizar flexión dorsal y rotación interna de tobillo. Se actúa sobre las regiones sural lateral, tibial anterior y región maléolo externo.

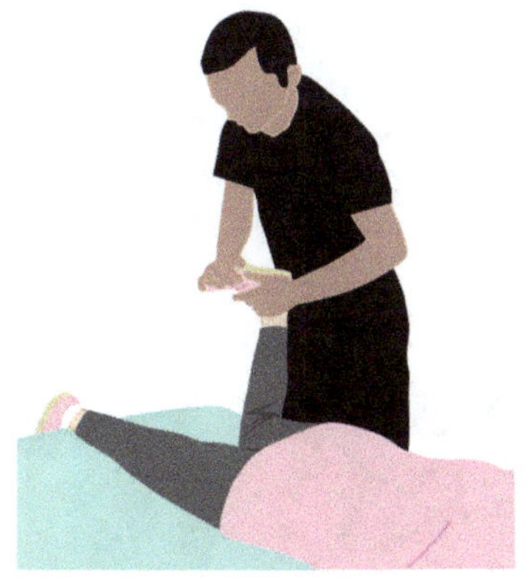
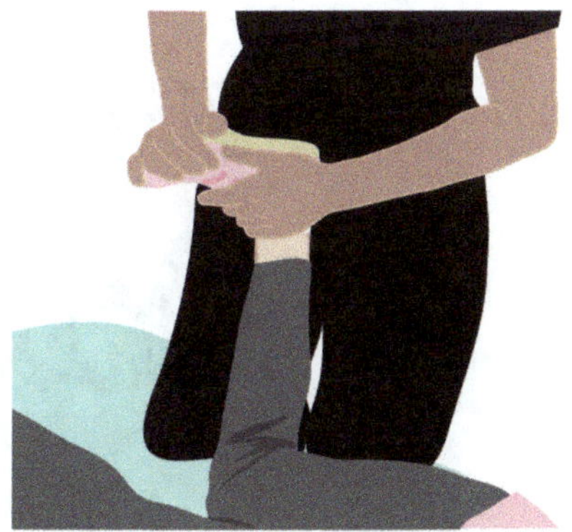

Estiramiento del músculo sóleo y la región del tendón calcáneo.

Realizar flexión dorsal y rotación externa de tobillo. Se actúa sobre las regiones sural medial y maléolo interno.

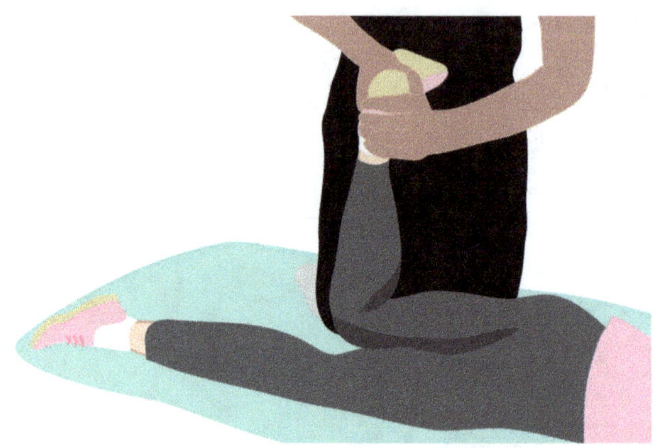

Movilización de la articulación del tobillo

Con este movimiento se relaja y estimula la articulación del tobillo y los meridianos que pasan por ella.

Se puede presionar el punto central de la región tarsal (41E) mientras se realiza el ejercicio.

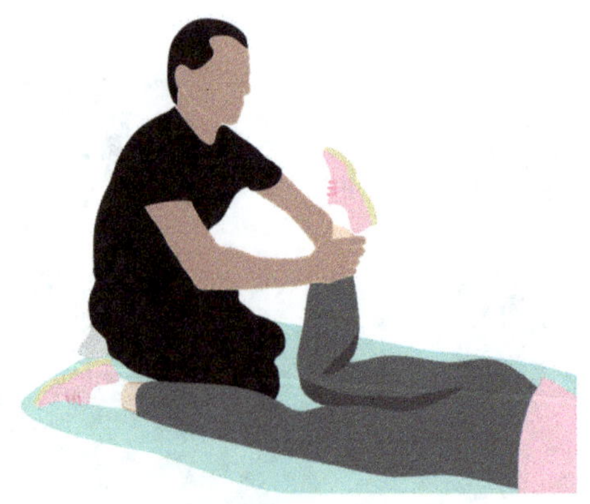

Estiramiento general de la pierna

Tracción de todas las articulaciones de la pierna, especialmente de la articulación coxofemoral. La pierna del paciente en posición anatómica y el tobillo sin rotar.

Dirigir el estiramiento hacia el hombro contrario conectando todas las articulaciones desde el tobillo hasta el hombro. Observar la conexión de todas las articulaciones de acuerdo a la teoría del aspa.

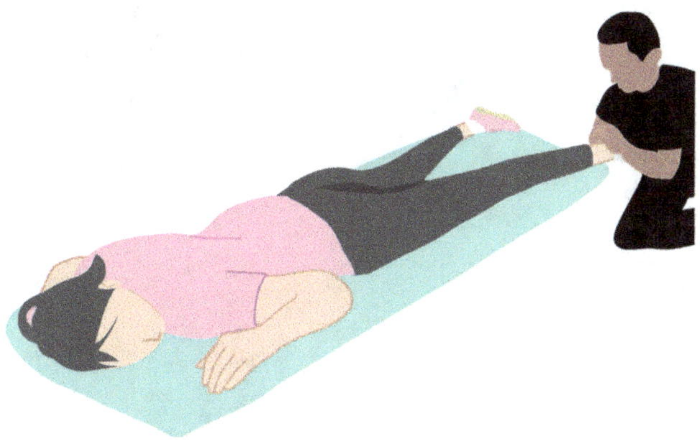

Tracción de pierna y liberación del m. piramidal

Tracción de pierna con el tobillo rotado hacia el exterior. Llega hasta la articulación coxofemoral. Se liberan el músculo piramidal y el nervio ciático. Muy útil para pacientes con ciática y lumbalgia aguda. Además se realiza estiramiento de la región femoral anterior.

Tracción de pierna y estiramiento del m. piramidal

Tracción de pierna con el tobillo rotado hacia el interior. Llega hasta la articulación coxofemoral y sacroilíaca, estirando el músculo piramidal principalmente. Útil en lumbalgia crónica para «despertar» contracturas antiguas. Además se realiza estiramiento de la región femoral posterior.

Estiramiento de la región sacroilíaca y el m. piramidal

Sin bloquear el sacro se trabaja sobre la articulación sacroilíaca.

Para el trabajo sobre el piramidal, bloquear con una mano el sacro y realizar rotación interna de la cadera desde el tobillo con la otra.

Se estiran los músculos: piramidal, obturador interno y externo y glúteos. Son los estabilizadores de la cadera que mantienen su equilibrio.

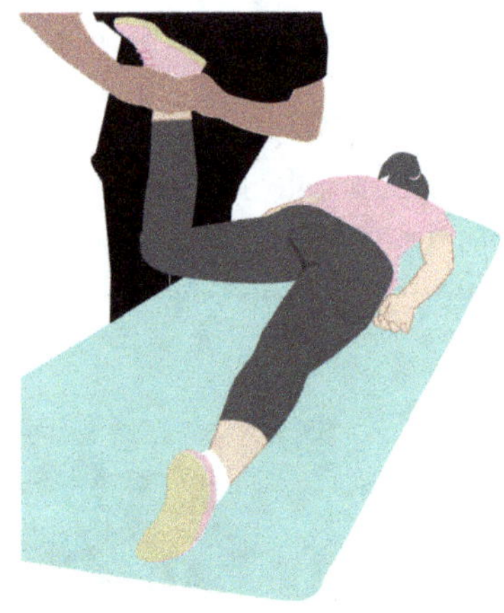

Cuidado si existen problemas de rodilla: realizar el movimiento con la palma de la mano en la rodilla y el codo en el tobillo del paciente.

Estiramiento del psoas

Elevar la pierna del lado contrario colocando la mano por encima de la rótula del paciente. Con la otra mano se bloquea la cadera contraria para concentrar el estiramiento.

Realizar una ligera abducción de la pierna para concentrar el efecto del estiramiento sobre el músculo psoas.

Se produce estiramiento de la región femoral anterior, sobre todo la inserción proximal del cuádriceps.

Estiramiento de la región de la espina ilíaca anterosuperior

Elevar la pierna del lado contrario colocando la mano por encima de la rótula. Con la otra mano se bloquea la cadera del mismo lado para concentrar el estiramiento y evitar la hiperextensión de la columna lumbar.

Se trabaja sobre las inserciones musculares en las espinas ilíacas anterosuperior y anteroinferior.

Realizar ligera aducción de la pierna para concentrar el estiramiento sobre el recto anterior. Este ejercicio no trabaja los vientres musculares del cuádriceps que no atraviesan la articulación de la cadera.

Estiramiento de la región femoral anterior

Es un movimiento parecido al anterior, pero en este caso se realiza hiperflexión de rodilla, controlada por el hombro del terapeuta, que produce el estiramiento del cuádriceps. Elevando la pierna, sin provocar dolor, el estiramiento alcanza al músculo psoas y recto femoral.

Estiramiento más agudo que trabaja sobre todos los vientres musculares del cuádriceps, especialmente sobre las inserciones musculares en la espina ilíaca anterosuperior y el tendón rotuliano.

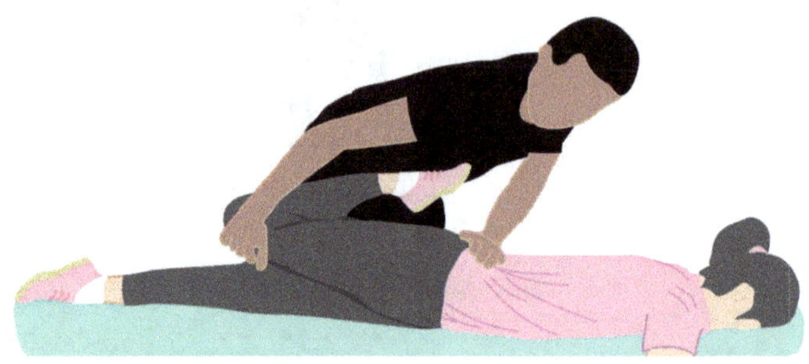

Movilización de las apófisis espinosas

Una mano fija el sacro mientras la otra realiza los estiramientos sobre las apófisis espinosas de la columna vertebral, desde la zona lumbar hasta el ángulo inferior de la escápula. Este movimiento sirve para liberar las articulaciones intervertebrales y chequear su estado.

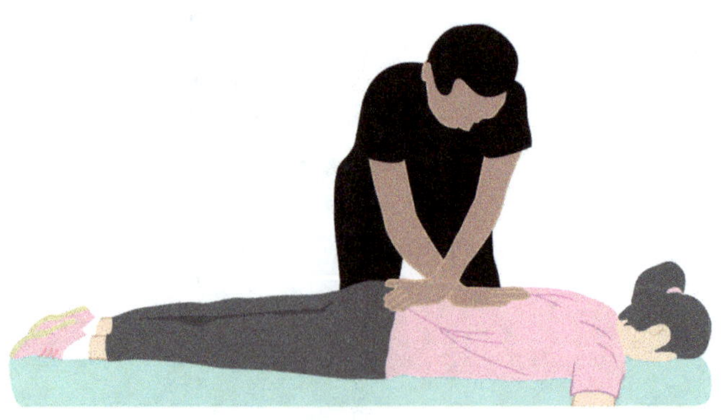

Movilización de la cresta ilíaca derecha

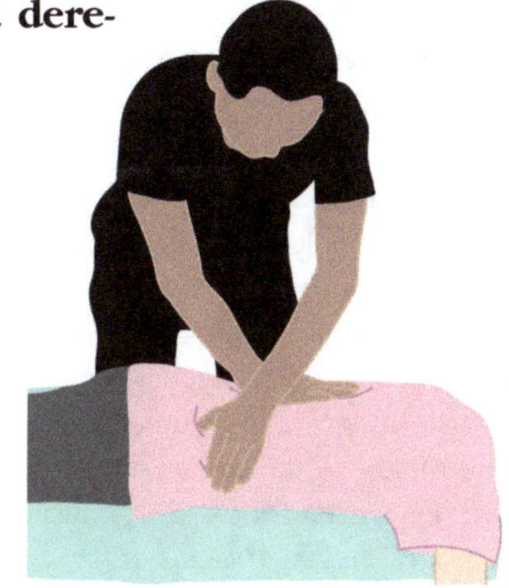

Con las manos cruzadas, una sobre la zona lumbar alta fija la columna y la otra empuja la cresta ilíaca derecha hacia abajo (utilizando sobre todo la eminencia tenar). El terapeuta repite el ejercicio varias veces desplazando la mano a lo largo de la cresta ilíaca.

Se estira la región de la cresta iliaca izquierda y la región lumbar: línea del 52V. A nivel muscular se trabaja sobre el cuadrado lumbar y la aponeurosis toracolumbar.

Movilización de la cresta ilíaca izquierda

Se repite el ejercicio anterior por el lado izquierdo. La mano sobre la columna permanece fija y la otra pasa al lado derecho para empujar la cresta ilíaca hacia abajo (utilizando sobre todo la eminencia hipotenar).

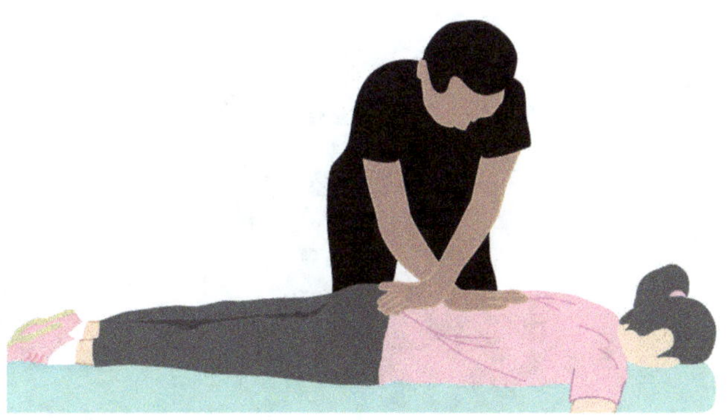

Movilización (en rotación) de las vértebras lumbares

Sirve como método diagnóstico de la región lumbar así como para mejorar la movilidad intervertebral, especialmente de las apófisis transversas.

Bloquear el movimiento de la columna colocando una mano sobre las inserciones del cuadrado lumbar en las apófisis transversas lumbares mientras con la otra mano se eleva la cadera desde la espina ilíaca anterosuperior.

Además se movilizan las regiones lumbar, línea del 52V y cresta ilíaca.

Balanceo de la cadera

Libera y relaja el tensor de la fascia lata y la inserción del recto femoral en la espina ilíaca anterosuperior.

Sólo hay que empujar suavemente de la cadera desde los glúteos y dejar que regrese a su posición inicial. Repetir varias veces de forma rítmica.

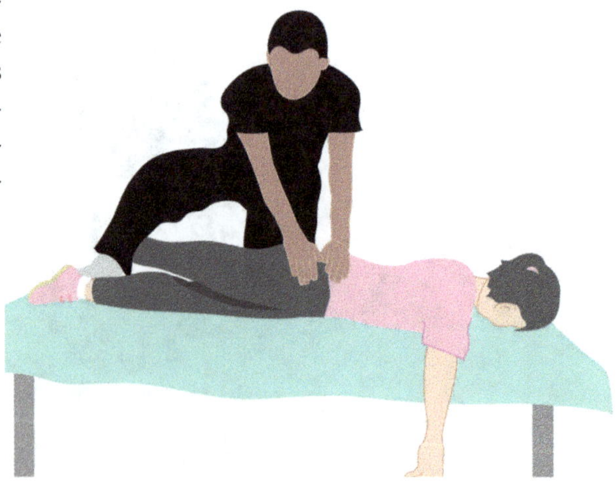

Liberación de la articulación de la cadera

Actúa sobre los ligamentos de la articulación sacroilíaca, articulación coxofemoral, semitendinoso y semimembranoso. Además trabaja sobre el glúteo medio estirando las fibras posteriores y liberando las anteriores.

Cuando el paciente tiene lumbalgia, tiende colocar la pierna en esta posición para mitigar el dolor. Para equilibrar la cadera y mejorar la ciática debemos realizar el estiramiento hacia este lado menos doloroso.

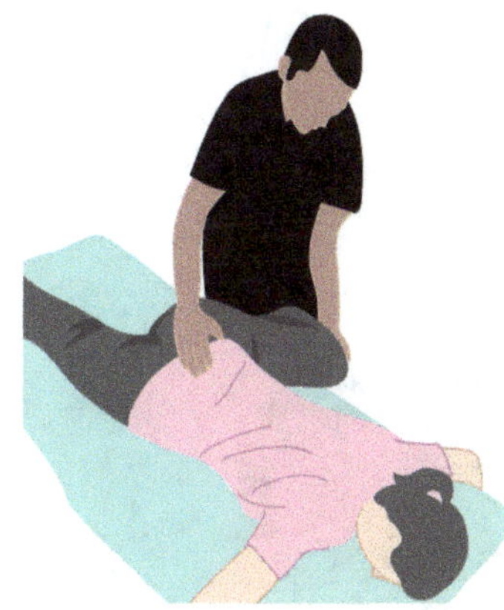

Se puede utilizar como test realizando el ejercicio en ambos lados y comparando el resultado.

Completar el trabajo con presiones palmares alrededor de la articulación coxofemoral y siguiendo el borde inferior de la cresta ilíaca.

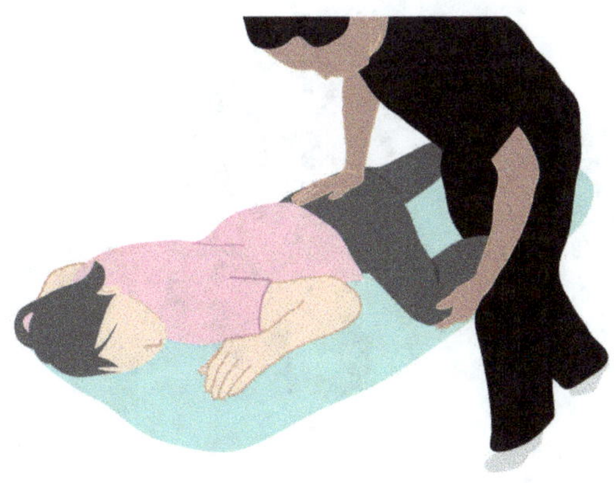

Relajación general de la espalda

El terapeuta utiliza su cuerpo para realizar la extensión pasiva de la espalda sin lastimarse; balanceando su cadera evita cualquier posible lesión. El ejercicio se puede realizar sentado en la camilla al lado del paciente o de rodillas encima de la camilla sobre el cuerpo del paciente. Relajación de la regiones interescapular e infraescapular y lumbar, y estiramiento de la musculatura abdominal y del tórax.

Hay que tener especial cuidado con las personas con hiperlordosis o con dolor lumbar.

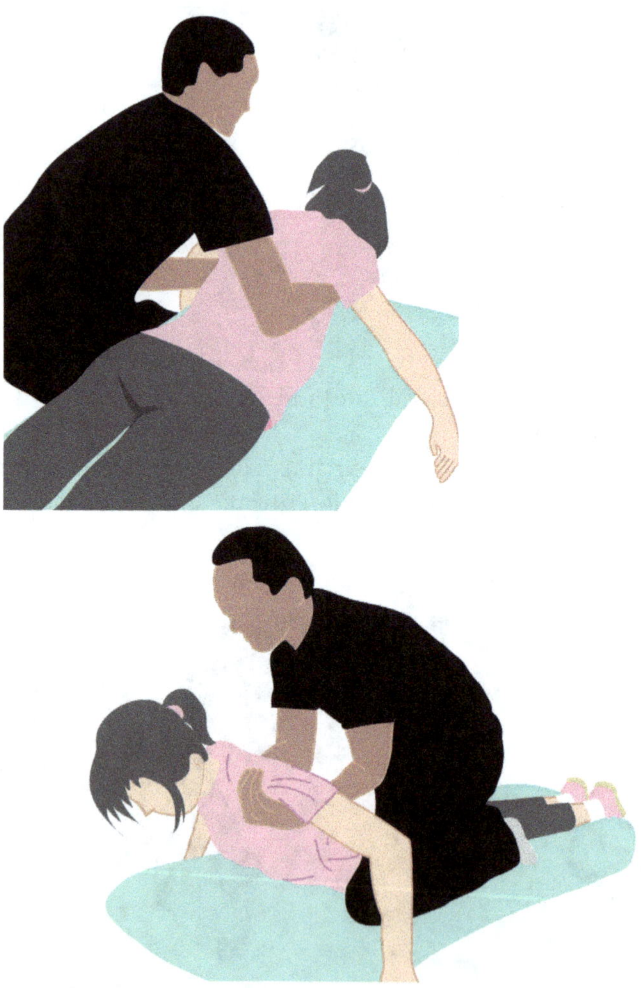

Aze Shiatsu Stretching

Decúbito Supino

Compresión de la columna vertebral

Se comprime la región cervical en primer término, pudiendo llegar hasta la zona dorsal e incluso lumbar.

Los espacios intervertebrales se acortan. Este ejercicio sirve de diagnóstico ante posibles hernias discales. Este ejercicio se puede realizar también desde los talones.

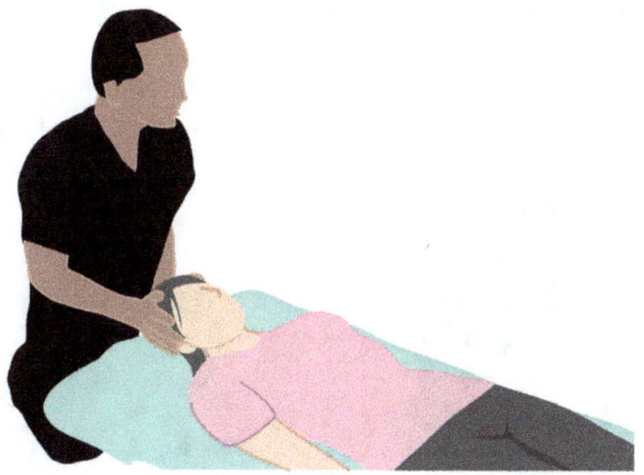

Tracción de la columna vertebral

Liberación de las articulaciones intervertebrales lumbares. Es uno de los ejercicios más importantes para el trabajo sobre la columna. Ayuda a restaurar la circulación en la zona lumbar favoreciendo el trabajo con Shiatsu. Se utiliza, también, para diagnosticar el estado de la zona lumbar. Si el paciente siente dolor al realizar el ejercicio, el terapeuta debe pensar en dos posibilidades: uno, que existe un problema a nivel del disco que debe ser supervisado por un médico. Y dos, que existe inflamación en la zona que necesita de descanso antes de recibir terapia Shiatsu.

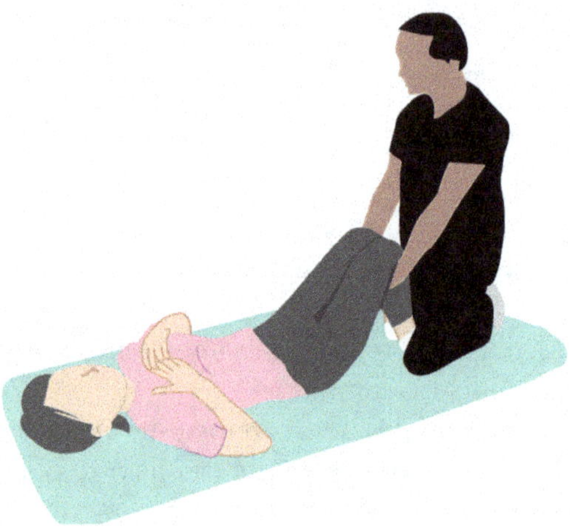

Flexión de la columna lumbar

Se produce retroversión de la pelvis, lo que disminuye la lordosis lumbar. Produce alivio especialmente en personas con problemas lumbares.

Extensión de la columna vertebral

Estiramiento de la región infraescapular y lumbar además de sacro.

Estiramiento de los músculos: glúteo mayor, isquiotibiales (origen o zona proximal), extensores de la columna (grupo paravertebral lumbar) que rectifican la lordosis lumbar (longísimo, iliocostal, espinoso, semiespinoso, multífidos, intertransversos).

Lateralización de la columna vertebral

Las piernas del paciente se apoyan en la pierna elevada del terapeuta; quien, con una mano sobre las rodillas empuja y bloquea la flexión de piernas con un ángulo de 90º.

Se estira la región infraescapular y lumbar del lado contrario, incidiendo especialmente en la región lumbar: línea del 52V (Shishitsu).

Por la lateralización de la columna lumbar se estira el cuadrado lumbar, el oblicuo interno y el oblicuo externo del lado contrario.

Por la rotación interna se estiran los músculos: aductor mayor, aductor medio y pectíneo.

Por la rotación interna: piramidal, obturadores interno y externo, glúteos (todos) y sartorio (por su acción rotadora).

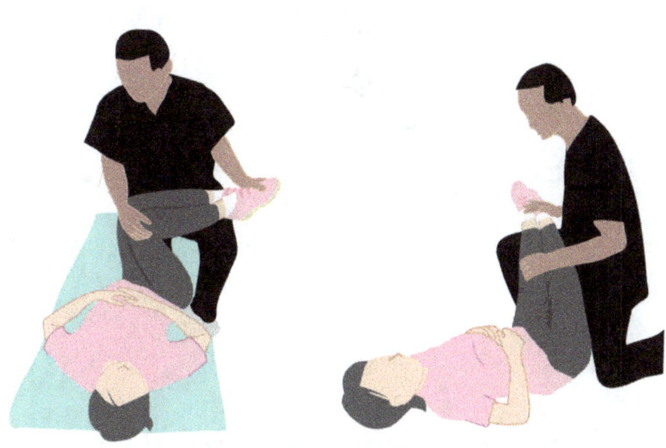

Pierna izquierda, rotación interna
Pierna derecha, rotación externa

Rotaciones de cadera

Realizar las rotaciones en ambos sentidos, derecha e izquierda.

Se trata de un movimiento para chequear el estado de la articulación de la cadera. A su vez, se libera la movilidad articular.

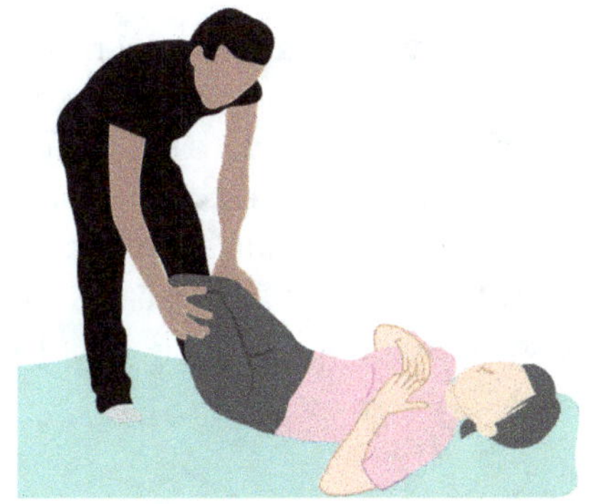

Rotación de la columna vertebral

Nótese como la pierna del terapeuta mantiene los talones del paciente pegados a sus glúteos. Esta posición concentra el ejercicio en la zona lumbar. Por lo tanto se trabaja sobre la región infraescapular y lumbar, y con menor incidencia sobre la región interescapular.

Estiramiento de los músculos: oblicuos del abdomen, parte del recto anterior del abdomen, transverso del abdomen, cuadrado lumbar, multífidos, intertransversos, tensor de la fascia lata y tracto iliotibial.

Estiramiento de la región femoral lateral

La zona lumbar debe permanecer pegada a la camilla evitando la rotación de la columna. La secuencia del ejercicio será la siguiente: flexión de rodilla, flexión de cadera, aducción de cadera pasando el pie al otro lado, y finalmente estiramiento. Una mano controla la cabeza del fémur mientras la otra realiza el estiramiento desde la rodilla.

El estiramiento se realiza sobre el meridiano de Vesícula Biliar, sobre todo sobre el punto 31VB situado aproximadamente en el centro de la región.

Estiramiento de los músculos: tensor de
la fascia lata y tracto iliotibial, glúteo mayor
(por su acción flexora).

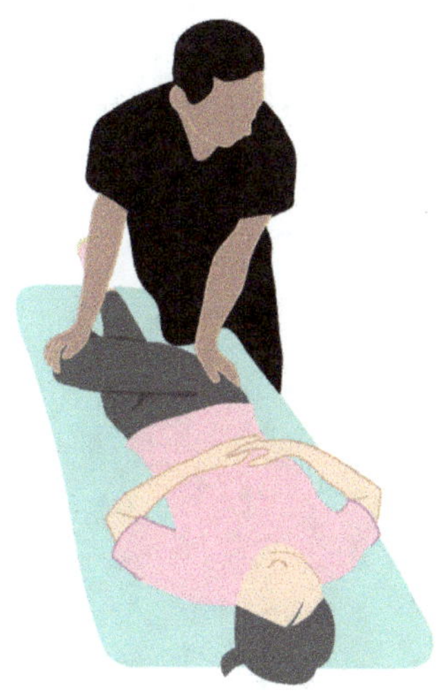

La siguiente serie de tres estiramientos muestra variaciones del mismo
ejercicio sobre la región femoral medial. Una mano se apoya sobre la espina ilíaca anterosuperior del lado contrario y la otra realiza el estiramiento desde la rodilla del paciente. Variando la colocación de esta mano
sobre la rodilla se incide sobre cada una de las tres líneas de la región femoral medial.

Se estiran los músculos: aductor mayor, medio y menor, recto interno,
pectíneo y psoas ilíaco.

Estiramiento femoral medial,
línea central y sobre la región inguinal
media. La mano sobre la articulación
femorotibial. Se trabaja sobre el meridiano de Hígado.

Estiramiento femoral medial, línea superior y región inguinal superior. La mano sobre el cóndilo medial del fémur. Se trabaja sobre el meridiano de Bazo-Páncreas.

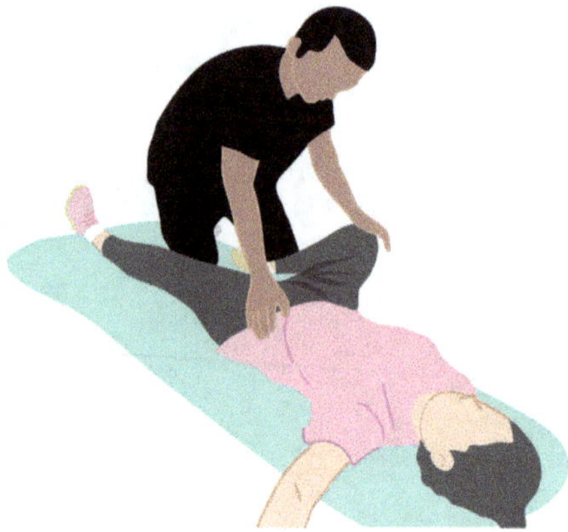

Estiramiento femoral medial, línea inferior y región inguinal inferior. La mano sobre el cóndilo medial de la tibia. Se trabaja sobre el meridiano de Riñón.

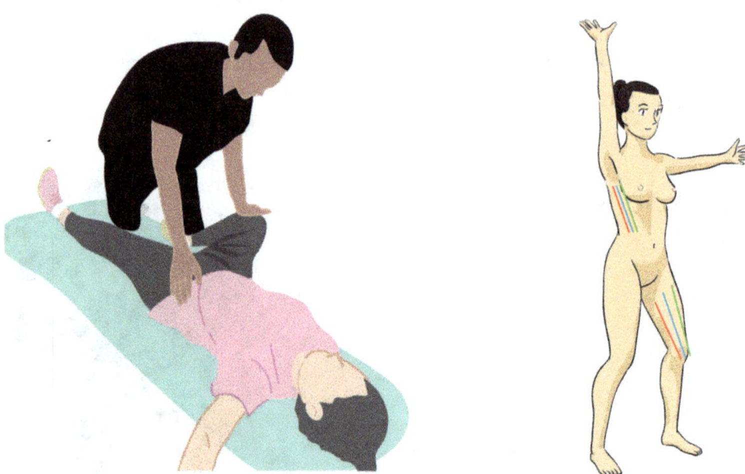

La región femoral medial es una zona Kyo que se refleja en la zona costal lateral del otro lado de acuerdo a la teoría del aspa. Las tres líneas se entrecruzan y aparecen en orden inverso.

La siguiente serie de tres estiramientos se utiliza para el trabajo de la musculatura y regiones de Shiatsu de la parte posterior de la pierna. Dependiendo del grado de flexión de cadera, los ejercicios se concentrarán en una u otra de dichas regiones. En todo caso, esos ejercicios trabajan sobre el trayecto del meridiano de Vejiga que discurre por esta zona.

Estiramiento de la región sural posterior

Sin elevar la pierna del paciente, se trabaja sobre el tendón calcáneo. Elevándola a un palmo de la camilla, se trabaja sobre la región sural posterior.

Estiramiento de los músculos: tríceps sural (sobre todo del gastrocnemio ya que la rodilla permanece extendida), tendón calcáneo, flexor largo de los dedos, flexor propio del primer dedo y tibial posterior.

La primera imagen, con la pierna pegada a la camilla, muestra el trabajo sobre el tendón calcáneo. La segunda, con ligera elevación de la pierna, trabaja sobre la región sural posterior.

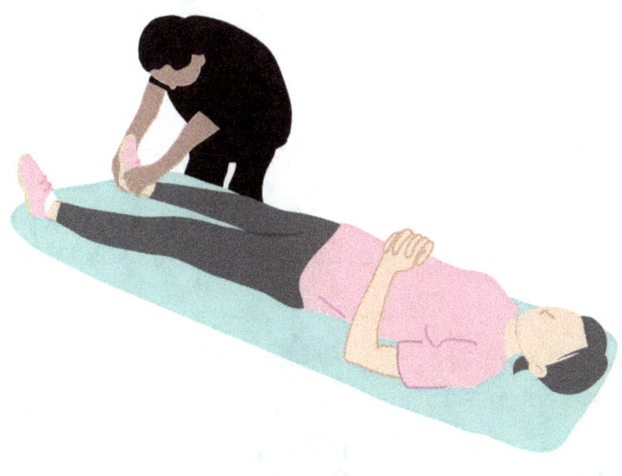

Estiramiento de la región femoral posterior

Al elevar la pierna extendida, aumenta el rango de estiramiento de la pierna. Ahora se alcanza la región femoral posterior y la musculatura isquiotibial.

Estiramiento de los músculos: tríceps sural (gemelos y sóleo), flexor largo de los dedos, flexor propio del primer dedo, tibial posterior y músculos isquiotibiales.

La primera imagen muestra el trabajo sobre la región de la fosa poplítea. La segunda, realizando flexión dorsal de tobillo desde los pies, trabaja sobre los músculos isquiotibiales y la región femoral posterior, además de los flexores de los dedos y la fascia plantar.

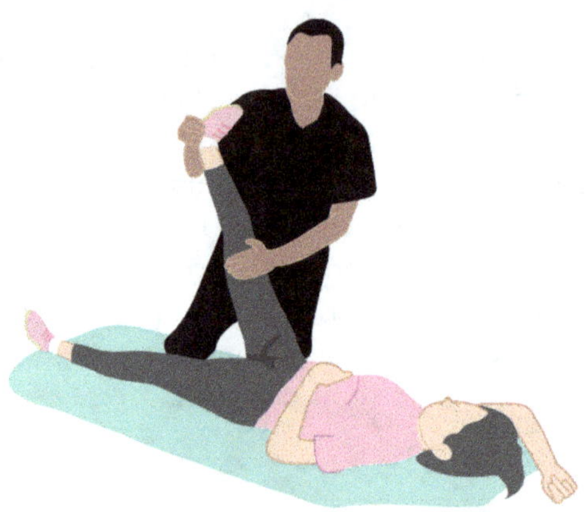

Tracción de cadera, una pierna

Dependiendo del grado de apertura de la cadera se trabajan diferentes áreas.

Si el grado de apertura es mínimo, el ejercicio incide en la parte superior de la articulación sacroilíaca y el cuadrado lumbar (región lumbar: línea del 52V, Shishitsu).

Si el grado es máximo, se trabaja sobre la articulación sacroilíaca del mismo lado.

En cualquier caso, se puede combinar la tracción con el trabajo de presiones sobre la región de la fosa poplítea, realizadas con los tres dedos medios de ambas manos.

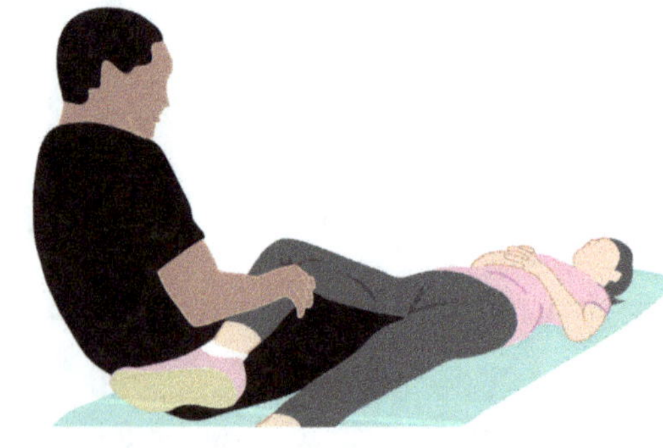

Tracción de cadera desde la rodilla

Dependiendo de la movilidad del paciente, y de su reacción al ejercicio, la tracción se realizará sobre diferentes zonas. Si el paciente tiene suficiente movilidad, al elevar la cadera, se trabaja sobre el cuádriceps y las inserciones musculares en la espina ilíaca anterosuperior. Si el paciente tiene poca movilidad, la cadera permanece pegada a la camilla y se trabaja sobre la inserción de glúteo medio y los ligamentos de la articulación sacroilíaca. Utilizar para dolor lumbar, y el trabajo sobre el borde de la cresta ilíaca.

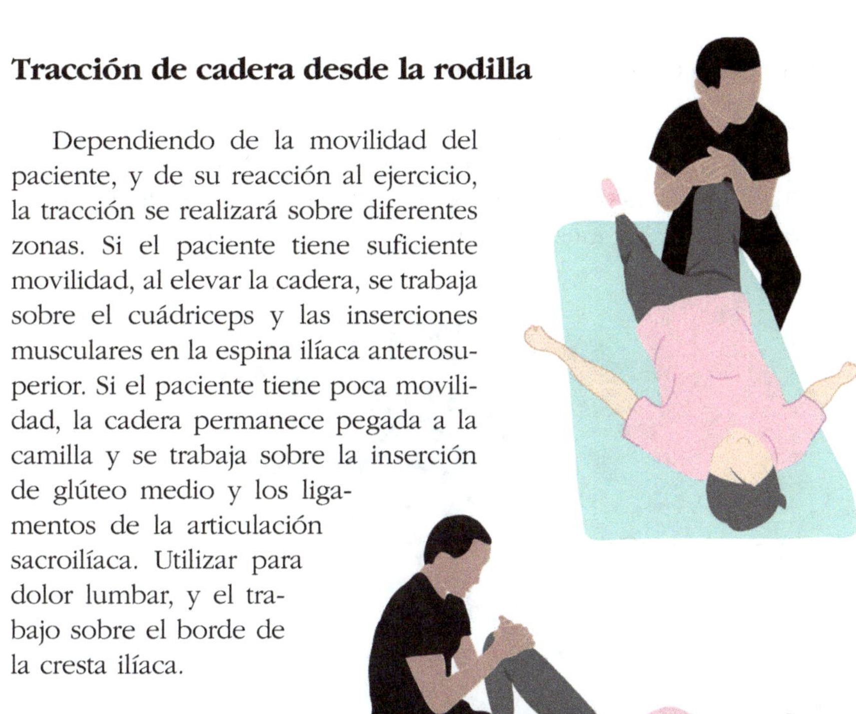

Tracción de la musculatura sacro-lumbar profunda

Este movimiento trabaja sobre la articulación sacroilíaca y sobre la musculatura profunda de las últimas vértebras lumbares (multífidos, rotadores y aponeurosis toracolumbar).

Estiramiento de la zona femoral anterior

Actúa sobre el m. cuádriceps, llegando incluso al psoas. Hay que extremar la precaución al realizarlo dependiendo de la elasticidad del paciente. También en personas con hiperlordosis o problemas lumbares.
Estiramiento de los músculos: cuádriceps y psoas ilíaco.

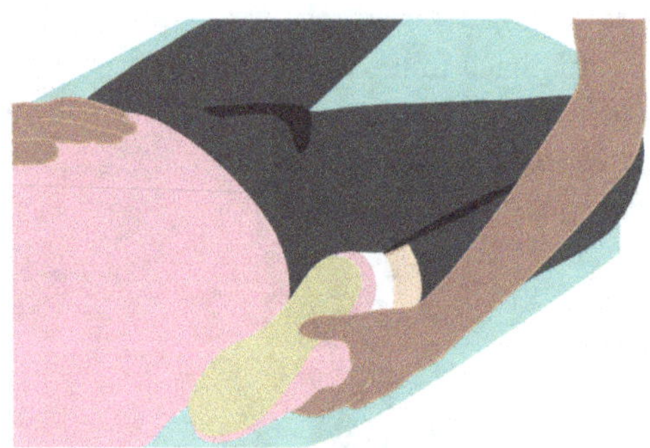

Estiramiento combinado de la región inguinal y de la zona de origen de los isquiotibiales

La flexión de rodilla y cadera trabaja sobre el origen de los isquiotibiales. Manteniendo la rodilla contraria pegada a la camilla se acentúa el estiramiento de la región inguinal de ese lado. Si el paciente eleva la rodilla al realizar la flexión contraria, se puede intuir que existe acortamiento de la musculatura isquiotibial.

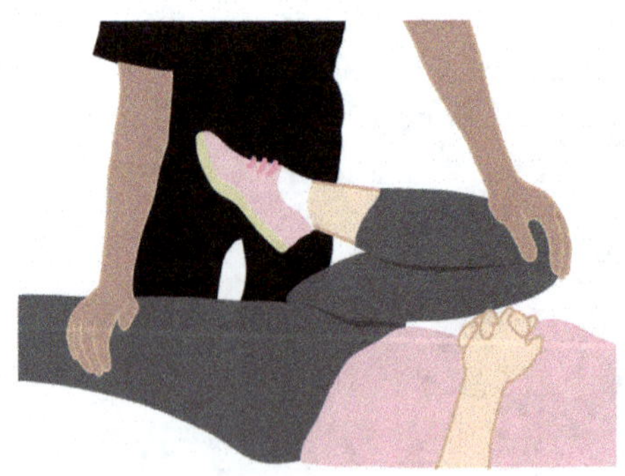

Movilización de la cadera en ambos sentidos

Realizar giros completos y rítmicos de cadera en ambos sentidos. Se moviliza la articulación de la cadera a modo de calentamiento y ayuda a localizar posibles zonas de tensión. Permite observar el estado de las grandes articulaciones de la pierna: cadera, rodilla y tobillo.

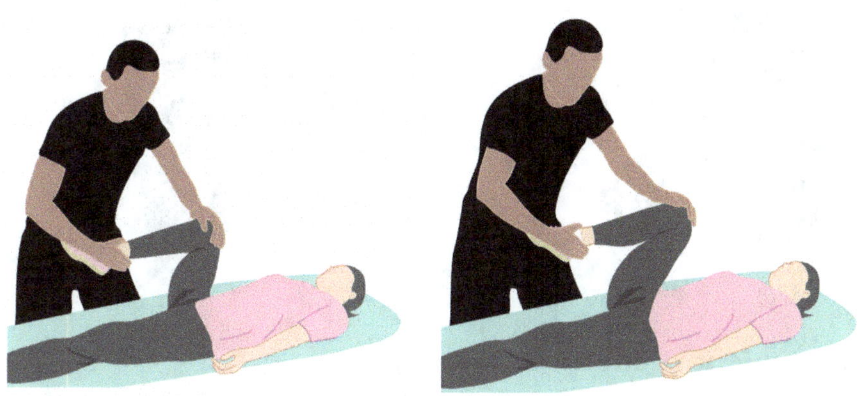

Estiramiento tras la movilización de la cadera

Este ejercicio complementa el trabajo anterior. Realizar giros amplios de cadera hacia el interior, abarcando todo el rango de movilidad del paciente. En los lugares dónde se sienta dificultad en el movimiento realizar un estiramiento con flexión de rodilla y de cadera máxima.

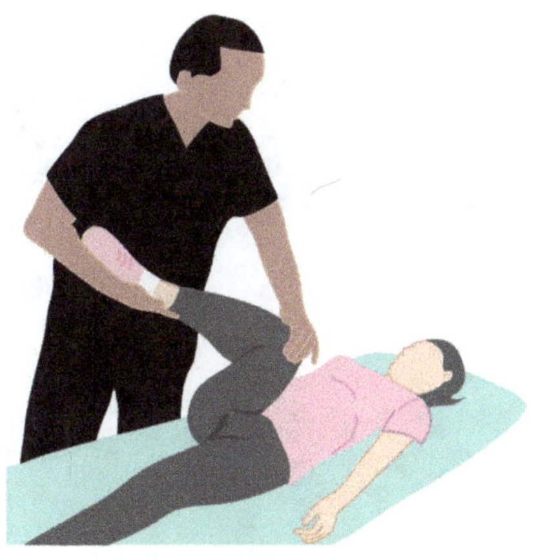

Ahora realizar el ejercicio girando la cadera hacia el exterior.

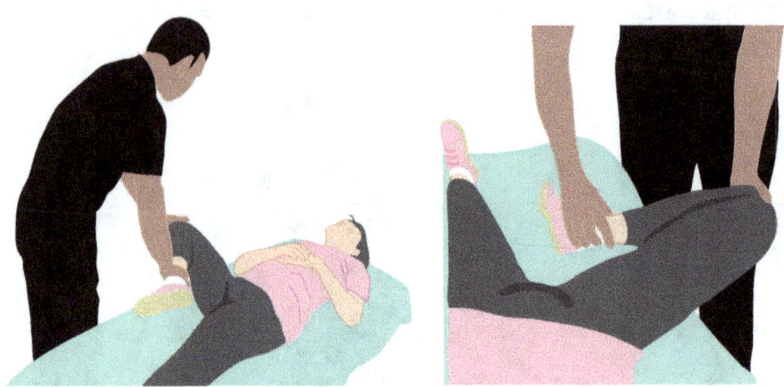

Estiramiento general de la pierna

El objetivo principal de este movimiento es la liberación de todas las articulaciones de la pierna, sobre todo de la articulación coxofemoral, región lumbar, e incluso región dorsal.

El terapeuta debe observar cómo conectan todas las articulaciones. El movimiento debe alcanzar la articulación de la cadera y debe dirigirse hacia el hombro contrario en forma de aspa.

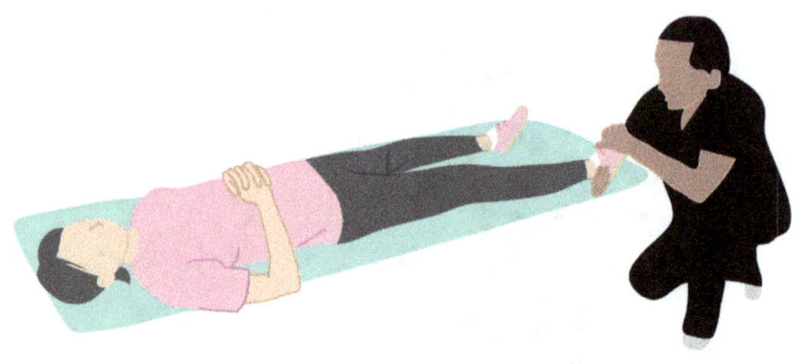

Tracción de cadera y liberación del piramidal

La pierna del paciente debe estar en abducción y el tobillo rotado hacia fuera. Hay que bloquear bien el tobillo para que el estiramiento llegue hasta la cabeza del fémur y se produzca la distensión completa de toda la musculatura posterior. Estiramiento de las regiones femoral posterior y sural posterior, así como de la región sural medial e inguinal. Se estiran, por tanto, los músculos isquiotibiales, aductores, glúteo mayor y glúteo menor.

Liberación del músculo piramidal y del resto de músculos rotadores laterales de la cadera: cuadrado femoral, obturador interno, obturador externo, gémino superior y gémino inferior.

Tracción de cadera y estiramiento del piramidal

Estiramiento de la zona lateral de la pierna: regiones femoral lateral y lateral de la tibia (músculo tibial anterior). La pierna del paciente debe estar en ligera abducción y el tobillo rotado hacia dentro. Como en el caso anterior, un buen bloqueo a nivel del tobillo asegura un estiramiento completo de la musculatura lateral de la pierna, así como del bíceps femoral, glúteo mayor, glúteo medio, sartorio y psoas ilíaco. Estiramiento de la región femoral lateral, lateral de la tibia (incluido el punto 36E-Sanri) y lateral del peroné.

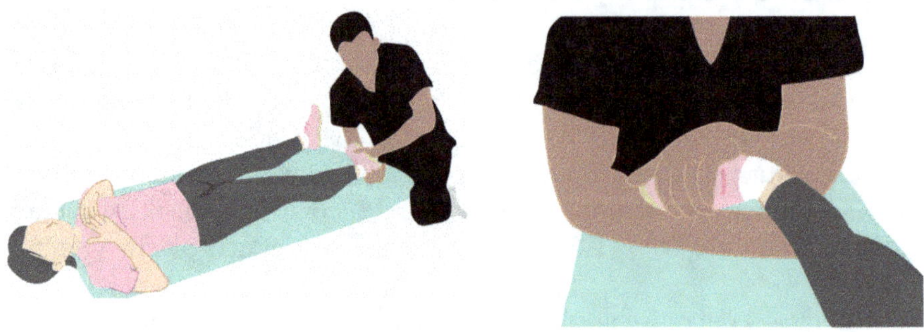

Estiramiento del músculo piramidal y el resto de rotadores laterales de cadera.

Estiramiento de la región lateral de la tibia

Realizar flexión plantar y rotación interna de tobillo. La otra mano debe controlar la rodilla para que no rote.

Se trabajan las regiones lateral de la tibia, calcáneo lateral, tarsal y región del 60V. Hay que considerar, también, la acción sobre los ligamentos externos del tobillo.

Estiramiento de músculos: tibial anterior, extensor largo de los dedos y extensor largo del dedo gordo.

Estiramiento del meridiano de Estómago.

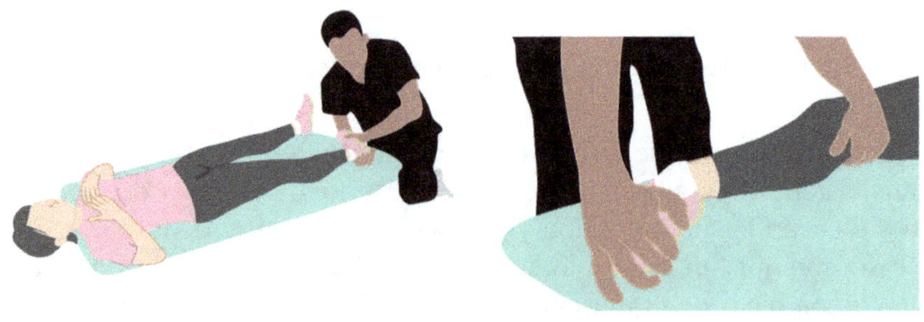

Estiramiento de la región sural medial

Realizar flexión dorsal y rotación lateral de tobillo. Bloquear el movimiento de la rodilla con la otra mano. Se trabaja sobre la región sural medial (sólo la mitad inferior), la región calcánea medial y la región del 3R. También sobre el ligamento deltoideo del tobillo (lado medial).

Estiramiento del meridiano de Bazo-Páncreas (hasta el 6BP).

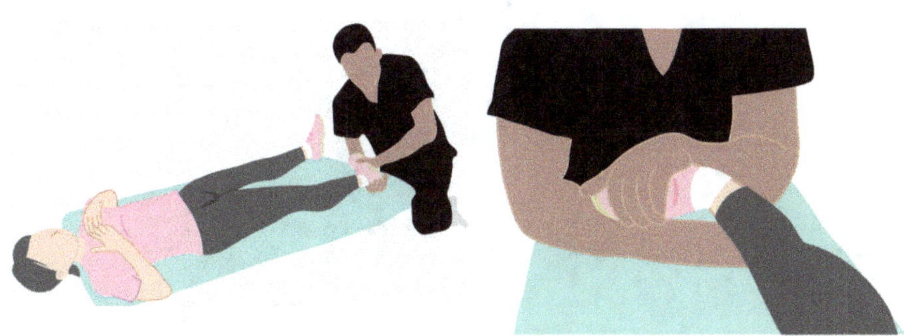

Liberación de la articulación de la cadera

Máxima rotación externa de cadera y máxima flexión de rodilla. Hay que llegar al límite de ambos movimientos para comenzar el estiramiento. Se trabaja el músculo glúteo medio.

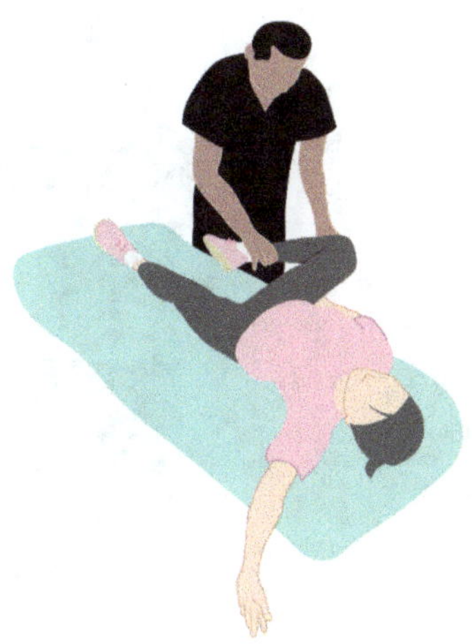

Movilización de la articulación de la cadera

Este movimiento sirve para chequear el funcionamiento de la articulación coxofemoral. El ejercicio se aplica desde el hara del terapeuta proyectando el peso de su cuerpo sobre la rodilla del paciente; todo su cuerpo actúa en este movimiento. Deben realizarse círculos pequeños concentrados en la articulación.

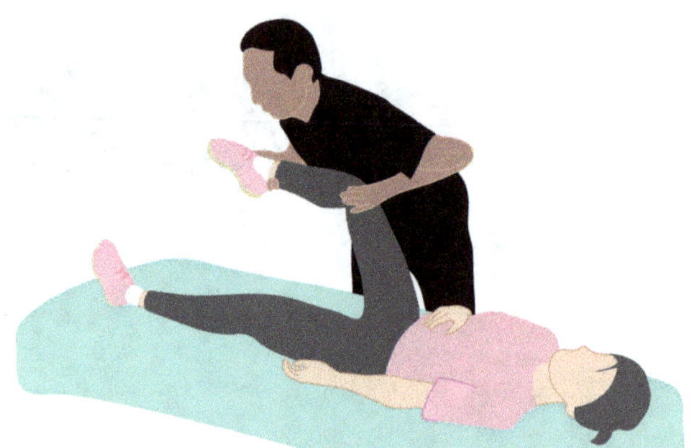

Estiramiento de rodilla

Este ejercicio trabaja la articulación de la rodilla y sus ligamentos a través del movimiento rotacional del tobillo. Para ello hay que bloquear la rodilla presionando con una mano en dirección a la camilla mientras con la otra se realizan rotaciones de tobillo, desde el talón, en ambos sentidos.

Primero, realizar el ejercicio con rotación interna de tobillo. En este caso se trabaja sobre el ligamento colateral peroneo.

Después, repetir el ejercicio con rotación externa de tobillo. Ahora se trabaja sobre el ligamento colateral tibial y la pata de ganso (inserciones de los músculos sartorio, recto interno y semitendinoso).

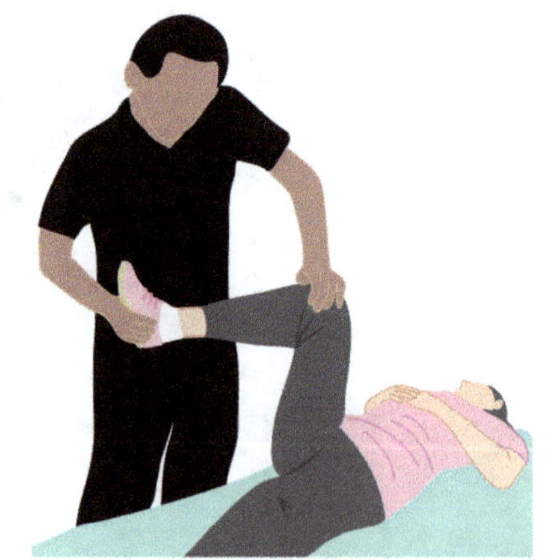

Ambos ejercicios movilizan los meniscos de la rodilla; por lo tanto es importante para comprobar el estado de la articulación a ese nivel.

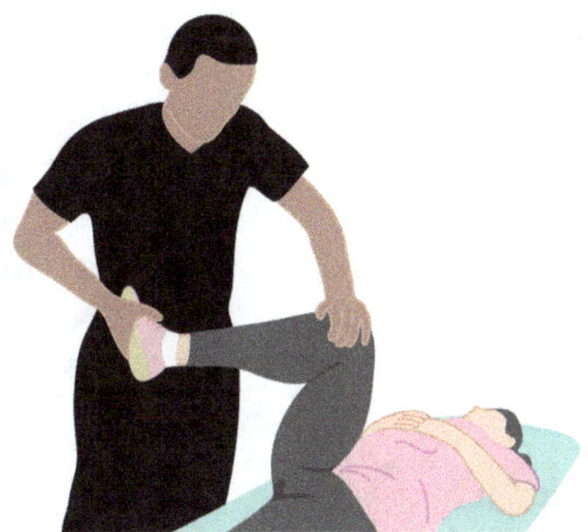

Movilización de la articulación de la cadera (rotación medial)

Bloquear la rodilla y realizar el movimiento desde el tobillo provocando la movilización de la cabeza del fémur. El terapeuta debe usar el giro de su cuerpo (desde su hara) para realizar el movimiento.

Hay que prestar atención a la articulación de la rodilla, sobre todo en personas con algún problema en la misma.

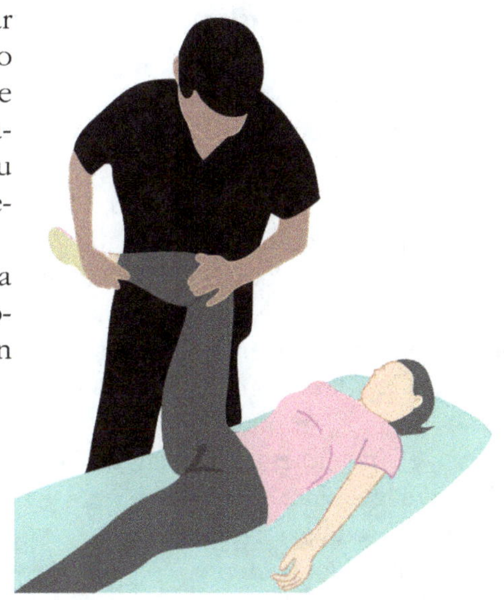

Movilización de la articulación de la cadera (rotación lateral)

Este ejercicio realiza el movimiento antagónico del anterior.

Como en el caso anterior, hay que prestar atención a la articulación de la rodilla, sobre todo en personas con algún problema en la misma.

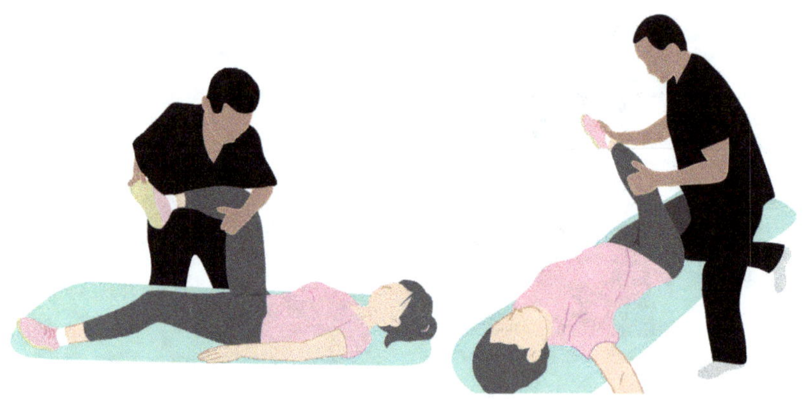

Estiramiento encadenado en forma de aspa 1

Este estiramiento conecta las estructuras articulares, tendinosas, musculares y energéticas en forma de aspa desde la rodilla hasta el hombro.

El terapeuta debe comenzar colocando una mano sobre la rodilla flexionada del paciente y después la otra sobre el hombro de manera muy suave. El 60% del estiramiento se concentra en la mano sobre la rodilla. La dirección de este estiramiento es muy importante: hay que respetar el movimiento circular de la cadera del paciente. Por eso no se estira la rodilla en dirección a los pies del paciente, sino hacia el centro de su cuerpo.

Estiramiento de las regiones femoral lateral, infraescapular y lumbar, interescapular.

Estiramiento encadenado en forma de aspa 2

Si se estira el brazo del paciente, el estiramiento afecta también a la zona axilar, a la parrilla costal, y a los músculos dorsal ancho y deltoides.

En este caso el terapeuta provoca un estiramiento mucho más agudo al transmitir el peso de su cuerpo a través de su rodilla. Al estirar el brazo también, el estiramiento es máximo, por lo que se debe realizar suavemente y con cuidado.

Estiramiento de las femoral lateral, infraescapular y lumbar, interescapular, intercostal, axilar y braquial medial.

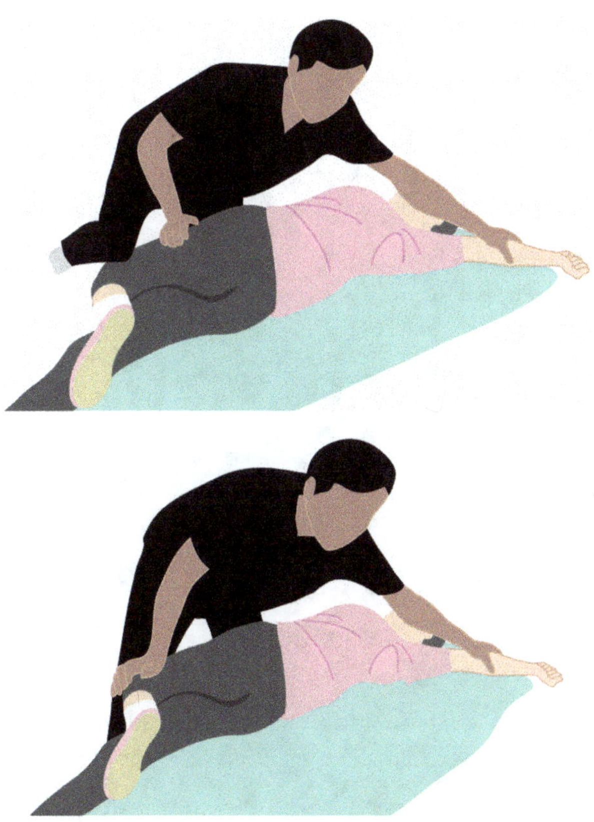

Glosario de Términos Japoneses

A continuación se detalla una serie de términos japoneses empleados en la enseñanza de Shiatsu. Describen aspectos importantes para entender la terapia y la raíz del Shiatsu, cuál es su objetivo y cómo trabaja.

1. 手当て　**TEATE:** TRATAMIENTO

    手　　TE significa **mano**.

    当て　ATE significa **poner**.

    Literal: Tocar con las manos.

2. 病気　**BYOUKI:** ENFERMEDAD

    病　BYOU significa **sufrimiento**.

    気　KI significa **energía**.

    Literal: Sufrimiento del Ki.

3. 指圧　**SHIATSU**

    指　SHI significa **dedos**.

    圧　ATSU significa **presión**.

    Literal: Presión con los dedos.

4. 腰　**KOSHI:** CENTRO DEL CUERPO/ZONA LUMBAR

    月　TSUKI significa **cuerpo**.

    要　KANAME significa **más importante**.

    Literal: Parte más importante del cuerpo.

5. **肝腎要　KAN-JIN-KANAME:** LO MÁS IMPORTANTE PARA EL TRATA-

       MIENTO

肝 KAN significa **hígado**.

腎 JIN significa **riñones**.

要 KANAME significa **más importante**.

Literal: El hígado y los riñones son lo más importante. Las zonas más importantes para cualquier tratamiento son los meridianos del Hígado y Riñón.

6. **めんけん　MENKEN:** REACCIÓN

El tratamiento es una estimulación. Aunque el tratamiento sea el adecuado, el cuerpo reacciona al ser estimulado. Suele durar dos días y luego el paciente mejora.

7. **上虚下実　JYO-KYO-KA-JITSU:** UN TIPO DE TRATAMIENTO

上 JYO significa **arriba**.

虚 KYO significa **vacío**.

下 KA significa **abajo**.

実 JITSU significa **plenitud**.

Literal: Arriba, vacío; abajo, pleno. Imaginando el cuerpo humano, lo dividimos en dos, situando la parte del ombligo por encima. El cuerpo está completamente relajado por debajo del ombligo, lleno de energía como si tuviera raíces.

8. **頭寒足熱　ZU-KAN-SOKU-NETSU:** UN TIPO DE TRATAMIENTO

頭 ZU (ATAMA) significa **cabeza**.

寒 KAN significa **frío**.

足 SOKU (ASHI) significa **pie**.

熱 NETSU significa **calor**.

Literal: Cabeza fría, pies calientes. Esta frase japonesa nos enseña un proceder para mantener la salud; quiere decir que conservando caliente la parte inferior del cuerpo, sobre todo los pies, y mejorando la circulación, se consigue que llegue más oxígeno y alimento a las células, ayudando a su desintoxicación y mejorando los posibles desequilibrios orgánicos. Al contrario, la parte superior del cuerpo siempre está frío y relajado, además no tiene nada de estrés. Aunque actualmente la gente vive en la ciudad moderna, el cuerpo está acostumbrado a la situación contraria.

9. **八方目　HAPPOUMOKU**

八方　　HAPPOU significa **las ocho direcciones**.

目　　　MOKU significa **ojos**.

Literal: Mirar en las ocho direcciones. A través de los ojos con una mirada, intentando abarcar ocho direcciones diferentes sintiendo el KI del paciente.

10. **目測　　MOKUSOKU**

目　MOKU significa **ojos**.

測　SOKU significa **medir**.

Literal: Medir con los ojos. Al trabajar con el paciente tenemos que medir dónde están los puntos dolorosos a través de los ojos.

11. **気を配る　KI WO KUBARU:** EMPATIZAR CON EL OTRO

気　KI significa **energía**.

配る　KUBARU significa **repartir**.

Literal: Repartir energía/Ki. Significa tener empatía hacia otra persona y ayudarle.

12. **手おくれ　TEOKURE:** TRATAMIENTO NO EFECTIVO

手　　　TE significa **mano**.

おくれ　OKURE significa **demasiado tarde**.

Literal: Aplicar la mano demasiado tarde. Tratamiento que, aunque sea adecuado, se aplica demasiado tarde y empeora por el retraso.

13. **虚実補瀉　　KYOJITSU-HOSYA**

HO. Imponer la mano para complementar vacío.

SYA. Presionar para quitar exceso de energía.

Literal: Si el cuerpo está en KYO (vacío), tiene que complementar.

Si está en JITSU (pleno), tiene que eliminar.

14. 無心　**MUSHIN:** INTUITIVAMENTE

無　　　MU significa **nada**.

心　　　SHIN (KOKORO) significa **corazón**.

Literal: Sin pensar, dejándose llevar por los conocimientos aprendidos. Hay mucha información que tiene que recibir durante la formación para una técnica o lucha, libre de pensamientos y emociones.

15. 長生き　**NAGAIKI:** VIDA LARGA

長い　　　NAGAI significa **largo**.

生きる　　IKIRU significa **vivir**.

Literal: Respiración larga/vida larga.

Esta frase puede tener dos sentidos:

1. Vivir por mucho tiempo.

2. Respiración profunda.

Entonces, NAGA IKI, quiere decir: «Para vivir muchos años hay que respirar profunda y lentamente».

16. 足首　**ASHIKUBI (TOBILLO)**　　手首　　**TEKUBI (MUÑECA)**

足首　ASHI significa **pie**.

足　　TE significa **mano**.

首　　KUBI significa **cuello**.

Literal: Hay tres zonas muy importantes para el tratamiento a las que se denomina cuello: El cuello propiamente dicho, la muñeca y el tobillo. En ellos se localizan puntos de especial acción para el tratamiento general de Shiatsu.

17. 於血　**OKETSU**

於　　O significa **toxina**.

血　　KETSU significa **sangre**.

Literal: Sangre antigua. El Ki (energía) y Ketsu (sangre) tienen que circular constantemente. Si se obstruyen y no circulan adecuadamente se dice que hay estancamiento de Ki o Ketsu. A dicha zona se la denomina Oketsu (sangre sucia).

18. **診断即治療**　　**SHINDAN-SOKUCHIRYOU**

Literal: El diagnóstico y la terapia se hacen al mismo tiempo. Cuando el terapeuta aplica presiones de Shiatsu en el cuerpo del paciente recibe información, a través de las manos y los dedos, del estado de la piel, los músculos y la temperatura del cuerpo. De esta manera, el terapeuta profesional puede determinar el tratamiento necesario a realizar.

19. **全身治療**　　**ZENSHIN-CHIRYOU**

Literal: Tratamiento de todas las partes del cuerpo como un conjunto. El mejor método para llegar a la causa es cuidar primero todo el cuerpo y luego las zonas que presentan síntomas patológicos.

20. **按腹**　　**ANPUKU:** TRATAMIENTO DESDE EL HARA

Literal: Diagnóstico y tratamiento de la zona abdominal.

Muchas dolencias articulares y musculares distales se pueden aliviar y mejorar trabajando la zona abdominal, sin necesidad de trabajar la zona implicada directamente. Asimismo, trabajar el abdomen, mejorar el funcionamiento de los órganos y vísceras, aportándoles elasticidad y mayor riego sanguíneo.

21. **腹黒い**　　**HARAGUROI:** PERSONA DE MALAS INTENCIONES

腹　　HARA significa abdomen.

黒い　　KUROI significa **negro**.

Literal: Hara (abdomen) negro. Persona malévola.

22. **腹を見せる**　　**HARA WO MISERU**

信頼する　　**SHINRAI SURU**

Literal: Enseñar la zona del Hara (confiar).

Igual que en el caso de los animales, que muestran su tripa cuando sienten confianza, las personas que se encuentran cómodas con la presión dejan al descubierto la zona del Hara.

23. 背を向ける   **SE WO MUKERU**

背   SE significa **espalda**.

を向ける   WO MUKERU significa **dar a alguien**.

Literal: Dar la espalda a alguien. Abandonar, dejar de hacer, dejar de ayudar.

24. 守破離   **SHU HA RI**

守 SHU significa **guardar, obedecer, respetar** la sabiduría tradicional   y aprendizaje de las técnicas fundamentales. Hay que imitar las ka   tas del maestro sin dudar hasta alcanzar la perfección.

破 HA significa **romper**. Modelar un estilo propio. Adaptar la técnica   respetando las enseñanzas del maestro.

離 RI significa **separar**. Cuando todos los movimientos son naturales el Shiatsu pasa a ser uno, se funde con el espíritu. El Shiatsushi está   preparado para crear su propio estilo.

Números en japonés

1 ICHI

2 NI

3 SAN

4 SHI (YON)

5 GO

6 ROKU

7 NANA (SHICHI)

8 HACHI

9 KYU

10 JYU

11 JYU ICHI

12 JYU NI

13 JYU SAN

14 JYU SHI

15 JYU GO

16 JYU ROKU

17 JYU SHICHI

18 JYU HACHI

19 JYU KU

20 NI JYU

Agradecimientos

Para realizar este libro he tardado aproximadamente un año y medio. La finalidad principal para llevarlo a cabo ha sido mejorar la localización y realizar un trabajo más detallado sobre el Shiatsu Aze. Para construir la «columna» empecé con pocas páginas y poco a poco se produjo el resultado.

Quiero agradecer a todo mi equipo de trabajo que ha hecho posible que este proyecto vea hoy la luz.

Shigeru Onoda
Fundador de Aze Shiatsu
Shiatsupractor

Dibujantes:
María Torres Dos Ramos, Raquel García Fernández, Tatio Viana, Carmen Toro de Federico, Daigo Ohnuma.

Edición y revisión de textos e imagen:
Raúl Gómez Villa, Luz María García, Manuel Tirado, César Fernández, Julio Ortiz, Antonio Alonso Casas, Carmen Yagüe, Osamu Suzuki, Chikako Kanai, Mateo García, Kita Naoko y Masumi Mihara.

Supervisión de la terminología anatómica:
Dr. Hiroshi Ishizuka (Director del Japan Shiatsu College).

Fotografías:
Claudia Costanzo, Loukia Stathatou.

Modelos:
Nuria Colorado, Osamu Suzuki.

Bibliografía

参考文献

ATLAS GRÁFICO DE ACUPUNTURA SEIRIN, Seirin, Editorial Könemann, 2000.

HIRATSUKA KOUICHI, What is Ostheopathy?, Editorial Goma-Shobou, 2003.

JAPAN SHIATSU COLLEGE SHIATSU RIRON KOUGIROKU, Teoría del Shiatsu, J.S.C., 1979.

KAN POU GAIRON KEI KETSU HEN, Introdución de la medicina del kan pou y puntos tsubos, Editorial KK Ishiyaku-Shuppan, 1980.

KAWANA RITSUKO, Tsubo no kenkou Hyakka, Editorial Shufu to Seikat-susha, 2002.

NAMIKOSHI TORU, Tratado completo de la terapia Shiatsu, Editorial Edaf, Madrid, 1992.

ONODA SHIGERU, Libro completo de Shiatsu, Gaia Ediciones, Madrid, 1998.

—, Curso básico de Shiatsu, Gaia Ediciones, Madrid, 2002.

—, Introducción a la práctica del Shiatsu, Dilema Editorial, 2003.

—, Autoshiatsu, Editorial Edaf, Madrid, 2002.

—, Tratamiento de la lumbalgia mediante Shiatsu, Gaia Ediciones, 2001.

—, Atsu he no kodawari. ¿Qué es presión?, Editorial Taniguchi-Shoten, Japón, 2008.